Kleine Mislukkeling

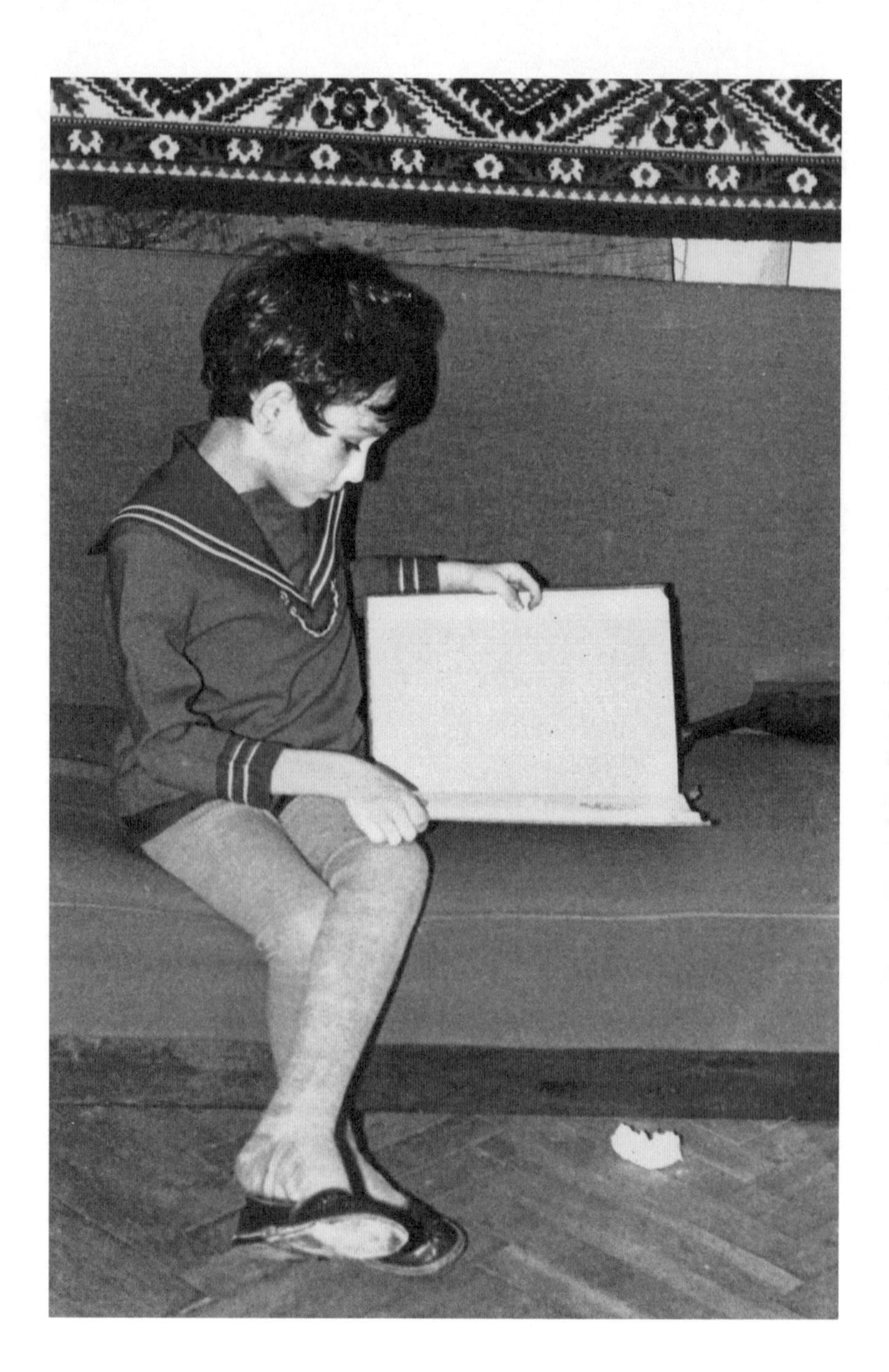

Gary Shteyngart

Kleine Mislukkeling

VERTALING TON HEUVELMANS

Uitgeverij De Arbeiderspers
Amsterdam · Antwerpen

Oorspronkelijke titel: *Little Failure. A Memoir*
Oorspronkelijke uitgave: Random House

Omslagontwerp: Nico Richter
Omslagillustratie: privécollectie van de auteur
Foto's binnenwerk: uit privécollectie van de auteur,
foto op blz. 247 uit collectie J.Z
Met dank aan Moldy Fig Music dat toestemming verleende voor het opnemen van de vier regels uit 'And She Was' van David Byrne.

ISBN 978 90 295 8959 8 / NUR 302

www.arbeiderspers.nl

Voor mijn ouders; de reis gaat altijd door.

Voor Richard C. Lacy, M.D., Ph.D.

1.

De kerk en de helikopter

Tijdens een eenzame periode in zijn leven, 1995-2001, probeert de auteur een vrouw te omhelzen.

Een jaar nadat ik was afgestudeerd aan de universiteit, werkte ik downtown Manhattan in de immense schaduw van het World Trade Center, en als onderdeel van mijn relaxte, dagelijkse, vier uur durende lunchpauze at en dronk ik me langs die twee reuzen een weg, via Broadway naar Fulton Street en vervolgens naar het filiaal van de Strand Bookstore. In 1996 lazen mensen nog boeken. In de city was een extra filiaal van de legendarische Strand Bookstore in het Financiële District rendabel, wat betekende dat effectenmakelaars, secretaresses, overheidsambtenaren, dus íédereen, destijds kennelijk nog een soort van innerlijk leven had.

Een jaar eerder was ik advocaat-assistent geweest bij een advocatenkantoor dat zich inzette voor burgerrechten, maar dat bleek geen succes. Als assistent-advocaat had je te maken met veel details, veel te veel details voor een zenuwachtige jongeman met een paardenstaart, een licht drugsprobleem en een cannabisspeldje op zijn kartonnen stropdas. Dichter bij de verwezenlijking van mijn ouders' droom dat ik advocaat werd, zou ik daarna niet meer komen. Zoals de meeste Sovjet-Joden, zoals de meeste immigranten uit communistische landen, waren mijn ouders uiterst conservatief, en ze waren nooit erg te spreken over de vier jaar die ik had doorgebracht aan mijn progressieve universiteit, Oberlin College, waar ik marxistische politiek en romanschrijven studeerde. Bij zijn eerste bezoek aan Oberlin College stond mijn vader op een reusachtige vagina die midden op de binnenplaats was geschilderd door de organisatie van homoseksuelen, lesbiennes en biseksuelen van de campus, zich niet bewust van het steeds luider klinkende gesis en gejoel om zich heen, terwijl hij de verschillen opsomde tussen laserjet- en inkjetprinters, met name de prijsverschillen tussen de inktpatronen. Als ik me niet vergis, meende hij dat hij op een perzik stond.

Ik studeerde summa cum laude af, waardoor mijn reputatie voor mijn ouders enigszins verbeterde, maar toen ik er met ze over sprak, begreep ik dat ik nog steeds een teleurstelling voor hen was. Omdat ik als kind vaak ziek en snotterig was (als volwassene trouwens ook), noemde mijn vader me *Sopljak*, ofwel Snotneus. Mijn moeder ontwikkelde een interessante mengvorm van Engels en Russisch; zo bedacht ze helemaal zelf de term *Misloeksjka*, Kleine Mislukkeling. Die term kwam via haar mond terecht in het ambitieuze manuscript van een roman die ik in mijn vrije tijd schreef, en waarvan het eerste hoofdstuk onvoldoende niveau had voor het invloedrijke programma creatief schrijven van de universiteit van Iowa, waardoor ik begreep dat mijn ouders niet de enigen waren die vonden dat ik niets kon.

Mijn moeder besefte dat ik nooit veel zou kunnen, en zoals alleen een Sovjet-Joodse mama dat kan, schakelde ze haar connecties in en bezorgde me een baantje als 'stafschrijver' bij een bureau voor inburgering van immigranten downtown, waar ik ongeveer een halfuur werk per jaar had, meestal het corrigeren van drukproeven van brochures waarin pas aangekomen Russen werden geïnformeerd over de wonderen van deodorant, de gevaren van aids en het subtiele genoegen van niet stomdronken worden op een Amerikaans feestje.

Ondertussen werden de Russische medewerkers van ons kantoor en ik wél stomdronken op een Amerikaans feestje. Uiteindelijk werden we allemaal ontslagen, maar voordat het zover was, schreef en herschreef ik grote delen van mijn eerste roman en ontdekte de Ierse genoegens van het combineren van gin martini's met gestoomde cornedbeef in de buurtkroeg, waarvan de naam, als ik me goed herinner, de Blarney Stone was. 's Middags om twee uur lag ik steevast en vervuld van hoogdravende romantische gevoelens boven op mijn bureau trotse Ierse koolscheten te laten. De brievenbus van het robuuste koloniale huis van mijn ouders in Little Neck, Queens puilde voortdurend uit van de restanten van hun Amerikaanse droom voor mij: prachtige brochures van instellingen voor hoger onderwijs, in kwaliteit afnemend van de Harvard Law School via de Fordham Law School, de John F. Kennedy School of Government (ook een soort rechtenfaculteit, maar niet heus), en de Cornell Department of City and Regional Planning, tot het meest angstaanjagende vooruitzicht voor mijn immigrantenfamilie, de masteropleiding creatief schrijven aan de universiteit van Iowa.

'Maar wat is dat voor beroep, schrijver?' vroeg mijn moeder herhaaldelijk. 'Wil je dát worden?'

Ja, dat wilde ik worden.

In de Strand Bookstore stopte ik mijn draagtas vol met paperbacks uit de afdeling '50% korting', doorzocht de afgedankte recensie-exemplaren naar iemand als ikzelf op het achterplat: een jonge *boulevardier* met sik, een overdreven stads type, bezeten van Orwell en Dos Passos, klaar voor een volgende Spaanse Burgeroorlog voor het geval die Spanjaarden er weer eentje zouden organiseren. En als ik zo'n dubbelganger vond, zou ik vurig hopen dat hij belabberd schreef. Want de publicatiekoek was beperkt. Die chique Amerikaanse uitgevers, zoals Random House, zouden natuurlijk dwars door mijn overenthousiaste immigrantenproza heen lezen en de voorkeur geven aan een of andere oetlul van Brown University, die na een jaar in Oxford of Salamanca de vereiste bleke teint had verkregen onmisbaar voor een commercieel aantrekkelijke ontwikkelingsroman.

Nadat ik zes dollar had betaald aan de Strand, rende ik terug naar mijn kantoor, waar ik alle 240 pagina's van de roman in één ruk naar binnen werkte, terwijl mijn Russische collega's hun door wodka geïnspireerde poëzie uitbrulden. Ik was wanhopig op zoek naar een slordige uitdrukking of een Master of Fine Arts-cliché waardoor de roman in kwestie inferieur zou blijken te zijn aan het exemplaar dat momenteel ligt te broeden in mijn kantoorcomputer (en waarvan de idiote werktitel *De piramides van Praag* luidt).

Een dag nadat ik ernstige maag- en darmklachten had door het eten van twee porties Wall Street-curry, kwam ik in de Strand op de afdeling Kunst & Architectuur terecht, waar mijn jaarsalaris van 29.000 dollar niet opgewassen bleek tegen het aanzienlijke prijskaartje aan een uitgave van Rizzoli met naakten van Egon Schiele. Maar het was geen melancholieke Oostenrijker die het einde zou betekenen van de alcoholische en voortdurend stonede stadsgorilla die ik aan het worden was. Het waren niet die prachtige Teutoonse naakten die mij terug op het spoor brachten dat naar het onaangename oord leidde.

Het boek heette *St. Petersburg: Architecture of the Tsars*, de barokke blauwtinten van het Smolnyklooster en de kathedraal die praktisch van het omslag af spatten. Met zijn tweeënhalve kilo aan glanzend papier was het, en is het nog steeds, wat je noemt een salontafelboek. En dat vormde op zich al een probleem.

De vrouw op wie ik destijds verliefd was, eveneens afgestudeerd aan Oberlin College ('zoek de liefde niet te ver', was mijn provinciale motto), had al kritiek geuit omdat de boeken in mijn kast te licht of te macho van aard waren. Telkens als ze me bezocht in mijn eenkamerflat in Brooklyn en ze haar lichte Midwesterse ogen langs de soldaten in mijn literaire leger liet gaan, op zoek naar een Tess Klager of een Jeanette Winterson, verlangde ik naar haar goedkeuring en de daaruit voortvloeiende druk van haar messcherpe sleutelbeen tegen het mijne. Zonder enige hoop zette ik mijn boeken van Oberlin, zoals *Squatters & the Roots of Mau Mau* van Tabitha Konogo naast pas ontdekte etnisch-vrouwelijke juweeltjes als *Wild Meat and the Bully Burgers* van Lois-Ann Yamanaka, waarvan ik altijd heb gedacht dat het de belangrijkste Hawaïaanse ontwikkelingsroman was. (Ik moet het toch eens lezen.) Als ik *Architecture of the Tsars* kocht, zou ik het moeten verstoppen in een van mijn kasten achter een kakkerlakkenval en flessen goedkope GEOЯGI-wodka.

Afgezien van het teleurstellen van mijn ouders en het niet afmaken van *De piramides van Praag*, bestond mijn grootste treurnis uit mijn eenzaamheid. Mijn allereerste vriendinnetje, een medestudente aan Oberlin, een aantrekkelijk, blank meisje uit North Carolina met krulhaar, was naar het zuiden vertrokken en woonde met een knappe drummer samen in zijn camper. Na mijn afstuderen kuste ik zeker vier jaar lang niet één meisje. Borsten, achtersten, liefkozingen en de woorden 'Ik hou van je' bestonden slechts in een abstract geheugen.

Tenzij anders vermeld ben ik de rest van dit boek verliefd op iedereen in mijn naaste omgeving.

En dan was er het prijskaartje van *Architecture of the Tsars* – vijfennegentig dollar, afgeprijsd naar zestig dollar – waarvoor ik bij mijn ouders thuis bijna drieënveertig kipkoteletten kon kopen. Mijn moeder was altijd lief maar zakelijk tegen mij als het op financiële zaken aankwam. Toen haar mislukkeling op een dag aanschoof voor het avondeten, overhandigde ze me een pakje kipkoteletten à la Kiev, dat wil zeggen gevuld met boter. Ik accepteerde de kip dankbaar, maar mama deelde mee dat elke kotelet 'ongeveer 1,40 per stuk' kostte. Ik probeerde veertien koteletten van haar te kopen voor zeventien dollar, maar ze vroeg er gewoon twintig dollar voor, wel inclusief een rol huishoudfolie waarin ik het gevogelte kon verpakken. Tien jaar later, nadat ik aanzienlijk minder was gaan drinken, zorgde de wetenschap dat mijn ouders niet meer voor me klaarstonden en dat ik in dit leven helemaal op mezelf was aangewezen ervoor dat ik onvoorstelbaar veel werk ging verzetten.

Ik bladerde door het monumentale *Architecture of the Tsars*, bekeek al die bekende monumenten uit mijn jeugd en voelde de ordinaire heimwee, de *posjlost'* die Nabokov zo verafschuwde. Hier was de Boog van de Generale Staf met uitzicht op het roomkleurige Paleisplein, het roomkleurige Winterpaleis gezien vanaf de schitterende gouden naald van de Admiraliteit, de schitterende gouden naald van de Admiraliteit gezien vanaf het roomkleurige Winterpaleis. Het Winterpaleis én de Admiraliteit gezien vanaf een bierwagen, enzovoort in een eindeloze toeristische wervelwind.

Ik keek naar bladzijde 90.

'Gemberbier in mijn kop,' zo omschreef Tony Soprano de eerste tekenen van een paniekaanval tegenover zijn psychiater. Het is droog en nat tegelijkertijd, maar op de verkeerde plaatsen, alsof de oksels en de mond besloten hebben tot een culturele uitwisseling. Plotseling draait er een iets andere film dan waar je eerst naar keek, zodat de geest voortdurend op onderzoek moet naar aard en herkomst van de onbekende kleuren en vreemde, bedreigende gespreksflarden. 'Waarom zijn we plotseling in Bangladesh?' vraagt de geest. 'Sinds wanneer doen we mee aan de missie naar Mars? Waarom zweven we op een wolk van zwarte peper naar de regenboog van NBC?' Voeg daarbij de veronderstelling dat je gespannen, krampachtig bewegende lichaam nooit meer rust zal vinden, of dat het juist veel te vroeg eeuwige rust zal vinden, dat wil zeggen zal overlijden, en je hebt de ingrediënten voor hyperventilatie en een zenuwinzinking bij elkaar. Precies wat ik op dat moment doormaakte.

En hier keek ik naar toen mijn hersenen zich wegwijs probeerden te maken in de stenen grot: een kerk: de Tsjesme-kerk aan de Lensovet (Leningrad Sovjet) Straat in de wijk Moskovski van de stad die vroeger Leningrad heette. Acht jaar later zou ik de kerk beschrijven in een artikel voor *Travel + Leisure*:

> De framboos – met witkleurige bonbonnière van de Tsjesme-kerk is een waanzinnig voorbeeld van Russische neogotiek, des te waardevoller door de locatie: tussen het slechtste hotel ter wereld en een uitzonderlijk grijze sovjet huurkazerne. De aandacht wordt getrokken door de oogverblindende hoogmoed van de kerk, de krankzinnige verzameling schijnbaar besuikerde spitsen en kantelen, de ogenschijnlijke eetbaarheid ervan. Dit godshuis is meer taart dan bouwwerk.

Maar in 1996 was ik niet in staat scherpzinnig proza te schrijven. Ik was toen nog niet twaalf jaar lang vier keer per week in psychotherapie geweest, wat een glad, rationeel dier van me maakte in staat tot kwantificeren, catalogiseren en achteloos afstand nemen van de meeste bronnen van pijn. Op één na. Ik zag de geringe omvang van de kerk; de fotograaf had hem ingekaderd tussen twee bomen, en voor de minuscule ingang lag een strook asfalt met gaten erin. Een en ander leek vaag op een kind dat te opzichtig gekleed is voor een feestelijke gelegenheid. Als een kleine mislukkeling met een rood gezicht en een buikje. Het zag eruit zoals ik me voelde.

Ik leerde de paniekaanvallen te beheersen. Met bezwete handen legde ik het boek neer. Ik dacht aan het meisje van wie ik toen hield, aan die niet al te subtiele critica van mijn boekenkast en mijn smaak; ik dacht eraan dat ze langer was dan ik, dat haar gebit grijs en regelmatig en vastberaden was, net als de rest van haar.

En toen dacht ik helemaal niet meer aan haar.

De herinneringen drongen zich massaal op. De kerk. Mijn vader. Hoe zag papa eruit toen we jonger waren? Ik zag de zware wenkbrauwen, de bijna sefardische gelaatskleur, de gekwelde uitdrukking van iemand die constant slecht behandeld is door het leven. O nee, dat was mijn vader op dat moment. Als ik me mijn vader van vroeger voorstelde, mijn nog niet geïmmigreerde vader, koesterde ik me altijd in zijn grenzeloze liefde voor mij. Ik beschouwde hem als een onhandige man, kinderlijk en pienter, blij dat hij een kleine gabber had die Igor heette (mijn pre-Gary Russische naam), jarenlang bevriend met die Igorjotsjek die niet kritisch of antisemitisch is, een kleine medestrijder, allereerst tegen de vernederingen van de Sovjet-Unie en daarna tegen die van de verhuizing naar Amerika, het grote losmaken van taal en van alles wat vertrouwd is.

Daar stonden zij, Vroege Vader en Igorjotsjek, en we waren net naar de kerk in dat boek gegaan! Die vreugdevolle frambozenlolly van de Tsjesme-kerk, ongeveer vijf straten van onze Leningradse flat verwijderd, een roze barokke versiering tussen de veertien tinten beige van het Stalin-tijdperk. In de Sovjettijd was het geen kerk maar een marinemuseum dat was opgedragen aan de glorieuze Slag bij Tsjesme van 1770, waarbij de orthodoxe Russen die klootzakken van Turken een poepje lieten ruiken. Het interieur van het heilige gebouw was destijds (tegenwoordig is het weer een normaal functionerende kerk) volgepropt met verrukkingen voor een kleine jongen: maquettes van stoere, achttiende-eeuwse oorlogsschepen.

Sta mij toe nog een paar bladzijden lang te verpozen bij het thema van de Vroege Papa en de Turken. Ik zal wat nieuwe woorden introduceren om deze zoektocht mogelijk te maken. *Datsja* is Russisch voor landhuis, maar zoals uitgesproken door mijn ouders had het net zo goed 'liefdevolle genade van God' kunnen betekenen. Zodra de zomerse warmte eindelijk de greep van de doodse Leningradse winter en het matte voorjaar had doen verslappen, sleepten ze me mee langs een eindeloze reeks datsja's in de voormalige Sovjet-Unie. Een door zwammen overwoekerd dorp vlak bij Daugavpils in Letland, het schitterende, in de bossen gelegen Sestroretsk aan de Botnische Golf, het beruchte Jalta op de Krim (Stalin, Churchill en FDR hadden daar een of andere vastgoeddeal ondertekend), Sukhumi, tegenwoordig een geruïneerde badplaats aan de Zwarte Zee in een afgescheiden deel van Georgië. Ze leerden me mezelf ter aarde te werpen voor de zon – grote levensbron, teler van bananen – en die te bedanken voor elke pijnlijke, gloeiend hete lichtstraal. Het favoriete koosnaampje van mijn moeder voor mij als kind? Kleine Mislukkeling? Nee! Dat was *Solnisjko*. Zonnetje!

Foto's uit die tijd tonen een vermoeide groep vrouwen in badpak en een op Marcel Proust lijkend jongetje in een soort Warschaupact-zwembroek (ik dus) die de grenzeloze toekomst in staren terwijl de Zwarte Zee aan hun tenen likt. Op de Krim stonden we 's ochtends vroeg op om plaats te nemen in de rij voor yoghurt, kersen en andere etenswaren. Overal om ons heen namen kolonels van de KGB en partijbestuurders het er goed van in hun chique strandverblijven terwijl de rest van ons vermoeid in die ellendige zon stond te wachten om een brood te bemachtigen. Ik had dat jaar een huisdier, een felgekleurde opwindhaan die ik aan iedereen in de rij liet zien. 'Hij heet Pjotr Petrovitsj Hanovitsj,' zei ik gemaakt deftig. 'Zoals u kunt zien loopt hij mank, omdat hij gewond is geraakt in de Grote Patriottische Oorlog.' Mijn moeder was bang dat er in de rij voor kersen antisemieten zouden staan (die moeten ook eten, weet je) en fluisterde tegen mij dat ik mijn mond moest houden, want anders zou ik geen Roodkapje-chocoladetoffees krijgen als toetje.

Snoep of geen snoep, door Pjotr Petrovitsj Hanovitsj, die manke vogel, raakte ik voortdurend in de problemen. Door hem moest ik constant denken aan mijn leven in Leningrad, dat ik meestal langzaam stikkend van de winterastma doorbracht, maar waardoor ik wel genoeg tijd had om oorlogsromans te lezen en te dromen dat Pjotr en ik een stevig aandeel hadden in het doodschieten van Duitsers bij Stalingrad. Simpel gezegd was de haan mijn beste en enige vriend op de hele Krim, en niemand kon tussen ons komen. Toen de aardige, oude eigenaar van de datsja waar we logeerden Pjotr oppakte, over zijn invalide poot aaide en mompelde: 'Ik vraag me af of deze jongen niet te repareren is.' Ik griste hem de haan uit handen en krijste: 'Vieze luizige dief, achterbakse rover!' We werden prompt het pand uit getrapt en moesten het verder doen met een soort ondergrondse hut, waar een miezerig Oekraïens jongetje van drie ook met mijn haan probeerde te spelen, met dezelfde gevolgen. Vandaar dat de enige Oekraïense woorden die ik ken zijn: '*Ty khlopets mene byesh!*' ('Uw zoon slaat mij!'). In de ondergrondse hut hielden we het ook niet lang uit.

Ik vermoed dat ik die zomer een nogal opgefokt kind was, zowel opgewonden als verbijsterd door het zonnige, zuidelijke landschap om me heen als door de aanblik van gezondere, sterkere lichamen die in hun volle Slavische pracht om mij en mijn kapotte haan heen sprongen. Zonder dat ik het wist bevond mijn moeder zich midden in een crisis, het dilemma of ze bij mijn zieke oma in Rusland moest blijven of dat ze haar voorgoed achter zou laten en naar Amerika zou emigreren. De beslissing werd voor haar genomen in een gore cafetaria op de Krim. Bij een kom tomatensoep vertelde een gezette Siberische vrouw mijn moeder over de gruwelijke afranseling die haar achttienjarige zoon had moeten ondergaan tijdens zijn dienstplicht in het Rode Leger, een afranseling die hem een nier had gekost. De vrouw haalde een foto van haar zoon tevoorschijn. Hij leek op een groot uitgevallen eland die was gekruist met een even kolossale os. Mijn moeder wierp één blik op de gevallen reus en daarna op haar piepkleine, snotterige zoontje, en binnen de kortste keren zaten we in een vliegtuig richting Queens. Met zijn sneue hinkepoot en schitterend rode halskwab bleef Hanovitsj zodoende het enige slachtoffer van het Sovjet-leger.

Maar wie ik die zomer echt miste – de reden voor mijn gewelddadige uitvallen tegen allerlei soorten Oekraïners – was mijn echte beste vriend. Mijn vader. Omdat al die andere herinneringen slechts spiekbriefjes zijn voor een enorm decor dat allang in rook is opgegaan samen met de rest van de Sovjet-Unie. Is dat allemaal echt gebeurd? vraag ik me wel eens af. Heeft Jonge Kameraad Igor Shteyngart echt lopen vloeken en tieren langs het strand van de Zwarte Zee, of was dat een andere denkbeeldige zieke?

Zomer 1978. Mijn leven bestond uit wachten in de lange rij voor de telefooncel waarop het woord LENINGRAD stond (aparte telefooncellen voor elke stad) om de stem van mijn vader vaag te horen kraken ten gevolge van alle denkbare technische problemen die het land kende; van een mislukte kernproef in de Kazachse woestijn tot een zieke, mekkerende bok in het vlakbij gelegen Wit-Rusland. We waren destijds door storingen en mislukkingen met elkaar verbonden. De hele Sovjet-Unie was aan het vervagen. Mijn vader vertelde me verhalen door de telefoon, en tot op de dag van vandaag denk ik dat mijn gehoor het meest alerte van mijn vijf zintuigen is omdat het me zoveel moeite kostte hem te verstaan tijdens mijn vakanties aan de Zwarte Zee.

De gesprekken zijn verdwenen, maar een van de brieven bestaat nog. Hij is geschreven in het onhandige kinderhandschrift van mijn vader, het handschrift van de gemiddelde Sovjet-ingenieur. De brief bestaat nog omdat zoveel mensen hem wilden hebben. Wij zijn geen overdreven sentimenteel volk, hoop ik, maar we weten ongelooflijk precies hoeveel we moeten verzamelen, hoeveel verkreukelde documenten een kast in Manhattan op een goede dag zal kunnen bevatten.

Ik ben een kind van vijf in een ondergrondse vakantiehut, en ik heb die heilige brief in mijn handen, het cyrillische gekrabbel, dicht opeen en met doorgestreepte woorden, en terwijl ik lees spreek ik de woorden hardop uit, en terwijl ik ze hardop uitspreek, word ik overvallen door de extase van het contact.

Goedendag, lief zoontje,
Hoe gaat het met je? Wat doe je zoal? Ga je de 'Berenberg' beklimmen, en hoeveel handschoenen heb je al gevonden in zee?
Heb je al leren zwemmen en zo ja, zwem je dan helemaal naar Turkije?

Even een opmerking van mijn kant. Ik heb geen idee wat die zeehandschoenen zijn en heb slechts een vage herinnering aan een 'Berenberg' (Everest was het zeker niet). Ik wil me concentreren op die laatste zin, over het zwemmen naar Turkije. Turkije ligt natuurlijk aan de overkant van de Zwarte Zee, en daar kunnen we uiteraard niet naartoe, per stoomschip noch per vlinderslag. Is dit een staaltje subversie van de kant van mijn vader? Of verwijst het naar zijn grootste wens, namelijk dat mijn moeder eindelijk toegeeft en ons laat emigreren naar het Westen? Of is er een onderbewust verband met de hierboven genoemde Tsjesme-kerk, 'meer taart dan bouwwerk', die de overwinning van Rusland op de Turken gedenkt?

Lief zoontje, nog maar een paar dagen en we zien elkaar weer, wees niet eenzaam, wees braaf, luister naar je moeder en je tante Tanja.
Kusjes, Papa

Wees niet eenzaam? Maar hoe kon ik niet eenzaam zijn zonder hem? En bedoelt hij nu echt dat hij ook eenzaam is? Maar natuurlijk! Alsof hij de klap wil verzachten, tref ik onder de tekst van de brief datgene aan waar ik het allerdolst op ben, nog doller dan op de met marsepein gevulde chocolade waar ik in Leningrad altijd zo koortsachtig naar verlang. Het is een geïllustreerd avontuur van mijn vader! Een thriller volgens de traditie van Ian Fleming, maar met een paar persoonlijke trekjes die een zeker jongetje erg aanspreken. Het begint als volgt:

Op een dag kwam er in [de badplaats] Gurzuf [waar ik momenteel weer wat kleur op mijn wangen en armen krijg] een onderzeeër genaamd Arzum vanuit Turkije aangevaren.

Mijn vader heeft er een onderzeeër bij getekend met een periscoop die nog het meest lijkt op een fallische berg op de Krim, bedekt met bomen of strandparasols; dat is moeilijk te zien. De illustratie is primitief, maar dat geldt ook voor het leven in ons vaderland.

Twee commando's in duikersuitrusting verlieten het schip en zwommen naar de kust.

De indringers hebben door de brede hand van mijn vader meer weg van wandelende steuren, maar Turken staan nu eenmaal niet bekend om hun ranke postuur.

Zonder dat onze kustwacht iets merkte, begaven ze zich naar de berg, naar het bos.

De Turken – zijn het eigenlijk wel Turken? Misschien zijn het Amerikaanse spionnen die Turkije gebruiken als uitvalsbasis (Jezus Christus, ik ben nog geen zeven jaar, en nu al zoveel vijanden!) – beklimmen inderdaad de met strandparasols bedekte berghelling. Eén gedachte kwam bij me op: onze kustwacht. Een slimmigheidje van mijn vader; hij heeft de afgelopen dertig jaar van zijn leven de Sovjet-Unie gehaat, zoals hij de komende dertig jaar zijn liefde zal betonen aan Amerika. Maar we zijn het land nog niet uit. En ik, militante verheerlijker van het Rode Leger, rode stropdassen van de Pioniers, van alles wat bloedrood is, mag nog niet weten wat mijn vader weet, namelijk dat alles wat mij dierbaar is, gelogen is.

Hij schrijft:

's Ochtends ontdekte de Sovjet-kustwacht verse sporen op het strand van het Poesjkin-sanatorium en riep de hulp van de grenswachten in, die kwamen opdraven met hun speurhond. Die vond al snel de twee duikpakken die onder de rotsen waren verstopt. Het was duidelijk: een vijand. 'Zoek!' commandeerde de grenswacht de hond, en ze rende onmiddellijk in de richting van het Internationale Pionierskamp.

O, wat ik niet zou geven voor zo'n hondje, zo'n schattig pluizig beestje dat mijn vaders pen nu inzet tegen die dikke Amerikaanse Turken. Maar mijn moeder heeft al genoeg aan haar hoofd om mij in toom te houden, laat staan een huisdier.

Wordt vervolgd: thuis.

Vervolgd? Thuis? Wat gemeen. Hoe weet ik nu of het dappere hondje van de Sovjet-grenswacht en haar zwaarbewapende baasjes de vijand zullen pakken en met hen doen wat ik wil dat ze met een vijand doen? Namelijk een langzame, gruwelijke dood bezorgen, de enige soort dood die wij kennen hier in de USSR. Dood aan de Duitsers, dood aan de fascisten, dood aan de kapitalisten, dood aan de vijanden van het volk! Mijn bloed kookt, zelfs al op deze belachelijk jeugdige leeftijd, ik ben bezeten door een hulpeloze woede. En als je vooruitspoelt naar de maagdelijke futon in mijn van kakkerlakken vergeven flatje in Brooklyn, naar het filiaal van de Strand Bookstore rond 1996, geloof me, dan ben ik nog steeds één en al afschuwelijke, ongeanalyseerde, gede-Oberliniseerde woede. Een ogenschijnlijk rustig, bedachtzaam kind, babbelziek en grappig, maar krab je het Russische laagje weg, dan stuit je op ruim tien Tartaren; geef me een hark en ik neem het op tegen de vijand die zich schuilhoudt in het dorpshuis. Ik jaag hem op als een bordercollie, ik scheur hem zo met mijn tanden aan flarden. Mijn lievelingshaan een beetje beledigen zeker! En dus: woede, opwinding, geweld en liefde. 'Lief zoontje, over een paar dagen zien we elkaar al weer,' schrijft mijn vader, en die woorden zijn waarheidsgetrouwer en droeviger dan welke andere woorden in mijn leven ook. Waarom nog een paar dagen? Waarom niet nu meteen? Mijn vader. Mijn vaderstad. Mijn Leningrad. Mijn Tsjesme-kerk. Het aftellen is al begonnen. Elk ogenblik, elke meter die ons scheidt, is ondraaglijk.

Het is 1999. Drie jaar na mijn paniekaanval in het filiaal van de Strand Bookstore. Ik ben terug in mijn Petersburg, voorheen Leningrad, voorheen Petrograd; voor het eerst in twintig jaar. Ik ben zevenentwintig. Over ongeveer acht maanden zal ik een contract tekenen voor de uitgave van een boek dat niet langer *De piramides van Praag* heet.

Maar dat weet ik nog niet. Ik leef nog steeds volgens de theorie dat ik zal mislukken in alles wat ik aanpak. In 1999 ben ik in dienst als subsidiebeoordelaar bij een liefdadigheidsinstelling in de Lower East Side, en de vrouw met wie ik het bed deel heeft een vriendje met wie ze niet het bed deelt. Ik ben teruggekeerd naar Sint-Petersburg om me te laten meeslepen door een Nabokoviaanse golf herinneringen aan een land dat niet meer bestaat, en wil zo snel mogelijk weten of in de metro nog steeds die geruststellende geur hangt van rubber, elektriciteit en ongewassen medemensen die ik me als de dag van gisteren herinner. Ik kom terug aan het einde van de wildoosttaferelen van het tijdperk-Jeltsin, als de drankgelagen van de president op de voorpagina's wedijveren met spectaculaire uitbarstingen van stedelijk geweld. Ik kom terug in wat qua uiterlijk en temperament inmiddels een derdewereldland in vrije val is, waarbij elke jeugdherinnering – en er is een erger, veel erger lot te bedenken dan een Sovjet-jeugd – wordt verpest door nieuwe werkelijkheden. In de harmonicabus vanaf het vliegveld zit tussen beide helften een gat ter grootte van een kind. Ik weet dit omdat er bijna een kind door naar buiten valt als de bus plotseling moet remmen. Nog geen uur na mijn landing heb ik een metafoor bedacht voor mijn bezoek.

Op dag vier na mijn terugkomst hoor ik dat mijn uitreisvisum – buitenlanders die Rusland bezoeken moeten een visum hebben om zowel in als uit te reizen – ongeldig is zonder een bepaald stempel. Vrijwel een derde deel van mijn thuiskomst breng ik door met het zoeken naar deze geldigverklaring. Ik word claustrofobisch tussen gigantische gebouwen uit de Stalin-tijd aan Moskovskaja Plosjtsjad, het Moskouplein, de buurt waar ik als kind gewoond heb. Ik wacht op een vrouw van een twijfelachtige visumdienst, zodat ik een hotelbediende kan omkopen met duizend roebel (destijds ongeveer vijfendertig dollar) om mijn visum op de vereiste wijze te laten waarmerken. Ik wacht op haar in de sjofele lobby van Hotel Mir, 'het slechtste hotel ter wereld', zoals ik het een paar jaar later in mijn artikel voor *Travel + Leisure* zal noemen. Hotel Mir bevindt zich overigens in dezelfde straat als de Tsjesme-kerk.

En zonder enige waarschuwing stokt de adem me in de keel.

De wereld verstikt me, het land verstikt me, mijn overjas met bontkraag beknelt me met moorddadige bedoelingen. In plaats van het 'gemberbier in mijn kop' van Tony Soprano ben ik het slachtoffer van een explosie van spawater met rum in mijn hele gezichtsveld. Op mijn spawater-met-rumbenen wankel ik naar een nieuwe McDonald's op het plein vlakbij, dat nog steeds wordt bekroond met een standbeeld van Lenin, het plein waar mijn vader en ik vroeger tussen de benen van Lenin verstoppertje speelden. In de McDonald's probeer ik een veilig heenkomen te vinden in de vlezige Midwesterse vertrouwdheid van het restaurant. Als ik Amerikaan, en dus onoverwinnelijk ben, laat me dan alstublieft nu onmiddellijk onoverwinnelijk, zijn! Laat die paniek ophouden, Ronald McDonald. Laat me weer bij m'n verstand komen. Maar de werkelijkheid glipt steeds verder van me weg terwijl ik mijn hoofd neervlei op het koude blad van een fastfoodtafel en om mij heen zwakke derdewereldkinderen met feesthoedjes op een of ander keerpunt vieren in het leven van de kleine Sasja of Masja.

Toen ik het incident in 2003 beschreef in *The New Yorker*, vermoedde ik dat 'mijn paniekaanval een gevolg [was] van de angst van mijn ouders twintig jaar eerder: de angst dat ze geen toestemming zouden krijgen om te emigreren, om te worden wat destijds een *refoesenik* heette (een benaming die leidde tot een werkloos, door de staat opgelegd vagevuur). Diep in mijn hart geloofde ik dat ik Rusland niet meer uit zou mogen. Dat dít – een eindeloos betonnen plein vol ongelukkige en agressieve mensen in afschuwelijke leren jacks – de rest van mijn leven zou uitmaken.'

Maar ik weet nu dat dat niet de waarheid was. Het ging helemaal niet om de visumstempel, het omkopen, de status van refusenik, niets van dat alles.

Want terwijl de wereld bij McDonald's om me heen draait, is er één ding waar ik nadrukkelijk niet aan probeer te denken, en dat is de vlakbij gelegen Tsjesme-kerk. Aan die 'besuikerde spitsen en kantelen'. Ik probeer niet opnieuw vijf jaar te zijn. Maar waarom niet? Kijk eens naar mij en mijn papa! We hebben iets gelanceerd tussen die torenspitsen. Ja, ik herinner het me weer. Het is een speelgoedhelikopter aan een touwtje die er zoemend tussendoor vliegt. Maar nu zit hij vast! De helikopter zit vast tussen de torenspitsen, maar we zijn nog steeds blij omdat we beter zijn dan dit, beter dan het land om ons heen! Dat moet de gelukkigste dag van mijn leven zijn.

Maar waarom raak ik dan in paniek? Waarom verdwijnt de Ativan-kalmeringstablet tussen mijn nepwitte, geïmplanteerde Amerikaanse tanden?

Wat gebeurde er tweeëntwintig jaar geleden bij de Tsjesme-kerk?

Ik wil er niet meer heen. Nee, echt niet. Wat er ook gebeurd is, ik mag er niet meer aan denken. Ik verlang hevig terug naar New York. Ik wil weer voorovergebogen zitten aan mijn gammele, tweedehands keukentafel, mijn Amerikaanse tanden zetten in de kipkoteletten à la Kiev van $1,40 per stuk, en de walgelijke, warme boter door mijn domme, kleine mondje laten sijpelen.

De matroesjka der herinnering valt uiteen in de samenstellende delen, die elk naar steeds kleiner wordende plaatsen leiden, terwijl ik almaar groter en dikker word.

Vader.

Helikopter.

Kerk.

Moeder.

Pjotr Petrovitsj Hanovitsj.

Turken op het strand.

Sovjet-leugens.

Liefde op Oberlin.

De piramides van Praag.

Tsjesme.

Het boek.

En dan sta ik opnieuw in de Strand Bookstore in Fulton Street met in mijn hand *St. Petersburg: Architecture of the Tsars*, waarvan de barokke blauwtinten van het Smolnyklooster en de kathedraal praktisch van het omslag af spatten. Ik doe het boek open en blader naar bladzijde 90. Ik blader naar die bladzijde. Ik blader weer naar die bladzijde. Ik sla het dikke papier om.

Wat gebeurde er tweeëntwintig jaar geleden bij de Tsjesme-kerk?

Nee. Laat ons dat liever vergeten. Ik blijf voorlopig liever in Manhattan, terwijl ik in de Strand Bookstore de bladzijde omsla, onschuldig en naïef, die stomme, linkse paardenstaart achter me, mijn dromen als romancier vóór me, en mijn liefde en boosheid vuurrood even gloeiend als altijd. Zoals mijn vader schreef in zijn avonturenverhaal:

Wordt vervolgd: thuis.

2.

Ziehier de Snotneus

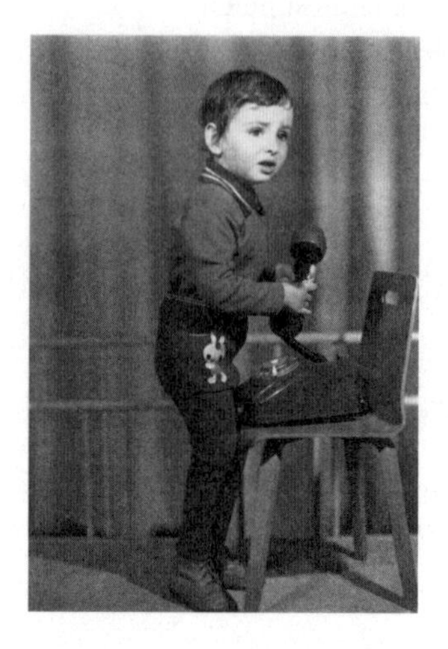

De auteur verneemt dat de rij voor de bakker niets oplevert.

GEBOORTEAKTE

IGOR SHTEYNGART

5 juli 1972

Beste ouders!

Wij feliciteren u hartelijk en delen in uw vreugde bij de geboorte van een nieuw mensenkind; een burger van de Unie van Socialistische Sovjetrepublieken en lid van de toekomstige socialistische samenleving.

Wij wensen uw gezin goede gezondheid, vriendschap en eendracht toe.

Wij zijn ervan overtuigd dat u uw zoon zult opvoeden tot een gewetensvolle harde werker en een trouwe patriot van ons geweldige moederland!

Was getekend,
Uitvoerend comité van de
Raad van Arbeidersafgevaardigden
van de gemeente Leningrad

Ik word geboren.

Mijn zwangere moeder steekt een straat in Leningrad over en een vrachtwagenchauffeur toetert naar haar, want zwangere vrouwen hoor je bang te maken. Ze grijpt naar haar buik. De vliezen breken. Ze rent naar kraamkliniek Otto op het Vasilevski-eiland, een belangrijk drijvend aanhangsel op de plattegrond van Leningrad, dezelfde geboortekliniek waar zij en haar beide zussen ter wereld zijn gekomen. (Russische kinderen worden niet geboren in volwaardige ziekenhuizen, zoals in het Westen.) Een aantal weken te vroeg floep ik uit mijn moeder, beentjes en kontje eerst. Ik ben lang en dun en lijk een beetje op een teckel in menselijke vorm, behalve dan dat ik een ongelooflijk groot hoofd heb. 'Goed gedaan!' zeggen de verplegers tegen mijn moeder. 'Je hebt het leven geschonken aan een echte *moezjiek*.' Een moezjiek, een gezette, sterke, boerse Rus, is het laatste wat ik ooit zal worden, maar wat mijn moeder steekt is dat de verplegers haar tutoyeren (*ty* in plaats van *vy*). Mijn moeder is gevoelig voor dat soort details. Ze komt uit een goede familie en is niet zomaar een jodin (*jevreika*) die je informeel kunt beledigen.

Kraamkliniek Otto. Voor een 'lid van de toekomstige socialistische gemeenschap' is dit art nouveau-achtige gebouw een van de beste plekken in de stad, misschien wel in het land, om geboren te worden. Onder mijn moeders voeten een schitterende tegelvloer met golf- en vlindermotieven; boven haar chromen kroonluchters; buiten de enorme Petrine-gebouwen van de Twaalf Colleges van de Staatsuniversiteit van Leningrad en een kalmerend bosje coniferen in het subarctische landschap. En in haar armen: ik.

Ik word hongerig geboren. Uitgehongerd. Ik kan de hele wereld wel opeten en ben onverzadigbaar. Moedermelk, gecondenseerde melk, wat me wordt aangeboden zuig ik, hap ik, slik ik. Jaren later zal ik onder de voogdij van mijn grootmoeder Polja een vetzak worden, maar voorlopig ga ik slank, mager en hongerig door het leven.

Mijn moeder is zesentwintig, en volgens de maatstaven van die tijd is dat oud om moeder te worden. Mijn vader is drieëndertig en halverwege zijn bestaan als man volgens de plaatselijke levensverwachting. Mijn moeder geeft pianoles op een kleuterschool, mijn vader is werktuigbouwkundig ingenieur. Ze hebben een appartement van ongeveer vijfenveertig vierkante meter met een balkon in het centrum van Leningrad, wat hen in een bevoorrechte positie plaatst; althans relatief, want veel bevoorrechter dan we ooit zullen zijn in de Verenigde Staten, zelfs als we in de late jaren tachtig een klein pand in koloniale stijl bewonen in Little Neck, Queens.

Wat ook waar is, en wat me bijna mijn hele leven kost om te begrijpen, is dat mijn ouders te veel van elkaar verschillen om een succesvol huwelijk te hebben. De Sovjet-Unie wordt verondersteld een klasseloze maatschappij te zijn, maar mijn vader is een dorpsjongen uit een moeilijke familie, en mijn moeder komt uit de culturele middenklasse van Petersburg, een klasse die wel haar eigen problemen heeft maar die in vergelijking belachelijk gering zijn. Voor mijn moeder is mijn vaders familie woest en provinciaal. Voor mijn vader is de hare aanmatigend en hypocriet. En geen van beiden heeft ongelijk.

Mijn moeder heeft een half Joods uiterlijk wat, gegeven de tijd en de plaats, te Joods is, maar ze is mooi op een compacte, praktische manier, met een kleine bijenkorf van haar boven een bezorgd gezicht en altijd een glimlach om haar mondhoeken, een glimlach die ze meestal bewaart voor familie. Leningrad is haar stad, zoals New York binnen korte tijd ook haar stad zal zijn. Ze weet waar zo nu en dan kipkoteletten en broodjes vol dikke room te koop zijn. Ze draait elke kopeke twee keer om, en als de kopeken in New York veranderen in centen, draait ze die nog vaker om. Mijn vader is niet lang, maar hij is knap op een sombere Levantijnse manier, en hij verzorgt zijn uiterlijk goed. Want voor hem is de fysieke wereld de enige ontsnapping aan een geest die constant met zichzelf bezig is. Bij mijn eigen huwelijk vele jaren later zal menig persoon schertsend opmerken dat het vreemd mag heten dat zo'n knap stel mij kan hebben voortgebracht. Volgens mij zit daar een kern van waarheid in. Het bloed van mijn ouders heeft zich in mij niet goed vermengd.

Vaders worden niet toegelaten in kraamkliniek Otto, maar in de tien dagen dat we van elkaar gescheiden zijn, wordt mijn vader getroffen door het scherpe (hoewel niet bepaald unieke) besef dat hij niet langer alleen op de wereld is en dat hij bij me hoort te zijn. In mijn eerste jaren op aarde drukt hij die gevoelens, laten we ze liefde noemen, met grote vaardigheid en vastberadenheid weg. De andere aspecten van zijn leven, een overwegend saaie carrière waarin hij in de beroemde LOMO-fotografiefabriek grote telescopen bouwt, zijn niet uitgekomen droom om professioneel operazanger te worden, verdwijnen als sneeuw voor de zon zodra hij het gebroken kind in zijn armen probeert te repareren.

Hij zal snel moeten zijn!

In kraamkliniek Otto worden baby's nog vrolijk ingebakerd, en de teckelvormige ik krijgt een reusachtige blauwe strik (*bant*) om zijn nek. Tegen de tijd dat de taxi vanaf de kraamkliniek stilhoudt bij ons appartement, zijn mijn longen bijna leeg gekrijst en is mijn grote hoofd bijna net zo blauw als de verstikkende strik om mijn nek.

Ik word gereanimeerd, maar de volgende dag begin ik te niezen. Mijn bezorgde moeder (laten we het aantal keren tellen dat in dit boek de woorden 'bezorgd' en 'moeder' vlak na elkaar voorkomen) belt de plaatselijke polikliniek en eist dat er een zuster langskomt. De Sovjeteconomie is in omvang een vierde van de Amerikaanse, maar artsen en verpleegsters komen nog steeds op huisbezoek. Er verschijnt een gezette vrouw aan de deur. 'Mijn zoon niest, wat moet ik doen?' vraagt mijn moeder hyperventilerend.

'Dan moet u zeggen: "Gezondheid",' gelast de zuster haar.

De volgende dertien jaar – totdat ik een stoer pak aantrek voor mijn bar mitswa in de Congregation Ezrath Israel in de Catskill Mountains – zal ik lijden aan astma. Mijn ouders zijn doodsbang, en ik vaak ook.

Maar ik word ook omgeven door het vreemde, zalige besef dat ik een ziekelijk kind ben, het gezellige ervan, het veilige gevoel dat ik me kan verstoppen in een fort van kussen en dekbedden en gewatteerde dekens; o, die waanzinnig dikke Sovjet-donsdekens waar altijd de Oezbeekse katoenen vulling uit puilt. De radiatoren stralen gettohitte uit, maar ook mijn eigen muffe kinderlijke warmte herinnert me eraan dat ik besta en meer ben dan alleen maar een verpakking voor het slijm in mijn longen.

Is dat mijn vroegste herinnering?

De vroegste jaren, de belangrijkste jaren, zijn de linkste. Het kost tijd om tevoorschijn te komen uit het niets.

Hier volgt wat ik me méén te herinneren.

Mijn vader of moeder, de hele nacht wakker, houdt mijn mond open met een eetlepel zodat ik niet stik van de astma, zodat er lucht in mijn longen komt. Moeder, lief, bezorgd. Vader, lief, bezorgd, maar bedroefd. Een dorpsmens, een kleine maar gezette moezjiek, in de weer met een niet-functionerend wezen. De oplossing van mijn vader voor de meeste problemen is in een koud meer springen, maar we hebben hier geen meer. Hij houdt zijn warme hand in mijn nek en streelt vol genegenheid de fijne haartjes daar, maar hij kan nauwelijks zijn frustratie verbergen als hij zegt: '*Ach, ty, Sopljak.*' Hé, jij, Snotneus. In de jaren daarna, als we beseffen dat de astma niet weggaat, worden de boosheid en teleurstelling in die uiting meer uitgesproken, zie ik zijn opgekrulde dikke lippen en hoor ik dat de zin in zijn samenstellende delen uiteenvalt:

Hé.
Zucht.
Jíj.
Hoofdschudden.
Snotneus.

Maar ik ben nog niet dood! De honger in mij is sterk. En vooral naar vlees. 'Dokters *kolbasa*', een zachte, Russische surrogaat mortadella; daarna, als ik tanden heb, *vetsjina*, of Russische ham, en *boezjenina*, taai, koud, gebakken varkensvlees waarvan de smaak urenlang op je tong achterblijft. Die voedingsmiddelen zijn niet gemakkelijk te verkrijgen; zelfs het vooruitzicht van stinkende vis van een week oud drijft honderden mensen in de rij die helemaal de hoek onder de flat omgaat de roze ochtendlucht in. Het optimisme van de 'dooi' onder post-Stalin-leider Chroestjov is allang voorbij, en onder het steeds hardere bewind van de komisch sukkelende Leonid Brezjnev begint de Sovjet-Unie aan de snelle afdaling naar de non-existentie. Maar ik hunker naar mijn vlees samen met diverse theelepels *sgoesjtsjonka*, gecondenseerde melk, in de iconische blauwe blikjes. 'Melk, volle, gecondenseerd, met suiker' zijn misschien de eerste vijf Russische woorden die ik probeer te lezen. Na de zware nitriet in de kolbasa word ik gezegend door een vleug van deze zoetigheid, verstrekt door mijn moeder. En elke liefdesuiting bindt me zelfs nog steviger aan haar, aan hen, en elke daaropvolgende vorm van verraad en misrekening bindt me steviger aan hen. Dit is het schoolvoorbeeld van het klef-intieme Russisch-Joodse gezin, maar het is niet alleen typerend voor onze etniciteit. Hier in de USSR, met onze beperkte vrijheden, de kolbasa van de dokter en het beperkte aanbod aan gecondenseerde melk, wordt het alleen maar versterkt.

Ik ben een nieuwsgierig kind, en niets wekt mijn nieuwsgierigheid meer op dan het stopcontact. Het spannendste avontuur voor mij is om mijn vingers in die twee uitgesleten gaatjes te stoppen (Freudianen, let op!) en de schok te voelen van iets wat nog levendiger is dan ik. Mijn ouders beweren dat in het stopcontact *Djadja Tok*, ofwel Oom Elektrisch, woont, een slecht mens die mij pijn wil doen. *Djadja Tok* behoort samen met mijn vleesvocabulaire (vetsjina, boezjenina, kolbasa) en *Sopljak* (Snotneus) tot de eerste woorden in de machtige Russische taal die ik leer. Verder is er mijn woeste uitroep '*Jobtiki mat*!', een kinderlijke verbastering van '*Job tvojoe mat*', ofwel 'Neuk je moeder', wat volgens mij een rake typering is voor de verstandhouding tussen mijn ouders en hun beider families.

Mijn honger en nieuwsgierigheid houden gelijke tred met mijn bezorgdheid. Het duurt nog vijf jaar voordat ik de dood leer zien als het einde van het leven, maar doordat ik niet kan ademen, heb ik al vroeg een aardig beeld. Door het gebrek aan lucht word ik zenuwachtig. Is dat niet elementair? Je ademt in en dan adem je weer uit. Daar hoef je geen genie voor te zijn. En ik doe mijn best. Maar het lukt niet. Het mechanisme kraakt en piept tevergeefs in me. Ik ken geen andere kinderen, ik kan me dus niet met hen vergelijken, maar ik weet wel dat ik als jongen verkeerd in elkaar zit.

En hoe lang zullen de beide wezens die mijn mond met een eetlepel openhouden dat nog blijven doen? Ik merk dat ze er vreselijk onder lijden.

Er is een foto van mij toen ik een jaar en tien maanden was, die genomen is in een fotostudio. Ik heb een kindertrainingsbroek aan met het silhouet van een stripkonijn op de zakken, ik heb een telefoon in mijn hand (de fotostudio toont met trots dit staaltje geavanceerde Sovjet-technologie), en ik sta op het punt in janken uit te barsten. De uitdrukking op mijn gezicht is als die van een moeder die in 1943 zojuist een noodlottig telegram vanaf het front heeft ontvangen. Ik ben bang voor de fotostudio. Ik ben bang voor de telefoon. Ik ben bang voor alles buiten ons appartement. Bang voor de mensen met hun grote bontmutsen. Bang voor de sneeuw. Bang voor de kou. Bang voor de hitte. Bang voor de plafondventilator, waar ik met een dramatisch vingertje naar wijs, waarna ik begin te huilen. Bang voor elke hoogte hoger dan mijn ziekbed. Bang voor Oom Elektrisch. 'Waarom was ik zo bang voor alles?' vraag ik mijn moeder veertig jaar later.

'Omdat je als Jood geboren bent,' zegt ze.

Misschien. Het bloed dat door mijn aderen stroomt is voornamelijk

Yasnitsky (van moederskant) en Shteyngart (van vaderskant), maar de verpleegsters in kraamkliniek Otto hebben ook 10, 20, 30, 40 cc van Stalin, Beria, Hitler en Göring toegevoegd.

Er is nog een woord: *tigr*. Mijn kinderjaren worden niet opgeluisterd door speelgoed of wat tegenwoordig educatieve leermiddelen genoemd worden, maar ik heb wel mijn tijger. Het gebruikelijke cadeau in 1972 voor een jonge moeder in Rusland is een stapel katoenen luiers. Als de collega's van mijn moeder horen dat ze in een van de chique nieuwe panden aan de Neva woont – tegenwoordig lijken die gebouwen op iets uit een achterstandswijk in Mumbai, met provisorisch bevestigde houten balkons in tal van kleuren – beseffen ze dat luiers niet voldoende zijn. En dus zamelen ze de benodigde achttien roebel in om een luxe cadeau te kopen, een knuffeltijger. Tijger is vier keer zo groot als ik, heeft precies de goede kleur oranje, zijn snorharen zijn zo dik als mijn vingers en zijn blik zegt me: ik wil je vriendje zijn, kleine Snotneus. Ik kan over hem heen klimmen met alle acrobatiek die een ziek jongetje kan opbrengen, zoals ik ook nog vele jaren over de borst van mijn vader zal klimmen, en net als bij mijn vader trek ik Tijger aan zijn ronde oren en knijp hem stevig in zijn ronde neus.

Er zijn nog meer herinneringen die ik graag wilde vangen en aan jullie laten zien, als ik maar sneller was met mijn netje. Onder toezicht van Polja, mijn grootmoeder van vaderskant, val ik uit de kinderwagen en land met mijn hoofd op het asfalt. Dit leidt tot leer- en coördinatieproblemen die tot op de dag van vandaag merkbaar zijn (als u me ziet rijden op Route 9G, kijk dan goed uit!). Ik leer lopen, maar zonder enig zelfvertrouwen. Tijdens een vakantie in het naburige Letland strompel ik een kippenren binnen, ik steek mijn armen uit en buk om een kip te omhelzen. Tijger is altijd lief voor me geweest, dus zo'n klein kleurrijk beestje zal ook wel meevallen. De Letse kip schudt haar halskwab, doet een stap naar voren en pikt me. Wellicht uit politieke motieven. Pijn, verraad, huilen en tranen. Eerst is het Oom Elektrisch, en nu Baltisch pluimvee. De wereld is wreed en onverschillig, en alleen je eigen familie is te vertrouwen.

En dan komen de herinneringen aanstromen. En ik word degene die ik altijd voorbestemd was te zijn, dat wil zeggen: een verliefde jongen. Vijf jaar oud en smoorverliefd.

Hij heet Vladimir.

Maar dat moet nog even wachten.

3.

Ik ben nog steeds de grootste

Een familiealbum

Oekraïne, 1940. De vader van de auteur, onderste rij tweede van links, op schoot bij de grootmoeder van de auteur. Vrijwel alle anderen zullen binnenkort sterven.

Thanksgiving 2011. Een klein huis met drie verdiepingen in koloniale stijl in Little Neck, Queens. Wat een superklassenbewuste Brit 'midden-midden-*midden*klasse' zou noemen. Mijn kleine familie zit om een spiegelende tafel van oranje mahoniehout – product van het Roemenië van Ceauşescu en tegen alle gezonde verstand in vanuit Leningrad hierheen gesleept – waarop mijn moeder zo dadelijk een vochtige, knoflookrijke kalkoen zal serveren die ze tot het moment van serveren onder huishoudfolie heeft laten sudderen, als dessert zo'n tien matzes met liters room en amarettolikeur en een emmer met aardbeien. Waar mijn moeder op mikt is volgens mij een millefeuille, wat in het Russisch een *tort Napoleon* heet. Het resultaat is een losjes op paasbrood gebaseerd soort gebak, dat ze uit eerbied voor de oorsprong graag 'Franse' noemt.

'Maar het allerlekkerste zijn de frambozen, want die heb ik zelf gekweekt!' roept mijn vader. In onze familie worden geen punten gegeven voor stilte of plechtigheid; in deze *misjpooche* wil iedereen voortdurend de microfoon hebben. Hier zitten we dan, een stam van gekwetste narcisten die smeken om gehoord te worden. Als er ook maar één iemand is die echt luistert, dan ben ik het, en niet omdat ik van mijn ouders houd (en ik houd verschrikkelijk veel van ze), maar omdat dat mijn taak is.

Mijn vader rent op mijn neef af, doet alsof hij hem in de maag stompt en roept: 'Ik ben nog steeds de grootste!' De grootste zijn is belangrijk voor hem. Toen hij een aantal jaren geleden op zijn zeventigste verjaardag flink aangeschoten was, nam hij mijn toenmalige vriendin (inmiddels mijn vrouw) mee naar zijn moestuin en gaf haar zijn grootste komkommer. 'Als herinnering aan mij' – hij knipoogde en vervolgde – 'Ik ben groot. Mijn zoon is klein.'

Tante Tanja, de zus van mijn moeder, ratelt maar door over prins Chemodanin die, daarvan is ze overtuigd, een van onze voorvaderen is. Een *chemodan* is een koffer in het Russisch. Volgens tante Tanja was Prins Koffer een van de illustere figuren uit het oude Rusland: een trouw brievenschrijver aan zijn collega-prins Leo Tolstoj (hoewel Tolstoj zelden terugschreef), een denker, een estheet, en ook – toe maar, waarom ook niet – een baanbrekend arts. Mijn neef, haar zoon, die altijd beweert dat hij rechten gaat studeren (ik zei op zijn leeftijd ook altijd dat ik rechten ging studeren), die ik echt graag mag en om wie ik me ook zorgen maak, praat opgewonden en in volmaakt Engels en verwarrend Russisch over de vooruitzichten van de vrijheidsgezinde kandidaat Ron Paul.

'Wij zijn een goede, normale familie,' verklaart mijn moeder plotseling tegenover mijn verloofde. 'En Prins Koffer was natuurlijk een uitmuntend arts,' voegt tante Tanja daaraan toe, terwijl ze met een theelepel de 'Franse' van mijn moeder aanvalt.

Ik ga bij mijn vader op de bank in de woonkamer zitten, waar hij beschutting zoekt tegen de grote familie. Om de paar minuten valt tante Tanja binnen met haar camera en roept: 'Kom, dichter bij elkaar! Vader en zoon, oké? Vader en zoon!'

Mijn vader maakt een depressieve en gekrenkte indruk, meer zelfs dan anders. Ik weet dat ik vandaag niet uitsluitend de bron van zijn sombere bui ben. Mijn vader is erg trots op zijn fysiek en kritisch op de mijne, maar op deze Thanksgiving Day ziet hij er niet zo graatmager en atletisch uit als anders. Hij heeft een grijze baard en is slank, absoluut niet dik – hij heeft een passend lichaamsgewicht voor een drieënzeventigjarige man die geen Birmese boer is. Eerder had de vader van de man van mijn nicht Victoria, een van de weinige Amerikanen die de geheel Russische samenstelling van mijn familie gelukkig hebben verdund, hem in zijn maag geprikt met de woorden: 'Leg je een voorraadje aan voor de winter, Semjon?' Ik wist dat mijn vader die belediging zwijgend zou incasseren en hem binnen twee uur tot woede zou transformeren ('Ik ben nog steeds de grootste!'), de woede en humor die onze belangrijkste erfgoed zijn.

De etnische kabel-tv staat aan, met reclame voor obscure tandartsen in Brooklyn en nieuwe bruiloftszalen die zich uitsloven een zo vrolijk mogelijke indruk te wekken. Ik voel de blik van mijn vader in mijn rechterschouder priemen. Ik kan die blik vanaf bijna elke afstand op aarde inschatten.

'Ik ben niet bang voor de dood,' merkt hij ongevraagd op. 'God houdt een oogje op me.'

'Hm,' mompel ik. Er begint een nieuwe Russische soapserie die zich afspeelt in de Stalin-tijd, en ik hoop dat ons gesprek daardoor een andere wending zal nemen. Toen we pas in Amerika waren nam mijn vader me vaak mee op lange wandelingen door de beboste Kew Gardens in Queens en probeerde me de geschiedenis van de Russisch-Joodse verhoudingen te leren door middel van een aantal karakterschetsen die hij 'De planeet van de jids' noemde. Steeds als ik zie dat hij in het zwarte gat van de depressie tuimelt, dat steevast volgt op gewelddadig of fallisch gedrag van hem, begin ik met hem over het verleden waarin geen van ons beiden schuld heeft aan wat dan ook.

'Dit is interessant,' zeg ik over de tv-show op mijn beste Amerikaanse 'Hé-zullen-we-vriendjes-zijn'-toon. 'In welk jaar is dit opgenomen, denk je?'

'Ik wil niet dat je namen noemt van familieleden van mij in dat boek dat je aan het schrijven bent,' zegt mijn vader.

'Dat doe ik ook niet.'

'En schrijf niet als een Jood vol zelfhaat.'

Luid gelach uit de eetkamer: mijn moeder en haar zus hebben ouderwetse lol. In tegenstelling tot mijn vader, die enig kind was, kwamen mama en tante Tanja uit een redelijk groot gezin met drie dochters. Tanja kan overdreven lief zijn en heeft de vreemde Amerikaanse overtuiging dat ze op de een of andere manier heel bijzonder is, maar in elk geval komt ze niet depressief over. Mijn moeder heeft de beste sociale vaardigheden van het hele stel, ze weet altijd precies wanneer ze mensen in haar wereldje moet halen en wanneer ze ze weer moet verstoten. Als ze in het juiste tijdsgewricht geboren was in het Amerikaanse Zuiden, denk ik dat ze het er goed van af had gebracht.

'*Da, posjol on na choei!*' schreeuwt Tanja, de jongste, boven de herrie van de televisie uit. 'Ja, laat hem naar de lul lopen!' En mijn moeder lacht het ondeugende lachje van het middelste kind; ze is zo blij dat haar zusje in Amerika is en ze iemand heeft om *choei* en *job* en *bljad* tegen te zeggen. Hun zeven jaar durende scheiding – Tanja mocht Rusland pas verlaten nadat Gorbatsjov aan de macht was gekomen – was ondraaglijk voor mijn moeder. En omdat ik in mijn jeugd een soort stemvork was voor de angsten, teleurstellingen en vervreemding van mijn ouders, was dat voor mij ook ondraaglijk.

'Ik heb geen vrienden,' zegt mijn vader als reactie op het gelach uit de eetkamer. 'Die mogen hier niet komen van je moeder.' Het eerste is zeker waar. Bij het tweede heb ik mijn vraagtekens.

'Waarom niet?' vraag ik.

Hij antwoordt niet. Hij zucht. Hij zucht zoveel dat hij volgens mij zonder het te weten zijn eigen vorm van kabbalistische meditatie beoefent. 'Nou, God zij met haar.'

Naast mijn vader ligt een videoband getiteld *Immigratie: Bedreiging voor de samenhang van onze Statenbond: Deel* II*: Verraad en ontrouw in Amerika*, geproduceerd door een organisatie genaamd American Patrol in Sherman Oaks, Californië. (Waarom is extreem rechts toch zo dol op dubbele punten?) Ik vraag me af wat de schietgrage leden van de American Patrol van mijn vader zouden vinden: een uitkeringstrekkende, op Osama bin Laden lijkende Semiet op de bank in een etnische wijk in Queens, met een eetkamer die naar immigrantenvis ruikt, in een huis geflankeerd door een Koreaans gezin aan de ene kant en een Indiase clan aan de andere.

'Wij leiden verschillende levens,' zegt mijn vader scherpzinnig. 'En daar word ik verdrietig van.'

Ik word er ook verdrietig van. Maar wat doe je ertegen? Ik was vroeger toeschietelijker tegen mijn vader, met als gevolg dat ik een hekel aan hem had. Nu weet ik precies hoeveel pijn ik hem kan toebrengen, en ook effectief toebreng, met elk boek dat ik publiceer en waarin ik niet de loftrompet steek over de staat Israël, met elk radioprogramma waarin ik niet in één adem genoemd word met zijn roemruchte God. Zou ik er dood aan gaan, bedenk ik, als ik nu gewoon tegen hem zeg: *Jij bent nog steeds groot, papa?*

Ik ben klein en zal dat altijd blijven, en jij bent groot.

Zou dat alles goedmaken tussen ons? Daar zat hij aan de eettafel voordat de depressie toesloeg, opgetogen door de familiale sfeer en een beetje wodka. Hij rende op me af om me als eerste te bedienen; royaal de paddenstoelensoep met extra veel ui opscheppend die hij altijd speciaal voor mij maakt. 'Zure room?' vraagt hij. 'Brood? Wodka? Komkommer?' Ja, ja en ja, papa. Wat hem betreft bestaat de rest van de tafel niet.

'Hij houdt ontzettend veel van jou,' zei een vriendinnetje dat ooit bij ons kwam eten, 'maar hij weet niet hoe hij het moet tonen. Alles wat hij doet komt er op de een of andere manier verkeerd uit.'

Ik wil bij hem blijven en hem opvrolijken. Ik wil samen met hem de Russische tv-serie helemaal uitzien. De laatste komkommer opeten en de soep boordevol paddenstoelen die hij zelf heeft geplukt in een donker bos in de provincie. 'Veertig dollar per paddenstoel betaal je er in de winkel voor!' roept mijn moeder tegen mijn neef, die niets neemt van de compacte zwammenbrij. 'En hij eet er geen hap van!'

Ik wil familie hebben. Ik wil lachen, en ik wil ook tot zwijgen gebracht worden door tante Tanja's postmoderne laten-we-dit-maar-even-doen-dan-kunnen-we-het-tenminste-op-een-zuipen-zetten-toast voor Thanksgiving: 'God zegene Amerika, of zo.'

Ik wil erbij zijn als mijn moeder, die meestal alles zo goed onder controle heeft, zich drie keer in haar vingers snijdt bij het bereiden van haar 'Franse'. Trillen haar handen? Is ze slechter gaan zien? Ze ziet er moe uit vandaag. Zal ze zich op tijd herstellen voor de manische opruimwoede en bezorgdheid die haar tot diep in de nacht zal vergezellen? Houdt God nog een oogje op ons?

Ik wil mijn ogen dichtdoen en een deel van de overvloed aan waanzin om de tafel voelen wervelen, omdat die waanzin ook op mijn schouders is neergedaald.

Maar ik wil ook naar huis. Naar Manhattan. Naar het zorgvuldig ingerichte, volstrekt onschuldige flatje waarin ik wil laten blijken dat het verleden de toekomst niet is, dat ik een onafhankelijk mens ben. Dit is het credo dat ik voor mezelf heb bedacht: Dag Een. Een nieuwe start. Houd razernij in bedwang. Probeer de razernij los te koppelen van de humor. Lach om dingen die niet voortkomen uit pijn. Jij bent hen niet. Hij is jij niet. En elke dag, in of buiten de aanwezigheid van mijn ouders, blijkt mijn credo volstrekte bullshit te zijn.

Het verleden achtervolgt ons. In Queens, in Manhattan, schaduwt het ons, stompt het ons in de maag. Ik ben klein en mijn vader is groot. Maar het verleden, dat is het grootst.

Ik zal beginnen met mijn achternaam: Shteyngart. Een Duitse naam waarvan de idiote Russische en vervolgens geamerikaniseerde spelling – een tranentrekkende opeenhoping van medeklinkers (een 'i' tussen de 'h' en de 't' en je krijgt 'Shit') en algehele onaantrekkelijkheid – mij al heel wat hoon heeft opgeleverd. 'Meneer, eh, ik kan dit niet uitspreken... Shit... Shit... Shitfart?' giechelt het lieve meisje uit Alabama van de receptie. 'Is een eenpersoonsbed goed?'

Wat dacht je zelf, schat? wil ik zeggen. Denk je dat er iemand naar bed wil met een Shitfart?

Mijn hele leven al probeer ik dat fout gespelde 'Shteyngart' niet te beschouwen als een bijtend afvalproduct van de geschiedenis. De correcte naam moest zijn Steingarten, ofwel Steengaarde, en schitterender zen kan een Duits-Joodse naam niet zijn, een naam die een serene rust en vrede suggereert die geen van mijn Joodse voorouders ooit hebben ervaren in hun korte, explosieve leven. Steengaarde. Ja doei.

Onlangs hoorde ik van mijn vader dat wij eigenlijk helemaal niet Shteyngart heten. Een verschrijving door een Sovjet-ambtenaar, een dronken notaris, een half geletterde commissaris, wie zal het zeggen, maar eigenlijk ben ik Gary Shteyngart niet. Mijn familienaam is... Steinhorn, Steenhoorn. Hoewel ik geboren ben als Igor – mijn naam werd in Amerika veranderd in Gary om een paar extra afranselingen te voorkomen – had mijn Leningradse geboorteakte Burger Igor Steenhoorn in deze wereld moeten verwelkomen. Dertig jaar lang ben ik me er duidelijk niet van bewust geweest dat mijn lot eigenlijk was om door dit leven te gaan als een Beierse pornoacteur, maar er dienen zich nog andere vragen aan. Als ik noch Gary noch Shteyngart heet, waarom noem ik mezelf dan Gary Shteyngart? Is elke cel in mijn lichaam soms een historische leugen?

'Schrijf niet als een Jood vol zelfhaat,' fluistert mijn vader me in het oor.

De Steenhoorns wonen in de Oekraïense stad Chemirovets, waar mijn grootvader van vaderskant zonder duidelijke reden in de jaren twintig van de twintigste eeuw werd vermoord. De grootmoeder van mijn vader moest in haar eentje voor zichzelf en een gezin van vijf kinderen zorgen. Er was niet genoeg te eten. Zij die konden trokken naar Leningrad, de voormalige hoofdstad van het keizerlijke Rusland en de op een na belangrijkste stad nadat de bolsjewieken van Moskou de hoofdstad hadden gemaakt. Daar gingen de meesten van hen ook dood. Ze waren een diepgelovige familie, maar dat namen de Sovjets hun eveneens af, voordat ze hun het schamele dat resteerde afpakten.

Aan moederskant woonde de familie van mijn vader, de Millers, in het nabijgelegen Oekraïense dorp Orinino, met een bevolking van ongeveer duizend zielen. Mijn vader bezocht Orinino in de jaren zestig, en hij trof er een handvol gastvrije Joden aan met wie hij over de genocide kon praten, maar zelf ben ik nooit op een *sjtetl*-pelgrimage geweest. Ik stel me een stadje voor dat nooit pech heeft gehad, simpelweg omdat het geluk nooit de rug heeft toegekeerd; een postagrarisch, post-Sovjetdorp, huizen met gepotdekselde muren waarvan grote stukken ontbreken, vrouwen die tobbes gelig water halen bij een plaatselijke pomp, een man die een Zuid-Koreaanse videorecorder vervoert in een ezelkar, een suffige haan die over een hoofdstraat strompelt – die onvermijdelijk Leninstraat of Sovjetstraat heet – naar dat heuveltje buiten de stad waar alle Joden veilig zijn begraven in een mooi, lang massagraf zodat ze nooit meer iemand kunnen lastigvallen met dat rare Jiddisch van hen, hun strenge kleding en koosjere slagerijen. Maar dat is slechts de verbeelding van een schrijver. Misschien is het helemaal niet zo. Misschien.

Naast Miller en Steenhoorn zijn de andere achternamen die voorkomen in dit familiedrama: Stalin en Hitler. Terwijl ik mijn familieleden hier stuk voor stuk beschrijf, dient u niet te vergeten dat ik hen ook naar hun graf begeleid en dat ze waarschijnlijk op de vreselijkst denkbare manier aan hun einde komen.

Maar daarvoor hoeven ze niet te wachten op de Tweede Wereldoorlog. In de jaren twintig al lopen de goede tijden gestadig ten einde. Terwijl mijn overgrootvader Steenhoorn wordt vermoord in één deel van Oekraïne, wordt overgrootvader Miller vermoord in een ander deel. De Millers zijn geen arme familie. Hun belangrijkste bron van inkomsten is een van de grootste panden in de stad, waar ze een herberg van hebben gemaakt. Boeren en kooplui die naar de plaatselijke markt komen, brengen hun paarden en ossen onder bij mijn overgrootouders. Ze zijn waarschijnlijk veruit de rijkste nazaten van die kant van de familie, totdat ik bijna honderd jaar later, in 2013, een Volvo lease. Als overgrootvader Miller op een bitterkoude Oost-Europese avond naar huis rijdt met erg veel Joods geld in zijn zadeltas, wordt hij overvallen en vermoord door een van de vele roversbendes die in de chaos na de Revolutie van 1917 vrij spel hebben in Oekraïne. De Millers zijn op slag geruïneerd.

Om het mogelijk te maken dat ik geboren word, moeten alle vier de takken van mijn familie eerst in Leningrad terechtkomen en hun dorpen en stadjes inruilen voor dat sombere, met kanalen doorsneden stadslandschap. Dat gaat als volgt.

In 1932 bepaalt Stalin dat de inwoners van Oekraïne zo'n beetje fokking dood moeten hongeren, wat leidt tot de vernietiging van naar schatting zes tot zeven miljoen burgers, christenen, Joden, iedereen die een maag heeft die niet gevuld kan worden met rogge. Mijn overgrootmoeder stuurt haar uitgehongerde zevenjarige dochter Fenja naar een weeshuis in Leningrad. Fenja en mijn grootmoeder behoren tot drie van de negen kinderen Miller die de Tweede Wereldoorlog zullen overleven. Sommigen sterven aan het front tegen de binnenvallende Duitse troepen; sommigen sterven door toedoen van ss'ers en hun Oekraïense collega's; minstens een van hen zal, aangrijpend genoeg, 'haar verstand verliezen', volgens mijn vader, en overlijden voordat de oorlog goed en wel is begonnen.

Polina, of baboesjka (oma) Polja, zoals ik haar kende, arriveert in de jaren dertig op haar veertiende in Leningrad. In drie romans heb ik met enige kennis van zaken geschreven over de ervaringen van immigranten in de laatste jaren van de twintigste eeuw. Maar mijn ouders kwamen goed opgeleid en voorzien van diploma's naar dit land en waren vastbesloten de wereldtaal Engels onder de knie te krijgen. Wat mijzelf betreft, ik was pas zeven en verwachtte als een razende te slagen in een land dat wij als magisch beschouwden, maar waarvan de bevolking niet echt snugger op ons overkwam.

Maar in de jaren dertig is mijn oma Polja een echte immigrant. Ze komt naar Leningrad als Jiddisch en Oekraïens sprekende tiener, zonder kennis van het Russisch of het leven in de stad. Op de een of andere manier slaagt ze erin toegelaten te worden tot de Technische Kweekschool, een tweejarige opleiding, waar een aardige docent zich over haar ontfermt en haar helpt de taal van Poesjkin en Dostojevski meester te worden. Ik heb altijd gedacht dat mijn beide grootmoeders hinder ondervonden van het verafschuwde Jiddische accent – de Ghhhh-klank in plaats van de harde Russische RRRRRRR –, maar als ik er tegen mijn vader over begin, zegt hij nadrukkelijk: 'Je oma heeft nóóit een Joods accent gehad.' Maar telkens als ik probeer te pronken met mijn moeizaam geperfectioneerde Engels, telkens als mijn nieuwe taal als water uit me vloeit, denk ik aan haar.

Na de kweekschool wordt oma tewerkgesteld in een weeshuis in een voorstad van Leningrad, dat eufemistisch een kindertehuis (*detskii dom*) wordt genoemd. Stalins Grote Zuivering, een politiek bloedvergieten dat nauwelijks zijn gelijke kent in de geschiedenis van de mensheid, is op haar hoogtepunt, en een aantal van de beste mensen in de Sovjet-Unie worden in koelen bloede doodgeschoten of in treinen gepropt en naar werkkampen in het oosten afgevoerd. Andere goede mensen mogen thuis doodhongeren. De kinderen van de gemartelden of doden worden vaak naar de 'kindertehuizen' gestuurd die als paddenstoelen uit de grond schieten, en op haar zeventiende is oma Polja al werkzaam als docent en als ordehandhaver. Op haar twintigste is ze onderdirectrice van het weeshuis. Ze is spijkerhard zoals alleen de dochter van een vermoorde Joodse herbergier dat kan zijn, maar als ik, haar kleinzoon, getuigenis mag afleggen van een feit dat absoluut boven elke twijfel verheven is, dan is het dit: ze was dol op kinderen.

Terwijl mijn grootmoeder went aan het leven in de grote stad, komt met de grote exprestrein van het Oekraïense platteland naar Leningrad mijn grootvader mee, Isaac Steenhoorn, die inmiddels Shteyngart is gaan heten. Opa Isaac komt uit een dorp vlak bij dat van oma Polja, en de warme, vochtige banden van het Jodendom brengen hen in 1936 tezamen in de koude, keizerlijke hoofdstad. Ongeveer vijfenvijftig jaar later maak ik deel uit van een werkgroep in Oberlin College. Ons kleine klasje, dat een totaalbedrag van 1.642.800 dollar aan collegegeld vertegenwoordigt, bespreekt plichtsgetrouw de beproevingen van die geheimzinnige maar glorieuze arbeidersklasse waar we zoveel over hebben gehoord, maar wat ik me niet realiseer is dat mijn opa Isaac een goudeerlijke arbeider was, en dat ik derhalve de kleinzoon van een goudeerlijke arbeider ben.

In de late jaren dertig werkt Isaac in een leerfabriek in Leningrad, waar hij voetballen, volleyballen en riemen maakt. Hij is autodidact en socialist, hij houdt van zingen, boeken en oma Polja. Uit die liefde wordt in 1938 mijn vader Semjon geboren, een jaar en tien dagen voordat het Molotov-Ribbentroppact wordt getekend tussen de Sovjet-Unie en Nazi-Duitsland.

De wereld rondom de nieuwe Sovjet-burger Semjon Shteyngart staat op het punt zichzelf in brand te steken.

'*Oni menja ljoebili kak tsjorti*,' zegt mijn vader over die paar kortstondige jaren toen allebei zijn ouders nog in leven waren. *Ze hielden van me als duivels*. Het is een charmante uitspraak van een man die zich à la Saul Bellow heen en weer beweegt tussen depressie, woede, humor en vreugde. Zijn uitspraak is ook niet te verifiëren. Hoe zou hij zich dat namelijk kunnen herinneren? Laten we het er dus op houden dat het een overtuiging is, en dan ook nog een bijna heilige overtuiging. En hoeveel genade hem ook ten deel viel in die paar jaar voordat de eerste Duitse pantserdivisies de grens overstaken, ik neem die overtuiging over.

'Als de oorlog er niet geweest was,' zegt mijn vader, 'zouden mijn ouders twee, misschien wel drie kinderen hebben gehad.' Heel soms vallen de verschillen tussen ons net zo snel weg als de verdediging van de Sovjet-Unie op 22 juni 1941. Net als mijn vader ben ik ook enig kind.

'Je moeder en ik hadden nog een kind willen hebben,' zegt mijn vader over het ontbreken daarvan. 'Maar in Amerika ging het niet zo lekker tussen ons.'

Hitler verraadt Stalin en valt de Sovjet-Unie binnen. Stalin is verbijsterd door deze inbreuk op de schoolpleinbullebakkenetiquette en verstopt zich in zijn boomhut even buiten Moskou, waar hij een zenuwinzinking krijgt. Hij gaat bijna volledig naar de kloten, en er zijn zesentwintig miljoen Sovjet-Russische overlijdensaktes voor nodig om te voorkomen dat de beschaving ineenstort. Minstens twee van die overlijdensaktes staan op naam van Shteyngart.

De Duitsers naderen Leningrad. Mijn grootvader Isaac wordt naar het front gestuurd om hen tegen te houden. Gedurende de 871 dagen dat het beleg van de stad duurt zullen 750.000 burgers omkomen, en de hongerende overlevenden zullen zich te goed doen aan zaagsel, aan hun huisdieren, en in het ergste geval aan elkaar. Dit is bijna het einde van mijn verhaal. Maar zoals met zoveel van ons buitenlanders die de metro van Queens en Brooklyn doen dichtslibben het geval is, zorgt een simpele speling van het lot ervoor dat onze soort voort blijft schuifelen. Voordat de Duitsers de stad omsingelen, wordt het kindertehuis van grootmoeder Polja uit Leningrad geëvacueerd. Samen met mijn drie jaar oude vader Semjon en zijn neefjes wordt ze naar een donker, steenkoud dorp genaamd Zakabjakino in de regio Jaroslavi gestuurd, zo'n zeshonderdvijftig kilometer ten oosten van Leningrad. Voor de Rus klinkt 'Zakabjakino' ongeveer als 'Jandriekwartsveen' of 'Lulbroekerstront', en tot op de dag van vandaag noemt mijn vader verafgelegen, absurd klinkende plaatsen – zoals de Catskill Mountains of de staat Ohio – nog steeds zo.

De vroegste herinnering van mijn vader? De evacuatie uit Leningrad, met de Duitse Luftwaffe op hun hielen. 'We zaten in een trein die door de Duitsers werd gebombardeerd. We schuilden onder de treinwagons. De Messerschmitts klonken zo: ZUUUUUU... WOE... WOE.' Mijn vader, een gevoelig spreker, steekt zijn hand op, met dunne haartjes op de knokkels, en laat hem met een langzame, dreigende boog neerkomen om de duikvlucht na te doen terwijl hij het geluid van de Messerschmitt laat klinken. ZUUUUUU...

In Zakabjakino komen zij die de bommen van de Messerschmitts overleefd hebben, onder wie mijn vader, redelijk goed terecht: ze gaan niet dood van de honger. Er is melk en er zijn aardappelen in het dorp. Er zijn ook dikke boerenratten, die bij mijn vader en neefjes kruipen met de bedoeling de magere kinderen uit Leningrad tijdens hun slaap op de kachel op te eten.

Mijn tante die uit het raam springt om de ratten te ontvluchten, is de tweede jeugdherinnering van mijn vader.

Mijn vader heeft een boezemvriendje van zijn leeftijd. Een niet-Joods joch dat Lionja heet. Als dat vriendje van mijn vader drie jaar is, sterft hij aan een onbekende, met de oorlog samenhangende ziekte. Dat is de derde herinnering van mijn vader: de begrafenis van Lionja. Mijn vader vertelt me over het bestaan van Lionja in het voorjaar van

2011. 'Lionja', een verkorte vorm van 'Leonid', is een tamelijk onopvallende Russische naam, maar in mijn eerste roman, die in 2002 werd uitgegeven, heet het jeugdvriendje van de hoofdpersoon toevallig ook Lionja, en bovendien is hij een van de weinige echt sympathieke personages in het boek (Vladimir en Lionja delen samen een zakje Roodkapje-snoepjes dat ze van Vladimirs moeder hebben gekregen en vallen naast elkaar in slaap op een mat in de Sovjet-kleuterschool. In mijn derde roman, die verscheen in 2010, is 'Lionja' de Russische naam van een van de twee hoofdpersonages, Lenny Abramov. Zonder te weten wie hij was, heb ik mijn halve leven Lionja geëerd in mijn proza.

De vierde herinnering: in februari 1943 komt het bericht van het front dat de vader van mijn vader, grootvader Isaac, bij Leningrad is gesneuveld. De Sovjet-troepen, waaronder mijn grootvader, doen diverse pogingen om de omsingeling van de tweede stad van Rusland te doorbreken, maar worden overtroffen in geschutsterkte, nadat hun meest getalenteerde officieren al waren doodgeschoten tijdens Stalins zuiveringen. Het is niet bekend hoe Isaac Semjonovitsj Shteyngart om het leven is gekomen. Decennialang is mij verteld dat hij was omgekomen in een tank en levend verbrandde in een gruwelijk maar heroïsch gebaar om de Duitsers tot staan te brengen, maar dat is dus niet waar. Mijn grootvader was bij de artillerie.

Nadat haar man is gesneuveld, stort grootmoeder Polja zich in het werk in het kindertehuis en weigert de dood van haar man te erkennen. Zoals zoveel vrouwen met overlijdensaktes blijft ze tot na de oorlog op hem wachten.

Op zijn vijfde is mijn vader een van de miljoenen Russische kinderen die niet begrijpen waarom de man uit het huishouden verdwenen is. Als een paar jaar later de oorlog eindelijk afgelopen is, begrijpt hij het wél. Hij verstopt zich huilend onder de bank en denkt aan de man die hij niet kent. Later zal hij, nadat hij de klassieke muziek ontdekt, bij het horen van Tsjaikovski ook gaan huilen. Liggend onder de bank luistert hij door zijn tranen heen naar Tsjaikovski en verzint plannen om terug te kunnen gaan in de tijd en Hitler te vermoorden. Nog later hertrouwt grootmoeder Polja met een man die het leven van mijn vader bijna verwoest en mij maakt tot wat ik tegenwoordig ben, wat dat ook mag zijn.

Mijn leven begint met een vaak gekopieerd vel papier: 'Aan burger Shteyngart P. [oma], OFFICIËLE MEDEDELING, Uw echtgenoot sergeant Shteyngart Isaac Semjonovitsj, strijdend voor het Socialistische Moederland, zijn militaire eed getrouw, een toonbeeld van heldendom en moed, is gesneuveld op 18 februari 1943.'

Ergens in het verre Yaroslavl ligt de kleine Lionja begraven.

Het lichaam van mijn grootvader ligt in een soldatengraf bij Leningrad, dat wil zeggen dichter bij huis.

En de Duitsers trekken altijd weer samen. En Stalin houdt zich nog steeds schuil in zijn boomhut bij Moskou. En de Messerschmitt-piloten kennen hun doelwit maar al te goed. ZUUUUUU... WOE... WOE.

Vader.

Wat doe je?

Wat zeg je tegen mij?

Wie spreekt er via jou?

'Ik las op het Russische internet dat jij en je romans snel vergeten zullen zijn.'

Hij staart me aan als een boos, gekrenkt kind, en dan richt hij zijn blik op zijn dagschotel, iets met truffels. We bevinden ons in de *View*, het draaiende restaurant van het Marriott Marquis Hotel aan Times Square. Dineren in het Marriott plus een cadeaucheque van 200 dollar voor T.J. Maxx, de goedkope kledingzaak, is het gedroomde verjaarscadeau voor mijn moeder.

'Ja,' zegt mijn moeder, 'dat heb ik ook gelezen. Het was...' Ze noemt de naam van een blogger. Mijn ouders hebben mijn laatste boek niet gelezen, maar ze kennen wel de naam van de blogger in Samara of Vologda of Astrachan of Jarislavl die beweert dat ik snel vergeten zal zijn.

Wil je dat ik vergeten word, vader? Wil je dat ik nader tot je kom? Maar ik zeg niet wat voor de hand ligt. 'Kijk,' zeg ik tegen mijn moeder. 'Dat is de Hudson en daarachter, die lichtjes, dat is New Jersey.'

'Echt waar?' Mijn moeder kijkt reikhalzend. Haar gave om gefascineerd te zijn door dingen is haar mooiste geschenk aan mij. Telkens als ik haar nu zie, is haar kapsel jonger en pittiger, soms met krullen, soms getoupeerd, en haar knappe gezicht verzet zich dapper en met een jeugdige bravoure tegen de zevenenzestig jaar die het heeft doorstaan. Ze laat het leven niet zo gemakkelijk los als mijn vader.

'Dat is Times Square nummer vier,' zeg ik, terwijl ik de stiekeme blik van mijn vader probeer te ontwijken. 'Het Condé Nast Building. Daar zit het kantoor van *The New Yorker*, en van nog veel meer tijdschriften.'

'Er is een ranglijst van New Yorkse schrijvers verschenen op internet,' zegt mijn vader. 'Jij staat op de dertigste plaats, en David Remnick' – de hoofdredacteur van *The New Yorker* – 'stond acht plaatsen hoger dan jij. Philip Goerevitsj – een van de briljante journalisten van het blad – 'stond elfde. Die staan dus allebei boven jou.'

'Semjon, ophouden,' zegt mijn moeder.

'Wat?' zegt mijn vader. '*Ja sjitsjoe.*' Ik maak een grapje.

'*Sjoetki!*' zegt hij hardop. Grapjes.

'Niemand begrijpt jouw sjoetki,' zegt mijn moeder.

Tante Tanja, altijd bereid om zich geliefd te maken bij mij, heeft zo haar eigen mening. 'Ja, ze zeggen dat je snel vergeten zult zijn, maar veel schrijvers worden pas erkend na hun dood.'

Mijn vader knikt. Zijn werk hier zit er bijna op. 'En zeg maar tegen Remnick dat als hij niet ophoudt met zulke nare dingen te zeggen over Israël, ik me gedwongen zal voelen een ingezonden brief te schrijven aan *The New Yorker*.'

'Kijk,' zeg ik, wijzend naar een wolkenkrabber die zojuist in beeld is gekomen. 'Die adelaar! Dat is Barclay's Bank. Weet je nog dat op de eerste bankcheques die we in Amerika kregen, ook die adelaar stond?'

Mijn vader richt zijn blik op mij. Hij probeert mijn reactie te peilen en overweegt wat hij vervolgens zal zeggen.

Even een korte onderbreking. Hoe is het om hem te zijn op dit moment? Wat ziet hij van onder die zware wenkbrauwen? Zijn zoon. Een vreemde. Die dingen met truffels bestelt van het menu. Met zijn Obama en zijn Remnick, die allebei Israël haten. Mijn vader is slechts zeven dagen in Israël geweest, maar hij houdt er even onvoorwaardelijk van als iemand die zijn jonge minnares niet begrijpt, die alleen haar soepele, donkere postuur ziet, de welving van haar nederzettingen. Op de zolder op de tweede verdieping waar mijn vader woont – de ruime eerste verdieping is lang geleden al toegewezen aan mijn moeder – wordt het leven telkens onderbroken door het gedreun van klassieke platen en het gebrom van extremistische rabbi's op de radio. Hoe heeft zijn zoon zo ver daarvandaan kunnen reizen? Is het niet zijn plicht om bij zijn vader te blijven?

Na elke aanval, na elke discussie over ranglijsten op internet en weblogs, na elk spervuur van beledigingen die gebracht worden als grapjes, eindigt mijn vader met: 'Je moet me vaker bellen.'

Mijn zoon. Hoe heeft hij me kunnen verlaten?

Ik kijk naar beneden en zie dat een deel van de vloer rond het midden van het restaurant begint te bewegen. Omdat ik een sukkel ben in natuurkunde, begrijp ik niet hoe dit precies werkt: waarom dit deel van de vloer langzaam draait en het andere deel volmaakt stil blijft liggen. Ik stel me een ploeg bezwete immigranten in een gareel voor in het souterrain van het Marriott die het restaurant bovenin laten draaien.
'De sopraan Galina Visjnevskaja is overleden,' zegt mijn vader.

'Ach.'

'Ik heb op hetzelfde conservatorium in Leningrad gezeten als zij. Ze hebben haar stem verpest, en ze hebben mijn stem ook verpest. Ze hebben een bas van me gemaakt in plaats van een bariton.'

Nu gaat het over hem. Over de operacarrière die hij opgaf om, zoals de meeste Sovjet-Joden, werktuigbouwkundig ingenieur te worden. Het gaat nu niet meer over mij. Ik haal opgelucht adem. Tijdens een ander etentje onlangs had mijn vader zijn arm om me heen geslagen; zijn gezicht was vlak bij het mijne zodat de witte en grijze haren van zijn sikje bijna mijn grijze stoppelbaard aanraakten, en hij zei: 'Er woedt een zwarte afgunst [*tsjornaja zavist'*] voor jou in mij. Ik had ook kunstenaar moeten zijn.'

Het weekend na het diner in het Marriott bel ik ze vanuit het huis op het platteland waar ik de helft van het jaar woon en probeer te schrijven. 'Volgens het Franse internet is jouw boek een van de beste van het jaar!' roepen ze.

'Ze zijn dol op je in Frankrijk!' zegt mijn vader.

Ik wil niets horen over internet, goed of slecht, maar plotseling lachen we. We praten over de werkzaamheden van mijn vader van wat in 1975 de grootste telescoop ter wereld had moeten worden, een telescoop die, zoals de meeste grote of kleine Sovjet-producten, tot mislukken gedoemd was. 'Ach, hoeveel prijzen voor Held van de Socialistische Arbeid er niet zijn uitgereikt voor dat verrekte ding, en het werkte niet eens!' zegt mijn vader. Dit is ons kleine wereldje, Sovjetsatire, mislukte imperia, bespottelijke dromen. Ik stroom over van verlangen naar hen, naar hun gezelschap. Ik lig genoeglijk te glimlachen onder de dekens, terwijl ik door het raam de eerste stuifsneeuw van december zie vallen, die alles onder een dikke, schone laag plattelandssneeuw bedekt.

Op en neer. Op en neer. Ik word vergeten. Ik word herinnerd. Ik sta dertigste. Ik word bemind in Frankrijk. Wat is dit? Dit is ouderschap. Het ouderschap zoals hij dat geleerd heeft, zoals hij het heeft ingevuld. Het is vertrouwd en veilig. Veilig voor sommigen van ons.

Een paar weken eerder, tijdens een andere familiebijeenkomst, buigt mijn vader zich naar de kleine vrouw die nu mijn echtgenote is en begint aan een van zijn leven-op-de-boerderijmonologen. 'Toen ik was klein, ik dood schapen. Meisjes zeggen: "Nee! Is zo lief." Maar ik snij en snij.' Hij maakt een snijdende beweging langs de keel van het denkbeeldige dier. Ik buig bij wijze van steunbetuiging naar mijn vrouw, maar die is zo sterk dat ze dat niet nodig heeft. 'Dan er is te veel kat in dorp. Dus ik pak kitten en verdrink. Verdrink, verdrink.' Hij maakt overdreven onderdompelende bewegingen. 'En dan natuurlijk kip komt, en...'

Voordat hij de kippennek kan omdraaien, wisselen mijn vrouw en ik een begrijpende blik. Hij probeert zichzelf te doen gelden. En haar bang te maken. Maar onder het bloed van de geofferde dieren – om onduidelijke redenen schiet me plots het Joodse woord voor offer te binnen, *korban* – gaat een veel prozaïscher waarheid schuil. Ik ben nu getrouwd en nog verder van hem verwijderd. Er staat iemand anders tussen ons in.

De Schapendoder wil zijn zoon terug.

'Mijn eerste herinnering van toen ik acht was, is dat als ik klassieke muziek hoorde, vooral vioolmuziek, ik soms moest huilen,' zegt mijn vader. 'Dan verstopte ik me onder de tafel, luisterde naar de muziek, werd verdrietig en begon te huilen. Dan moest ik denken aan mijn vader. Ik had geen duidelijke herinneringen aan hem omdat ik hem niet echt gekend had, maar het verdrietige feit dat ik hem niet had gekend, was nauw verbonden met die muziek. Er was iets aan mijn vader dat ik me niet kon herinneren. Ik ging grammofoonplaten kopen in een dorp dichtbij, geen grote collectie, maar mijn eerste plaat was van Caruso die de slotaria uit *Tosca* zingt.' Met gefronst voorhoofd en met alle droefenis en empathie die hij kan verzamelen, begint mijn vader in het Russisch te zingen: '*Moi tsjas nastal... I vot ja oemirajoe!*'

Het uur is verstreken... En ik, wanhopige, sterf!

Er is een foto van mijn vader toen hij veertien of vijftien was, gekleed in vol ornaat – tsaristisch generaalsuniform en pruik, ogen fonkelend van een vreedzame droefenis die ik volgens mij nergens anders ben tegengekomen dan in een handvol Russische romans of na een salvo aan sterke cocktails. Hij vertolkt de rol van Gremin in de schoolvoorstelling van Tsjaikovski's *Eugene Onegin*. Het is een moeilijke rol voor een jonge bas, maar mijn vader staat in zijn dorpje bekend als Paul Robeson, naar de Afrikaans-Amerikaanse zanger die op tournee ging door de hele Sovjet-Unie met zijn 'Ol' Man River'. 'Op school was ik een beroemdheid,' zegt mijn vader. 'Zo ongeveer als jij nu.'

In een parallel universum is Rusland een soort aardige en invoelende democratie, is mijn vader de beroemde operazanger die hij graag had willen worden, en ben ik zijn bewonderende zoon.

Inmiddels loopt in het bescheiden, twee verdiepingen tellende huis in Little Neck, Queens, het Thanksgivingdiner ten einde. Ik denk aan iets wat mijn vader me had verteld toen ik de laatste keer een vraaggesprek met hem had. Hij vertelde over de oorlog, dat hij als jongetje zowel zijn vader als zijn beste vriendje, Lionja, had verloren. 'Ik heb toen ergens een hond gevoerd,' zei hij. 'Dat moet je niet opschrijven, want overal in Leningrad stierven mensen van de honger, maar ik weet nog dat ik een hond een boterham met boter gaf die mijn moeder me had gegeven, en dat betekent waarschijnlijk dat ik niet omkwam van de honger.'

'Papa,' zeg ik, 'waarom wil je dat ik dat verhaal niet opschrijf?' Rond de tafel zit de familie te glimlachen en ze maken bemoedigende opmerkingen. Ze vinden het een mooi verhaal.

'Ik schaamde me omdat overal mensen doodgingen van de honger en ik een boterham had,' zegt mijn vader. 'Maar eigenlijk mag je het er wel in zetten.'

Mijn vader zit aan het hoofd van de tafel voor het karkas van een enorme Amerikaanse kalkoen. Waar hij zich voor schaamt is de enige daad van fatsoen die ik ooit heb gehoord in alle verhalen over het verleden van mijn familie. Een jonge knaap, die zijn vader en zijn vriendje heeft verloren, buigt zich over een hond en geeft hem zijn beboterde boterham.

En ik ken die boterham. Want die heeft hij voor mij gemaakt. Twee sneden van dat donkere, ongebleekte Russische brood van het soort dat smaakt naar slecht bewerkte grond en de onverschilligheid van een boer voor de dood. Daarop de romigste, dodelijkste Amerikaanse boter, gesmeerd in dikke feta-achtige hompen. En daarbovenop tenen knoflook, de knoflook die me kracht moet geven, die mijn longen moet reinigen van astmatische smurrie en van mij een echte, sterke, knoflook etende man moet maken. Aan een tafel in Leningrad en aan een tafel in Queens, New York, knarst de belachelijke knoflook tussen onze tanden terwijl we tegenover elkaar zitten, de knoflook wist al het andere dat we gegeten hebben uit, en maakt ons één.

4.
Moskouplein

Om kosmonaut te worden moet de auteur allereerst zijn hoogtevrees overwinnen op een ladder die zijn vader voor dat doel heeft getimmerd. Hij zal ook moeten ophouden met het dragen van matrozenpakjes en maillots.

Hij heet Vladimir. Niet Volodja, het verkleinwoord, altijd Vladimir. Volgens sommigen is hij niet knap, maar wel serieus. Misschien heeft hij ooit een keer gelachen, maar zelf heb ik hem nooit zien lachen. Vladimir kun je maar beter niet tegenwerken. Je kunt maar beter niet spotten met zijn ideeën. Zijn volledige naam luidt Vladimir Iljitsj Lenin, en ik ben dol op hem.

Vladimir kwam naar ons Leningrad vanuit een stad aan de Wolga. Hij kon uitstekend zwemmen en was vanaf het begin een rolmodel voor de jeugd. Toen Vladimir naar Leningrad kwam, schaakte hij veel. De tsaar verbande hem naar Siberië, maar hij kwam in München en Londen terecht en daarna in Genève en Finland. Je weet het nooit met Vladimir Iljitsj Lenin. Je denkt dat je hem doorhebt, maar dan: boem! Hij is net als de wind. Vladimir was een bolsjewiek en hij haatte mensjewieken omdat hij niet van de liberale bourgeoisie hield en zij wel. Vladimirs interesses bestonden onder andere uit schaatsen en het oprichten van een verbond van arbeiders en boeren waarmee hij de tsaar ten val zou kunnen brengen. Iedereen in Rusland was erg blij toen Vladimir en zijn beste vriend Jozef terugkwamen naar onze stad, de tsaar afzetten en hem later doodschoten, waardoor het leven een stuk aangenamer werd voor kinderen als ik. Tegenwoordig ligt Vladimir in een mausoleum in Moskou, maar dat kan ik bijna niet geloven, want overal in onze stad hangen spandoeken met de tekst LENIN IS ONSTERFELIJK! Ik kan het weten, want onlangs is mijn familie verhuisd naar het Moskouplein, en daar torent het grootste standbeeld van Lenin in heel Leningrad hoog boven mij uit, en zo weet ik dat ik niet alleen ben.

Moskouplein. *Moskovskaja Plosjtsjad*. Daar begint mijn leven eigenlijk. Mijn herinneringen aan die jaren zijn scherp getekend, glashelder en pijnlijk exact. Mijn geest is zo heen en weer geslingerd dat hele archiefkasten met gegevens vanaf mijn universiteitsjaren tot en met mijn huwelijk zijn gewist, maar er zijn geen hiaten. Op één na.

Moskouplein. Het is volgebouwd in de pompeuze stalinistisch-imperialistische Sovjet-stijl om het volk de barokke prullaria van het oude tsaristische Sint-Petersburg een paar kilometer noordelijker te doen vergeten. Maar de *Leningradtsi*, die verrekte burgers, weigeren koppig om het te vergeten.

Moskouplein: de geometrie is kil, de kleuren gedempt, de afmetingen gigantisch, en hier en daar zie je zuilenrijen en diverse Griekse krullen om het plein iets tijdloos en onvermijdelijks te geven. Het plein is zo weids dat het zijn eigen microklimaat schijnt te hebben, een olieachtige regenbui maakt de hectaren van baksteen en marmer nat en glibberig, en er wordt beweerd dat 's zomers de viooltjes in bloei komen te midden van al die ideologie.

Hier staat mijn bevroren Lenin ter grootte van King Kong, mijn geliefde Lenin, die bijna wegspringt in de richting van het nabijgelegen Finland, met zijn hand nadrukkelijk naar de horizon wijzend terwijl zijn jas sexy wappert in de wind. Er is zelfs zoveel beweging boven op zijn granieten zuil dat sommige stadsbewoners hem de bijnaam 'de Latijnse Lenin' hebben gegeven, alsof hij elk moment kan losbarsten in een salsa, of beter nog, in een echte Cubaanse rumba.

Achter Lenin neemt een pompeuze doos van een gebouw een voorname positie in. De gevel is versierd met arbeiders, boeren en militairen die samen plechtig een stralende socialistische toekomst tegemoet marcheren. Het gebouw is in de Stalin-tijd ontworpen als Huis der Sovjets, Leningrads equivalent van een stadhuis, daarna werd het een uiterst geheim militair centrum waarin volgens de verhalen minstens twee Amerikaanse overlopers (beiden behorend tot de spionnenkring van Julius en Ethel Rosenberg) werkten aan militaire projecten, maar tegenwoordig is het een treurig, futloos gebouw waar je voor een paar roebel een fotokopie van je paspoort of je bewijs van dienstplicht kunt laten maken. De dramatisch stalinistische sfeer van het plein wordt verder ontsierd door een filiaal van de Citibank en een Ford-dealer een eindje verderop, de automaten om de hoek, de fruitstalletjes hier en daar waar felgekleurde geïmporteerde sinaasappelen, hemelse rode paprika's en glimmende peren uit een ver melkwegstelsel worden uitgevent. In de zuidwesthoek staat een van de 4,8 miljoen McDonald's (voor iedere burger één) te zoemen.

Maar als ik daar opgroei, is er van dat alles niets te zien! Er is Lenin, er is het Uiterst Geheime Gebouw voor Overlopers en Spionnen, en aan de overkant staat een marmerachtige constructie van even imponerende afmetingen waarin een ander belangrijk aspect van het Sovjet-leven is ondergebracht: de *gastronom*. Als je een gastronom een supermarkt noemt, zou dat een belediging zijn voor alle supermarkten ter wereld. Het is eerder een unieke prekapitalistische ruimte waarin ineens ham opduikt en vervolgens razendsnel weer verdwijnt. De ham is niet altijd helemaal ham, maar het vet rond de ham. Mijn moeder voert een wekelijkse strijd met het personeel van de gastronom om ervoor te zorgen dat ze het roze, eetbare stuk van mijn lievelingssnack afsnijden. Op een noodlottige dag, vlak voordat we emigreren, schreeuwt mijn moeder tegen de vrouw: 'Waarom geeft u me alleen maar het vet?'

Het is 1978, en Sovjet-Joden krijgen eindelijk toestemming te emigreren naar Israël, of liever nog naar de Verenigde Staten of Canada. De vijand van mijn moeder in de besmeurde witte stofjas kijkt naar haar neus en donkere haar en schreeuwt terug: 'Als u eenmaal in Israël bent, dan snijden ze daar de ham wel voor u zonder vet!'

'Inderdaad,' antwoordt mijn moeder. 'In Israël krijg ik ham zonder vet, maar jullie zullen altijd alleen maar vet krijgen.' Er valt natuurlijk iets aan te merken op de niet-koosjere absurditeit van dit gesprek, maar dit zijn waarschijnlijk de eerste dappere en waarheidsgetrouwe woorden die mijn moeder spreekt in de dertig jaar van een behoedzaam Sovjetleven, de eerste keer dat ze opkomt voor zichzelf tegenover 'het systeem', en de gastronom vertegenwoordigt het systeem in zijn meest elementaire vorm.

Maar ik loop op de zaken vooruit.

Moskouplein. Standbeeld van Lenin, Uiterst Geheim Gebouw voor Overlopers en Spionnen, gastronom. En links van Lenin is een klein bosje met *jolki*, ofwel sparren. Als ik het aankan vanwege de astma, rennen papa en ik achter elkaar aan tussen de sparren en doen we verstoppertje. Ik ben een broodmagere, verticale teckel en kan me achter de dunste bomen verstoppen. Papa doet lange tijd alsof hij me niet kan vinden, terwijl ik de volle, groene, harsachtige geur van de boom naast me inadem, *diep inadem*. Het gerucht gaat in de buurt dat een of andere dronkaard een van de sparren heeft omgezaagd als kerstboom en vervolgens veroordeeld is tot tien jaar strafkamp. De idioot! Wie hakt er nou een spar om vlak voor het standbeeld van Vladimir Iljitsj Lenin?

En nu sta ik achter een boom te beven van opwinding, terwijl papa op zoek is naar mij en me niet kan vinden! En boven mij gebaart Lenin hebzuchtig naar Finland, zijn schedel is kaler dan die van mijn vader, waarop nog wat haar groeit tussen de slapen. Ik verstop me achter een spar en mijn vader zingt: '*Sinotsjek, Igorjotsjik, gde ti?*' (Zoontje, kleine Igor, waar ben je?), en ik inhaleer de ene verboden ademtocht van ijzige sparrenlucht na de andere.

De zon gaat onder voor ons en Lenin en het Huis van Spionnen, en zo dadelijk is ons spel afgelopen vanwege de kou. Er is een theorie in omloop dat als ik oververhit raak door het spelen en de vorstige herfstlucht in aanraking komt met mijn hete, ontblote hals, de ziekte terugkeert. Net als bij de Fermi-paradox is de juistheid of onjuistheid hiervan moeilijk te bewijzen, maar generaties Russische vrouwen hebben de theorie bedacht en bevestigd in hun keukens, fabrieken en kantoren.

Ik wil niet ophouden met ons spel. Weet je, ik wil nog stééds niet ophouden met het spel. Zelfs vandaag niet, 25 mei 2012. Omdat mijn vader groter is dan ik. Hij is nog steeds de grootste. En ik zie hem tussen de sparren in zijn lichte jas (die, zoals alles hier, naar gestoomde kool ruikt) en zijn felgekleurde, mogelijk lichtgevende geruite sjaal. En hij is op zoek naar mij. Hier is vader, boven mij, en hier is ook Lenin, boven hem, en dit is mijn familie en dit is mijn land. Voel ik dit of denk ik dit? Allebei, dat weet ik zeker. Ik begrijp al hoe gemakkelijk een gevoel een gedachte kan worden, en omgekeerd.

'Ik ben hem kwijt, ik ben mijn zoontje kwijt,' roept mijn vader klagend. 'Ik ben mijn kleine Igor kwijt. Waar is hij toch? Ik kan hem echt niet vinden.'

Maakt hij een grap of is hij echt bezorgd?

Ik wil tevoorschijn komen en zeggen: 'Hier ben ik! Je bent me helemaal niet kwijt!' Maar dat is tegen de regels van het spel. De pret zit hem toch juist in het verstopt blijven? Je hoort bang te worden als je vader, die naar je op zoek is, dichterbij komt en je bijna heeft ontdekt, maar in plaats daarvan word ik verdrietig als hij het spoor bijster lijkt te zijn. Maar als hij dichterbij komt, voel ik me weer bang worden. Verdrietig, bang. Bang, verdrietig. Is dat waar ik me op mijn ziekbed zo lang heb liggen verheugen? Nee, het is dit: plotseling springt papa vanachter een spar vlakbij vandaan en roept: 'Gevonden!' en ik krijs van vreugde en probeer te ontkomen. Met één soepel gebaar tilt hij me op en werpt me over zijn schouders. We lopen langs Lenin, die ook blij is dat ik gevonden ben, naar onze flat die een reusachtig stalinistisch huizenblok verderop ligt en waar moeder warme en smakeloze koolsoep maakt.

We wonen in de Tipanovstraat, Huis 5, Flat 10. Op een bord aan het begin van de straat staat: ALEXANDER FJODOROVITSJ TIPANOV (1924-1944) WAS EEN DAPPERE VERDEDIGER VAN DE STAD VAN LENIN. IN 1944 VERDEDIGDE HIJ ZIJN TROEPEN MET ZIJN BORST TEGEN VIJANDIG VUUR, ZODAT ZIJN KAMERADEN MET SUCCES VOORWAARTS KONDEN STORMEN. DE ONVERSCHROKKEN STRIJDER KREEG POSTUUM DE TITEL HELD VAN DE SOVJET-UNIE. Ik fantaseer graag dat mijn grootvader Isaac, de vader van mijn vader, die ook op belachelijk jonge leeftijd gesneuveld is in de oorlog, een vergelijkbare daad heeft verricht, ook al was hij geen Held van de Sovjet-Unie. Ach, wat zou ik graag met mijn eigen borstkas vijandig artillerievuur tegenhouden zodat mijn kameraden voorwaarts konden stormen en de Duitsers doodschieten. Maar eerst zal ik een paar vriendjes van mijn eigen leeftijd moeten maken, en dat even heldhaftige kunststukje is nog jaren ver weg.

Terwijl mijn vader mij van het verstoppertjesbos bij het standbeeld van Lenin naar Tipanovstraat, Huis 5, Flat 10 draagt, komen we langs een instituut dat eveneens een belangrijke rol speelt in mijn leven, de apotheek.

Een van de meest angstaanjagende woorden in de Russische taal is *banki*, wat doorgaans verwijst naar het meervoud van glas of pot, maar wat door de Oxford Dictionary Russisch-Engels ook behulpzaam omschreven wordt als '(*med.*) aderlaatkop'. Over dat 'med.' heb ik mijn twijfels, want ik moet de eerste lijder aan astma, longontsteking of welke andere longaandoening dan ook die door deze krankzinnige vorm van boerenheelkunde genezen is, nog tegenkomen. De plaatselijke apotheek verkoopt weinig bruikbare medicijnen, maar het minst bruikbare van alles is banki. Het opbrengen van de genoemde 'aderlaatkop' op de zachte witte rug van een piepende Leningradse jongen in 1976 is de culminatie van drieduizend jaar niet al te hoogstaande medische interventie, te beginnen bij de traditionele gebruiken van de Grieken en Chinezen, en eindigend hier in de apotheek in de Tipanovstraat.

Het volgende herinner ik me maar al te goed. Ik lig op mijn buik. De banki worden tevoorschijn gehaald; het zijn kleine glazen kopjes, groen van kleur, waarschijnlijk het formaat van een kindervoetje. Mijn hele rug wordt door de sterke hand van mijn moeder ingesmeerd met vaseline. Wat volgt is ongelooflijk beangstigend voor een normale volwassene, laat staan voor een angstig kind. Een met katoen omwikkeld pincet wordt geweekt in wodka of ontsmettingsalcohol en in brand gestoken. Het brandende pincet wordt in elk glazen potje gehouden om de lucht eruit te zuigen zodat er een zuigende werking ontstaat tussen kopje en huid. De kopjes worden over de hele lengte van de rug van de patiënt vastgeklemd, zogenaamd om het slijm uit de longen te zuigen, maar in werkelijkheid om het arme joch de stuipen op het lijf te jagen omdat zijn ouders krankzinnige pyromanen blijken te zijn die van plan zijn hem ernstig lichamelijk letsel toe te brengen.

Ik doe nu mijn ogen dicht. Ik hoor dat er een lange lucifer wordt afgestreken langs de luciferdoos van mijn moeder – pssjt –, dan de vlammen van het pincet die even oranje en geel zijn als de vervuilde zonsondergang boven Leningrad, dan het sissende geluid van lucht die als door een neutronenbom wordt weggezogen, zoals de bommen die de Amerikaanse imperialisten op de televisie dreigen tegen ons te zullen gebruiken, dan de pijnscheut van het warme glas op mijn rug. En daarna tien minuten lang zo stil blijven liggen als een oktoberblad op de bodem van een vijver, zodat de banki niet losschieten van mijn gefolterde rug en de hele operatie weer van voren af aan moet beginnen.

De eerste etappe van onze uit meerdere delen bestaande emigratie naar Amerika is een verblijf van een week in Wenen, voordat we naar Rome reizen en uiteindelijk naar New York. Ik zal zes jaar zijn en kortademig door de astma en zal naar een Weense kliniek worden gebracht. Herr Doktor zal één blik werpen op mijn met blauwe plekken bedekte rug en aanstalten maken om de Oostenrijkse politie te bellen vanwege een schrijnend geval van kindermishandeling. Nadat mijn ouders zenuwachtig hebben uitgelegd dat het slechts een geval van 'kopjes' betreft, zal hij lachend zeggen: 'Wat ouderwets!' of 'Wat idioot!' of 'Jullie Russen zijn gek, wat verzinnen jullie hierna weer, hè?' Hij zal me iets geven wat ik nooit eerder heb gezien in de USSR: een eenvoudige astmarespirator, ofwel een inhaler. Voor het eerst van mijn leven zal ik beseffen dat ik niet elke avond bijna hoef te stikken.

Maar op dit moment is dat soort troost nog niet voorhanden. En zowel mijn vader als ik weet dat we een prijs zullen moeten betalen voor het rennen tussen de sparren onder de Lenin op het Moskouplein. Vanavond zal ik weer ziek zijn. Sterker nog, terwijl we langs de apotheek lopen met het opvallende, lelijke APTEKA erop, geef ik mijn longen al de opdracht zich te sluiten. Iets anders, wat we ons in 1979 nog niet realiseren, is dat astma althans deels een 'emotionele aandoening' wordt genoemd, die wordt veroorzaakt door stress en angst.

Maar angst waarvoor?

Ik word zweterig en wel de warme, naar kool ruikende flat binnengedragen, en mijn moeder schreeuwt tegen mijn vader: 'Waarom ben je zo laat buiten gebleven? Waarom heb je hem zo lang in de kou laten rennen? Hij is oververhit! Nu wordt hij weer ziek!'

En hij schreeuwt terug tegen haar: 'Oi, oi, oi! Zij weet weer alles beter! Alsof ze godverdomme zelf dokter is!'

'Niet vloeken' – *Ne rugaisja matom* – 'als het kind erbij is.'

En tegen mij: 'Igor, *ne povtorjai.*' Zeg onze vloekwoorden niet na.

'Jij vloekt zelf ook.'

'Ik? Weet je wat? Loop naar de lul!' *Posjol na choei.*

'Neuk je moeder!' Jobtiki mat'. Ik onthoud de vloekwoorden en spreek ze in gedachten verkeerd uit.

Mijn moeder verliest haar Russische kalmte en neem haar toevlucht tot het aloude Jiddisch van haar overleden grootmoeder uit de Wit-Russische sjtetl Dubrovno: '*Gurnisjt! Abiter tsoris!*' Jij bent een nul! Je brengt ongeluk!

Mijn ademhaling wordt zwakker. Tot wat voor taal zullen ze zich hierna verlagen? Aramees? Ik doe mijn pyjama uit en ga gehoorzaam op mijn buik liggen. Mijn ouders staan nog steeds in twee talen tegen elkaar te schreeuwen, terwijl ze de laatkoppen tevoorschijn halen en de ontsmettingsalcohol om de vlammen te voeden. Nauwelijks een decennium later zal ik een nieuwe ruimte ontdekken die met alcohol gevuld kan worden.

En dus worden er weer koppen bij me gezet.

Na het koppen zetten kan ik niet slapen. Mijn rug is bedekt met ronde bulten, en de astma is alleen maar verergerd. Ik lig te piepen op de bank in de woonkamer, die als bed dient. Ik pak een geïllustreerd kinderboek over een meisje en jongen die (om redenen die ik vergeten ben) gekrompen zijn tot een miniatuurgestalte en vervolgens worden aangevallen door een zwerm muggen. Op een van de bladzijden zit een gestolde jamvlek die lijkt op een bijzonder smerig, platgeslagen insect. (In het moerassige Leningrad zijn de muggen zo groot als Lenins.) Een slapeloos, ziek kind bestaat in een soort vierde dimensie, waarin de taal ongevraagd door de kleine maar groeiende hersenen raast en de uiterlijke zintuigen erop gericht zijn een stroom aan informatie op te nemen. Vandaar de fictieve mug, gestolde jam, smerig insect, de zware omarming van de doorzakkende bank, daarboven het muurkleed met patronen die echte Arabische getallen en onechte Tibetaanse woorden vormen (ik heb onlangs het museum voor etnografie bezocht), mama en papa slapend in de aangrenzende kamer na hun laatste ruzie, zich niet bewust van alles wat zich afspeelt in mijn hoofd.

De noordelijke zon bereikt zijn hoogtepunt met wat slechts als berusting kan worden omschreven, en straalt roze over de toppen van de berken en de zware architectuur. Een roze dat voor het jonge, slapeloze oog vervuld is van linten van leven, amoebevormen die zweven en wervelen boven het landschap en verder, een vijfde dimensie boven de al drukke vierde dimensie die ik hierboven heb beschreven. En aan mijn piepen als van een oude man wordt verwondering toegevoegd. Er zijn koppen bij me gezet, dat is waar, maar ik ben weer een nacht doorgekomen. De doorzakkende bank, die ik lang geleden heb omgedoopt tot de Keizerlijke Snotneus, een achttiende-eeuws Russisch fregat zoals dat in het nabijgelegen Museum van de Slag op Tsjesme, voorheen de Tsjesme-kerk, waar papa en ik graag tussen de torenspitsen onze speelgoedhelikopter laten vliegen, heeft de hele nacht doorgereisd. De druk om in slaap te vallen is weggetrokken, er is niets meer om bang voor te zijn en niets om voor te vechten, en met het vervagen van verwachtingen komt het onverwachte. Ik val tegen de ochtend in slaap, om me heen is de stad licht en vol activiteit, met zijn uitgestrekte hand begroet Lenin de schoolkinderen in hun uniformen, de arbeiders, soldaten en zeelui in hun uniformen. Buiten komen twee neonreclames flikkerend tot leven terwijl ik in slaap val. VLEES, luidt de ene. En GROENTEN de andere

Woorden. Ik hunker er nog meer naar dan naar het VLEES en de GROENTEN die ze pretenderen aan te prijzen. Als ik de volgende dag beter ben, lopen we langs mijn Lenin naar het metrostation om het Moskouplein, waar ik nog meer woorden kan eten.

Velikii mogoetsjii roeskii jazik. Via de Grote en Machtige Russische Spraak maak ik kennis met taal. In zijn zeventigjarige bestaan heeft het bureaucratische Sovjet-jargon de taal van Poesjkin achteloos ontdaan van veel van zijn grootsheid en kracht. (Probeer eens terloops het acroniem OSOAVTACHIM te zeggen, wat staat voor Assistentie van Defensie, Luchtvaart en Chemische Ontwikkeling.) Maar in de late jaren zeventig kan de bedreigde Russische taal nog een behoorlijke indruk maken op een vijfjarige jongen in een Leningrads metrostation. De truc is om reusachtige letters aan een granieten muur te bevestigen, die naar zowel pracht en praal als naar het nageslacht verwijzen, een lofzang in kapitalen op een in toenemende mate in onderkast te duiden Sovjet-staat. De woorden die de muren van het station bij het Technische Instituut sieren, luiden als volgt:

1959 – SOVJET-RUSSISCHE RAKET BEREIKT HET MAANOPPERVLAK

Dat kun je in je zak steken, Neil Armstrong.

1959 – SOVJETWETENSCHAPPERS BEDENKEN DE EERSTE KETTINGREACTIETHEORIE

Dus zo is het allemaal begonnen.

1974 – BOUW VAN DE HOOFDLIJN VAN DE BAIKAL-AMUR SPOORWEG BEGINT

Nou, wat heeft dat allemaal te betekenen? Ja, Baikal-Amur klinkt prachtig; Baikal, het beroemde (en zoals iedereen weet totaal vervuilde) Siberische meer, een pièce de milieu van Russische mythen; Amur (*amour*?) zou bijna ook zo'n woord kunnen zijn dat het Russisch opgewekt heeft geleend uit het Frans. (In werkelijkheid is het de naam van een streek in het Russische Verre Oosten.)

Ik ben vijf jaar, met vilten laarsjes strak om mijn voeten en enkels, met minstens een halve beer of verscheidene Sovjet-bevers om mijn schouders gedrapeerd, en mijn mond zo wijd open dat mijn vader me waarschuwt: 'Pas op, of er vliegt een kraai in.' Ik ben een en al ontzag. De metro, met zijn muurschilderingen op alle wanden vol breedgeschouderde leden van een revolutionaire arbeidersklasse die nooit bestaan heeft, met zijn hectare grote marmeren hallen: daar valt je mond echt wel van open. En dan die woorden! De woorden die niet alleen een enorme overtuigingskracht hebben, maar die voor een kind dat geobsedeerd begint te raken door sciencefiction zelfs buitenaards lijken. De wijze buitenaardsen zijn geland en WIJ ZIJN HEN. En dit is de taal die we gebruiken. De grootse en machtige Russische taal.

Er stopte een metro vol bezwete kameraden langs het perron, die ons zal meenemen naar de Hermitage en het Dostojevski-museum. Maar wat hebben de sombere waarheid van Rembrandts Terugkeer van de verloren zoon of de uitstalling van alle pispotten van de grote romancier nog voor zin als de toekomst van de mensheid, ontdaan van alle geheimzinnigheid, hier voor eenieder staat uitgespeld. SOVJETWETENSCHAPPERS BEDENKEN DE EERSTE KERNREACTIETHEORIE. Vergeet het sjofele, met polyester beklede menselijke element om je heen, de unieke geur van de Sovjetmetro, van een miljoen nauwelijks gewassen proletariërs die door een marmeren buis worden gezogen. Daar staat het, jochie, in koperen kapitalen. Wat wil je nog meer?

Ik besluit schrijver te worden. Wie zou dat niet doen, onder die omstandigheden?

Mijn woon- en slaapruimte in de woonkamer is verdeeld in ruwweg drie categorieën. Een deel is de Technologische Ladekast, met daarop een chique nieuwe telefoon met draaischijf, die ik met veel vaardigheid leer opnemen ('Mama, *telefon*!') en een dikbuikig televisietoestel van Signal. Het tv-toestel is een bron van grote consternatie onder Sovjetburgers, omdat het met enige regelmaat ontploft. Op een bepaald moment zou zestig procent van de woningbranden in Moskou zijn ontstaan door slecht gemonteerde, ontploffende tv's. Als kind had ik al kennisgemaakt met de onbetrouwbaarheid van Oom Elektrisch, en nu leer ik over de gevaren van Neef TV.

De tegenovergelegen hoek van de kamer is de Atletiekhoek. Hier heeft mijn vader een eenvoudige houten ladder voor me getimmerd die tot aan het plafond reikt en bedoeld is om zowel de aan huis gebonden patiënt wat lichaamsbeweging te geven, als om mij te genezen van een van mijn grootste angsten, hoogtevrees. Hij heeft de arbeiders op zijn fabriek gesmeekt om alle houten sporten sierlijk te bewerken, en de aldus ontstane ladder is wellicht het fraaiste voorwerp in onze flat. Het is ook een van de engste. Elke maand probeer ik weer een of meer van de twaalf sporten te betreden totdat ik, duizelig en met droge mond, zeker één meter zestig boven de grond vlieg! Nog even doorzetten, nog een beetje minder astma, en ik ben wat iedere Sovjetjongen tussen de drie en zevenentwintig wil worden: kosmonaut.

Maar ik heb andere plannen. Het derde deel van de woonkamer is de Cultuurbank. Daar vindt de Cultuur plaats en daar slaap ik ook. (Tot op de dag van vandaag werk ik in bed, met drie kussens in mijn rug; ik heb geen enkele behoefte aan bureaus, lessenaars en andere vermakelijkheden.) Cultuur is erg belangrijk. Mijn vader droomde ervan operazanger te worden. Zou een van mijn eerste herinneringen kunnen zijn dat hij iets uit *De Schoppenvrouw* naar me brult, met mijn hoofd komisch schuin, mijn mond astmatisch open en met een lachje om mijn lippen? Mijn moeder speelt piano. Tante Tanja, haar zus, speelt viool. Mijn mooie nicht Victoria, de dochter van Ljoesja, de oudste zus van mijn moeder, slechts vijf jaar ouder dan ik maar toch al met volledige beheersing van haar lenige en elegante lichaam, springt op de Cultuurbank en draait een pirouette als de volleerde ballerina die ze hoopt te worden. Als ik de banden wil versterken met mijn familie dan moet ik een *kulturnji tsjelovek*, een cultureel persoon, worden.

En dus trek ik mijn matrozenpakje aan, doe het knoopje aan de voorkant dicht en pak een kinderviool. Tante Tanja leert me hoe je met dat ding met die snaar, hoe heet dat ook al weer, de buik van het instrument moet raken. Het kussentje voelt lekker fluwelig tegen mijn wang, en het matrozenpakje, met de witte maillot en korte broek, zit even lekker, maar eerlijk gezegd heb ik geen flauw benul wat de fok ik aan het doen ben. De viool maakt plaats voor een minder hooggeacht instrument, de driesnarige Russische balalaika, die uiteindelijk in een stoffige hoek zal belanden. In Amerika zal een Russische dame die naast mijn grootmoeder woont, proberen mij voor vijf Amerikaanse dollars per uur te winnen voor de piano. Niets van dat alles zal enige indruk op mij maken.

Nee, wat ik echt wil doen is iets totaal anders. Het lieflijke piepen van de viool is niet aan mij besteed (ik heb zelf zo'n viool vanbinnen, dank u vriendelijk), ik kan mijn lichaam niet bewegen zoals nicht Victoria of iets brullen uit *De Schoppenvrouw* zoals mijn vader: 'Wááááát is ons leven? Een spèèèl!' Ik ben eerder geneigd te ontploffen zoals onze Signal-tv. Ik word een pathologische lezer. Het eerste boek gaat, zoals eerder vermeld, over twee kinderen, een jongen en een meisje, die verkleind zijn tot de afmetingen van een kopeke en zichzelf moeten zien te redden tegen reusachtige muggen en dergelijke. Het tweede boek, dat verantwoordelijk is voor alles wat daarna met me gebeurd is, heet *Nils Holgerssons wonderbare reis*. In dat boek wordt Nils, een ondeugende jongen die dieren mishandelt op de boerderij, eveneens teruggebracht tot het formaat van een kopeke, en hij leidt een avontuurlijk leven tussen wilde ganzen die met hem over heel Zweden vliegen, helemaal naar Lapland en terug.

Nils Holgerssons wonderbare reis van Selma Lagerlöf – overigens de eerste vrouw die de Nobelprijs voor de Literatuur won – is een Zweeds boek, dat erg populair is in dat land. Het is geen toeval dat de boeken waaruit ik leerde lezen allebei over kleine kinderen gaan die nog kleiner waren gemaakt en vervolgens moesten zien te overleven in een vijandige wereld. De moraal was me duidelijk: stoute jongens worden niet groot. En volgens *Het Sovjethandboek voor de ontwikkeling van jongens*, dat mijn moeder ijverig bestudeert, met zijn grafieken van getekende blote jongens van oplopende leeftijd met steeds groter wordende balzakken, groei ik niet goed, qua lichaam en qua balzak. Ik ben in alle opzichten een klein ding vol beperkingen. Als mijn tante Tanja mijn lievelingsijsje voor me meebrengt, sta ik op en zeg op ernstige toon: 'Nee, dank u wel. Dat mag ik niet hebben.'

In de Sovjet-Unie is *Nils Holgerssons wonderbare reis* een mooi boek voor een vijfjarige, hoewel in de Verenigde Staten het exemplaar met honderdzestig dichtbedrukte bladzijden waarschijnlijk gelezen moet worden in klas zeven en in sommige staten zelfs op de universiteit. Het grootste verdriet van mijn kinderjaren is dat ik de tv-uitzending in de jaren vijftig van de Russische bewerking van het boek, getiteld *De betoverde jongen*, heb gemist. Het is de eerste keer dat ik potlood en papier pak en met hulp van mijn vader een brief schrijf aan de bewuste omroep, Kanaal Een, op het millimeterpapier met de verduiveld kleine ruitjes, *tetradka*, dat ieder Russisch kind zo goed kent.

Geachte Kanaal Een,
Ik ben een jongen uit Leningrad. Ik ben 5 jaar oud. Afgelopen weekend zond u De betoverde jongen *uit.* Nils Holgerssons wonderbare reis *is mijn lievelingsboek. Ik heb het zo vaak gelezen dat ik het met plakband bij elkaar moet houden. Ik moest huilen toen ik hoorde dat u* De betoverde jongen *al uit hebt gezonden. Wilt u het alstublieft, alstublieft, nog een keer uitzenden? Ik wil het echt dolgraag zien.*
Hoogachtend,
Igor Shteyngart, uit de stad Leningrad

Mijn vader en ik lopen langs de apotheek, langs de Lenin, en stoppen de brief in een brievenbus. Op dat moment voel ik me erg dicht bij mijn vader. Ik houd zijn hand vast en spring op en neer van opwinding, ook al word ik later zweterig en ziek door al dat springen. Als we bij de brievenbus zijn, vouwt mijn vader het papier met mijn kinderlijke gekrabbel dubbel en stopt het erin, zonder postzegel of adressering. Op dat moment weet ik en weet ik ook niet, dat mijn brief nooit bij Kanaal Een in Moskou zal aankomen. Ik hoop het vurig maar weet tegelijk wel beter. Maar wat weet mijn vader? Dat de opperste staatsomroep het verhaal over Nils en de ganzen niet opnieuw zal uitzenden, alleen maar omdat een jongetje van vijf met een te kleine balzak dat wil? Of dat we binnen afzienbare tijd het land voorgoed zullen verlaten en dat in de vrije wereld geen Kanaal Een bestaat; dat er uiteindelijk zeven zalige zenders zullen zijn in de regio van de New Yorkse metro – kanaal 2, 4, 5, 7, 9, 11 en 13 – en zelfs nog meer als we een UHF-kastje kopen.

Terug in 1977 op de Cultuurbank herlees ik Nils astmatisch en laat zoveel lucht in mijn longen komen dat ik mezelf de woorden hardop kan horen zeggen, en ik stel me voor dat ze worden voorgelezen op de televisie. Mijn oma Galja komt bij me zitten. Ik heb twee oma's. Oma Polja, van vaderskant, zit graag naast me op onze lievelingsbank aan het Moskouplein en voert me diverse soorten vlees. Ze gaat met ons mee naar Amerika en zal heel lang mijn allerbeste vriendin blijven. Zonder dat ik het weet glijdt oma Galja langzaam af in vasculaire dementie. Zij is de voornaamste reden waarom mijn moeder niet wil emigreren, en ze zal eind jaren tachtig overlijden in de Sovjet-Unie, nauwelijks bij haar verstand en onder veel pijn. Mijn tante Tanja blijft achter om voor haar te zorgen, een schuld die mijn moeder de rest van haar leven zal proberen af te lossen.

Oma Galja was ooit als journaliste en redactrice werkzaam voor het Leningrads Avondblad (*Vetsjernii Leningrad*). Ze weet van mijn liefde voor *Nils Holgerssons wonderbare reis*; ze heeft de liefdevol aangebrachte plakband gezien die elk kinderboek dat ik heb bij elkaar houdt. Als ze op een dag op me past, stelt ze voor: 'Waarom schrijf je eigenlijk zélf geen boek?'

En zo begint het. Ik ben vijf, heb een dik stompje potlood in mijn hand en een tetradka met millimeterpapier dat popelt om volgeschreven te worden. Grootmoeder Galja is slim. Ze heeft zich vanuit de sjtetl opgewerkt, won een gouden medaille op het plaatselijke gymnasium en bereikte met veel moeite Leningrad, waar ze een cultureel ontwikkeld iemand werd. Ze weet wat iedere goede redacteur terdege beseft. Je kunt niet zomaar het commando 'Schrijven!' aan je pupillen geven. Er moet een beloningssysteem zijn. Oma Galja heeft geen toegang tot het koude gebakken varkensvlees waar ik zo dol op ben, maar ze heeft wel een andere belangrijke hoofdschotel: kaas.

Het is dikke, harde, gelige Sovjetkaas, een povere bloedverwant van de tonnen oranje lactose die de regering van de Verenigde Staten drie jaar later via mijn oma Polja in Rego Park, Queens zal voorzetten. Maar er ontstaat een ruilsysteem, goederen voor woorden, waardoor ik tot op heden in leven ben gebleven. Oma Galja snijdt de kaas in tientallen lichtgele blokjes. 'Voor elke bladzijde die je schrijft,' zegt ze, 'krijg je een blokje kaas. En voor elk hoofdstuk dat je af hebt, maak ik een boterham met kaas voor je.'

De zo ontstane roman kostte mijn oma honderd blokjes kaas en ruim tien kaasboterhammen. Er is geen letter van over, maar mijn kinderlijke meesterwerk begon waarschijnlijk als volgt:

Odin den', oetrom rano, Vladimir Iljitsj Lenin prosnoelja.
Op een dag werd Vladimir Iljitsj Lenin 's morgens vroeg wakker.

Lenin is wakker en leeft in Leningrad! Hij is van zijn voetstuk op het Moskouplein afgestapt, en de tijd voor vergelding is aangebroken. Voordat hij de Oktoberrevolutie ontketende, hield hij zich schuil in een jachthut gemaakt van takken en stro (een echte Russische *sjalasj*) in Finland. En tot op de dag van vandaag blijft Finland zich, hoewel officieel neutraal, koppig buiten de Unie van Socialistische Sovjetrepublieken. In mijn grote, warrige roman *Lenin i ego volsjebnyi goes'* (*Lenin en zijn wonderbare gans*) wordt hier voorgoed mee afgerekend.

Nadat Lenin van zijn voetstuk is geklommen, ontmoet hij een vriendelijke, pratende gans van enorme afmetingen, die waarschijnlijk is komen binnenvliegen uit Georgië, Azerbeidzjan of Armenië, of uit een andere streek waar de donkere mannen vandaan komen die bloemen verkopen op de markt. Lenin en de gans worden dikke maatjes. Samen sluiten ze een pact: we gaan Finland binnenvallen!

Lenin klimt boven op de gans en ze vliegen de grens over naar wat ooit de Europese Unie zal worden, en Lenin begint de arme Finnen te bombarderen met de eerdergenoemde dikke Sovjetkaas. Als ze de Finnen niet bombarderen, houden ze zich schuil in hun sjalasj en praten tegen elkaar in hoofdletters, waarbij de gans zoiets zegt als: 'Heb je gehoord, Vladimir Iljitsj, dat DE BOUW VAN DE HOOFDLIJN VAN DE BAIKAL-AMUR SPOORWEG IS BEGONNEN?' Lenin en zijn gevederde vriendje vermaken zich natuurlijk uitstekend tussen die dikke groene sparrentakken van het Moskouplein. Maar Vladimir Iljitsj kan maar een beperkt aantal Finnen bombarderen met kaas, omdat hij namelijk astma heeft!

Dat is niet algemeen bekend. Die Lenin heeft de naam heel atletisch te zijn, altijd maar zwemmen en schaatsen en fanatiek schaken, maar nee hoor. Hij is ook astmapatiënt! Alles verloopt volgens het vijfjarenplan, de Finnen staan op het punt zich over te geven als de spraakzame gans, waarschijnlijk een mensjewiek, Lenin verraadt aan de Finse geheime politie. De gans weet dat Lenin het meest kwetsbaar is tijdens een razende astma-aanval, dus hij legt Lenin op zijn buik, zet hem de banki op, en roept de boosaardige Finnen erbij. Het is bijna einde verhaal voor het grootste genie in de geschiedenis van de mensheid, maar Lenin slaagt erin de banki af te werpen en zich te ontdoen van de noordse zwijnen. Hij vangt de trouweloze gans, kookt hem gaar in een grote rode pan, en doet zich te goed aan een overheerlijk ganzenmaal samen met zijn zojuist bekeerde socialistische kameraden.

Finis.

In mijn zuurstofarme brein meng ik alles door elkaar, van de lagere kunst van *Nils Holgerssons wonderbare reis* tot de hogere troep van de Sovjeticonografie. Maar het is een wreder verhaal dan alles wat Selma Lagerlöf, de schepster van Nils, in het democratische Zweden had kunnen bedenken. De moraal van *Lenin en zijn wonderbare gans* is: heb de autoriteiten lief maar vertrouw niemand. En dan is er nog dit. Ik schrijf de roman voor mijn grootmoeder, die het grootste deel van haar leven communist was, en ik wil ermee zeggen: 'Oma, hou alsjeblieft van me.' Het is zowel een wanhopige als alledaagse boodschap, die ik uitzend naar haar en naar mijn ouders, en later ook naar een stel jesjieve schoolkinderen in Queens, en nog later naar diverse lezers in de wereld.

Het tijdstip dat de Shteyngarts het Moskouplein verlaten is bijna aangebroken.

Om de paar weken wordt de astma zo hevig dat er een ambulance met gillende sirene onze binnenplaats op komt scheuren. Van dokter Posjevalova, wier aanwezigheid mij zodanig de stuipen op het lijf jaagt dat ik me haar gezicht noch haar gestalte kan herinneren, staan me slechts de lelijke, afschuwelijk lelijke woorden bij die van haar lippen komen. 'Longontsteking' (*vospalenje ljogkich*) en 'mosterdkompressen' (*gortsjitsjnje kompressi*).

Nils Holgerssons wonderbare reis zal niet op televisie worden herhaald, maar wat ik wel zie is een programma dat *Planet Andromeda* heet, een amateuristische Russische poging tot imitatie van het geniale *Star Trek*. De enige scène die me bijblijft is de volgende: mannen – kosmonauten, vermoed ik – worden tegen een zwarte achtergrond gebombardeerd met een soort zonnestraal. De kosmonauten schrompelen schreeuwend van de pijn ineen.

Op de binnenplaats van ons gebouw staat een kinderglijbaan die is vastgemaakt aan een speelgoedraket. Ik klim langs de roestige metalen ribben van de raket, die ik beschouw als de Goede Raket, en glijd behoedzaam over de bevroren helling naar beneden; twintig kilo kind en dertig kilo jas. De Goede Raket mag dan roestig zijn, maar hij vertegenwoordigt alle hoop en alle dromen van een natie die als eerste een satelliet heeft gekatapulteerd, daarna een hond en vervolgens een mens, in de leegte boven ons, de leegte die wij zijn.

De Slechte Raket is een gore dickensiaanse stoompijp die zich langs alle vijf verdiepingen van ons gebouw uitstrekt en 's nachts zoemt en trilt, alsof hij ook astma heeft. Nadat ik *Planet Andromeda* heb gezien, ben ik ervan overtuigd dat er groot onheil staat te gebeuren, dat we elk moment kunnen worden gebombardeerd door zonnestralen tegen een zwarte achtergrond, dat de Slechte Raket zal vertrekken naar de sterren, dat hij een deel van ons flatgebouw zal losrukken en mij en papa en mama zal meesleuren. Ik maak aantekeningen voor een nieuw boek, *Vladimir Iljitsj Lenin verovert Andromeda*. Zelfs de allerverste melkwegstelsels moeten veilig worden gemaakt voor het socialisme.

Wat ik niet weet is dat de Sovjet-Unie aan het desintegreren is. De laatste graanoogsten zijn rampzalig geweest; er is nauwelijks genoeg graan om de massa te voeden of voortdurend dronken te houden. Ondertussen begint in de Verenigde Staten een beweging onder gewone mensen om Sovjet-Joden te bevrijden uit hun synthetische gevangenschap en aan stootkracht te laten winnen. En dus heeft de Amerikaanse president Jimmy Carter een overeenkomst gesloten met de Russen. In ruil voor tonnen graan en wat geavanceerde technologie, waarschijnlijk televisietoestellen die niet regelmatig ontploffen, zal de USSR veel van zijn Joodse inwoners toestemming geven te vertrekken. Rusland krijgt het graan dat het nodig heeft, Amerika krijgt de Joden dat het nodig heeft: al met al een ijzersterke deal.

Mijn ouders hebben hun baan opgezegd en hun flat van zesenveertig vierkante meter oppervlakte verkocht, en ze gebruiken de overgebleven roebels om onze glanzende Roemeense meubels en onze Rode Oktober-piano te verschepen over de Zwarte Zee, over de Middellandse Zee, over de Atlantische Oceaan, over elke watervlakte waar deze vreemde, ouderwetse lading op wil blijven drijven. Oma Galja, de steeds dementer wordende moeder van mijn moeder, heeft de documenten getekend waarmee ze haar dochter toestemming verleent om te emigreren (nog zo'n vernederende eis van het systeem: ouderlijke toestemming). Mijn ouders hebben de juiste visa in hun paspoort. De zeldzame uitreisvisa die Sovjetburgers toestemming geven tot het onvoorstelbare: aan boord te stappen van een vliegtuig en het beste land ter wereld te verlaten, het land van arbeiders en strevers. We staan op het punt te vertrekken naar de sterren, en oma Galja blijft achter met haar kaas, zodat er slechts een herinnering overblijft aan een dikke oude vrouw in een bloemetjesrok en het geluid van een dik potlood op millimeterpapier en haar glimlach terwijl ze mijn kinderlijke wartaal proefleest. En geen wandelingen meer naar de Tsjesme-kerk om speelgoedhelikopters te laten vliegen tussen de torenspitsen terwijl mijn vader, die Wikipedia avant la lettre, naar de architectuur wijst en mij op lieve toon onderricht in mijn moedertaal: 'De eerste bekende kerk die is ontworpen in afwijking van de Byzantijnse stijl is de kathedraal van de H. Sofia in Novgorod, gebouwd tussen 1045 en 1050 na Christus.'

En nog een dierbaar iemand moet worden achtergelaten.

Lenin, mijn gans, mijn felle, bloederige vriend, mijn dromer. Waar droom je nu van, op je sokkel op het Moskouplein, in je mausoleum in Moskou?

Zul je ooit van mij dromen?

5.
Artikel 58

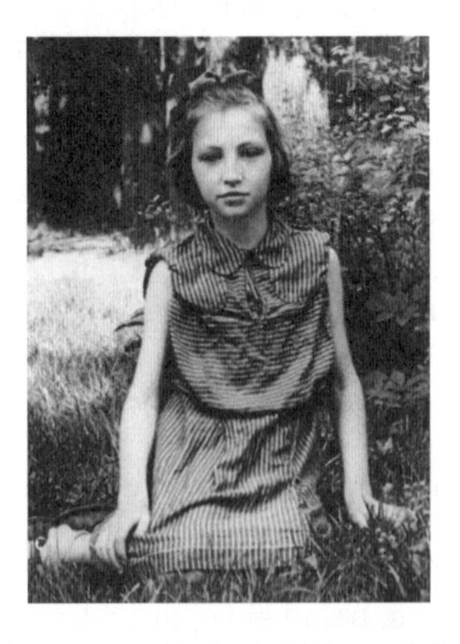

De moeder van de auteur op elfjarige leeftijd, met de bezorgde volwassen blik die hij zo goed zal leren kennen. Let op de fraaie strik in haar haar. Het jaar is 1956, de plaats is de Sovjet-Unie.

‘Het lijkt of je mij niet echt kent.’

‘Je ziet me door de ogen van je vader.’

‘En soms denk ik dat ik jou ook niet ken.’

Het is de verjaardag van mijn moeder, en we bevinden ons in het ronddraaiende restaurant boven op het Marriott Marquis Hotel. Mijn vader en mijn tante Tanja, de jongere zus van mijn moeder, zitten al aan tafel en wachten op hun truffelsoep en biefstuk medium tot doorbakken, maar mijn moeder wil even tien minuten met mij alleen zijn. We zitten bij het damestoilet in het niet ronddraaiende midden van het restaurant, en kijken naar de langslopende vrouwen in hun pikante stadskleding die zoveel vlees bloot laat op deze vorstige decemberavond.

De gedachtegang van mijn moeder brengt me in de war. Ik weet dat ze zich zorgen maakt over de autobiografie die ik schrijf. Ze maken zich allebei zorgen. 'Vertel eens, hoeveel maanden hebben we nog te leven?' vraagt mijn vader over de naderende publicatiedatum. Maar hoe kan ze zeggen dat we elkaar niet kennen? We hebben achttien jaar zo dicht bij elkaar doorgebracht dat iedere niet-Joodse, niet-Italiaanse, niet-Aziatische Amerikaanse die slechts een uur werd blootgesteld aan een dergelijke intimiteit de blonde lokken te berge zouden rijzen en zou schreeuwen: 'Grenzen!'

Ken ik mijn moeder echt niet? Ze was mijn vriendin toen ik een klein jongetje was. Andere vriendjes en vriendinnetjes werden nauwelijks toegelaten omdat ze die beschouwde als dragers van ziektekiemen die mijn bronchiale kwalen konden verergeren. Nicht Victoria, de ballerina; ik herinner me dat ik in Leningrad door een raam naar haar staarde, en wij beiden bevlekten de ruit van een tuindeur met onze handpalmen en onze adem. We wilden zielsgraag elkaars hand vasthouden. Zij was ook enig kind.

En dus sjokten moeder en zoon alleen door rijen om water te halen voor onze ondergrondse vakantiehut op de Krim, om vol verbazing te kijken naar het Zwaluwnest Kasteel bij Jalta, hand in hand lopend door ontelbare treinen, treinstations, mausolea en over stadspleinen; en altijd maar tegen elkaar pratend omdat mijn Russisch gevorderd en buitenissig was en zij een gevorderde en buitenissige metgezel goed kon gebruiken. In die tijd verlichtte ik haar zorgen in plaats van die te verzwaren.

En hoezo zie ik haar door de ogen van mijn vader? Heel lang heb ik zijn levensmoeheid overgenomen, zijn sarcasme, zijn *sjoetki* (grapjes). Ik probeerde zoals hij te zijn, omdat ik een jongen was en hij me de volgende stap in mijn evolutie moest laten zien. 'Van wie houd je het meest, van je moeder of van je vader?' was de oneerlijke vraag die mijn ouders me in Leningrad opdrongen. Oneerlijk omdat ik mijn moeder nodig had, haar aanwezigheid nodig had en haar donkere haar om te kunnen vlechten als ik te moe was om een boek te lezen. Maar ik vóélde het explosieve karakter van mijn vaders liefde voor mij, de centrale rol die ik moest spelen in zijn moeilijke leven. Je kunt je in een dergelijke liefde storten of je ervan afkeren. Onlangs pas heb ik besloten geen van beide te doen, om stil te staan en die liefde haar gang te laten gaan.

Maar naarmate ik ouder werd, koos ik steeds meer voor het leven van mijn moeder. De eindeloze berekeningen, de zorgen, de angstige voorgevoelens en bovenal het eindeloze werken. Het werken van zonsopkomst tot zonsondergang, zelfs na je pensioen, waardoor je je nooit volledig kunt verzoenen met het verleden. De kipkoteletten die ze me verkocht voor $1,40 per stuk nadat ik was afgestudeerd, hebben duizend van die koteletten gebaard, honderdduizend, een miljoen, stuk voor stuk met een prijskaartje eraan. Die fanatieke aandacht voor details, die mijn vader vast nooit had gehad, als operazanger niet en als ingenieur niet, heb ik nu ook. Evenals de bijbehorende zorgen, de angst me te vergissen, de angst voor autoriteiten. Terwijl ik rondloop op een landelijke, historische plek, de villa van de nicht annex maîtresse van FDR, ben ik al de uiterst belangrijke vraag aan het voorbereiden die ik ga stellen aan de oudere dame achter de balie: 'Ik heb kaartjes voor de rondleiding, maar zou ik misschien van het toilet gebruik mogen maken voordat die begint?'

Mijn moeders ambitie, gesmoord, in andere banen geleid door de geschiedenis en de taal, heeft de mijne gebaard. Het enige verschil is: ik heb geen God, geen familiemythe om me aan vast te houden, geen gave om mythes te verzinnen, behalve de leugens die ik hier vertel.

'Wij hadden een fijne familie, vergeleken met die van je vader,' zegt mijn moeder. 'We gebruikten altijd verkleinwoordjes voor elkaar: Ninotsjka, Tanetsjka. Wij hadden seizoenkaarten voor de symfonie.' Als het Lied van de Verlichte Liefhebbende Familie, die triomfeert over tegenslag en wanhoop, zo vaak wordt aangeheven, begint het te lijken op het Lied van Israël van mijn vader, dat altijd heilig is en waar nooit iets fout gaat. Is het zo gek van mij om te denken dat liefde niet zo gemakkelijk is? Of mis ik het juiste gen voor dat soort gemakkelijke liefde?

'En soms denk ik dat ik jou ook niet ken,' zegt mijn moeder.

Ik heb bijna twaalfhonderd bladzijden fictie geschreven, alles vertaald in het Russisch, en honderden bladzijden non-fictie, waarvan een groot deel de ervaringen beschrijft van een Russisch kind in Amerika, en waarvan een kleiner deel in dit boek terug te vinden is. Zelfs als de fictieve gedeelten niet geheel autobiografisch waren, zouden ze dan nog niet als een gedeeltelijke verklaring hebben moeten dienen voor wie ik ben? Of zijn de belangrijkere gedeelten vertroebeld door de sjoetki? Of, nog angstaanjagender misschien, is de cognitieve kloof tussen moeder en zoon te groot; de afstand van hier naar daar, van het Moskouplein tot mijn flat vlak bij Union Square en tot dit ronddraaiende restaurant aan Times Square, kan niet worden gedicht met woorden alleen.

Is haar klacht een minder boze, meer verbijsterde versie van het 'Mijn zoon, hoe kon hij me verlaten?' van mijn vader?

Terwijl we teruglopen naar de tafel en mijn vader zit te popelen om zijn eigen sjoetki over mij ten gehore te brengen – de tien minuten die ik alleen met mijn moeder heb doorgebracht hebben zijn jaloezie en zijn gramschap gewekt – denk ik: stel dat het niet zo zou hoeven te zijn? Als ik nu eens uit Amerikaanse ouders was geboren?

Dat is geen volstrekt onzinnige vraag. Het was bijna gebeurd. In zekere zin.

Mijn moeder is afkomstig uit twee verschillende geslachten van inwoners van het machtige Rusland. Van vaderskant stamt de familie Jasnitski af van twaalf generaties Russisch-orthodoxe geestelijken uit de godverlaten regio Kirov ergens op het weidse Russische vasteland, ergens tussen Helsinki en Kazachstan. Foto's van mijn overgrootvader, een diaken, en zijn broer, de aartspriester van een dorpje, bieden een grappig contrast met mijn semitische trekken: beiden zien eruit alsof de Heilige Geest lang geleden vertrokken is uit hun helderblauwe ogen; beiden zien er prachtig en voldaan uit en heel ver verwijderd van de zuurbaden der verschrikking waarin de rest van mijn voorouders hun ochtendbad namen. Het kruis om de nek van Aartspriester Jasnitski had gebruikt kunnen zijn om een middelgroot dier als een foxterriër of een capibara aan te kruisigen. De enige fysieke kenmerken die mijn ongelijkwaardige voorouders gemeen hebben, zijn de reusachtige rabbijnse baarden die beide geestelijken dragen.

De half-Joodse afkomst van mijn moeder doet vaak de wenkbrauwen fronsen van literair recensenten van Israëlische en Amerikaans Joodse publicaties. 'En,' vragen ze dan, 'Joods van welke kant?' De achterliggende gedachte hier is dat het judaïsme een in de vrouwelijke lijn doorgegeven religie is; vandaar dat als de moeder van mijn moeder niet-Joods was geweest, ik slechts in naam een 'Joodse schrijver' zou zijn. Ik mag graag even treuzelen bij dit onderwerp, zodat de slechtste gedachten de geest van mijn Joodse ondervragers kunnen doorkruisen, voordat ik tot ieders opluchting vermeld dat mijn grootvader de grote goj was en de moeder van mijn moeder van Joodse afkomst.

En óf ze van Joodse afkomst was.

De familie Nirman komt uit het stadje Dubrovno in wat tegenwoordig de onafhankelijke dictatuur Wit-Rusland is, ingeklemd tussen Polen en Rusland. De dichtstbijzijnde stad is Vitebsk, muze en geboorteplaats van Marc Chagall. Orthodoxe joden, druipend van mystiek en gebedssjaals, sierden ooit beide oevers van de rivier de Dnjepr, die als een kleine Mississippi door Dubrovno stroomt. In tegenstelling tot mijn vaders voorgeslacht van arbeiders stammen de Nirmans af van een lange lijn van rabbi's.

Een van de dorpelingen uit Dubrovno vertrekt tussen de wereldoorlogen naar Amerika waar hij fortuin maakt in een of ander onduidelijk beroep. Hij komt terug naar Dubrovno om een bruid te vorderen, namelijk mijn overgrootmoeder Seina. Het klikt tussen die twee, maar dan steekt die arme schlemiel op vrijdagavond een sigaar op onder de neus van mijn rabbijnse betovergrootvader. *Gij zult geen Montecristo opsteken op de sabbat* is ook zo'n verbodsbepaling in ons overweldigende geloof. De rabbi brult 'Nooit!' als reactie op het huwelijksaanzoek en smijt de vrijer zijn huis uit.

'Als hij die sigaar niet had opgestoken,' vertelt mijn moeder, 'waren we in Amerika geboren en hadden we niet de *sores* [Jiddisch: "problemen"] gehad die we in Rusland hadden.'

Ik weet vrijwel zeker dat afstamming zo niet in zijn werk gaat, maar als mijn overgrootmoeder Seina naar Amerika was geëmigreerd met haar sigaren rokende vrijer, was er misschien toch in Chicago of Burbank een vreemde, verre variant van een Gary in elkaar geflanst, gespecialiseerd in honkbal en belastingaftrek. Volgens de theorie van de parallelle universums waar wetenschappers aan werken, zou die Gary deze Gary misschien kunnen ontmoeten, misschien nadat ik een lezing heb gegeven in een Joods centrum in Chicagoland of in LA. Misschien komt de alternatieve Gary dan naar me toe en zegt: 'Ik ben ook Russisch!' En dan zeg ik: '*Ah, vi govorite po-roeski?*' En dan zegt hij: 'Huh?' en legt uit dat hij, nee, geen Russisch spreekt, maar dat zijn overgrootmoeder uit Doeb-dinges of zo kwam, een stadje vlak bij Vitebsk. En dan leg ik uit dat Vitebsk niet in Rusland ligt maar in Wit-Rusland, en dat de alternatieve Gary eigenlijk een Amerikaanse Jood is, of beter nog, een Amerikaan, wat een prima identiteit is waar je echt geen 'Russisch' of 'Wit-Russisch' of zo aan hoeft toe te voegen. En daarna delen we het verschil en gaan naar een plaatselijke tapasbar voor onze gebakken kippenvleugels in sojakorst, waar ik verneem dat het nichtje van alternatieve Gary, een essayiste in de dop, zich heeft aangemeld bij mijn faculteit aan Columbia University.

Nadat de Amerikaan met een andere plaatselijke maagd is teruggekeerd naar zijn met sterren bezaaide land, ontvangt overgrootmoeder Seina de tweede prijs in de huwelijksloterij. Ze trouwt met de dorpsslager. Het goede leven dat volgt bestaat onder andere uit een groot huis met een tuin, appelbomen en vele kinderen. Mijn grootmoeder Galja, degene die me blokjes kaas voert in ruil voor mijn eerste roman, wordt rond 1911 geboren. Als Galja tien jaar is moet ze 's nachts passen op het jongste dochtertje van het gezin. Het kind valt uit de wieg en overlijdt. Om haar verschrikking nog te versterken dwingen de ouders de tienjarige de begrafenis van haar zusje bij te wonen. Ze zal nooit meer een voet zetten op een begraafplaats. De rest van haar leven zal grootmoeder Galja worden geteisterd door de angst om levend begraven te worden. De rest van haar leven zal ook mijn moeder worden geteisterd door de angst levend begraven te worden. Als modern mens zet ik deze diepe voorouderlijke angst om in iets praktisch: ik ben bang begraven te worden in een afgesloten metalen huls, zoals een metro of een vliegtuig.

De tijd verstrijkt. De Joden in mijn moeders familie bereiden zich voor op de dood, of de werkkampen, of op allebei.

Eenzelfde patroon als dat in de familie van mijn vader ontvouwt zich. Een van de kinderen, een meisje, kan ontzettend goed leren en maakt zich het Russisch meester, de taal van de macht (in tegenstelling tot Jiddisch, wat de taal van de Joden is). Oma Galja, met haar gouden medaille van het Russische gymnasium en haar droom journalist te worden, verhuist naar Leningrad, waar ze zich inschrijft op de Grafische School. Daar ontmoet ze Dmitri Jasnitski, mijn grootvader, zoon van de Russisch-orthodoxe diaken, nog zo'n buffelaar uit de provincie die op een dag econoom zal worden aan het prestigieuze Instituut voor Mijnbouw in Leningrad, terwijl oma als redactrice gaat werken voor het *Leningrads Avondblad*.

De dochter van rabbi's staat op het punt te trouwen met de zoon van priesters, en mijn moeder is al snel onderweg naar het verwoeste naoorlogse land dat wacht op het eerste warme knipperen van haar oogleden. Dat land heeft een naam.

'Waar kom je vandaan, *dude*?'

Ik zit klaar voor een interview voor een MTV-achtige zender, een interview dat niet zal worden uitgezonden.

'De Sovjet-Unie,' zeg ik.

De interviewer kijkt me van onder zijn haar aan. 'En wat ís dat, zeg maar?'

Wat ís de Sovjet-Unie? Of liever gezegd, wat wás het? Dat is op zich geen bizarre vraag. Dat land is ruim twintig jaar geleden – in onze haastige tijd is dat een millennium – opgeheven. Er is een generatie Russen opgegroeid zonder het zingen van 'De Sovjetartilleristen zijn klaar voor de strijd! / Zonen van hun geweldige Moederland' of zonder te beseffen dat, voordat yoga in zwang raakte, drie uur in een rij staan wachten op een aubergine een meditatieve ervaring kan zijn.

Om de Sovjet-Unie uit te leggen zal ik het verhaal vertellen van Aaron, mijn oudoom van moederskant. Toevallig zullen zijn beproevingen ook leiden tot de eerste herinnering van mijn moeder.

Toen het oprukkende Duitse leger stilhield bij Dubrovno, het dorp van mijn grootmoeder in wat nu Wit-Rusland is (grootmoeder Galja was lang daarvoor al naar Leningrad vertrokken), en de Joden bijeen begonnen te drijven, zaten de ouders van de zestienjarige Aaron met een netelig probleem: hun dochtertje Basja kon niet lopen. De Duitsers schoten alle invaliden meteen dood. Ze wilden niet dat het meisje doodsbang en alleen zou sterven in haar rolstoel. Dus ze zeiden tegen hun zoon Aaron dat hij door de moestuin het bos in moest rennen, terwijl zij in alle rust konden sterven met Basja. In plaats van iedereen het getto in te drijven besloten de Duitse troepen wat meer proactief te zijn en hier en daar huisbezoeken af te leggen. Uiteindelijk verborg Aaron zich thuis op zolder, vanwaar hij zag hoe zijn ouders en zusje op de binnenplaats werden doodgeschoten. Zijn herinnering aan dat moment: het tikken van de klok terwijl de Duitsers hun geweren trokken, en ook dat het gevoel wegtrok uit zijn vingers omdat hij al toekijkend een stuk hout omklemde.

Nadat de Duitsers verder waren getrokken, sprintte Aaron door de velden onder het vrolijke gezang van dorpsgenoten: 'Rennen, smous, rennen!' Andere, meer meevoelende christenen gaven hem te eten, en uiteindelijk sloot hij zich in de bossen bij Dubrovno aan bij een Wit-Russisch partizanencommando. Zijn grootste nadeel op dat moment was dat hij maar één schoen had, omdat hij de andere was kwijtgeraakt bij het rennen door de sneeuw. Hij werd wat ze een 'zoon van het regiment' (*syn polka*) noemden, de jongste van een bont gezelschap strijders. De partizanen gingen uiteindelijk op in het geregelde Rode Leger en samen drongen ze de Duitsers terug naar Berlijn.

Op dat punt begonnen de problemen van oudoom Aaron pas echt.

Ze begonnen zoals problemen zo vaak beginnen in Rusland, met gedichten.

Als oom Aaron niet bezig was Duitsers neer te schieten, schreef hij gedichten. Niemand weet waar die gedichten over gingen, maar ze trokken wel de aandacht van de vriendin van Aarons meerdere, een korporaal.

Toen de korporaal erachter kwam dat zijn meisje de muze was van soldaat Aaron, werd de jonge dichter gearresteerd en onder Artikel 58 van de USSR veroordeeld voor contrarevolutionaire activiteiten; in Aarons geval was dat het prijzen van de Duitse technologie. ('Hij was ook echt diep onder de indruk van Duitse tanks,' zegt mijn moeder.)

En zo verliet de jongen die op zestienjarige leeftijd zijn ouders en zusje had zien doodschieten, die op zijn zeventiende Duitse soldaten in een hinderlaag had gelokt langs de wegen in Wit-Rusland, op achttienjarige leeftijd het leger met de beloning die typerend was voor die tijd: tien jaar dwangarbeid in een Siberisch *lagpunkt*, of werkkamp.

Wat mijn moeder als opgroeiend kind het lekkerste van de hele wereld vond, was gezoete, gecondenseerde melk (sgoesjtsjonka), een neefje van het Latijns-Amerikaanse *dulce de leche*. Tussen het suikerzoete pantheon aan Russische desserts was het voor mij als kind ook de absolute favoriet.

In de werkkampen dienden etenswaren als sgoesjtsjonka als ruilmiddel – een goede manier om niet te worden verkracht of gedwongen tot de ergste vormen van dwangarbeid – en dus sjouwde mijn grootvader soms wel twintig van die iconische blauwe sovjetblikjes met gecondenseerde melk naar het postkantoor om naar zijn schoonzoon Aaron te versturen. Mijn moeder mocht echter niet meer dan één eetlepel gecondenseerde melk voor het slapengaan.

Mijn moeders eerste herinnering: ze loopt door de verwoeste straten van het naoorlogse Leningrad met haar aristocratisch magere, altijd ziekelijke vader de econoom, met de eeuwige sigaret in zijn mond terwijl hij twintig blikken sgoesjtsjonka meesleept om naar haar oom, de gevangene, te sturen, en ze denkt: wat een mazzel heeft die oom Aaron dat hij twintig blikjes gecondenseerde melk krijgt!

Er is een foto van mijn moeder uit die tijd. Ze is ongeveer vier jaar en molliger dan ik haar ooit heb gezien, glimlachend onder een fraaie bruine pony. Omdat ze maanden na de oorlog is geboren in een gezin met behoorlijke connecties en een behoorlijke flat, zal ze op een dag deel uitmaken van dat altijd ongrijpbare fenomeen, de Russische middenklasse. Het is een van de foto's waarop mijn moeder er jong en blij uitziet; tijdens het diner op Thanksgiving neemt ze me met die foto's mee naar mijn slaapkamer boven en zegt: 'Kijk eens hoe gelukkig míjn familie eruitzag vergeleken met de zíjne', waarmee ze die van mijn vader bedoelt. Er is inderdaad niets bijzonders aan die foto, behalve dat de rechterbovenhoek eraf is gescheurd, en er is een halfrond randje van naaldgaatjes te zien. Waarom heeft iemand deze foto met naald en draad bewerkt?

Deze foto was 'in het dossier genaaid' (*podsjito k deloe*) van mijn oudoom Aaron toen hij in het kamp zat. Op zeker moment had mijn grootmoeder een brief met de foto van mijn moeder naar mijn oom Aaron in Siberië gestuurd, de kampleiding had het stralende gezichtje van een vierjarige belangrijk genoeg gevonden om hem in het dossier van een gevangene te naaien.

Misschien wel de belangrijkste onbeantwoorde vraag die ik heb ten aanzien van het hele Land van de Sovjets is: *Wie deed het naaiwerk?*

In een land dat herstellende is van de gruwelijkste oorlog die de mensheid ooit heeft gekend, met zesentwintig miljoen mensen in het graf (onder wie mijn grootvader Isaac), wie nam daar de tijd op een hongerige, besneeuwde dag om zorgvuldig en met de hand een piepklein fotootje van een glimlachend vierjarig kind, mijn moeder, in het 'criminele' dossier van een man te naaien – volgens onze maatstaven eigenlijk nog een jongen – die vijf jaar eerder zijn gezin had zien omkomen, die had geholpen de vijand terug over de grens te jagen, en die vervolgens gevangen was gezet omdat hij gedichten had geschreven en een Duitse tank had bewonderd? Er is zoveel informatie beschikbaar voor ons, het verleden is geheel toegankelijk en googlebaar, maar ik zou er heel wat voor overhebben om de persoon te kennen wiens werk het was ervoor te zorgen dat de foto van mijn moeder langs alle werkkampen van Stalin ging, om uiteindelijk, net als oudoom Aaron, gelukkig terecht te komen in een gezellige woning aan de oostkust van de Verenigde Staten, min de vier vingers van zijn rechterhand die hij kwijtraakte door een trekzaag tijdens zijn decennium van onmenselijk zware en zinloze dwangarbeid.

Mijn moeder. Met haar dromen waarin ze levend begraven wordt. Met haar nauwgezette verzameling familiefoto's, waarvan sommige zijn gerubriceerd onder 'Tweede Wereldoorlog' en het subkopje 'Oom Simon, vrouw, vermoorde kinderen', geschreven in het Russisch, in haar even nauwgezette handschrift.

In de eerste wanhopige bloei van haar jeugd zag mijn moeder er, zoals ze dat zelf zou noemen, *ozabotsjena* uit, een mengeling van bezorgd, humeurig en misschien verliefderig, met een typische Sovjetstrik boven haar ietwat opgeblazen gezicht met volle lippen, alsof ze ons wil duidelijk maken dat de bossen op de achtergrond niet behoren bij een zonnig zomerkamp in de Catskill Mountains. Het is 1956. Ze is elf jaar, draagt een gestreepte zomerjurk en lijkt nu al op een tobbende Joodse jongvolwassene.

Mijn stralende moeder met haar rode das van de Jonge Pioniers, bereid om de Sovjetstaat te dienen met de keihard geschreeuwde gebruikelijke Pioniersleus: *Ik ben altijd bereid!* 'Die heb ik nooit afgedaan,' zei ze over de rode das. 'Toen ik eenmaal bij de Pioniers was, heb ik die nooit meer afgedaan. Zelfs 's zomers niet! Ik was een geweldige Pionier!'

Mijn moeder, ernstig en dromerig, achter een kinderpiano. Haar moeder bindt haar met een handdoek vast aan de pianokruk zodat ze niet kan ontsnappen om touwtje te springen met de kinderen die buiten voor het raam naar haar staan te roepen. Uiteindelijk sorteert de muziek effect. Ze gaat naar het conservatorium en zal later pianoles geven op een kleuterschool in Leningrad. Ze zal trouwen met een man die operazanger wil worden, die ook ooit naar het conservatorium is geweest, net als zij, hoewel zij zijn conservatorium kwalitatief minder vindt.

Mijn moeder, die buiten het zicht van de camera, in onze flat aan het Moskouplein, ligt te woelen door een nachtmerrie in de ene kamer terwijl ik lig te woelen van de astma én door een nachtmerrie in de andere. Ze droomt dat ze haar aantekeningen thuis heeft laten liggen en dat ze de kleuterklas niet zal kunnen voorbereiden op een speciale uitvoering. Ik droom dat ik ook iets van mezelf vergeten ben, een speelgoedversie van *Buratino*, de Russische Pinoccio, die ik heb laten liggen op een perron in Sebastopol op de Krim, voor een gelukkig kind.

Mijn moeder in onze eerste Amerikaanse huurflat, met donkerbruine krullen en een jurk met laag uitgesneden rug, spelend op onze Rode Oktober-piano die we voor veel geld hebben laten overkomen uit Leningrad. Op de piano staat een gouden menora met in het midden een nepsmaragd naast een vaas witte kalkachtige bloemen van keramiek. Mijn moeder lijkt te aarzelen achter de toetsen. Ze heeft zich inmiddels helemaal gewijd aan haar Amerikaanse werk, waarin ze het zal schoppen van Typiste tot Belastingadministrateur. De in onbruik geraakte Rode Oktober zal worden geschonken aan een goed doel in ruil voor een belastingaftrek van driehonderd dollar.

'Twee meisjes,' zegt mijn moeder terwijl ze de foto laat zien van zichzelf pianospelend in Leningrad, het dromende, verstrooide kind, en haar andere zelf, een vastberaden immigrantenmoeder, achter de Rode Oktober in Queens, New York. 'Eentje zoals ik was en een zoals ik geworden ben.'

Ik ken maar één van die twee meisjes. Mijn lieve immigrantenmoeder, mijn bezorgde medestrijdster. Het meisje dat ze is geworden. Het andere heb ik geprobeerd te leren kennen. Via de verhalen, de foto's, bewijsmateriaal uit de archieven, de gedeelde liefde voor gecondenseerde melk, de rode Pionierdas die ik nooit heb kunnen dragen maar die haar hals zo trots sierde. Ik ken maar één van die meisjes. Maar geloof me alstublieft als ik zeg dat ik haar erg goed ken.

6.
Mijn Madonnatsjka

Polja, de geliefde oma van de auteur, voegt zich bij de familie in Rome. Ze heeft vanuit Leningrad drie kilo zeep meegebracht. In het Sovjetnieuws had ze gehoord dat er een tekort aan zeep is in Amerika.

Het was de bedoeling dat dit boek zou lezen als een spionageroman uit de Koude Oorlog. Controleposten, Oost-Berlijn, Sovjetdouane.

Het was de bedoeling dat dit boek zou lezen als een spionageroman uit de Koude Oorlog, maar de James Bond in kwestie, ik dus, kan geen *kaka* doen.

'Mama! Papa! Ooooooooo!' Het is de dag voor ons vertrek naar West-Europa en daarna Amerika, en ik zit op mijn groene potje – wel een roman van honderd bladzijden schrijven maar niet op een normaal toilet zitten, ik ben bang dat ik erin zal vallen – en ik krijg de *kakasjka* er niet uit.

Staraisja, *staraisja*, dringen mijn ouders aan, de ene na de andere. Doe harder je best, doe je best. *Naprjagis'*. Harder drukken.

Later lig ik op de Cultuurbank, mijn maag zit nog vol onverteerde kool, en ik kan niet slapen. De koffers zijn gepakt, de woonkamer waarin ik nu slaap wordt gedomineerd door twee reusachtige legergroene zakken vol decennia aan verzameld leven, in het bijzonder de dikke gewatteerde deken waaronder ik in leven probeer te blijven. Goed beschouwd is álles ingepakt, en het ruziën tussen mijn ouders heeft een verontrustend soort detente bereikt. Het gebruikelijke 'loop-naar-de-lul' en 'neuk-je-moeder' heeft plaatsgemaakt voor somber, onbestemd gefluister, terwijl de Rode Raket buiten zijn rook uitblaast en ik vanbinnen lig te rillen op de Cultuurbank. Ik tuur naar de opgaande zon, naar de reclameborden voor VLEES en GROENTEN. Alles is bedekt door vorst. Echte Russische vorst. Elke sneeuwhoop is een fort op de schaal van het Ingenieurskasteel met de geschuttorens, de sneeuw bleek en smeltend door de kortdurende winterzon. Iedereen die een dergelijke vorst heeft meegemaakt zal geduld kunnen opbrengen voor de papperige variant.

Papa noch mama heeft mij verteld dat we op het punt staan het Land van de Sovjets voorgoed te verlaten. Mijn ouders zijn zo paranoïde dat ze vrezen dat ik mijn mond voorbijpraat tegenover een gezaghebbende volwassene en dat onze uitreisvisa zullen worden ingetrokken. Niemand heeft het me verteld, *maar ik weet het wel.* En ik heb mijn eigen vorm van protest bedacht. Ik heb de ergste astma-aanval tot dusver veroorzaakt, een hulpeloos gesputter, zó erg dat mijn ouders erover denken *niet te vertrekken.*

Onze flat bij het Moskouplein is verkocht aan de zoon van een hoog partijlid. De zoon van het partijlid en zijn vader staan te popelen totdat wij onze Joodse hielen hebben gelicht, om zich elke vierkante meter van ons voormalige eigendom eigen te maken, en dan heb ik het nog niet gehad over onze explosieve Signal-zwart-wittelevisie. Ze krijgen ook de sjofele Cultuurbank waarop ik sliep, culturele dromen droomde, probeerde viool en balalaika te spelen en, met de hulp van mijn oma Galja, mijn meesterwerk *Lenin en zijn wonderbare gans* heb geschreven. Eveneens inbegrepen in de koopprijs van de flat is de ladder-van-plint-tot-plafond die mijn vader heeft getimmerd om mij van mijn hoogtevrees af te helpen en een Atleet van me te maken.

Zoon van Partijlid komt langs met zijn hoge vader, die toevallig afgestudeerd medicus is. 'We weten niet wat we moeten doen,' zegt mijn moeder tegen het communistische duo. 'Het kind heeft astma. Misschien moeten we wel blijven.'

Dokter Apparatsjik, die de flat zo snel mogelijk in handen van zijn zoon wil krijgen, zegt: 'Volgens mijn medische mening kunt u beter vertrekken. Er zijn betere behandelmethoden voor astma in het Westen.'

Wat volledig juist is.

Mijn moeder besluit dat we onze vlucht moeten laten doorgaan. Als reactie daarop wordt mijn astma erger. *Ik wil niet dat ze me meenemen.* De volgende ochtend ga ik weer op het potje, maar er gebeurt niets. De kool binnen in mij kent onze bestemming beter dan ik. Hij wil vreselijk graag emigreren naar het Westen, om zijn leven te beëindigen in een glimmend Weens toilet.

De laatste minuten in de Tipanovstraat zijn vaag. Gaan we nog even zwijgend zitten voordat we afreizen, zoals de Russische gewoonte wil? Wat heeft dat voor zin? De reis zal geen einde hebben.

Taxi naar het vliegveld. En daar komt de aap uit de mouw: tante Tanja is er en ook tante Ljoesja. Die tien jaar later zal sterven aan een kanker die bijna overal had kunnen worden verwijderd, en haar dochter, mijn nicht Victoria, de ballerina wier hand ik tijdens mijn quarantaine aanraakte door het glas, en die mijn moeder smeekt: 'Ik wil mee met jullie!' Iedereen is er behalve oma Galja, die bedlegerig is. *Nas provozjajoet.* We worden 'uitgezwaaid', wat wil zeggen dat dit niet zomaar een uitstapje is naar de Krim of Georgië. Dit is voorgoed. Maar waar gaan we heen?

Weeklagend in de rij voor de douane nemen de Joden afscheid van hun familie met alle emotie waarom ze bekendstaan: een afscheid voor altijd. En er zijn zoveel Joden die de vlucht van Leningrad naar Oost-Berlijn nemen dat de kust van Brooklyn en de boomrijke boulevards van Queens en de mistige valleien van San Francisco nu al kreunen van de voorpret. Alle ogen zijn nat, we zijn allemaal Snotneuzen vandaag, en we worden grondig doorzocht door de douaniers. Een lange vent in vol ornaat trekt mijn bontmuts af en betast de hele voering, op zoek naar diamanten die we er misschien stiekem in hebben verstopt. Als kind ben ik in Rusland nog nooit slecht behandeld door het systeem. Net als in socialistisch China heerst er in Rusland een speciaal soort goedgunstigheid tegenover kinderen; in beide landen heerst er meestal maar één kleine keizer per gezin. Maar ik ben niet langer Sovjetburger en heb geen recht meer op de speciale voorrechten voor kinderen. Ik weet het niet, maar ik ben een landverrader. En mijn ouders zijn ook landverraders. En als een flink aantal mensen z'n zin kreeg, zouden we ook worden behandeld als landverraders.

De douanier duwt met zijn dikke vingers in mijn bontmuts, en mijn astmatische ik is zo bang dat hij niet eens het benul heeft om níét te ademen. En dus zuig ik de dikke, van ammoniak- en zweetgeur doortrokken lucht op die hangt in de stalinistische internationale vertrekhal van het onveilige vliegveld Pulkovo. Mijn ouders zijn vlakbij, maar voor het eerst van mijn leven sta ik alleen, zonder hen, voor een autoriteit. De douanier is klaar met het fouilleren van mijn bontmuts en zet hem weer op mijn hoofd met een mengeling van een glimlach en een sneer. Ik verlaat Rusland, maar hij zal het nooit verlaten. Had ik als kind maar het mededogen om dat imponerende feit te bevatten.

Een eindje verderop heeft de douane onze bagage en de twee reusachtige legergroene zakken geopend voor een grondige inspectie. Katoenpluimen puilen uit onze rode gewatteerde deken, terwijl de bladzijden in het beige lederen adresboekje van mijn moeder – met wat namen en telefoonnummers van familieleden in Queens – er zonder enige reden door een sadist in uniform worden uitgescheurd, alsof we spionnen zijn die informatie naar het Westen smokkelen. Wat in zekere zin ook het geval is.

En dan zijn de formaliteiten achter de rug, en ook het afscheid van onze familie. Terwijl ik dit opschrijf kan ik raden welk woord door mijn moeders hoofd gaat: *tragedija*. Het is een tragische dag voor haar. De moeder van mijn vader zal zich binnenkort bij ons voegen in Amerika, maar mijn moeder zal haar moeder pas in 1987 terugzien, vlak voor haar dood, en tegen die tijd is oma Galja zover heen dat ze haar tweede dochter niet eens meer herkent. Totdat de reformist Gorbatsjov het roer overneemt is het landverraders van de Sovjet-Unie niet toegestaan terug te keren om hun stervende ouders te bezoeken. Ik meen haar verdriet te kunnen voelen omdat ik, zoals mijn moeder dat noemt, *tsjoetki*, gevoelig, ben. Maar de waarheid gebiedt te zeggen dat ik niet tsjoetki genoeg ben. Want het enige wat ik voor me zie is het toestel van Aeroflot, de Toepolev-154. Tijdens een van de didactische excursies rond de Tjesme-kerk vertelde mijn vader me dat de Toepolev het snelste passagiersvliegtuig is dat ooit gebouwd is, sneller nog dan de Amerikaanse Boeing 727! In elk geval sneller dan de speelgoedhelikopter die wij lanceren naar de torenspitsen, begeleid door onze aeronautische kreet 'URA!'

En nu bevinden we ons in dit ranke, magische vliegtuig, het toestel dat veel sneller kan dan onze rivalen in de Koude Oorlog, en we taxiën over het uitgestrekte vliegveld, langs de kale winterbomen in de verte en langs de vele hectaren diepe sneeuw waar wel duizend kinderen zich in kunnen verstoppen. Vergeet die astma, ik houd vanzelf mijn adem in door het wondere schouwspel. Goed, ik heb hoogtevrees, maar in die futuristische Toepolev, het snelste passagiersvliegtuig ooit gebouwd, voel ik me net zo veilig als in de armen van mijn vader.

Niemand heeft me verteld waar we heen gaan, maar ik ben erop voorbereid om een goede vertegenwoordiger te zijn van het sovjetvolk. Om mijn borst, onder de monumentale overjas en de monumentale wintertrui, rust een shirt dat alleen te koop is in de USSR, en misschien in de chiquere winkels van Pjongjang. Het is een groen geval met wijde kraag en blauwe en groene verticale strepen, met tussen de strepen een melkweg van gele stippen. De slippen van het shirt zijn in een zwarte broek gepropt die tot aan mijn nieren komt, duidelijk met de bedoeling ze warm te houden tijdens de vlucht. Op het shirt draag ik een speldje met het symbool van de naderende Olympische Spelen van 1980 in Moskou, een gestileerd Kremlin met een rode ster erboven. De vloeiende lijnen van het Kremlin reiken naar de ster omdat mijn land altijd reikt naar uitmuntendheid. Onder het olympische speldje draag ik een speldje met een grijnzende tijgerkop. Dit is ter nagedachtenis van Tigr, mijn knuffeltijger, die zo groot is dat hij de reis, waar dan ook naartoe, niet mee kan maken.

Waar gaan we eigenlijk heen? Papa en mama blijven tijdens de hele vlucht bezorgd zwijgen. Mijn moeder onderzoekt of het zwaar verzegelde raampje misschien tocht. Volgens de Russische medische overlevering is tocht de grootste sluipmoordenaar.

We landen ergens met een heuse plof en taxiën naar een gebouw. Ik kijk uit het raam en jobtiki mat', neuk je moeder, het naambord – FLUGHAFEN BERLIN-SCHÖNFELD – is niet eens meer in het Russisch. In de aankomsthal, voorbij de functionarissen in hun groene uitrusting, wordt een sneue taal met umlauten gesproken, mijn eerste besef dat de wereld niet geheel wordt beheerst door de grootse en machtige Russische taal.

'Papa, wat zijn dat voor mensen?'

'Duitsers.'

Maar moeten we de Duitsers niet doodschieten? Dat deed opa tijdens de Grote Patriottische Oorlog voordat hij werd opgeblazen in zijn tank. (Een leugentje om bestwil uit mijn kindertijd; zoals ik eerder al meldde was hij gewoon artillerist.) En toch voelt zelfs het kind in mij het verschil tussen hier en thuis. Oost-Berlijn is het socialistische pronkstuk van het hele Warschaupact, en de wachtkamer op het vliegveld lijkt zich ergens tussen Rusland en het Westen te bevinden. Er zijn flitsen van chroom, als ik me goed herinner, en exotische niet-grijze kleuren, zoals paars en misschien zelfs lila. De mannen lijken te worden voortbewogen door een buitengewone krachtbron, de vastberadenheid en doeltreffendheid om in een rechte lijn te lopen en in hun eigen taal duidelijk dingen te formuleren. Het verschil is – maar ik ben nog te jong om dat te begrijpen – dat de mannen hier niet straal- en straalbezopen zijn.

Neuk je moeder, waar gaan we eigenlijk heen?

Een schrijver of gekwelde kunstenaar in spe is slechts een instrument dat te fijnbesnaard is voor de menselijke conditie, en dat is het probleem als je een toch al tobberig kind niet alleen over landsgrenzen zet, maar in het jaar 1978 ook over interplanetaire grenzen. Ik heb in twintig van de laatste bijna veertig jaar geen zware astma-aanval meer gehad, maar alleen al de gedachte aan Flughafen Berlin-Schönfeld beneemt me de adem terwijl ik dit opschrijf.

Daar zitten we dan, omringd door onze eigendommen, twee legergroene zakken en een drietal oranje koffers van *echt Pools leder* waardoor mijn handen naar koe ruiken. Ik zit hier naast mama, die zojuist haar doodzieke moeder heeft achtergelaten. Ik zit hier naast onze familiegeschiedenis, die ik nog niet helemaal ken, maar die minstens even zwaar is als onze beide legergroene zakken. Ik duw hier mijn eigen geschiedenis door de Oost-Duitse douane, een geschiedenis van nog geen zeven jaar oud maar al vervuld van een eigen massa en snelheid. Praktisch gezien zijn de legergroene zakken te zwaar voor een kind, of voor mama, maar ik schop ze steeds als ik kan een eindje vooruit om mijn familie te helpen. De instincten die me door het leven zullen helpen, steken voor het eerst de kop op: voorwaarts, ga voorwaarts, ga door, blijf schoppen.

Een ander Sovjetvliegtuig, de op een waterwants lijkende, door propellers aangedreven Iljoesjin-18, taxiet met zijn buik vooruit naar de vertrekhal, en ik raak opgewonden door de gedachte van ene tweede vlucht op één dag, ook al zitten we, in plaats van in een Aeroflot-toestel, het logo van de hamer en sikkel omsloten door een paar enorme gansachtige veren, in een Oost-Duits vliegtuig met de lelijke naam Interflug en zonder communistisch wapen erop. Ik word vastgesnoerd, en het toestel stijgt op voor een erg korte (en luide en dreunende) vlucht naar het zuiden. Nog even en we landen in een wereld die in niets lijkt op die die wij kennen, de wereld waarvan velen beweren dat hij vrij is.

Maar niets is vrij verkrijgbaar.

Wenen. Nog steeds voelt het verblijf op de luxe internationale luchthaven bitterzoet. Het is de eerste halteplaats van wat voor Sovjet-Joden een reis in drie etappes is. Eerst Wenen, daarna Rome en dan een Engelssprekend land. Of voor de ware gelovigen: Israël.

Behalve mijn speldje van de Olympische Spelen in Moskou en mijn hommage aan Tigr, word ik op weg naar Wenen vergezeld door een versleten Sovjetatlas. Ik ben dol op landkaarten. Met hun lengtelijnen die de breedtelijnen in een hoek van negentig graden snijden, met het topografische geel van het Afrikaanse Veld en het lichte kaviaargrijs van de Kaspische Zee helpen landkaarten de wereld te begrijpen die gestaag ronddraait onder onze voeten.

Het douanegebied op Wenen International is een gekkenhuis van Russische immigranten die hun wereldse bezittingen bijeengaren. Een van onze overvolle legergroene zakken is tijdens het vervoer opengebarsten, zodat er ongeveer honderd kilo rode kompassen met gele hamers en sikkels uit vallen die we, zonder dat ik het wist, gaan verkopen aan de communistische Italianen. Terwijl papa en mama op handen en knieën hun spullen bij elkaar zoeken, jobtiki mat', jobtiki mat', onderdruk ik mijn zweterige angst door zorgvuldig met mijn vinger over de bevroren uitgestrektheid van Groenland te gaan – koud, koud, koud – heen en weer deinend als een orthodoxe jood. De eerste westerse persoon die ik ooit heb gezien, een Oostenrijkse vrouw van middelbare leeftijd in een gespikkelde bontjas, ziet me bidden boven mijn kaarten. Ze stapt elegant over mijn ouders heen en geeft me een Mozartkugel. Ze glimlacht naar me met ogen die de kleur hebben van het Neusiedl Meer, volgens mijn kaart van Midden-Europa een van de grootste meren van Oostenrijk. Als ik nu al in iets geloof, dan is het in de voorzienigheid van die vrouw.

Maar ik zie nog iets: mijn ouders op hun knieën. We bevinden ons in een vreemd land, en mijn ouders liggen op de grond en proberen de schamele spullen op te rapen die ons onderweg in leven moeten houden.

Die avond zijn we 'veilig' in het Westen. We logeren in een Weens pension dat Pan Bettini heet en ook wordt gebruikt door de plaatselijke prostituees. 'Wat een chique prostituees!' roept mijn moeder uit. 'Ze rijden op de fiets. Ze kleden zich zo subtiel.'

'Ik weet dat ik geen chocolade mag eten,' zeg ik, 'maar mag ik wel dat Mozartsnoepje opeten? Ik zal het papiertje bewaren voor later, om mee te spelen.'

'Luister goed, zoontje,' zegt mijn vader. 'Ik ga je een geheim vertellen. We gaan naar Amerika.'

Ik krijg geen adem meer. Hij omhelst me.

Of misschien moet ik zeggen: Hij omhelst me. Ik krijg geen adem meer.

Hoe dan ook, we lopen over naar de vijand.

Het wordt Kerstmis in Wenen, en weinig steden nemen de feestdagen zo serieus. Papa en ik lopen over de brede Habsburgse boulevards die baden in neonlicht, rode versieringen, de dunlippige beeltenis van Wolfgang Amadeus Mozart en zo nu en dan een kribbe met een zwijgend, houten Kindje Jezus erin. In mijn van een dikke want voorziene hand draag ik mijn eigen Heer en verlosser, een inhaler. Mijn longen zijn nog steeds opgezwollen, het slijm klotst nog steeds vanbinnen, maar de ziekte heeft een ernstige knauw gekregen door dat wonder van westerse technologie, dankzij een stokoude Weense arts die zich door mijn vader heeft laten vermurwen met zijn gebroken Duits ('Astma *über alles*!').

We lopen over naar de vijand.

Mijn vader heeft een ander wonder in zijn hand, een banaan. Wie heeft er ooit 's winters een banaan gezien? Maar hier in de Oostenrijkse hoofdstad is het mogelijk, voor nog geen schilling. De etalages liggen boordevol spullen: stofzuigers met smalle zuigmonden die zo krachtig zijn als de snuit van een aardvarken; afbeeldingen van lange, elegante vrouwen die potten crème tonen, met lachende gezichten alsof ze het menen; rolmodellen van gezonde jongens die slordig gekleed zijn in wollen petten, choquerend korte winterjacks (zullen die Oostenrijkse *Jungen* niet kouvatten?) en glanzende corduroy broeken.

Mijn vader en ik lopen met wijd open monden, zodat 'er een kraai in kan vliegen', zoals een Russisch gezegde luidt. We hebben de Opera gezien en het Wien Museum, maar wat de meeste indruk op ons heeft gemaakt is de angstaanjagend snelle zwart-gele trams die ons in luttele minuten dwars door de stad en naar de Donau brengen.

We lopen over naar de vijand.

Hier doet zich het eerste ethische dilemma voor. De Weense trams werken volgens het principe van de eerlijkheid. Gebruiken we de paar schilling die we hebben om een kaartje te kopen, of maken we gebruik van de westerse overvloed en kopen we nog meer bananen? Een bron van veel discussie, maar uiteindelijk besluit mijn vader dat we de Oostenrijkers beter niet overstuur kunnen maken. Want wie weet wat er dan gebeurt... Overal om ons heen schieten de nieuwste types Mercedes door de vrolijk verlichte straten, waar het bijna zo licht is als overdag. Die avond stampen er duizenden Sovjet-Joden zoals wij door het in kerstsfeer gehulde Wenen, de mond wijd open. We laten het genot en de afschuw van het weggaan van huis eindelijk over ons heen komen, en we vragen ons af of we dat tramkaartje eigenlijk wel hadden moeten betalen. In onze hotels hebben we allemaal *de plank in de badkamer*, waarop niet één maar twee extra toiletrollen staan. Geconfronteerd met zoveel weelde gaat onze collectieve Sovjetethiek voor de bijl. We pakken de extra toiletrol, verstoppen die in het geheimste deel van onze bagage, en verdringen zo alle diploma's in werktuigbouwkunde.

We lopen over naar de vijand.

Met de astma-inhaler en de banaan in de hand lopen mijn vader en ik de trap op naar onze kamer in het Hotel voor Prostituees, waar moeder ingetogen op ons zit te wachten.

Ze buigt zich voorover om te zien of de sjaal correct om mijn hals is gebonden (als er openingen zijn, krijgt mijn vader ervan langs). 'Krijg je genoeg lucht?' vraagt ze. Ja, mama. Ik heb mijn nieuwe inhaler.

En tegen mijn vader: 'Een banaan! Hoe kan dat?' En dat niet alleen, deelt mijn vader haar mee terwijl hij een hele tros bananen op tafel legt en nog iets uit zijn tas haalt. *Ze hebben ook gemarineerde augurken in potjes*. En ook champignonsoeppoeder van het merk Knorr. Ik kijk naar het felgekleurde pakje waarop Knorr een afbeelding heeft getekend van met kruiden bestrooide paddenstoelen die als gekken liggen te koken in een achthoekige kom, en daarnaast de getekende ingrediënten:

de pittige paddenstoeltjes voordat ze in het water werden gegooid en alle hoogwaardige groenten die staan te popelen om ook in de pan te springen.

Mijn ouders zijn in vervoering door *gemarineerde augurken in potjes*.

Ik ben in vervoering door de Knorr-soep, hoewel ik mezelf voorhoud niet al te opgewonden te raken. We lopen over naar de vijand.

'Eten, eten, kleintje,' zegt mijn moeder, 'terwijl het nog heet is, zodat het slijm loskomt.'

'Prima soep, maar niet zoals thuis,' zegt mijn vader. 'Echte witte champignons uit het bos bij Leningrad, in boter gebakken, waar je dan soep van maakt met zure room en veel knoflook. Lekkerder bestaat niet!'

Nu al heimwee. En echo's van Sovjetpatriottisme. Maar op de een of andere manier komt er genoeg champignonsoep uit dit pakje Knorr om drie vluchtelingen te voeden. Er staat ons nu nog één ding te doen: de bananen pellen en hartje december een extravagant fruittoetje nuttigen! Ieder een banaan, zó onze hongerige vluchtelingenmonden in, en *tfoe*!

'Ze zijn rot! Je hebt rotte bananen gekocht!'

We lopen over naar de vijand.

Het tweede deel van de reis begint. De vertegenwoordigers van Israël hebben mijn ouders gesmeekt om van gedachten te veranderen en op een El Al-vlucht te stappen rechtstreeks naar het Heilige Land, waar we allemaal samen GROTE JODEN kunnen zijn en voor onszelf kunnen opkomen ('Nooit meer!') tegen onze vijanden in hun geruite Arafatachtige theedoeken, maar mijn ouders hebben dat aanbod dapper afgewezen. De brieven van hun familieleden in New York zijn glashelder, hoewel clichématig: 'De straten zijn hier geplaveid met goud. We kunnen leren jacks verkopen op de vlooienmarkt.' We reizen nu via een aantal treinverbindingen naar Rome, en vandaar naar een van de machtige Engelssprekende landen die zitten te springen om Sovjetingenieurs, bijvoorbeeld Amerika of Zuid-Afrika. De twee legergroene zakken en het drietal koffers van *echt Pools leder* worden weer gepakt. We zitten in een gezellige Europese trein, eten broodjes ham, verdwijnen onder de Alpen en komen er ten slotte aan de andere kant weer uit. Er ontvouwt zich iets raadselachtigs, waarmee ik bedoel: Italië.

Tante Tanja's vermoeden dat een van onze voorouders, de geweldige Prins Koffer, vertegenwoordiger van de tsaar in Venetië was, zou wel eens op waarheid kunnen berusten. Want als we eenmaal Italië hebben bereikt, worden we een ander soort mensen (maar wie wordt dat niet?). Terwijl de trein in zuidelijke richting dendert haal ik mijn atlas tevoorschijn en volg onze reis topografisch langs de bruine kammen van de Ligurische Alpen, over de rug van de Apennijnen het donkere, waterrijke groen in. Groen? Jazeker, we hebben die kleur eerder gezien in Leningrad als de zomerhitte twee maanden lang de wintersneeuw verstoort. Maar wie zou zich groen op deze schaal kunnen voorstellen? En naast het groen, langs de laarsvormige grenzen van het land, het diepe blauwe van... *Sredizemnoje More*, de Middellandse Zee. En, neuk je moeder, het is december, maar de zon schijnt met atoomkracht, schijnt vroeg en stralend in de *winterochtend*, terwijl onze trein Roma Termini binnenrijdt, een treinstation van enorme fascistische afmetingen dat, om mijn toekomstige vriend Walt Whitman te citeren, grote menigten aantrekt: een luidruchtige mengelmoes van Russen, Italianen en zigeuners, ieder met zijn eigen lokroep. Ja, hier hebben ze vast en zeker ook bananen. Betere bananen. En tomaten, gekoesterd door de moederfiguur van de Italiaanse zon. Tomaten die in je mond exploderen als granaten.

De betere critici waarschuwen om nooit over foto's te schrijven. Ze vormen een gemakkelijk substituut voor proza, een sluiproute, en bovendien liegen ze, net als alle afbeeldingen. Dus wat moet ik zeggen over de foto van ons gezinnetje – papa en mama en ik tussen hen in – zittend op een wollen deken in een schamel, groezelig flatje in Ostia, een buitenwijk van Rome, aan zee. Mijn vader heeft zijn arm om de schouder van mijn moeder geslagen, en ik heb mijn liefde verdeeld tussen zijn knie en haar jukbeen. Zij draagt een coltrui en een rok tot op de knie, en glimlacht al haar (voor een Sovjetemigrante) opmerkelijk natuurlijke, witte tanden bloot. Hij, in een wit overhemd en spijkerbroek, met zijn uitstekende adamsappel, zijn Italiaanse zwarte sikje en bakkebaarden, straalt op een wat meer gereserveerde manier voor de camera, en zijn onderlip, die meestal in de verdrietige of boze stand staat, is nu in een vrolijke stand gedwongen. En tussen hen in sta ik met blozende wangen, gloeiend van gezondheid en vreugde. Ik ben nog steeds eigenaar van hetzelfde domme Sovjetshirt met stippen, maar het grootste deel gaat schuil onder een nieuwe Italiaanse trui waarvan de schouders versierd zijn met een soort epauletten, zodat ik de illusie kan blijven koesteren dat ik ooit in het Rode Leger zal gaan. Mijn haar is even lang en weerspannig als de Italiaanse staat, en het gat tussen mijn scheve tanden is een opera op zich, maar de wallen onder mijn ogen, die een minderjarige wasbeer van me maakten, zijn verdwenen. Mijn mond is open en door het gat tussen mijn tanden adem ik met volle teugen de warme, louterende Romeinse lucht in. Deze foto is de eerste aanwijzing dat wij alle drie gelukkig en opgetogen zijn als gezin. Misschien is dit wel het eerste anekdotische bewijs dat vreugde mogelijk is en dat de leden van een gezin zo uitbundig van elkaar kunnen houden.

Vijf maanden Rome!

We zijn bijna altijd ontspannen. Ons pastelkleurige flatje is sjofel maar goedkoop; we huren het van een kleine maar veelbelovende maffioso uit Odessa, die binnenkort graziger weiden zal opzoeken in Baltimore. We vullen onze dagen met kerken en musea, Colosseums en Vaticanen, en 's zondags de markt bij de Porta Portese in Trastevere, een luidruchtige, bijna Balkanachtige bazaar in een bocht van de Tiber. Mijn vader, een middelmatige werktuigbouwkundige en gefrustreerd operazanger ('Ongelooflijk hoe ze voor me klapten als ik zong!'), is zich aan het voorbereiden op Amerika door een kleinschalige zakenman te worden. De Amerikaanse Joden, die zich schuldig voelen om hun gebrek aan actie tijdens de Holocaust, zijn overdreven vriendelijk tegenover hun Sovjetbroeders, en het grootste deel van onze wachttijd in Rome – onze aanvraag voor de vluchtelingenstatus in de Verenigde Staten is nog steeds in behandeling – wordt ruimhartig betaald uit het door hen gestichte fonds. Maar papa heeft grotere plannen! Elke week stoppen we een legergroene zak vol met Sovjet-troep voor Porta Portese. Er zitten stapels groene Oost-Europese bladmuziek voor symfonieën in van Tsjaikovski en Rimski-Korsakov. Waarom Italianen dergelijke spullen willen kopen is mij een raadsel, maar het lijkt wel of mijn vader, onzeker wat de rest van de reis gaat brengen, wil zeggen: *Ik ben een achtenswaardig persoon die al veertig jaar, bewust van cultuur, op deze aarde rondloopt. Ik ben niet een of andere loser uit de Koude Oorlog.* Hij verkoopt ook een samowar aan een aardig Italiaans echtpaar, een ingenieur en een muziekdocente, het spiegelbeeld van mijn ouders, en ze nodigen ons uit voor kommen spaghetti die zo volgepropt zijn dat we in de war raken door de vraatzucht. Hoe is het mogelijk dat iemand zoveel eet? In Amerika zullen we het antwoord op die vraag ontdekken.

Voordat we Leningrad verlieten, heeft de emigratie-informatiedienst ons gewezen op een interessant verschijnsel. Terwijl de helft van het Oostblok met alle plezier naar Missouri verhuist zodra de gelegenheid zich voordoet, kunnen die rare Italianen niet genoeg krijgen van het communisme. Ze kunnen er zelfs behoorlijk gewelddadig van worden. De kranten staan nog vol over de *Brigate Rosse*, de Rode Brigades, en over de zoon van een industrieel die onlangs is ontvoerd en bij wie ze een stuk van zijn oor hebben afgesneden. Maar zaken zijn zaken, en alles wat Russisch is, is zeer in trek. Een voormalige prostituee uit Odessa, dik en met een enorme boezem, struint langs de stranden van ons Ostia en schreeuwt: '*Prezervatiff! Prezervatiff!*' terwijl ze Sovjetcondooms rondvent onder de verliefde plaatselijke bevolking. Gezien de bedenkelijke kwaliteit ervan vraag ik me af hoeveel onbedoelde, toekomstige Italianen hun bestaan te danken hebben aan haar koopwaar. Ondertussen waagt onze buurman, een verlegen huisarts uit Leningrad, zich op de pier met een zak Sovjetmedicijnen tegen hartkwalen. '*Medicina per il cuore!*' galmt hij. De plaatselijke politieagenten denken dat hij heroïne te koop aanbiedt en trekken hun *pistole*. De verlegen dokter, een en al bril en kale schedel, zet het op een rennen terwijl de politie achter hem waarschuwingsschoten lost. Hij weigert de reusachtige paraplu los te laten waarmee hij zich beschermt tegen de warme Italiaanse regen. De aanblik van de Joodse dokter die met zijn paraplu een veilig heenkomen zoekt langs de Middellandse Zeekust, gevolgd door de *carabinieri*, is hartverwarmend en levert stof op voor eindeloze gesprekken bij de goedkope kippenlever die het hoofdbestanddeel van ons voedsel vormt. (De befaamde tomaten en bolletjes mozzarella eten we maar één keer per week.)

Ik krijg een winstgevender, en legaler, verkoopartikel: kompassen voorzien van de gele hamer en sikkel op een rode ondergrond. Bij Porta Portese loop ik langs de randen van het beddenlaken dat onze stek begrenst, houd een kompas als voorbeeld omhoog en schreeuw naar voorbijgangers met mijn inmiddels gezonde jongenslongen: '*Mille lire! Mille lire!*' Duizend lire, nog geen dollar, is de prijs van zo'n kompas, en de Italianen zijn geen beesten. Ze zien een arm immigrantenjoch in een verticaal gestreept hemd met stippen en ze geven hem meteen duizend lire. '*Grazie mille! Grazie mille!*' antwoord ik als ze me het geld in de ene hand drukken en weer een klein stukje Rusland uit de andere nemen.

Ik mag een aantal briefjes van *mille lire* houden. Giuseppi Verdi's *punim*, met bakkebaarden en al, knipoogt me vanaf de bankbiljetten toe. Mijn obsessie is reisgidsen. Goedkope Engelse reisgidsen, gebonden met een klodder lijm en een paar touwtjes, en met bemoedigende titels als *Heel Rome*, *Heel Florence* en *Heel Venetië*. Ik heb een kleine verzameling boekjes in het kamertje in Ostia dat we delen, en ik probeer ze te lezen in het Engels, met wisselend succes. Het woordenboek Engels-Russisch doet zijn intrede in mijn wereld, samen met het nieuwe, niet-cyrillische schrift. En vervolgens de woorden 'oculus', *baldacchino*, 'nymphaeum'. 'Papa, wat betekent dat?' 'Mama, wat betekent dat?' O, wat een straf om een nieuwsgierig kind te hebben.

De Amerikaanse Joden storten uitbundig geld over ons uit (driehonderd Amerikaanse dollars per maand!), de kompassen met hamer en sikkel brengen aardig wat geld in het laatje, dus van de winst ondernemen we begeleide busreizen naar Florence en Venetië en alles daartussenin. Barstend van de wetenswaardigheden uit *Heel Florence* onderbreek ik de lusteloze Russische gids bij de Kapel van de Medici. 'Pardon,' echoot mijn betweterige stemmetje tussen het marmer. 'Volgens mij vergist u zich, Gids. Dat is de *Allegorie van de Nacht* van Michelangelo, en dat is de *Allegorie van de Dag*.'

Stilte. De gids raadpleegt zijn lectuur. 'Ik geloof dat die jongen gelijk heeft.'

Een licht geruis onder de Russische vluchtelingen, onder wie een tiental artsen, fysici en pianogenieën. 'Die jongen weet alles!' En dan, belangrijk voor mijn moeder: 'Wat een heerlijk joch. Hoe oud is hij?'

Ik geniet met volle teugen. 'Zes. Bijna zeven.'

'Opmerkelijk!'

Moeder drukt me tegen zich aan. Moeder houdt van me.

Maar dingen weten is niet genoeg. En mama's liefde ook niet. In de souvenirwinkel van de kerk koop ik een kleine goudkleurige medaille met een afbeelding erop van de *Madonna del Granduca* van Raphael. Baby Jezus met stralenkrans is zo vlezig, zo voldaan met zijn extra beschermende speklaag, en Maria's zijdelingse blik straalt zoveel toewijding, pijn en begrip uit. Wat een bofkont was die Jezus. En wat een mooie vrouw is Maria. Terug in Ostia ontwikkel ik een afschuwelijke en geheime zonde. Als mijn ouders weg zijn om bladmuziek van Tsjaikovski uit te venten of om te praten met de criminele arts uit Leningrad en zijn jonge, kinderloze vrouw, verstop ik me in de badkamer of in een eenzaam hoekje van onze kamer. Ik haal de Madonna del Granduca tevoorschijn en huil. Huilen is niet toegestaan omdat het 1) niet mannelijk is en 2) een astma-aanval kan veroorzaken door al die snot. Maar in m'n eentje laat ik de tranen uitbundig stromen, kus steeds weer de gelukzalige Maagd en fluister: 'Santa Maria, Santa Maria, Santa Maria.'

De Amerikaanse Joden betalen voor ons, maar de christenen voelen er niets voor om al die horden verwarde, postcommunistische Joden zomaar langs te laten lopen. Er is een christelijk wijkcentrum vlakbij dat wij het *Amerikanka* noemen, ter ere van de Amerikaanse baptisten die het beheren. Ze lokken ons naar binnen met gedroogd vlees en noedels, met als enige bedoeling ons een kleurenfilm te laten zien over hun god. Een roekeloze, eigenwijze hippie op een motor verdwaalt ergens in de Sahara; zijn water is op, en net als hij bijna dood is, verschijnt Jezus die hem kostbaar water en waardevolle carrièretips geeft. Het effect is overdonderend. In de badkamer van onze flat wieg ik de Madonna del Granduca. 'Ik heb zopas uw zoon in een film gezien, Santa Maria. Hij bloedde ontzettend. O, mijn arme Madonnatsjka.'

Een week later besluiten de medewerkers van de plaatselijke Joodse organisatie sterk terug te komen. Ze vertonen *Fiddler on the Roof*.

De aanbeden oma Polja arriveert uit Leningrad, en met haar schaarse haar en boerenlach vergezelt ze me op tochtjes door Rome, ze loopt heen en weer langs de Tiber met mij in mijn chique, nieuwe, lichte Italiaanse jas, we kijken naar de effecten van het zonlicht op de reusachtige koepel van de Sint-Pieter en verbazen ons over de piramide van Cestius die oprijst in het antieke okerkleurige stadsbeeld. 'Oma, horen piramides niet in Egypte?' De plattegrond van Rome is zo versleten dat er door het vele gebruik gaten zijn ontstaan waar het Colosseum en de Piazza del Popolo horen te zijn, en ik heb ook de hele Villa Borghese vernietigd. Zwetend in de nieuwe hitte kijkt oma behoedzaam om zich heen. Meer dan vijftig jaar geleden is ze geboren in een verstikkend dorpje in Oekraïne, en nu bevindt ze zich in de *Caput Mundi*.

'Oma, is het waar dat de Romeinen overgaven in de Thermen van Caracalla?'

'Misschien, kleine Igor. Misschien wel, ja.'

Oma heeft andere dingen om zich zorgen om te maken. Haar man Ilja, de stiefvader van mijn vader, is een keiharde werker die door zijn boezemvrienden in Leningrad Goebbels wordt genoemd. Volgens Russische normen is hij geen alcoholist, waarmee bedoeld wordt dat hij niet dronken is vanaf acht uur 's ochtends totdat hij 's avonds in coma ligt. Toch moest oma Polja hem soms de tram uit sjouwen, en meer dan eens heeft hij zich in het openbaar ondergescheten. Sinds zijn komst heerst er veel rumoer in onze kleine behuizing in Ostia. Op een dag vind ik een schat op de trap in het huis waar oma woont: een gouden horloge bezet met wat misschien wel diamanten zijn. Mijn vader brengt het terug naar de Italiaanse familie die boven oma en Ilja woont, en ze geven hem een beloning van vijftig dollar. Opgeblazen als een pauw weigert mijn vader onbaatzuchtig het astronomische bedrag. De Italianen bieden hem vervolgens vijf dollar en een bezoek aan een plaatselijk café met gratis koffie en *panini*. 'Idioot!' schreeuwt Ilja tegen mijn vader, met zijn trillende hamsterkopje en de eeuwige spuugdraden uit zijn mond. 'Niksnut! We hadden rijk kunnen zijn! Een diamanten horloge!'

'God heeft mijn daad gezien en zal me zegenen,' antwoordt papa grootmoedig.

'God ziet hoe stom je bent en zal je nooit meer iets sturen!'

'Hou toch je stinkende bek!'

'Loop naar de lul!'

'Niet vloeken. Het kind hoort je.'

In mijn badkamer met mijn Madonna van Rafaël terwijl de volwassen wereld om me heen siddert: 'Santa Maria, Santa Maria, Santa Maria.' Gevolgd door mijn uit het hoofd geleerde lijst van ruïnes op het Forum Romanum: 'Tempel van Saturnus. Tempel van Vespasianus. Tempel van Castor en Pollux, Tempel van Vesta. Tempel van Caesar.'

Twee knappe Amerikanen van de CIA komen voor een vraaggesprek met mijn vader. Ze willen alles weten over zijn vorige baan bij de LOMO-fabriek (Leningrad Optisch-Mechanische Amalgamatie), de huidige makers van de hipstercamera's die worden gebruikt bij Lomography, maar destijds in 1978 producent van telescopen en gevoelige militaire technologie. Uiteraard is mijn vader zelfs nooit in de búúrt van die gevoelige militaire apparaten geweest. Er werd beweerd dat hij 'ondermijnende pro-zionistische en anti-Sovjetgesprekken' had gevoerd over Israël en de Zesdaagse Oorlog van 1967, waarschijnlijk de meest glorieuze zes dagen van zijn leven, totdat zijn baas hem op een dag bij zich riep en zei: 'Neuk je moeder, Shteyngart, jij kunt niets goed doen! Wegwezen hier!' Wat een mazzel als je een vader hebt met zo'n grote bek, want als hij op de hoogte was geweest van de militaire technologie van de fabriek, hadden we de Sovjet-Unie nooit mogen verlaten.

De spionnen van de vijand vertrekken weer met lege handen, maar op een dag neemt mijn vader me even apart. In die tijd bestaat mijn speelgoed behalve mijn Mozartkugel-wikkel en mijn Madonna uit twee wasknijpers waarmee we onze was te drogen hangen in de mediterrane hitte. De ene is een rode 'Toepolev' en de andere een blauwe 'Boeing'. Als ik niet zit te kwijlen over de Sixtijnse Kapel, speel ik als een echte jongen. Ik ren met beide vliegtuigen door de straten van Ostia, door het koude zand van de nabijgelegen stranden en laat de Toepolev altijd winnen van het vijandige straalvliegtuig.

De hemel boven Ostia is zonnig en de meilucht is fris, perfecte omstandigheden voor een vliegtuigrace tussen de VS en de USSR.

Mijn vader en ik zitten op de sjofele sprei in ons flatje. Ik heb mijn Boeing en Toepolev klaarliggen. En hij vertelt me wat hij weet. Dat het allemaal één grote leugen is. Het communisme, de Latijnse Lenin, de Komsomol-jeugdliga, de bolsjewieken, de vette ham, Kanaal Een, het Rode Leger, de elektrische rubberlucht in de metro, de vervuilde Sovjetlucht boven de stalinistische contouren boven het Moskouplein, alles wat we tegen elkaar hebben gezegd, alles wat we waren.

We gaan naar de vijand.

'Maar papa. De Toepolev-154 is toch nog steeds sneller dan de Boeing 727?'

Op vastberaden toon: 'Het snelste toestel ter wereld is de Concorde SST.'

'Is dat een toestel van ons?'

'Het is in gebruik bij British Airways en Air France.'

'Dus. Dat betekent. Wat je bedoelt is...'

Wij zijn zelf de vijand.

Ik wandel met mijn oma over de promenade van Ostia. In de verte zie ik het Luna Park met het sneue, kleine reuzenrad waar ik nog steeds niet in durf. De Toepolev en de Boeing stijgen op, en ik klim van de houten promenade af, houdt de twee wasknijpers boven mijn hoofd, loop om mijn oma Polja heen, die in gedachten verzonken voortsjokt en zo nu en dan glimlacht omdat haar kleinzoontje gezond is en rondrent met twee wasknijpers. De rode knijper, de Toepolev, stijgt snel en wil winnen van de blauwe Boeing, zoals het gestileerde Kremlin naar de rode ster reikt, omdat wij een volk van arbeiders en strevers zijn. *Wij*.

Het doel van de politiek is om kinderen van ons te maken. Hoe gruwelijker het systeem, des te meer waarde moet worden gehecht aan deze stelling. Het Sovjetsysteem werkte het beste toen de volwassenen – vooral de mannen – op het emotionele niveau mochten blijven steken van niet erg ontwikkelde pubers. Tijdens een diner maakt een *homo sovieticus* vaak een onbeschofte, kwetsende of weerzinwekkende opmerking, domweg omdat het zijn puberale recht en privilege is, want zo heeft het systeem hem opgevoed, en dan zegt zijn vrouw: '*Da tisje!*' – Hou je mond! – en kijkt gegeneerd de tafel rond. En de man lacht verbitterd in zichzelf en zegt: '*Noe ladno*', stelt niets voor, en wuift het venijn weg dat hij op tafel heeft geworpen.

De blauwe knijper haalt de rode knijper in, de Boeing is te snel, te goed ontworpen, om te kunnen verliezen. Ik wil geen kind zijn. Ik wil niet fout zijn. Ik wil geen leugen zijn.

We steken de Atlantische Oceaan over in een toestel van Alitalia van Rome naar JFK. De stewardess, even mooi en toegewijd als de Madonna in mijn broekzak – mijn speldje van de Moskouse Olympische Spelen zwemt in de Middellandse Zee – brengt me een speciaal cadeau, een glanzende wereldkaart en een verzameling stickers van de diverse modellen van Boeing uit de stal van Alitalia. Ze moedigt me aan de stickers op de wereldkaart te plakken. Hier is de enorme terra incognita van de Sovjet-Unie en daar de kleinere blauwe landmassa van de Verenigde Staten, met zijn vreemde wormvormig aanhangsel, Florida. Tussen die twee wereldmachten bevindt zich de rest van de wereld.

Het vliegtuig helt naar een kant als we onze bestemming naderen, en we zien hoe het raam gevuld wordt met hoge, schots en scheef staande grijze gebouwen, alsof het de toekomst is. We naderen de laatste twintig jaar van de Amerikaanse Eeuw.

7.
Wij zijn de vijand

Een van de weinige foto's van ons uit die periode.
We hadden het te druk met lijden.

1979. Als je naar Amerika komt nadat je je jeugd in de Sovjet-Unie hebt doorgebracht, staat dat gelijk aan van een saaie grijze rots af stappen en terechtkomen in een zee van zuiver technicolor. Ik druk mijn neus tegen het raampje van het taxiënde vliegtuig en zie de eerste aanwijzingen van mijn nieuwe vaderland langsglijden. O, wat een ongelooflijke compactheid! De sierlijke omtrekken van wat ooit de aankomsthal van Pan Am op JFK was, met zijn dak als een vliegende schotel en daarboven het uitspansel dat niet op Queens drukt zoals de Russische hemel op Leningrad, maar dat voorbij golft en iets van zichzelf schenkt aan elk bakstenen of met aluminium bekleed huis, en aan alle gelukkige gezinnen die erin wonen. De vliegtuigen met hun frisse kleuren verzamelen zich rond een zee van aankomstpoorten als hongerige immigranten die naar binnen willen: Sabena, Lufthansa, Aer Lingus, Avianca.

De intensiteit van het aankomen vermindert niet. Alles is één grote openbaring. Tijdens de rit vanaf het vliegveld schrik ik van mijn eerste snelwegviaduct, van de manier waarop de auto (een luxewagen die groter is dan drie Lada's) schuin door de bocht gaat, tientallen meters boven het groen van Queens. We zweven door de lucht, maar dan *in een auto*. En ingegespt op de achterbank tussen mijn ouders, die ook meeleunen in de opwaartse bocht, ervaar ik dezelfde emoties als wanneer ik drie maanden later stik in mijn eerste stuk Amerikaanse kaaspizza: verrukking, fysieke opwinding, maar ook angst. Hoe zal ik ooit opgewassen zijn tegen de vriendelijke, glimlachende reuzen die rondlopen in dit land en hun auto's als kosmonauten de Amerikaanse lucht in lanceren en die leven als vorsten in hun kasteeltjes op kavels van twaalf bij dertig meter in Kew Gardens, Queens? Hoe zal ik ooit Engels leren spreken zoals zij dat doen, zo informeel en direct, maar met woorden die als postduiven in de lucht cirkelen?

Maar naast de openbaring is er de werkelijkheid van mijn familie. Het is terecht dat ik mijn Italiaanse trui met epauletten draag. Het vliegtuig van Alitalia was ook een troepentransport. Ik ben geland in een oorlogsgebied.

Er zijn twee nare woorden die mijn komende decennium in Amerika zullen kenmerken. Het eerste is *rodstvenniki*, zie onder 'Familie'. Het tweede is *razvod*, zie onder 'Scheiding'.

Onze eerste problemen zijn geografisch van aard. Mijn moeder wil niet naar New York, dat in de jaren zeventig wereldwijd bekendstaat als een failliete, vervuilde, criminele wereldstad. Kanaal Een in Leningrad heeft ons plichtsgetrouw beelden laten zien van de dakloze *negry* in de straten van Manhattan die gebukt gaan onder golven racisme en smog. Er is ons ook verteld dat San Francisco misschien beter is voor mijn astma. (Minstens één andere Russische astmaticus die ik ken, kwam op basis van dergelijke geografische principes terecht in een droog, zondoorstoofd Arizona.) Maar het hoofd van mijn vaders familie, tante Sonja, wil dat mijn vader leren jasjes gaat verkopen op de vlooienmarkt, samen met haar zoon Grisja*. In Rome had mijn moeder de eerbiedwaardige Organisatie voor Hulp aan Joodse Immigranten dringend verzocht ons naar San Francisco te sturen, terwijl in New York tante Sonja ons dringend verzocht haar te komen helpen met het verkopen van leren jasjes.

* De namen van mijn vaders familieleden zijn veranderd.

Familiehereniging heeft voorrang, en dus worden we naar New York gestuurd in plaats van naar North-Carolina, waar zoveel leden van mijn generatie Sovjetimmigranten fantastisch veel geld verdienen in de Google-sector van de economie. Nadat mijn moeder haar eigen stervende moeder in Leningrad heeft achtergelaten, komt ze terecht in de muil van mijn vaders familie, die ze beschouwt als *voltsjia poroda*.

Een wolvenfamilie.

Behalve oma Galja hebben we twee prachtige Europese steden achtergelaten, Leningrad en Rome, en ingeruild voor... Queens. En daar woont de wolvenfamilie. We worden omringd door hele wijken met bakstenen flatgebouwen vol mensen van allerlei rassen en gezindten die vechten om het bestaan. Volgens mijn moeder is de hele situatie een trieste benadering van wat het culturele leven van Europeanen zou moeten zijn.

Mijn ouders en ik komen bij tante Sonja te wonen in haar flatje in Forest Hills. Door de manier waarop mijn ouders het woord rodstvenniki (familieleden) uit hun mond lieten glippen, is me het hele concept van familie tegen gaan staan, en een bepaald incident uit de tijd dat we samenwoonden, is me altijd bijgebleven. Mijn oudere verre neef Tima heeft iets fout gedaan, misschien op de vlooienmarkt een leren jasje verkeerd verkocht of zo, en zijn vader, Grisja, slaat hem waar de hele familie bij is. Er is een Russische uitdrukking – *dal emoe po sjee:* eentje in z'n nek geven. Ik lig op de vloer in de flat van tante Sonja met mijn nieuwe speelgoedje, een Amerikaanse pen die je open en dicht kunt klikken. Ik ga helemaal op in de prachtige klikkende beweging, en dan plotseling: het geluid van een open handpalm die neerkomt in de nek van een adolescent. Verre neef Tima is een donkere, slungelige jongen met sefardisch dons op zijn bovenlip, en ik zie hoe hij terugdeinst en ineenkrimpt terwijl hij geslagen wordt. Daar staat hij, met een pijnlijke nek en de ogen van alle aanwezigen op zich gericht, alsof hij naakt is. Mijn eerste gedachte is: ik ben niet degene die geslagen is! En mijn tweede: Tima gaat niet huilen. En dat doet hij ook niet. Hij schudt het van zich af, grijnslacht en slaat de herinnering op voor later gebruik. Dat is het verschil tussen Verre Neef Tima, ofwel doctor Tima, zoals hij nu heet, en een huilebalk zoals ik.

Onze familieleden zijn ijverig en geslepen en verdienen zoveel geld op de vlooienmarkt dat ze binnenkort zullen verhuizen naar een van de meest legendarische buitenwijken van Long Island, het soort geld waarvoor heel wat slagen in de nek moeten worden uitgedeeld. In 1979 is een deel van dat geld geïnvesteerd in tv-toestellen die zo groot zijn (een diagonale breedte van drieënzestig centimeter!) dat ik er niet naast ga zitten spelen met mijn pen, bezorgd als ik ben dat als ze ontploffen op de Sovjetmanier, de hele woonkamer de lucht in zal vliegen. Er wordt ook geld uitgegeven aan *stenki*, letterlijk 'muren', een soort mahoniehouten bergmeubel dat is opgewreven tot de onwaarschijnlijke hoogglans die, samen met het leren jasje, zo geliefd is bij Russen. Liggend op de vloer staar ik naar mijn weerspiegeling in het mahonie en besef dat de gepolitoerde 'muren' en de Zenith met beeldscherm van drieënzestig centimeter en Space Command-afstandsbediening het toppunt van menselijk kunnen zijn. Als wij alles goed doen, als mijn ouders leren hoe ze op geraffineerde wijze leren jasjes moeten verkopen, dan kunnen wij op een goede dag ook zo leven.

Via het riskante immigrantennetwerk vind mijn vader een flatje in het stille en veilige Kew Gardens, Queens, voor de redelijke huurprijs van 235 dollar per maand. De eenkamerflat zal drie generaties van onze familie moeten huisvesten: mij, papa, mama, oma Polja en haar agressieve man Ilja, Goebbels voor zijn vrienden. Met onze twee legergroene zakken en drie oranje koffers van *echt Pools leder*, verlaten we het strijdtoneel, onze wolfachtige familieleden, en betrekken een nog kleinere behuizing, waar we onze rancunes over de Oude Wereld koesteren en rancunes over de Nieuwe Wereld verzinnen.

Wat de wolfachtige familieleden zelf betreft, die zie ik nauwelijks nadat we onze eigen flat betrekken, maar ik hoor elke dag over hen. Ze dringen er bij mijn vader op aan om mijn moeder te verlaten en een vrouw te zoeken die, laten we zeggen, de vlooienmarkt meer toegenegen is. Hoe meer mijn moeder huilt in de woonkamer om al die gepermanente tantes die tegen mijn vader zeggen dat hij haar moet verlaten, hoe meer ik huil in de badkamer. Tweeëntwintig jaar later zal een kort daarvoor gearriveerd familielid, een man van middelbare leeftijd die de aardigste van het hele stel blijkt te zijn, mijn eerste roman op de grond smijten en erop spugen, misschien wel uit ideologische beweegredenen. Als ik aan mijn familie denk, zie ik deze overdaad aan dorpsemoties voor me. Een boek op de grond smijten, prima. Erop spugen, mij best. Maar waarom allebei doen? Dit is toch geen Bollywood-film?

De flat ligt in een zijstraat van de drukke Union Turnpike, vlak bij de lawaaiige kruising met de Grand Central Parkway en Van Wyck Expressway en tegenover de Kew Motor Inn, een tent uit de jaren zestig, maar we zijn te kort van de boot af om het te herkennen als 'het beroemdste en meest exotische paarvriendelijke motel in Queens'. De Egyptische Kamer, te huur voor slechts negenenveertig dollar per uur, lijkt vreemd genoeg op de van spiegels voorziene, gepolitoerde, Cleopatra-vriendelijke kamers van onze familieleden. Het enige wat je hoeft te doen is je leren jasje uittrekken, de hoer betalen, en je bent thuis.

Onze flat ziet uit op een aangename binnenplaats met zeker tien eiken, die bewoond worden door een handvol eekhoorns. Ik probeer die dikke wezens met hun borstelstaarten te behagen met welgevormde pinda's, een typisch Amerikaans wondertje, je drukt er gewoon met duim en middelvinger in en de noten geven hun knapperige schat prijs. De eekhoorns staren me recht aan, hun hongerige kaken trillen, en als ik vooroverbuig en hun mijn traktatie toewerp, zijn ze bijna binnen handbereik, die onverschrokken stadsknaagdiertjes. Ik ontdek een gezinnetje van drie, een volmaakt duplicaat van mijn eigen familie: eentje is bezorgd, een ander is ongelukkig, en de derde is te jong om het verschil te kennen. Ik noem ze Laika, Belka en Strelka, naar de drie kosmonautenhonden die in de jaren vijftig en zestig de ruimte in zijn geschoten. Ik weet dat ik niet meer aan dat soort Sovjetdingen moet denken, maar de naam Belka, van de tweede hond, betekent 'eekhoorn' in het Russisch, dus wat moet ik anders?

Het eerste gedenkwaardige feit dat me overkomt in Kew Gardens, Queens, is dat ik verliefd word op cornflakesdozen. We zijn op dat moment te arm om speelgoed te kopen, maar we moeten wel eten. Cornflakes zijn ook een soort voedsel. Ze zijn korrelig, lichtverteerbaar en makkelijk, met een bijsmaak van nepfruit. Ze smaken zoals Amerika voelt. Ik ben geobsedeerd door het feit dat er in veel cornflakesdozen prijsjes zitten, wat voor mij een ongekend wonder is. Iets voor niets. Mijn favoriet is Honeycomb, een doos met de afbeelding van een gezond blank joch met sproeten – ik adopteer hem als een belangrijk rolmodel – op een fiets die door de lucht zweeft. (Vele jaren later kom ik erachter dat hij waarschijnlijk een 'wheelie' doet.) In elke doos Honeycomb zitten kleine nummerborden die je achter op je fiets kunt binden. De kentekenplaten zijn veel kleiner dan de echte, maar ze voelen lekker metaalachtig aan. Ik krijg steeds MICHIGAN, een heel simpel nummerbord, met witte letters op een zwarte ondergrond. Ik volg de letters met mijn vinger. Ik spreek het woord hardop uit en doe dat verkeerd: MIETSJOEGAN.

Als ik een dikke stapel bordjes heb, houd ik ze in mijn hand en spreid ze uit alsof ik aan het kaarten ben. Ik gooi ze achteloos op de sjofele matras die mijn ouders van een vlakbij gelegen vuilnishoop hebben gehaald, raap ze weer op en druk ze om een of andere reden tegen mijn borst. Ik verstop ze onder mijn kussen en zoek ze weer bij elkaar als een gestoorde Sovjethond. Elk nummerbord is absoluut uniek. Sommige staten presenteren zichzelf als 'Zuivelstaat van Amerika', andere willen 'Vrij leven of sterven'. Waar ik nu heel serieus behoefte aan heb, is een echte fiets.

In Amerika is het verschil tussen iets willen en het laten bezorgen in je woonkamer niet zo erg groot. Ik wil een fiets, dus een rijke Amerikaanse buurman (ze zijn allemaal ongelooflijk rijk) geeft me een fiets. Een roestig, rood monster met gevaarlijk veel losse spaken, maar wel een fiets. Ik bind een nummerbord aan de fiets en zit vrijwel de hele dag te piekeren welk nummerbord ik daarna zal kiezen, het citruszonnige FLORIDA of het besneeuwde VERMONT. Daar draait het dus allemaal om in Amerika: kiezen.

Ik heb geen ruime keuze aan vrienden, maar er woont een meisje met één oog in ons flatgebouw met wie ik min of meer bevriend ben geraakt. Aanvankelijk vertrouwen we elkaar niet erg, maar ik ben een immigrant en zij heeft maar één oog, en dus staan we gelijk. Het meisje rijdt rond op een half kapotte fiets, net als de mijne, en ze valt, loopt schrammen op (het gerucht gaat dat ze zo haar oog heeft verloren) en jankt dan als ze haar handpalmen schaaft en haar blonde haar rechtovereind staat. Op een dag ziet ze me rijden op mijn snelle fiets met weer een ander nummerbord van Honeycomb achterop, en ze gilt: 'MICHIGAN! MICHIGAN!' Ik rijd glimlachend verder en knijp in mijn toeter, trots op de Engelse letters die ergens onder mijn kont zijn bevestigd. Michigan! Michigan! met de blauwzwarte nummerplaat, dezelfde kleur als het goede oog van mijn vriendinnetje. Michigan, met zijn heerlijk Amerikaanse naam. Wat een mazzel om hier te mogen leven.

En zelfs hier, zo ver van de wondersteden Lansing, Flint en Detroit, begint voor mij iets wat op een nieuw leven lijkt. Ik lijk gezond te worden, mijn longen accepteren en absorberen de zuurstof, mijn Sovjetmanie wordt tot staan gebracht door de nummerborden van Honeycomb en door het kleurrijke stapeltje oude boekjes, *Heel Rome*, *Heel Venetië* en *Heel Florence*, die achteraf beschouwd mijn nieuwe Thora waren. Ik mag een postzegelalbum kopen met het portret van een zwierige piraat op het omslag en ik mag ook duizend postzegels bestellen bij een postzegelfirma in de staat New York. Tot mijn teleurstelling zijn sommige postzegels uit de Sovjet-Unie, die me herinneren aan de alomtegenwoordige aanstaande Olympische Spelen in Moskou, maar er zijn ook prachtige goudkleurige zegels bij uit Haïti met afbeeldingen van mensen die aan het werk zijn op het land, de mensen over wie we zo vaak gehoord hebben, namelijk zwarte mensen. (Sommige andere postzegels hebben om voor mij nog steeds onduidelijke redenen het opschrift DEUTSCHES REICH; op een ervan staat een jeep die door een explosie de lucht in wordt geworpen. Op een andere buigt een geüniformeerd mannetje met een grappig snorretje voorover en streelt de wang van een meisje dat hem een mand bloemen aanbiedt, onder de woorden 20 APRIL 1940.)

Mijn vrijwel werkloze papa en ik gaan naar het park bij ons in de buurt. Aanvankelijk kijken we met verbazing naar de jongens die zonder aantoonbare reden om een stoffig veld heen rennen nadat ze een bal hebben weggeslagen met een holle aluminium stok. En dus brengen we de volgende keer óns ding mee, een Europese voetbal, en een paar oudere jongens trappen er samen met ons tegenaan. Ik ben niet goed in *foetbol*, maar erg slecht ben ik er ook niet in, en met mijn vader aan mijn kant ben ik zelfs een sterke speler.

En dan gaat het allemaal vreselijk mis.

8.
De Solomon Schechter School of Queens

Een brave Joodse jongen glimlacht voor zijn schoolfoto op de Joodse School. Let op de wijd uitstaande tanden, de lichte wallen onder de ogen en het Casio-muziekhorloge dat zowel 'The Star-Spangled Banner' als het Russische 'Kalinka' ('Sneeuwroosje') speelde. De auteur vond het vreselijk dat hij de voorkeur gaf aan het laatste.

Ik sta te midden van een groep jongens met witte overhemden en keppeltjes op en meisjes in lange jurken een gebed in een oude taal te loeien. Er zijn volwassenen in de buurt om ervoor te zorgen dat we keurig in koor zingen; dat wil zeggen dat de optie om niet mee te loeien niet bestaat. '*Sj'ma Yisroel*,' loei ik gehoorzaam, '*Adonai Eloheinu, Adonai Etsjad*.'

Hoor, o Israël, de Heer is onze God, de Heer is Een.

Ik weet niet precies wat de Joodse woorden betekenen (in het gebedenboek staat een Engelse vertaling, maar ik kan dus ook geen Engels), maar ik ken de melodie. Er klinkt iets klaaglijks door in de manier waarop wij jongens en meisjes ons smekend tot de Almachtige richten. Wat wij doen, denk ik, is iets afsmeken. En het afsmeken is mijn familie niet vreemd. Wij zijn de graan-Joden, naar Amerika gebracht door Jimmy Carter in ruil voor al die tonnen graan en een beetje geavanceerde technologie. We zijn arm. We zijn overgeleverd aan de goedheid van anderen: voedselbonnen van de Amerikaanse regering, financiële steun van vluchtelingenorganisaties, tweedehands T-shirts met afbeeldingen van Batman en de Green Lantern en versleten meubels bijeengebracht door aardige Amerikaanse Joden. Ik zit in de kantine van de Joodse School, allereerst omgeven door de muren van deze angstaanjagende instelling – een grijs stuk moderne architectuur royaal voorzien van ruiten met gekleurd glas – met haar grote, zwetende rabbi, haar jonge, onderbetaalde leerkrachten en haar lawaaiige, ongedisciplineerde Joods-Amerikaanse kinderen, en in ruimere zin, omgeven door Amerika: een complexe, door media gedreven, gadgetgeile samenleving, waarvan de beelden en de taal de lingua franca van de wereld vormen en waarvan de bloemrijke geuren en de vlotte glimlach mijn verstand volstrekt te boven gaan. Ik zit hier alleen aan een tafeltje, afgezonderd van de andere kinderen, een jongetje met nu al een oversized bril en hetzelfde verrekte shirt met stippels en verticale strepen, misschien het product van Stippenshirtfabriek nr. 12 in Sverdlovsk of, als dat zou bestaan, in Shirtsk, en wat doe ik? Ik praat tegen mezelf.

Ik praat tegen mezelf in het Russisch.

Zit ik lang vergeten onzin te mompelen die in hoofdletters in de Sovjetmetro stond: 1959 – SOVJET RUIMTERAKET LANDT OP HET MAANOPPERVLAK? Dat is heel goed mogelijk. Fluister ik zenuwachtig een oud Russisch kinderversje (een versje dat later zou terugkeren in een van de verhalen die ik als volwassene schreef): 'Laat het altijd zonnig zijn, laat er altijd blauwe luchten zijn, laat mama er altijd zijn, laat míj er altijd zijn'? Heel goed mogelijk. Want waar ik nu naar verlang, op deze vreemde, ongelukkige plek, is mama, de vrouw die mijn wanten vastnaait aan mijn grote pluizige winterjas – die me de bijnaam 'stinkende Russische beer' ofwel afgekort SRB bezorgd heeft – omdat ik ze anders verlies, zoals ik ook al het flesje lijm, het gelinieerde schoolschrift en de kleurkrijtjes heb verloren die ik mee moest nemen naar de eerste klas. 'Mamotsjka,' zal ik vanavond tegen haar zeggen, 'niet verdrietig zijn. Als ik de lijm vandaag verloren heb, kan ik hem morgen niet meer verliezen.'

Eén ding is zeker: samen met mama en papa en een lief joch, het zoontje van progressieve Amerikaanse ouders die hem hebben overgehaald met mij te spelen, is de Russische taal mijn vriend. Het Russisch voelt vertrouwd om me heen. Het weet dingen die de lawaaiige snotapen om me heen, die lachend naar me wijzen terwijl ik mijn Slavische sisklanken uitstoot, nooit zullen begrijpen. Zoals de grijsgroene kleur van de stenen van het Vorontsovski-paleis op de Krim, waar we 's zomers op vakantie gingen, opgaat in de bergen en bossen eromheen. Zoals je wordt gefouilleerd op de luchthaven Pulkovo in Leningrad, zoals de douanier je muts afneemt en hem aftast op gesmokkelde diamanten. Zoals: SOVJETWETENSCHAPPERS ONTDEKKEN DE EERSTE KERNREACTIETHEORIE IN 1934.

Leerkrachten proberen in te grijpen. Ze zeggen dat ik mijn grote bontjas thuis moet laten. Dat ik mijn slordige, dikke haar wat korter moet laten knippen. Dat ik niet meer in mezelf Russisch moet zitten praten. Dat ik, je weet wel, normaler moet doen. Ik word uitgenodigd door de progressieven om te komen spelen met hun zoontje, een vriendelijk, goed doorvoed joch dat het spoor bijster is in de wildernis van oostelijk Queens. We gaan naar een pizzeria, en terwijl ik een flinke hap neem, blijft er een groot stuk kleverige mozzarella vastzitten in mijn keel. Met zoveel mogelijk vingers probeer ik de kaas los te trekken. Ik stik. Ik gebaar woest om me heen. Ik raak in paniek. Ik loei naar onze begeleidster, een elegante Amerikaanse mama. *Pomogite!* gebaar ik. Help! Ik zit gevangen in een wereld van onophoudelijke goedkope kaas. Ik zie een nieuw affiche voor de metro in Leningrad: 1979 – EERSTE SOVJETKIND STIKT IN KAPITALISTISCHE PIZZA. Als het voorbij is zit ik na te beven, mijn handen onder het speeksel en de uitgespuugde mozzarella. Dit is geen leven.

Ik kan niet goed omgaan met anderen. In Leningrad was ik te ziek om naar de peuterklas te gaan. Mijn moeder werkte als muzieklerares op een kleuterschool en nam me zo nu en dan mee als mijn oma's niet konden komen babysitten. Ik ging altijd voor de klas staan, voor al die knappe Slavische meisjes met hun witte strikken, voor al die xylofoons die feestelijk stonden opgesteld onder het voorgeschreven portret van de muzikale Lenin en kondigde op gewichtige, alleen voor mama bestemde toon aan: 'Ik wil jullie iets zeggen! Ik zal vandaag niet deelnemen aan de activiteiten. Ik ga alleen zitten kijken.'

Maar op de Joodse School ben ik te verlegen om iets te zeggen, behalve wanneer ik stik in een pizza.

Er is een uitzondering. De schoolbus brengt de kinderen van de Joodse School weer naar huis, en voordat de bus in de chiquere delen van Forest Hills en verder komt, rijden we langs ons vijf verdiepingen hoge flatgebouw. 'Over daar!' roep ik. 'Over daar! Kaaik dèr. Iez maai hous!'

En voor het eerst ben ik niet die vreemde vogel die alleen aan een tafeltje zit te lunchen; niemand lacht me uit of wijst naar zijn voorhoofd. 'Is dat jouw huis?' roepen de kinderen. 'Woon jij in dat hele gebouw? Wat zul jij rijk zijn! Waarom draag je dan mijn Green Lantern-T-shirt van het zomerkamp?'

Als ik uit de bus stap dringt het misverstand eindelijk tot me door. De kinderen denken dat het hele gebouw, alle vijftig appartementen, mijn huis is.

In de smalle keuken van ons 'stadspaleis' staan mijn ouders ruzie te maken met de dronken stiefopa Ilja. Er zijn familieruzies die ik alleen kan duiden als kleuren; een verschroeiend geelgroene flits als ik een oudere kale man zijn vuisten zie ballen. Niemand kan vloeken met de intensiteit en het volume van stiefopa Ilja. Iedereen loopt vanavond naar de lul, en ieders moeder zal worden geneukt.

Ik laat me vallen op mijn legerveldbed, mijn nieuwe slaapplaats, een meubelstuk dat geschonken is door twee jonge Joden uit de buurt – luisterend naar de wonderlijke namen Michael en Zev – die dankzij hun vriendelijkheid overkomen als een hernieuwde belichaming van de vrouw op het vliegveld van Wenen, die me de Mozartkugel met de kostbare wikkel cadeau gaf. Aan onze tafel worden de democratische en Democratische stemmen van Michael en Zev gepareerd door het avontuurlijke Republikeinse Engels van mijn vader, aangezien onze nieuwe Amerikaanse vrienden aanhangers zijn van de vertrekkende pindaboer uit Georgia die momenteel in het Witte Huis zit, en mijn vader verlangt naar de Californische acteur. Uiteindelijk wordt het allemaal weer bijgelegd door het schenken van snoep (een Milky Way!), die ik niet mag hebben vanwege mijn astma, of van nuttiger zaken die wij niet hebben, zoals een stoomstrijkijzer. Verder hebben wij ons ameublement aangevuld met een zitbank van een nabije vuilnishoop en met kussens gemaakt van opgevulde lakens.

Als ik verdrietig thuiskom van de Joodse School neem ik mijn toevlucht tot mijn Russische atlas en een speelgoedvliegtuigje van Eastern Airlines dat mijn moeder voor een halve dollar heeft gekocht in Fourteenth Street, de boulevard van al uw kortingsdromen in het verre Manhattan. Met behulp van mijn atlas reken ik de vluchttijd uit naar Rome, naar Wenen en Oost-Berlijn, en vervolgens terug naar Leningrad. Ik onthoud de coördinaten van de belangrijkste luchthavens. Ik laat mijn vliegtuig opstijgen van de startbaan in onze rommelige flat, blijf achtenhalf uur stilzitten, de vluchttijd naar Rome, en maak het zoemende geluid van een straalvliegtuig: 'Zzzzz... Mmmmmmm... Zzzzz... Mmmmm...' Ten slotte laat ik mijn vliegtuig landen op het groene legerveldbed (alias de luchthaven Leonardo da Vinci), waarna ik de volgende dag de reis naar Leningrad voortzet.

Sovjetvluchtelingen zullen niet gemakkelijk de diagnose obsessieve-compulsieve stoornis gebruiken. Het enige waar ik toen van overtuigd was, is dat mijn plastic vliegtuigje nooit de vloer mag raken voordat het tijdstip om te landen is aangebroken, want anders zullen alle passagiers, mijn hele familie, sterven. Als mijn astma opnieuw de kop opsteekt en ik niet meer kan zzzzz'en en mmmmm'en, bind ik het vliegtuigje met een touwtje aan het veldbed zodat het technisch gezien nog steeds in de lucht is. Ik ga er gehoorzaam naar zitten kijken, terwijl om mij heen het gezinsleven zich luidruchtig afspeelt.

Mijn reispatroon wordt ingewikkelder. Ik reis via Parijs, Amsterdam en Helsinki terug naar Leningrad. Daarna via Londen, Amsterdam, Warschau en Moskou naar Leningrad. Tokio en Vladivostok. Ik word een expert op het gebied van vluchttijden en de namen van belangrijke wereldsteden.

Rond die tijd begint mijn vader aan een moeilijke spirituele zoektocht. Hij heeft twee straten verderop een orthodoxe synagoge gevonden. Hij heeft geen echt keppeltje maar wel een veelkleurige honkbalpet met een zeebaars erop. Op een sabbat besluit hij naar de sjoel te wandelen, en hij gaat op een bankje achterin zitten. De gelovigen denken aanvankelijk dat hij 'een dronken dakloze Spanjaard' is. Maar als ze doorkrijgen dat hij zo'n mythische Russische jood is over wie ze gehoord hebben op tv, een van hun verloren gewaande medegelovigen, overladen ze hem met onvervalste liefde. Een van hen, een volgeling van de ultranationalistische rabbi Kahane, geeft hem tien Amerikaanse dollars. Het is sabbat en dus *verboten* om geld uit te geven, maar de zorg voor een hongerige medejood gaat boven alles. Als mijn vader zijn eerste baan heeft en zelf iets verdient, zal hij tweehonderd dollar geven aan Kach, de organisatie van rabbi Kahane die kort daarna zal worden verboden in Israël omdat een van haar centrale thema's is om alle Arabieren de zee in te jagen. En als we zover zijn dat we onze eerste flat kunnen kopen, zal een andere medegelovige, toevallig de plaatselijke postbode, ons vierhonderd dollar lenen voor de aanbetaling, zonder moeilijke vragen te stellen. Dat is denk ik wat mensen bedoelen als ze het over een 'gemeenschap' hebben.*

De volgende sabbat en bijna alle vrijdagen daarna word ik naar het gele gebouwtje van Jong Israël gebracht, waar ik mee kan deinen met de goedkoop geklede maar aardige mannen (de vrouwen worden naar een balkon boven ons gestuurd), die mij lijken te accepteren en niet vinden dat ik gek ben als ik zo nu en dan iets in het Russisch zeg of de Engelse taal terloops verkracht met mijn taaltje.

Als de medegelovigen van Jong Israël horen dat mijn moeder in Rusland pianiste was en mijn vader bij de opera zong, nodigen ze mijn ouders uit om een concert te geven. Na maanden van anonimiteit in een vreemd land weergalmt de bas van mijn vader door het kleine, volle heiligdom, terwijl mijn moeder hem op de piano begeleidt. Papa zingt het verwachte wijsje van Tsjaljapin 'Otsji tsjornye' ('Donkere ogen') en de Jiddische klassieker 'Ofyn pripetsjek' ('Leer, kinderen, wees niet bang / Alle begin is moeilijk').

Mijn wapenfeiten met de Russische atlas en de negen uur durende vluchten naar Stockholm zijn niet ongemerkt gebleven. En dus moet ík als uitsmijter het podium op: de zevenjarige vluchteling die alle hoofdsteden van de wereld kent. De gelovigen roepen: 'België!' 'Japan!' 'Uruguay!' 'Indonesië!' Zenuwachtig maar opgewonden weet ik die vier moeiteloos te beantwoorden, maar ik verpruts de laatste: Tsjaad. Hoe kosmopolitisch mijn reizen ook mogen zijn, ik heb mijn plastic vliegtuigje van Eastern Airlines nog nooit in N'Djamena laten landen. Ondanks mijn vernedering krijgen we 250 dollar van de gemeente voor ons optreden, waar we een mantelpak van Harvé Benard maatje 32 van kopen. Het past mijn piepkleine moeder, net op tijd

*Uiteindelijk zal Kach door het ministerie van Binnenlandse Zaken op een lijst van buitenlandse terroristische organisaties worden geplaatst, en de rabbi zelf zal in 1990 in New York worden vermoord.

voor haar eerste en succesvolle sollicitatiegesprek als typiste.

De gelovigen van Jong Israël stellen voor dat ik naar de Solomon Schechter School ga, een conservatieve joodse school op een somber terrein aan de vlakbij gelegen Parsons Boulevard. Mijn vader wil dolgraag praktiserend jood worden. Mijn moeder, die half joods is, bidt soms op de christelijke manier (de handen ineengevouwen) tot de god van de Goede Gezondheid en Regelmatige Loonsverhoging in de horlogefabriek in Queens, waar ze zich nu te pletter werkt en blij wordt als de baas trakteert op ijsjes in plaats van een airco te laten aanleggen.

Er zijn behoorlijke openbare scholen in Queens, maar we zijn bang voor zwarten. Als je rond 1979 twee Sovjetimmigranten in Queens of Brooklyn bij elkaar zette, zou het onderwerp *sjvartzes* of 'die Spanjaarden met hun transistorradio's' in de derde zin al ter sprake komen, nadat het onderwerp astma-inhalers voor kleine Igor of Misja besproken is. Maar beluister die gesprekken eens aandachtig. Er klinkt haat en angst in door, maar daaronder ook humor en opluchting. De blije vaststelling dat, hoe werkloos en stom we ook zijn, er in ons nieuwe vaderland een flinke dosis weerzin bestaat jegens andere groeperingen dan onszelf. Wij zijn vluchtelingen en zelfs Joden, waar je in de Sovjet-Unie geen vrienden mee maakte, maar we zijn ook iets wat we thuis nooit op prijs hebben leren stellen. We zijn blank.

In de groenere delen van Kew Gardens en Forest Hills valt de tribale haat voor zwarten en Latijns-Amerikanen gedeeltelijk op omdat er eigenlijk geen zwarten of Latijns-Amerikanen zijn. De enige keer dat mijn moeder in aanraking kwam met 'criminaliteit' was op Union Turnpike: er stopt een lange blanke in een cabrio naast haar, hij haalt zijn penis tevoorschijn en roept: 'Hé, schatje, kijk eens wat een grote ik heb!'

Maar iedereen weet wat je moet doen als je een kleurling tegenkomt: hard wegrennen.

Want die wil ons zo verschrikkelijk verkrachten, in onze jasjes gemaakt van 'echt Pools leder'. En 'de Spanjaarden met hun transistorradio's'? Je weet zeker wel wat die nog meer hebben behalve hun transistorradio's? Stiletto's. Dus als ze een Russisch jongetje van zeven op straat zien lopen met een astma-inhaler, dan komen ze op hem af en steken hem dood. *Prosto tak*. Zomaar. Moraal van het verhaal is dat je je zoontje van zeven nooit alleen de straat op moet laten gaan. (Sterker nog, tot mijn dertiende zal ik van mijn grootmoeder niet door een rustige straat in het vredige Forest Hills mogen lopen *zonder haar hand vast te houden*. Ze laat haar blik voortdurend honderd meter in alle richtingen schieten en is bereid mijn lichaam te bedekken met het hare voor het geval een van die beesten met hun stiletto's ook maar in de buurt komt.)

Ja, en als je genoeg hebt gespaard om een Zenith-televisie met Space Command-afstandsbediening te kopen, komt er vast en zeker zo'n sterke zwarte langs die het toestel op zijn schouder hijst en de straat ermee uit rent. En dan rent er zo'n Spanjaard achter die zwarte aan met zijn transistorradio als gezelschap met van die *cucaracha*-muziek erop. Een van hen stopt ook de Space Command in zijn zak, en dan heb je niets meer.

Vandaar dus de bescherming door onze eigen soort.

Vandaar dus de Solomon Schechter School of Queens.

Ofwel *Solomonka*, zoals wij Russen hem noemen.

Hoewel ze me op *Solomonka* ook in elkaar zullen slaan.

Omdat mijn Engels niet zo goed is, word ik een klas teruggezet. In plaats van in de tweede klas te beginnen, moet ik terug naar de eerste. Tot aan het laatste studiejaar aan de universiteit zal ik omgeven worden door jongens en meisjes die een jaar jonger zijn dan ik. De slimmeriken zijn zelfs twee jaar jonger dan ik. Op de jaarlijkse klassenfoto sta ik nooit achteraan bij de langste kinderen maar altijd op de voorste rij, want zelfs als ik ouder word, word ik op de een of andere manier kleiner.

Hoe kan ik toch zo dom (en zo klein) zijn? Ben ik niet het kind dat het verschil weet tussen *De Allegorie van de Dag* en *De Allegorie van de Nacht* in de Medici Kapel? Ben ik niet de auteur van *Lenin en zijn wonderbare gans*, een meesterwerk van socialistisch-realistische literatuur, geschreven nog voordat ik behoorlijk kaka kon doen op een wc? Ken ik niet de hoofdsteden van de meeste landen behalve Tsjaad? Maar nu al, op mijn zevende, begint de aftakeling. Allereerst door de wonderen van de Joodse School, dan door de beeldbuis van de Amerikaanse televisie en populaire cultuur, en vervolgens door de een meter lange hasjpijp op Oberlin College, zal mijn scherpe jongensintelligentie stap voor stap, school voor school minder worden. Het terugkerende gevoel van verwondering van huilen boven een medaille van de Madonna del Granduca zonder te weten waarom, zal grotendeels worden vervangen door de drang tot overleving en heel goed weten waarom. En overleving betekent de liefde voor wat mooi is vervangen door de liefde voor wat grappig is, omdat humor het laatste redmiddel is voor de in het nauw gebrachte Jood, vooral wanneer hij zich te midden van zijn soortgenoten bevindt.

'SSSQ' schrijf ik de volgende acht jaar behoedzaam in de rechterbovenhoek van elk schrift. De Solomon Schechter School of Queens. Die afkorting staat in mijn geheugen gegrift, SSSQ. De s'en zijn net zo dronken als stiefopa Ilja en tuimelen over elkaar heen; de 'Q' is een 'O' die een stok schuin tussen zijn benen krijgt gestoken. Vaak vergeet ik de 'Q' helemaal, zodat het quasifascistische 'SSS' overblijft. 'Doe iets aan je penmanschap,' zal iedere leerkracht plichtmatig schrijven. 'Pen' ken ik, want dat is mijn belangrijkste speelgoed. 'Man' is zoiets als mijn vader, die zo sterk is dat hij een tweedehands Amerikaanse airco kan optillen die hij zojuist voor honderd dollar heeft gekocht. 'Schap' is zoiets als 'schip', bijvoorbeeld de kruiser *Aurora* die in de haven van Leningrad lag en het noodlottige schot loste dat het begin van de Oktoberrevolutie inluidde. Maar 'pen-man-schap'?

SSSQ is mijn wereld. De gangen, de trappen, de lokalen zijn klein, maar dat geldt ook voor ons. Vierhonderd kinderen, van groep een tot en met groep acht, marcherend in twee rijen, jongens en meisjes, van groot naar klein. Er is een juf Hebreeuws, juf R., van middelbare leeftijd en met een uilenbril op, die ons graag aan het lachen maakt door, terwijl ze ons voorgaat, met twee handen voor haar neus een fluit te vormen en te zingen: 'Tra-la-la-la-la.' Afgezien van vrolijkheid in het leven van bange kinderen brengen is het haar taak ervoor te zorgen dat alle jongens een keppeltje dragen. De eerste en bijna laatste woorden Hebreeuws die ik leer zijn: *Eifo ha-kipah sjeltsja?* (Waar is je keppeltje?). Dat is het leukste van de hele dag, naar de klas worden gebracht door mevrouw R. Maar in de les met juf A.-Q. en S.-Z. is het minder leuk. Want ik weet niet wat ik doe. Ik heb geen schaar en geen lijm en geen kleurkrijtjes en geen keppeltje en het shirt, met een insigne van een vent op een paard die met een houten hamer zwaait – later hoor ik dat dat een poloshirt heet – heb ik ook niet. Ik zit ook vaak in het verkeerde lokaal, en iedereen moet daar hard om lachen, en ik sta op met mijn schoenen met losse veters, kijk met open mond om me heen, terwijl juf A. tot Q. of juf S. tot Z. juf R. gaat halen. En juf R. komt bij me staan op de gang en vraagt met haar licht Israëlische accent: '*Noe*? Wat is er gebeurd?' 'Ik...' zeg ik. Maar dat is ongeveer het enige wat ik weet: 'Ik.' Dus ze buigt voorover en strikt mijn veters terwijl we er allebei over nadenken. Dan brengt ze me naar het goede lokaal, en de bekende gezichten van mijn klasgenoten vervormen zich tot een nieuwe lachbui, en de nieuwe juf A. tot en met Z. (maar niet R.) schreeuwt het woord dat het officiële schoollied vormt van Solomon Schechter: *Sjeket!* Ofwel: 'Stil.' Of, op klagende toon: *Sjeket bevakasja!* 'Stilte, alsjeblíéft.' En alles vervalt weer tot de gebruikelijke chaos: leerlingen die niet stil kunnen zijn en een leerkracht die geen orde kan houden, terwijl het Hebreeuws, de tweede taal die ik niet ken, die zelfs niet voorkomt op de dozen van Honeycomb, als een kokosnoot op mijn hoofd bonkt. Terwijl ik daar zit en mezelf in een astma-aanval probeer te hijgen die pas in het weekend zal losbarsten, en me afvraag wat me nog meer kan overkomen, is het plotseling pauze. Juf R. neemt ons mee naar buiten met haar lieve tra-la-la door gangen met landkaarten van Israël van jaren geleden, voordat iemand die mijn ouders 'die *farkakte* Carter' noemen met zijn Camp David-akkoorden het schiereiland Sinai heeft weggegeven aan de Egyptenaren, en muren vol bedankbriefjes van kinderen geschreven met kleurige viltstift, bedankbriefjes aan hem die over ons waakt en wiens naam niet eens voluit mag worden geschreven, zo bijzonder is hij, degene die ze G-d noemen of soms, om de verwarring nog groter te maken, Adonai. Zoals in *Sj'ma Yisroel, Adonai Eloheinu, Adonai Etsjad.*

Pauze. Op het schoolplein, onder een bord waarop staat VULCAN RUBBER (twee woorden die betekenisvol zullen blijken, het eerste in mijn puberteit, het tweede helaas pas na mijn twintigste), hinkelen de meisjes en rennen de jongens luid schreeuwend rond, en zit ik aan de kant en probeer mezelf bezig te houden met een lieveheersbeestje als het warm is en met mijn wanten als het koud is, en met mijn koude vingers als ik die dag mijn wanten ben kwijtgeraakt. Ik kan de namen van de jongens en de meisjes nog steeds niet uit elkaar houden. Ze vormen één grote massa *Am Yisroel*, de Joodse natie; de donkere, agressievere komen uit Israël, de lichtere, opgewektere uit Great Neck, New York. Het progressieve joch wiens ouders me ophalen om met hem te spelen, gaat zijn eigen gang. Voor zijn huis in Kew Gardens schieten mij woorden tekort. Allereerst is het hele gebouw zijn eigen huis, en er ligt een grasveld voor en aan de zijkanten, en er zijn bomen die ook van hem zijn, zijn persoonlijke eigendom, zodat hij ze kan omzagen als hij wil zonder dat hij dan naar een strafkamp wordt gestuurd. En dan ín het huis, de spelletjes die ze hebben! Bordspelen waarin je vier spoorwegen en hele woonwijken kunt kopen en ook 'actiefiguren' uit *Star Wars*, hoewel: ik geen idee heb wat dat is. Maar een aardig iemand heeft me iets gegeven uit *Star Wars*, namelijk een grote, harige aap met een witte schouderriem om zijn naakte lijf en een spottende grijns op zijn gezicht. Soms, als ik heel erg alleen ben, haal ik de aap tevoorschijn en dan roepen de andere kinderen 'Chewie!' Ik neem aan dat die aap zo heet. En dan beginnen ze hard te lachen omdat Chewie de helft van zijn rechterarm mist zodat je zijn zwarte geweer niet in de schouderriem kunt schuiven. Dus het is leuk dat ik Aap heb maar ook niet leuk, omdat hij incompleet is. Ik heb ook nog mijn pen die klikt, maar daar is niemand in geïnteresseerd.

Hoe dan ook, in de pauze komt het progressieve joch naar me toe en zegt: 'Gary, wil je vliegtuigje met me spelen?' Aanvankelijk kijk ik langs hem heen, want wie wil er nou met me praten, en bovendien, wie is Gary? En dan weet ik het weer: dat ben ik. We hebben er in de familie over nagedacht, Igor is de assistent van Frankenstein, en ik heb al genoeg problemen. Dus we nemen IGOR en schuiven met de I, de G, de O en de R. Dat geeft GIRO (wat uitstekend zou zijn voor het laatste decennium van de twintigste eeuw) en ROGI (perfect voor het eerste decennium van de eenentwintigste eeuw) en GORI. Dat is ook leuk: de stad in Georgië waar Stalin is geboren, maar nog niet helemaal goed. Er was ook ooit een acteur, Cooper, hoe heette die ook al weer? En zo worden er twee klinkers verwisseld voor twee andere, en ik word GARY.

'Ik wil vliegtuigje spelen,' zeg ik. Of liever: ik roep het: 'Ik wil vliegtuigje spelen!' Waarom houd ik me in? Ik schreeuw: 'IK WIL VLIEGTUIGJE SPELEN!' Want dit is mijn kans om nieuwe vriendjes te maken. 'Naar Jakarta,' roep ik, 'jij vlieg Gonolulu, Gawaii*, of Guam, korte rust, stop benzien in vleugels, dan Tokio, stop Jakarta.'

De kinderen kijken me met scherpe Amerikaanse onverschilligheid of gloeiende Israëlische woede aan, en uit hun blik straalt sjeket beva-

* In het Russisch wordt de 'h' doorgaans uitgesproken als 'g', vandaar de beroemde Garvard-universiteit in Massachusetts en mijn toekomstige alma mater, het iets minder beroemde Oberlin, Ogio.

kasja, of misschien alleen maar sjeket. In elk geval is het zoiets als: *Hou toch je kop, rare stomme lul.*

Het vliegtuigspel is even ingewikkeld als elke andere interactie op SSSQ. De jongens rennen rond met uitgestrekte armen en roepen 'Zjuuuuuuuu' en met die armen maaien ze me neer, de een na de ander. Ik haal Jakarta niet. Ik haal zelfs het nabijgelegen Philadelphia Airport niet, op 39°52'19" N. 75°14'28". Iemand knalt tegen mijn hoofd en ik ga neer, en alle inzittenden op de passagierslijst zijn dood.

Er is een bioscoop in Maine Street, en mijn vader is opgewonden omdat er een Franse film draait, dus die moet wel erg cultureel verantwoord zijn. De film heet *Emmanuelle*, en het is vast erg interessant om te zien hoe vreugdevol die Franse vrouwen eigenlijk zijn, waarschijnlijk dankzij hun voortreffelijke culturele erfgoed. ('Balzac, Renoir, Pisarro, Voltaire,' zingt mijn vader tegen me op weg naar de bioscoop.) De volgende drieëntachtig minuten breng ik door met papa's harige hand voor mijn ogen, en het is mij een herculesarbeid om die daar weg te halen. De minder expliciete gedeelten van *Emmanuelle: de vreugde van een vrouw* spelen zich af in een bordeel in Hongkong of een meisjeskostschool in Macao, maar daarna gaat het snel bergafwaarts. Ondanks de inspanningen van mijn vader zie ik die dag ongeveer zeven vagina's op het grote scherm, zeven meer dan ik in lange tijd zal zien. Natuurlijk moeten we de hele voorstelling uitzitten, omdat we betaald hebben voor de kaartjes. En een van de mannelijke personages, een telegrafist, heet Igor (*'O, Igor*; OUI*!'*), mijn vorige naam, alsjeblieft.

Mijn vader en ik lopen zwijgend en verdwaasd terug naar onze flat.

'*Noe*?' vraagt mijn moeder.

Stilte, een ongebruikelijke stilte.

'*Noe*?'

'Om de drie minuten een liefdesscène!' roept mijn vader. 'Op allerlei manieren deden ze het. Zo... En toen zo. En toen draaiden ze haar om en...' Ik hoop dat mijn ouders nog vier dollar bij elkaar hebben weten te schrapen om samen de film te gaan zien en daarna trouw de hele serie te volgen via *Emmanuelles parfum* (1992) en *Emmanuelle in Venetië* (1993) tot en met de logische sciencefictionachtige afsluiting, speciaal voor abonnee-tv, *Emmanuelle in de ruimte* (1994). Dat hadden ze wel verdiend, die hardwerkende immigranten.

Ik weet niet wat ik moet doen met de kennis die ik vergaard heb uit de zachte Franse (eigenlijk Nederlandse) handen van Emmanuelle. Ik ben een klein jongetje. Maar ik weet dat er iets broeit, iets harigs tussen de benen. Niet tussen mijn benen, nog niet, maar tussen de benen van anderen.

Op SSSQ ontdek ik een boek in het Engels over Harriet Tubman, de voormalige slavin die tientallen Afrikaanse Amerikanen redde uit een afschuwelijk oord dat Maryland heette. Misschien dachten ze op de Joodse School dat Tubman Joods was (haar bijnaam was Mozes).

Het is een moeilijk boek omdat het in het Engels is, maar er staan veel spannende afbeeldingen in van Tubman en haar geredde slaven rennend door het afschuwelijke Maryland op weg naar Canada. En ik ben boos op de slavernij, op dat verschrikkelijke ding, net zo boos als de mensen om mij heen zijn op de zwarten, zo boos zelfs, dat we hebben gehoord dat de nieuwe president, Ronald Reagan, hun er 'eentje in de nek' zal geven. Liggend op mijn legerbed, met Emmanuelle in mijn achterhoofd en Harriet Tubman vóór me, haal ik me een denkbeeldig zwart vriendje of vriendinnetje voor de geest dat zojuist is ontsnapt uit Maryland. Ik ben nog steeds onpartijdig op het gebied van sekse, dus hij/zij ligt naast me met zijn/haar armen om me heen en mijn armen om hem/haar heen, en ik herhaal steeds iets wat ik op straat heb opgepikt: 'Alles komt goed, Sally, dat beloof ik.'

De snelste manier om naar N'Djamena in Tsjaad te vliegen is met Air France vanaf Parijs. Onder optimale omstandigheden red je dat in zestien uur en vijfendertig minuten. Ik vlieg er nog steeds heen.

9.
Sjoef

Het Russische kaartspel heet Doerak, ofwel De dwaas. De bedoeling is al je kaarten kwijt te raken. Wie aan het einde nog kaarten heeft is De dwaas. Op deze foto heeft mijn vader betere kaarten dan ik.

Het volgende jaar krijg ik het cadeau waar iedere jongen naar verlangt. Een besnijdenis.

Op Solomon Schechter heb ik een passende Joodse offernaam gekregen: Yitzhak, of Isaac. En het mes wordt getrokken in het Coney Island Hospital, orthodoxe mannen bidden in de aangrenzende kamer om Gods zegen, ik krijg een verdovingskapje over mijn mond (fantastisch voor een astmatische jongen met een angstsyndroom), waarna de ziekenhuismuren – groen op groen op groen op groen – verdwijnen en worden vervangen door een akelige droom waarin mij de afgrijselijke dingen die Emmanuelle liefdevol worden aangedaan in een bordeel in Hongkong, worden aangedaan door mannen met zwarte hoeden.

En dan de pijn.

'Mama, papa, waar zijn jullie?'

En dan de pijn in lagen.

'Mama, papa, help.'

En dan de lagen van pijn en vernedering.

Mijn moeder heeft een gat in mijn onderbroek geknipt zodat mijn verminkte penis niet in aanraking hoeft te komen met polyester. Ik ben verhuisd van mijn legerbed naar het bed van mijn ouders. Ik lig daar met mijn verminkte geslachtsdeel blootgesteld aan de buitenwereld, en er komen vreselijk veel mensen op bezoek, al mijn familieleden komen kijken naar het afschuwelijke ding tussen mijn benen. '*Nu*, hoe voel je je?' vragen ze wolfachtig.

'*Bol'no*,' zeg ik. Het doet pijn.

'*Zato evreitsjik!*' roepen ze goedkeurend. Maar nu ben je een echte joodse jongen!

Ik bedek me met het boek dat naast me ligt, *Heel Rome*, waarmee ik een klein tentje opzet. Sinds ik terug ben uit het ziekenhuis staar ik voortdurend naar een van de olieverfschilderijen van Pietro da Cortona, *De Sabijnse maagdenroof*. De vrouwen worden ontvoerd door de eerste generatie Romeinse mannen, terwijl hun kleine kinderen huilend aan hun voeten zitten en hun borsten deels ontbloot zijn à la *Emmanuelle in Hongkong*. En die mannen in hun tunica's en helmen zijn even sterk en donker als mijn vader. En ik ben zo bleek en hulpeloos als...

Ik wil niet suggereren wat ik hier lijk te suggereren. Alleen dat de cirkel nu rond is. De Stinkende Russische Beer, het tweede meest gehate joch in klas een en binnenkort klas twee van de Joodse School (dan word ik het meest gehate joch), ligt met ontbloot kruis in het bed van zijn ouders met het gevoel dat er scheermessen door zijn penis snijden, steeds weer opnieuw. (Het spreekt vanzelf dat de *procedure* in het ziekenhuis niet goed is verlopen.) In mijn nabije toekomst zullen er wezens in griezelfilms opduiken, de krabben met zachte schaal uit *Alien* van Ridley Scott zijn het meest realistisch, maar dit barokke clair-obscur van geronnen bloed en hechtdraad zal nooit worden ongeëvenaard. En tot op de dag van vandaag huiver ik als ik het lemmet van een mes zie, omdat ik weet wat het kan aanrichten bij een jongetje van acht.

Sinds we hier zijn hebben we allemaal gedaan wat we moeten doen. Mijn moeder slooft zich uit in een oververhitte horlogefabriek in Queens, mijn vader studeert ijverig Engels en de andere moderne talen, COBOL en Fortran. Onze flat is bezaaid met IBM-ponskaarten van de computerlessen van mijn vader, die ik met hetzelfde ontzag behandel als de nummerplaten van Honeycomb, en ik ben net zo geïntrigeerd door het knisperende, beige, Amerikaanse gevoel ervan door de woorden en uitdrukkingen die mijn vader erop heeft geschreven. Engels op de ene kant, Russisch op de andere. Om de een of andere reden herinner ik me de volgende woorden: 'industrie' (*promysjlennost'*), 'theepot' (*tsjainik*), 'hartaanval' (*infarkt*), 'symbolisme' (*simvolizm*), 'hypotheek' (*zaklad*) en 'ranch' (*rancho*).

Toch zijn we niet naar dit land gekomen om op een goede dag een zaklad te krijgen voor onze rancho, of wel soms? Het ging niet alléén maar om geld. We kwamen hierheen om jood te zijn. Althans mijn vader. Zelf had ik daar geen positieve of negatieve gevoelens over. En nu moet er simvolizm zijn. En daarom hebben ze me zo gemeen gesneden, om meer te lijken op de kinderen op school die me zo haten, die me meer haten dan ik de rest van mijn leven ooit nog gehaat zal worden. Ze haten me omdat ik uit het land kom dat door onze nieuwe president zal worden gekenschetst als het 'Rijk van het Kwaad', waardoor er een eindeloze reeks films verschijnt die beginnen met het woord 'Rood': *Rode dageraad*, *Rode woestijnrat*, *Rode hamster*. 'Communist!' schreeuwen ze terwijl ze me speels tegen de zachte muur van de Joodse School duwen. 'Russki!'

Maar ik ben daaronder gesneden voor jullie! wil ik terugschreeuwen tegen hen. *Ik heb de Latijnse Lenin achtergelaten op het Moskouplein speciaal voor deze besnijdenis. Ik ben een jood, net als jullie, en is dat niet belangrijker dan waar ik geboren ben? Waarom willen jullie geen zuurtje van mij aannemen?*

Het is moeilijk om vraagtekens te zetten bij de keuzes die mijn ouders hebben gemaakt tijdens de lange, vreemde jaren van hun immigratie, en ik denk dat ze gezien de omstandigheden het nog niet zo slecht hebben gedaan. Maar laat me even opstijgen naar het plafond van onze eenkamerflat in Kew Gardens, zoals ik zo vaak deed tijdens astma-aanvallen wanneer ik voelde dat ik werd opgetild uit mijn zuurstofloze lichaam, laat me even neerkijken op de jongen met zijn speelgoedje, Chewie uit *Star Trek* zonder rechterarm, en dat andere speelgoedje, dat zo verminkt en mismaakt is dat hij twee jaar lang slechts knarsetandend zal kunnen plassen, dat omzoomd wordt door een gat in zijn onderbroek ter grootte van een geslachtsdeel, en laat me dan de volgende relevante vraag stellen: *Wat de fok?*

En ik weet het antwoord, het nogal redelijke antwoord dat mijn ouders hebben op dit soort vragen: 'Maar we wisten het niet.'

Of een sneuer antwoord, typisch voor een vluchteling, dat ik toeschrijf aan mijn moeder: 'Ze zeiden dat we het moesten doen.'

Of een minder redelijk antwoord, dat ik toeschrijf aan mijn vader: 'Maar je moet toch een man worden.'

En nu Yona Metzger hoofdrabbi van de Asjkenazim in Israël: 'Het is een stempel, een zegel op het lichaam van een jood.'

Op school probeert mijn penis zich groot te houden. Hij kan niemand vertellen wat er is gebeurd of iedereen maakt zijn eigenaar Igor of Gary of wat dan ook, belachelijk. Maar als ze in de rij in de kantine de Vluchteling Voorheen Bekend Onder de Naam Igor met zijn penis vooruit tegen de muur duwen, nou, dan... *au!*

Ik probeer mezelf ook groot te houden. Ik begin mijn eerste leugens op te schrijven in de nieuwe taal.

GARY SHTEYNGART SSS [SOLOMON SCHECHTER SCHOOL]
31 april [helaas heeft april maar dertig dagen] 1981 Klas 2C

Opstel: VOORJAAR

Het is voorjaar Het weer is warm en regenachtig Vogels komen uit Zuiden en zingen liedjes. In voorjaar ik speel voetbal met mijn vrienden [leugen] Ik rijd mijn fiets [de astma komt terug door alle stress, dus meestal fiets ik niet] gelukkig voorjaar En ik ga vissen [met mijn vader, die zeer geïrriteerd raakt als ik het aas niet goed aan de haak bevestig] Ik hou van voorjaar [relatief gezien] Ik haat winter [omdat ik dan nog zieker ben dan in het voorjaar].

Spellen in voorjaar die ik speel honkbal [leugen, een tekening van mezelf terwijl ik een bal sla met iets wat op een kettingzaag lijkt] fiets [tekening van mezelf en wat lijkt op een besneden penis, een gezwollen derde been, boven op een fiets] friesbie [sic, leugen, tekening van mezelf terwijl ik een jongen een Frisbee in de nek gooi] voetbal [leugen, op een andere tekening roept een jongen tegen me: 'Niet zoo (sic) hoog gooien', en ik roep terug: 'Waarom ik luister zou?']

O, wie is toch die sportieve figuur, vraag ik je? Die ruig pratende voetbal-, honkbal-, frisbeeheld met duizenden vrienden, van wie elke reactie grenst aan het onverschillige: 'Waarom ik luister zou?' Hij loopt een jaar achter en beheerst nog steeds het Engels niet, dat is zeker. In een opstel over zijn geliefde Italië beschrijft hij het Colosseum nogal beknopt als: 'Had dak niet meer.' Als hij op de kamer van de directeur moet komen, zeg ik: 'Iek doe samsieng stout?' 'Nee, lieverd,' zeggen de lieve secretaresses, 'no, *asjeine poenim*', 'lief smoeltje' in het Jiddisch. Ze geven me tassen van winkels genaamd Gimbels en Macy's, vol oude kleding van hun kinderen, nog meer T-shirts met afbeeldingen van de man die verandert in een vleermuis en zijn gemaskerde jonge slaaf, de Boy Wonder. Terug in de klas, met de zakken vol kleren onder de bank, fluisteren de kinderen tegen me.

'Wat heb je daar?'

'Gewoon samsieng.'

'Nog meer "nieuwe" T-shirts? O, laat eens zien!' Hoongelach.

Juf A. t/m Z., niet juf R.: 'Sjeket bevaksja!'

'Gaat jouw *mazer* naar Macy's?'

'Gewoon samsieng voor mij mazer zij geef beneden.'

Nog meer hoongelach, behalve van het zoontje van de progressieven en van nog iemand. Het kind dat nog erger gehaat wordt dan ik.

Hij heet Jerry Himmelstein (niet echt). Hij is geboren in de VS als kind van Amerikaanse ouders met alle voorrechten die daarbij horen. Maar toch is hij het meest gehate joch van Schechter. Ik weet dat ik hem goed in de gaten moet houden en bepaalde gedragskenmerken moet vermijden als ik mijn positie als op één na meest gehate jongen wil behouden.

Het is sabbat, een van de jongens is gekozen om de *Abba* te zijn (de Vader, Hebreeuws), meestal een aardige Isaac of Yitzhak. (Een op de twee jongens, inclusief ikzelf, heeft de Joodse naam Yitzhak gekregen; het enige wat ontbreekt zijn de bijbehorende Abrahams, onze vaders.) Een meisje, een even aardige Chava (Eva), is de *Imma* of Moeder. Ze zingt met een lief preadolescent stemmetje boven de kaarsen: '*Baruch atah Adonai... Le'hadlik ner sjel Shabbat.*' We zitten allemaal te watertanden vanwege het gevlochten challahbrood, de zuurzoete Kedem-'wijn' 'en de belofte van twee Hershey-chocoladerepen aan het einde van het ritueel. De Israëlische kinderen achterin wijden ons in in het leven der volwassenen. Een van hen, Zain, grijpt in zijn kruis en maakt de vorm van een challah met zijn handen. '*Kus*,' zegt hij en hij steekt zijn vingers in een denkbeeldige vagina (ik weet wat dat is! O, Emmanuelle!), brengt drie of vier vingers naar zijn neus en ruikt eraan. 'Mmmm... *kusss*.' Terwijl Chava en Isaac de kaarsen, het brood, de 'wijn' en de Hershey voor de sabbat koosjer maken, ruiken wij, de jongens achterin, met een veel vromere uitdrukking aan onze vingers, totdat Jerry Himmelstein uitbarst in de voor hem typerende explosie, die ongeveer klinkt als SJOEF!

'Sjeket!' krijst juf A. t/m Z.. 'SJEKET, YELADIM!!!' Stil, kinderen!

'Dat deed Jerry! Dat deed Jerry!' roept iedereen door elkaar.

'Jerry, *sjtok et-hapeh!*' Hou je mond dicht!

En iedereen lacht, zelfs ik, want dit is typisch Jerry.

Sjoef is Jerry's strijdkreet en visitekaartje; het wordt half gesproken en half geniest en betekent: 1) Ik vind dit grappig; 2) Ik snap er niets van; 3) Ik weet niet waar ik ben; 4) Ik wil bij jullie horen; 5) Hou alsjeblieft op met slaan; 6) Ik weet niet hoe ik dit moet zeggen want ik ben acht jaar en mijn familie is in de war, en de wereld zoals die nu functioneert, behandelt mij niet als mens en gunt mij niet alle vrijheden die genoemd worden in de Onafhankelijkheidsverklaring die in klas 2C aan de muur hangt, en ik snap niet waarom het zo moet zijn.

Betekent *sjoef* ook: 'Ik heb geblunderd'? Heeft het een verontschuldigende ondertoon? Ik zal er nooit achter komen.

Jerry Himmelstein heeft beide hemdsslippen als kleine lulletjes aan de voorkant uit zijn broek hangen, terwijl ik er meestal maar één heb. 'Jerry!' zegt mevrouw A. t/m Z., wijzend naar de slippen. '*Sjoef!*' Jerry Himmelstein heeft net als ik zijn schoenveters los, maar soms als hij in de klas zenuwachtig met zijn kleine Jerry-beentjes zit te zwaaien, vliegt er een schoen in de lucht en raakt iemand tegen het hoofd die, als het een jongen is, Jerry per ommegaande een stomp in zijn maag geeft. '*Sjoef!*' Jerry's bruine haar hangt in pieken langs zijn hoofd alsof een Italiaan er een pan met zijn lievelingsmaaltijd over uit heeft gestort, en zijn tanden zijn zo geel als dooiers. Zijn gezicht gaat voortdurend heen en weer op zoek naar potentiële vijanden. Een web van spuug kleeft aan zijn gezicht als hij in volledige *sjoef*-modus verkeert. Dat gebeurt meestal op een verjaardagsfeestje, bijvoorbeeld van hemzelf. Een meisje van SSSQ zegt dan tegen hem dat hij geen mens is. *Sjoef!*

Dan duwt een jongen hem in een modderplas of smeert de restjes van een magische Carvel Puss-ijstaart op zijn pastahoofd. *Sjoef!* Daarna is het tijd om teams te kiezen voor kastiebal, waarbij ik als één na laatste word gekozen en hij als allerlaatste. *Sjoef!* In plaats van de bal weg te slaan met het slaghout, slaat hij tegen zijn eigen hoofd, laat zich op de plaat vallen en grijpt naar zijn kin. *Sjoeoeoef!* Dan komt er een meisje in een OshKosh-overall, of later in een Benetton-trui, naar hem toe en herhaalt, in plaats van hem overeind te helpen, dat hij geen mens is. En nu hebben al die *Sjoefs!* zich verzameld, want dat moet een keer gebeuren, en daar zit hij dan met zijn hand aan zijn kaak, op zijn maag, aan zijn gezicht of aan welk lichaamsdeel ook, en hij brult het uit als iets uit de Thora, als iets van vóór Abraham, zoals toen de aarde in Genesis explodeerde en zijn huidige vorm aannam. *Adonaaaaaaaaa! Yaaaaaah-weeeh!* En hoe harder hij klaagt, hoe harder wij lachen, de jongens en meisjes van SSSQ, want het is behoorlijk gaaf, zijn pijn, behoorlijk gaaf voor zover zoiets gaaf kan zijn.

Ik neem de rol van Jerry Hummelsteins ondergeschikte bloedserieus. Ik moet ook beledigd en geslagen worden. Het is zonneklaar dat iedereen mij mag slaan. Daarvoor ben ik er, om de zonovergoten, van ontluikende snorren voorziene haat van de toekomstige huiseigenaren van oostelijk Queens te absorberen. Op een school zonder overdreven discipline, zonder overdreven leiderschap, zonder overdreven onderwijs, moeten er verkeersdrempels worden aangelegd om ervoor te zorgen dat de hele onderneming soepel kan draaien. De Stinkende Russische Beer, de Rode Woestijnrat, is opgewassen tegen de situatie!

Achter in de schoolbus geeft mijn vriend, nog een Yitzhak, me een stomp in de maag. Yitzi staat maar een paar treden boven me: hij komt niet uit Forest Hill of Ranat Aviv in het chique noorden van Tel Aviv; hij komt uit Georgië en heeft alleen een moeder die voor hem zorgt; ik weet niet waar zijn vader gebleven is. Ik ben erg dol op Yitzi omdat hij me in mijn eigen taal aanpakt, en als ik '*Bol'no!*' (Dat doet pijn!) roep, weet hij wat het betekent. Hij moet ook op de hoogte zijn van mijn splinternieuwe besnijdenis, want hij slaat me nooit onder de gordel. Hij woont in een flat tegenover mijn oma, die na school op me past, en nadat de schoolbus ons heeft afgezet gaan we daarheen en spelen een elektronisch handspelletje dat Donkey Kong heet. Hij slaat me niet meer als er geen andere jongens in de buurt zijn, dus ik denk dat het slaan gewoon een manier is om zijn positie te handhaven. In een combinatie van Russisch en Engels proberen we te beredeneren hoe we hogerop kunnen komen in de gelederen van de SSSQ, ik als beïnvloedbare Boy Wonder en hij als Batman, terwijl zijn moeder ons heerlijke Georgische knoedels met veel ui serveert.

Het is geen rotjoch, Yitzi (later zal hij een geweldige man worden). Hij probeert gewoon Amerikaans te worden, om vooruit te komen. Met dat doel voor ogen heeft hij een indrukwekkend leren jack met ritsen, niet van *echt Pools leder* maar veel cooler, iets van James Dean, voor zover ik kan nagaan. Jaren later maak ik, achter in een overvol busje dat naar het Moskouplein tuft in wat nu Sint-Petersburg heet, opnieuw absoluut bevooroordeeld kennis met Yitzi's geur, de combinatie van leer, uien en achter in een bus zitten. Ik roep: 'Pardon! Pardon!' en worstel me uit het volgepakte vervoermiddel het vlekkerige zonlicht in. 'Maar u hebt net betaald,' zal de verbijsterde chauffeur zeggen. 'Ik ben iets vergeten,' antwoord ik. 'Ik heb iets thuis laten liggen.' En dat is het tegenovergestelde van wat ik bedoel.

'*Tot kto ne bjot, tot ne ljoebit*,' zegt mijn vader graag.

Wie zijn kind liefheeft, kastijdt het.

Of is het: '*Bjot, znachit ljoebit?*' Wie slaat, heeft lief. 'Schertsend' gezegd over gewelddadige echtgenoten in Russische huwelijken.

In wezen heeft hij gelijk. Als je wilt dat iemand, een kind bijvoorbeeld, van je houdt, moet je hem flink afranselen. Als je thuiskomt van je nieuwe baan als ingenieur in een nationaal laboratorium op Long Island, uitgeput en boos omdat je de taal niet goed spreekt, de Joodse baas afwezig was en je te maken had met die kwaadaardige Duitse en stinkende Chinese versie, en de Portugese en Griekse ingenieurs, die vaak aan jouw kant staan, nu niet voor je opkwamen, en je vrouw een *soeka* is met haar fokking rodstvenniki in Leningrad, haar stervende moeder, en haar zusters aan wie ze zojuist driehonderd dollar heeft gestuurd en een pak met kleren, geld dat je nodig hebt om niet van de honger om te komen als de Duitse baas je uiteindelijk ontslaat, en je kind kruipt voor je voeten rond over het hoogpolige tapijt met die stomme pen of dat vliegtuigje van Eastern Airlines, dan mag je hem er eentje in zijn nek geven.

Het kind beeft onder je opgeheven hand. '*Ne bei menja!*' Niet slaan!

'Je hebt je rekenen niet af, smerig varken (*svoloch' gadkaja*).' Je hebt het kind rekensommen gegeven uit een Sovjetrekenboek dat beter bij zijn leeftijd past dan de bullshit die hij leert op de Joodse School, plaatjes van 4 - 3 + 2 Deense doggen en hoeveel hondjes hou je dan over?, in plaats van:

$$f''(x) = -4 * [\cos(x)\cos(x) - \sin(x)(-\sin(x))] / \cos^2(x).$$

En dat teringwijf, van wie je wolfachtige familieleden zeggen dat je er beter van kunt scheiden, schiet ineens de keuken uit. '*Tol'ko ne golovoe!*' Sla hem niet op zijn hoofd. Hij moet denken met zijn hoofd.

'*Zakroi rot vonjoetsjii.*' Hou je stinkende rotbek.

Hé, *suka*, voel je niet dat er liefde in de lucht hangt?

En daar ga je dan, een klap van links tegen het hoofd, dan van rechts, en dan weer van links. En het kind houdt zich stil onder de duizelingwekkende slagen, want elke klap betekent 'Je bent van mij' en 'Je zult altijd van me houden'. Elke klap versterkt de band met het kind, een band die nooit meer kan worden verbroken. En wat zet zich nog meer vast in dat hoofd dat van links naar rechts en van rechts naar links wordt geslagen? Wat juf R. zingt in het Hebreeuws terwijl ze met de kinderen door de gang marcheert. *Yamin*, *smol*, *smol*, *yamin*. Links, rechts, rechts, links, *tra-la-la-la*.

Mijn moeder heeft het helemaal fout als het om liefde gaat. Ze slaat bijna nooit. Ze is een expert op het gebied van de stille aanpak. Als ik de boerenkaas met perziken uit blik niet opeet (Grand Union, negenentachtig cent), wordt er niet meer gecommuniceerd. Zoek je liefde maar ergens anders. Nog steeds barst mijn moeder zo nu en dan los in een bepaalde aria uit mijn kindertijd. Tijdens een uitzonderlijk lange periode waarin ze me compleet negeerde, begon ik blijkbaar tegen haar te schreeuwen: 'Als je niet meer tegen me praat, dan *loetsjsje ne zjiet'!*' Dan kan ik beter dood zijn! En daarna huilde ik urenlang. O, wat huilde ik.

Loetsjsje ne zjiet'! zingt mijn moeder graag op dramatische toon tijdens Thanksgiving-diners, haar handen gespreid als Hamlet tijdens een monoloog, misschien omdat ze, nog afgezien van het feit dat ze het grappig vond, met haar twee dagen van stilzwijgen haar doel bereikte: zonder haar liefde wilde het kind zelfmoord plegen. 'Het is beter om dood te zijn!' zingt ze boven haar malse Thanksgiving-kalkoen en haar

'Franse' dessert. Maar ik ben het niet eens met de doeltreffendheid van deze tactiek. Inderdaad, ik wil een tijdlang niet verder leven zonder haar liefde, aandacht en schone was, maar dat gevoel gaat snel voorbij. Doodzwijgen heeft niet hetzelfde gegarandeerde resultaat als een pak ransel. Als je het kind slaat, maak je contact. Je hebt contact met de huid van het kind, met zijn zachte zijkant, met zijn hoofd (waarmee hij te zijner tijd inderdaad zijn brood zal moeten verdienen), maar je zegt er ook iets troostrijks mee: 'Ik ben hier.'

Ik ben hier en ik sla je. Ik zal je nooit in de steek laten, maak je geen zorgen, want ik ben de Heer, uw vader. En zoals ik zelf ben afgeranseld, zo ransel ik jou af, en zul jij de jouwen afranselen tot in de eeuwen der eeuwen, *ve imroe Amen*. Laat ons Amen zeggen.

Het gevaar is natuurlijk dat je gaat huilen, want huilen betekent overgave. Je moet zien weg te komen van de ranselpartij, ergens op een rustig plekje liggen en dan pas huilen. Je moet nadenken over wat er daarna zal gebeuren. En dat is dit: de pijn trekt langzaam weg en verdwijnt, en als het weekend aanbreekt speel je een spelletje met je vader dat Zeeslagje heet, je gooit met je dobbelstenen en probeert zo met je zware Britse kruiser te ontsnappen aan zijn Duitse U-boot, of dat de loop van de Tweede Wereldoorlog geheel zal moeten worden herschreven. Er is geen overgang van het pak slaag naar het spelletje, van de explosieve weekdag naar het weekendritme van worstjes en kasja. Op zaterdag noemt je vader je 'zoontje' en 'kleintje', en een VN-waarnemer die naar dit staakt-het-vuren werd gestuurd, zou onmiddellijk zijn helm afzetten, in zijn jeep stappen en met een positief rapport terugreizen naar Genève.

Maar er is wel iets met je oren. Misschien kan een arts dit toelichten. Als je van je vader klappen op je oren hebt gehad, blijft er een tinteling achter, een beschamende tinteling, waardoor niet alleen je oren dagenlang rood lijken te blijven maar waardoor je ogen tranen, alsof je een allergie hebt. Tegen je zin breng je je hand naar je oor en snuift. En dan zegt je vader dat ene ding dat je wilt horen, hoewel hij het op een weekendtoon zegt: 'Hé, jij daar, Snotneus.'

Rond mijn eenendertigste had ik de eer de opmerkelijke Israëlische schrijver Aharon Appelfield te ontmoeten. Onze kleine turboprop was tussen twee literaire festivals in van Praag naar Wenen gevlogen. Het was de eerste keer dat Appelfield op Duitssprekende bodem kwam nadat hij als tiener de kampen had overleefd. Terwijl we wachtten op onze bagage op VIE, het vliegveld waar mijn ouders voor het eerst in aanraking waren gekomen met het Westen, vertelde de ruim zeventigjarige Appelfield me over de korte tijd die hij had doorgebracht bij het Rode Leger nadat zijn kamp was bevrijd. Een van de reusachtige Russische soldaten beschreef tegenover Appelfield hoe hij behandeld werd door zijn meerderen: *I bjoet i plakat' ne dajoet.* Ze slaan en ze laten me daarna niet huilen.

Op de dag van de afranseling ben ik in mijn hoekje zuinig met huilen, een snufje hier, een meiregentje aan tranen daar, omdat ik anders een astma-aanval krijg. Maar misschien wil ik dat juist wel. En binnen de kortste keren staan mijn ouders over me heen gebogen alsof er een uur geleden niets gebeurd is, en misschien is dat ook zo. Vader wikkelt de rode shawl om mijn snotterige borstkas en mijn moeder brengt de inhaler in gereedheid: 'Een, twee, drie, inademen!'

De nacht valt; mijn ouders worstelen zich door hun nachtmerries in hun bed. De familieleden die levend begraven zijn door de Duitsers in Wit-Russische velden staan op door de alfalfa van het moderne Amerikaanse leven. De steroïden van de inhaler hebben zich over mijn hele lichaam verspreid. In de met hout beklede kast begint een man die helemaal bestaat uit minuscule lichtpuntjes, de Lichtman, zichzelf samen te stellen. Dit is geen verbeelding. Het zijn niet de SS of Stalins beulen of zelfs niet de douanier op de luchthaven Pulkovo in Leningrad die mijn bontmuts afzette. De Lichtman is misschien ooit mens geweest, maar nu bestaat hij slechts uit flikkerende energiepuntjes – zoals de nucleaire energie die ze in de reactor met de zilverkleurige koepel bij het lab van mijn vader hebben –, en waar zijn ogen moeten zijn, zitten alleen maar witte oogbollen, maar dan zonder iris en pupil. Als ik in Rusland 's nachts mijn ogen opendeed, merkte ik dat de kamer baadde in het schijnsel van lichtflitsen, amoebevormen die zich uitbreidden en dan aarzelend knipperden als huiselijke supernova's die heel even nog feller oplichtten dan de vreemde fosforachtige straling van de explosieve Signal-televisie. Maar wat mij vroeger alleen maar wakker hield, spant nu in Amerika samen om mij te vernietigen. De lichtpuntjes hebben een menselijke vorm aangenomen. De Lichtman neemt steeds weer zijn vaste gedaante aan, verdwijnt, komt weer terug, hij neemt zijn tijd. Hij houdt zich schuil in mijn kast en blaast zijn ziekelijke volwassen adem uit over mijn shirt en mijn broek. Omdat hij bijna helemaal uit licht bestaat, kan hij onder een deur door reizen; hij kan in een mum van tijd tegen de muren op klimmen naar het plafond. En de hele nacht zie ik hem langzaam maar monsterachtig op me af komen, mijn rug is zo stijf als een plank, mijn toegetakelde rode oor pingelt naar hem als een aanvliegbaken. Ik kan mijn ouders niets vertellen over de Lichtman omdat ze dan denken dat ik gek ben, en er is hier geen plaats voor gekken. Het zou gemakkelijker zijn als de Lichtman op me af kwam en zijn gruwelijke daden deed, maar als hij tot op centimeters genaderd is, valt hij uiteen en verandert hij in een wolk zwevende lichtpuntjes en een paar oogloze ogen, alsof hij weet dat als hij zich eenmaal volledig gemanifesteerd heeft, ik niets meer te vrezen heb.

De volgende dag ben ik er weer, slapeloos en boos. Alles wat we hier doen op de Solomon Schechter School of Queens is in zekere zin een uitwisseling van ideeën. Jerry Himmelstein ziet me aankomen; de spuug komt in slierten uit zijn mond en beweegt in de wind. Hij kijkt me aan met een vage, ongelukkige blik. Zo moet het zijn, dit moeten we doen en er is geen weg terug.

Ik stomp hem in zijn maag, in het zachte, Amerikaanse vlees.

Hij doet twee stappen naar achteren en ademt uit.

'*Sjoef.*'

10.

We hebben al gewonnen

Het appartement met zicht op een tuin (eerste verdieping, rechts) waar de auteur een klein, donker en harig wezen werd.

Het afschuwelijke van de grote ideologieën (leninisme, christendom) is dat ze te vaak zijn geconstrueerd op de premisse dat een moeilijk verleden kan worden ingeruild voor een betere toekomst, dat alle tegenslag leidt tot triomf, hetzij door de plaatsing van telegraafpalen (leninisme), hetzij door te knielen voor Jezus na een fysieke dood (christendom). Maar het verleden is niet simpelweg inwisselbaar voor een betere toekomst. Elk moment dat ik als kind heb ervaren is even belangrijk als elk moment dat ik nu ervaar of ooit nog zal ervaren. Wat ik, denk ik, bedoel is dat niet iedereen kinderen zou moeten nemen.

Maar in 1981 is de triomf nabij. Er wordt een officiële brief bezorgd. MIJNHEER S. SHITGART, U HEBT AL 10.000.000 DOLLAR GEWONNEN!!! Goed, onze achternaam is verkeerd gespeld, maar zulk dik karton kan niet liegen, en de brief is afkomstig van een grote Amerikaanse uitgever, namelijk Publishers Clearing House. Met bevende handen maak ik de brief open, en... er valt een cheque uit.

BETAALBAAR AAN S. SHITGART
HET BEDRAG VAN
TIEN MILJOEN DOLLAR

Ons leven staat op het punt drastisch te veranderen. Ik ren de trap af naar de binnenplaats van ons flatgebouw. 'Mama, papa, we hebben gewonnen! *My millionery!*' We zijn miljonair!

'*Uspokoisja*,' zegt mijn vader. *Rustig aan*. 'Of wil je weer een astma-aanval krijgen?' Maar hij is zelf ook zenuwachtig en opgewonden. '*Tak, tak. Laat eens zien wat we daar hebben.*'

Op het glanzende oppervlak van de oranje eettafel, geïmporteerd uit Roemenië, spreiden we de inhoud van het omvangrijke pakket uit. Al twee jaar lang zijn we oppassende burgers: we kijken films voor boven de achttien, hebben werk als monteur en typiste (de pianovingers van mijn moeder komen eindelijk goed van pas), we leren Trouw Zweren aan de Vlag van Verenigde Staten van Amerikaans, en aan Dat Iets Waar Dat Voor Staat, Onvermijdelijk, en met Genoeg Geld voor Iedereen.

'*Bozje moi*,' zegt mijn moeder, mijn God, terwijl we de plaatjes bekijken van een Mercedes die vanaf het dek van ons jacht naar onze nieuwe villa met zwembad van olympische afmetingen scheurt. '*Oi*, moet het per se een Mercedes zijn? *Tfoe*, die nazi's.' 'Maak je geen zorgen, we ruilen hem gewoon in voor een Cadillac.' 'Bozje moi. Hoeveel slaapkamers heeft dat huis wel niet?' 'Zeven, acht, negen...' 'Zei jij dat de kinderen op school zulke huizen hebben?' 'Nee, papa, dit huis, óns huis, is veel groter!' 'Hm, voor zover ik het begrijp, hoort dat huis niet bij de prijs. De prijs is tien miljoen dollar, en dan moet je dat huis apart kopen.' '*Tfoe*, dat zeggen ze altijd hier: "Apart kopen".' 'Dat jacht kun je vergeten, dat is gevaarlijk.' 'Maar ik kan zwemmen, mama!' 'Hoe houd je dat zwembad 's winters open? Het komt vol sneeuw te liggen.' 'Kijk, er staan palmbomen bij! Misschien is het wel in Florida.' 'Florida is niet goed voor je astma, met al die vochtigheid.' 'Ik wil in Miami wonen! Misschien zijn er geen Joodse scholen in Miami.' 'Overal in Amerika zijn Joodse scholen.' 'We hadden al in Californië kunnen zijn, zonder die wolfachtige familie van jou.' 'In San Francisco? Met al die aardbevingen?' 'Voor tien miljoen kunnen we wel op twee plaatsen wonen!' 'Vergeet niet dat we er belasting over moeten betalen, dus er blijft waarschijnlijk maar vijf miljoen over.' 'Oi, die uitkeringstrekkers strijken je andere vijf miljoen op, zoals president Reagan al zei.' '*Tfoe*, uitkeringstrekkers.'

We gaan zitten en met ons gezamenlijke Engelse vocabulaire van vierhonderd woorden, beginnen we de vele documenten te ontcijferen. Als we morgen met de cheque van tien miljoen dollar naar de bank gaan, hoe lang duurt het dan voordat we een nieuwe airco kunnen kopen? Wacht, hier staat dat... Ja, we hébben de tien miljoen dollar al gewonnen, dat is zeker, maar 'een jury' moet ons het geld nog toekennen. Eerst moeten we het winnende formulier invullen en vijf landelijke tijdschriften uitzoeken die ons gratis worden toegestuurd, althans waarvan het eerste nummer ons gratis wordt toegestuurd, waarna de Amerikanen ons waarschijnlijk de rest van het geld zullen toesturen. Klinkt redelijk. Eerst moeten we wennen aan onze nieuw verworven rijkdom en onze beheersing van de taal uitbreiden. Ik ben trots op papa's nieuwe auto, een pompeuze Chevrolet Malibu Classic uit 1977 met maar tien miljoen kilometer op de teller, maar het is nu tijd om ons te oriënteren op het betere segment op de automarkt, dus ik bestel *Car and Motor*, *Motor and Driver*, *Carburetor and Driver*, *Muffler and Owner*. En als laatste kies ik iets waar misschien mijn aap uit *Star Wars*, Chewy, in staat: *Isaac Asimov's Science Fiction Magazine*.

We tekenen overal waar we moeten tekenen, zelfs waar het waarschijnlijk niet hoeft. We tekenen zelfs op de fokking envelop. 'Netter schrijven!' roept mama tegen papa. 'Niemand begrijpt je handtekening!' 'Hou je kalm, hou je kalm.' 'Haal de postzegels!' 'Wacht even met je postzegels, wat staat hier? "Geen postzegels nodig."' Het Publishers Clearing House heeft daar zelfs voor gezorgd. Wat een klasse.

Ik loop plechtig naar de brievenbus en stop er onze claim op de toekomst in. *Adonai Eloheinoe*, zeg ik tegen onze nieuwe god, zorg alstublieft dat we die tien miljoen dollar krijgen zodat mama en papa niet meer zo vaak ruziemaken, en dat we ergens kunnen gaan wonen ver weg van papa's wolfachtige rodstvenniki, die al die problemen veroorzaken, en dat ze niet zo schreeuwen tegen mama als ze het geld, waarvan papa zegt dat we het niet hebben, opstuurt naar haar zusters en oma Galja in Leningrad, die nog steeds stervende is.

Die nacht verschijnt voor het eerst in maanden de Lichtman zonder irissen en pupillen niet in mijn gelambriseerde kast. Tijdens mijn eerste ongestoorde nacht in weken, in mijn échte dromen, loop ik SSSQ binnen als multimiljonair, en het knappe meisje met de grote tanden, dat altijd bruin is door haar vakanties in Florida, kust me met die grote tanden (ik snap de techniek van het kussen nog niet). De kinderen lachen Jerry Himmelstein uit, maar ik zeg: 'Hij is nu mijn vriendje. Hier heb je twee dollar. Koop even twee Carvel-vliegendeschotelijsjes met wafels voor ons. En het wisselgeld mag je houden. *Goerniesjt! Prul!*'

We komen snel en op brute wijze achter de waarheid. In hun respectieve werkkring krijgen mijn ouders te horen dat het Publishing Clearing House regelmatig post verstuurt met de boodschap U HEBT AL TIEN MILJOEN DOLLAR GEWONNEN en dat de gewiekste autochtoon dat soort post regelrecht in de vuilnisbak gooit. Een diepe depressie maakt zich meester van ons, niet-miljonairs. In Rusland vertelde de regering ons voortdurend leugens – de tarweoogst is weer groter, Oezbeekse babygeiten geven een recordhoeveelheid melk. Sovjetkrekels leren zingen op de wijs van de 'Internationale' ter ere van het bezoek van Brezjnev aan het plaatselijke hooiland –, maar we kunnen ons niet voorstellen dat ze ons ook zo onbeschaamd zouden voorliegen hier in Amerika, het land van de Dit en het land van de Dat. Dus we geven de hoop niet helemaal op. De jury zit nu waarschijnlijk ons aanvraagformulier te lezen. Misschien moet ik hun een brief schrijven in mijn ontluikende Engels. 'Beste Publishers Clearing House, het is voorjaar. Het weer is warm en regenachtig. Vogels komen uit Zuiden en zingen liederen. Mijn moeders pianovingers doen heel erg pijn van het typen en ze heeft maar één mantelpak voor werk. Stuur alstublief geld snel. Wij houden van u, familie Shteyngart.'

Ondertussen beginnen *Car & Parking* en de andere tijdschriften van Publishers Clearing House zich op te stapelen en ons te tergen met tal van geile, naakte modellen bij de nieuwe Porsche 911, de officiële sportcoupé van het extravagante Reagan-tijdperk. Met tegenzin zeggen we het ene abonnement na het andere op, behalve dat op *Isaac Asimov's Science Fiction Magazine*, een klein vierkant blaadje met op de voorpagina een tekening van een spannend, ruiend ruimtewezen dat een jongetje omarmt.

Onze dromen om op slag rijk te worden zijn voorbij, maar we komen niettemin vooruit. We sparen elke kopeke die binnenkomt via mijn vaders baan als assistent-technicus en het typewerk van mijn moeder. Ik heb mijn vliegtuigje van Eastern Airlines, mijn pen, mijn kapotte Aap, mijn verzameling nazipostzegels, mijn besneden penis, de wikkel van de Mozartkugel van het Weense vliegveld, de geheime medaille van Rafaëls Madonna del Granduca (zullen ze me van de Joodse School trappen als ze die ontdekken?), *Heel Rome*, *Florence* en *Venetië*, mijn Sovjetatlas en een stapel gekregen T-shirts. Mijn moeder heeft een mantelpak van Harvé Benard maatje 32. Mijn vader heeft een vishengel voor me gemaakt van een stok. Kilo's walgelijke, afgekeurde boerenkaas en kasja zullen ons behoeden voor de hongersdood totdat we er depressief van worden, en als ik mijn bord met die warme derrie niet leegeet, galmt de donderslag van papa's hand tegen mijn slaap (mama: 'Sla niet tegen zijn hoofd!'), of mama's stilzwijgen zal me doen overwegen de hand aan mezelf te slaan onder eenieders hoongelach.

Wie zijn wij?

Ouders: *My bednye*. Wij zijn arme mensen.

Waarom krijg ik geen Aap met twee handen?

Ouders: Wij zijn geen Amerikanen.

Maar jullie hebben allebei een baan.

Ouders: We moeten een huis kopen.

Ja, een huis! De eerste stap naar het Amerikaanse burgerschap. Wie wil er nog een tweehandige Aap als we binnenkort ons eigen huis in de quasivoorstad hebben? En ik begrijp het belang van die 'actiefiguren' toch al niet helemaal, terwijl ik met mijn vliegtuig van Eastern Airlines de hele wereld over kan vliegen als ik mijn ogen dichtdoe. '*Zjjjj. Mmmmmm.*' Hoeveel actie kan ik nog meer wensen? Maar onder de lunch halen de jongens van SSSQ hun Lukes en Obi-Wans en Yodels tevoorschijn en zetten die op hun tafel om te laten zien over hoeveel eigendommen ze beschikken. Ze praten met hun nu al schorre Joodse stemmen: 'Ik heb mijn oude Yodel weggegooid want de verf op zijn oren liet los, en toen kreeg ik twee nieuwe en een prinses Lay-uh zodat Ham Solo haar kon pakken.'

Ik: 'Vauw.'

Maar voordat je kunt opscheppen met je Aap en je Yodel, voordat je überhaupt iemand mee naar huis kunt nemen, moet je eerst een echt huis hebben, niet een of ander goedkoop vluchtelingenkrot met inklapbare legerbedden en een dronken stiefopa Ilja met een slordig dichtgenaaid, lekkend gat in zijn maag ten gevolge van een krankzinnige operatie.

Alleen kan het nooit een heel huis worden, want een héél huis in de zuiver blanke wijken van oostelijk Queens – Little Neck, Douglaston, Bayside – kost rond de 168.000 dollar (ruwweg 430.000 dollar in 2013), en die noot is te hard om te kraken voor onze kleine Sovjetrattentandjes. Maar de sympathieke Zev, de jonge Jood uit Kew Gardens die optreedt als onze officieuze adviseur, tipt ons over een nieuwbouwwijk bij de Long Island Expressway in Little Neck die Deepdale Gardens heet, vijfentwintig hectare betaalbare flats-met-tuinzicht die in de jaren vijftig waren gebouwd voor teruggekeerde militairen. Aangezien mama en papa en ik sinds mijn geboorte gevochten hebben in de Koude Oorlog, hebben wij ook recht op zo'n woning.

Het sparen begint serieuze vormen aan te nemen. Wat zeg ik? In onze stamboom wordt er al sinds tweeduizend jaar voor Christus serieus gespaard. Een driekamerflat in Deepdale Gardens kost 48.000 dollar, en twintig procent daarvan – 9.600 dollar – dient contant te worden aanbetaald. Iedereen moet helpen. Onze plaatselijke postbode, die we kennen van de synagoge van Jong Israël, leent ons vierhonderd dollar, renteloos. De Russische vrienden van mijn ouders helpen ook: duizend dollar hier, vijfhonderd dollar daar, meestal tegen vijftien procent per jaar. Zo werkt het systeem, ze lenen je geld, uiteindelijk leen jij geld aan hen, totdat iedereen een huis heeft op prettige afstand van de minderheden. Achter op een adresboek houden mijn ouders de getallen bij, en ik let goed op. 12 maart: 6.720 dollar gedeeld door 9.600 dollar = zeventig procent. We hebben meer dan twee derde! Als mijn ouders op bezoek zijn geweest bij hun vrienden, sta ik hen op te wachten met het adresboek en de vraag: '*Odolzjili nam?*' Hebben ons geld geleend?

Helaas bestaat ons eerste adres – Sixty-Third Avenue 252-67, Little Neck, Queens, 11362 – voornamelijk uit cijfers; niks geen 'Oak Harbour Lane' of 'Pine Hill Promontory' of 'Revolutionary Road'. Maar omdat zich op elk adres twee appartementen bevinden – een boven en een beneden – is het niet nodig om 'Appartement 2' toe te voegen. Dat betekent dat ik, steeds als we op SSSQ ons adres moeten opschrijven, ervoor zorg dat de andere kinderen het zien in de hoop dat ze denken dat dit één woning is, zoals die van het zoontje van de progressievelingen, compleet met voor- en achtertuin.

Het mooie is dat het appartement een tweede verdieping heeft, een zolder, die bereikbaar is via een splinterige, opvouwbare houten ladder waar ik doodsbang voor ben en die herinneringen oproept aan de speciale ladder die mijn vader voor me had getimmerd in Leningrad en die me moest helpen mijn hoogtevrees te overwinnen. Op de muffe, naar hout ruikende zolder sluit ik mijn ogen en bid voor de intens Republikeinse gezindheid die het geboorterecht is van iedere Sovjet-Jood in het tijdperk-Reagan. Deze zolder boven onze woning, deze vochtige opslagplaats met zijn krakende vloerplanken, is van ons en van niemand anders. Ik sluit mijn ogen en voel de macht van het eigenaarschap.

Van ons, van ons, van ons.

We klimmen op op de maatschappelijke ladder. Hoger dan de uitkeringstrekkers, hoger dan de Latijns-Amerikanen met hun transistorradio's, tot aan de blanke katholieken met de Amerikaanse wimpels uit de arbeidersklasse die aan onze binnenplaats wonen. *Adonai Eloheinoe*, laat ons op een dag gelijk worden aan de Joden van Solomon Schechter wat betreft de hoeveelheid geld die we hebben, zodat die Joden ook onze vrienden kunnen worden en we allemaal onze stationcars zullen hebben en praten over welke etenswaren K(oosjer)-Parve zijn en welke niet. Die tien miljoen van het Publishers Clearing House hebben we niet gewonnen. Ze hebben ons voorgelogen, en misschien moeten we hen 'sue'en'. Maar op onze eigen manier hebben we onze gram gehaald. We hebben ons eigen coöperatieve tuinappartement gekocht, en nu is zelfs het zadeldak boven de zolder van ons.*

Ik zal u vertellen wat er nog meer van ons is. Er is een woonkamer met een plafond van kwark en een kleine kast met een boekenplank direct in de kastdeur ingebouwd! Je kunt papa's vishengel opbergen in de kast en boeken aan de buitenkant in de deur zetten. Daar tonen wij met trots de Amerikaanse flutromans die we vinden op de straathoek, met afbeeldingen van mannen en vrouwen die elkaar kussen op een paard en een speciale gebonden uitgave van *Exodus* van Leon Uris. Het huisraad bestaat uit de Roemeense meubels die we hebben meegebracht uit Rusland: de eerdergenoemde eettafel, met een extra uitschuifblad voor als die sympathieke Zev en onze andere Amerikaanse medestanders langskomen. Er is een even oranje en glimmend dres-

* Technisch gezien is het dak eigendom van het Deepdale Gardens Coöperatief.

soir waarop twee Joodse menora's achter elkaar worden geplaatst als er bezoek komt, één afkomstig van de Rode Oktober-piano van mijn moeder, als om uit te drukken dat het chanoekafeest hier het hele jaar duurt. Onder onze voeten ligt hoogpolige rode vloerbedekking waar ik graag op speel met mijn pen. Het probleem is dat de vloerbedekking versleten is en dat er overal spijkers uit steken. Vaak blijf ik onder het spelen aan eentje haken, en in gedachten breng ik de vloer van de woonkamer in kaart om ernstige verwondingen te voorkomen. Wat ontbreekt er aan het interieur in de woonkamer?

De Televisie. Afgezien van Leon Uris en zijn verhalen over de Israëlische waaghalzerij is ons huis Russisch tot in de laatste boekweitkorrel van de kasja. Engels is de taal van handel en werk, maar Russisch is de taal van de ziel, wat dat ook betekent. En de televisie, dat is duidelijk – door al die krijsende, loeiende, verwende Amerikaanse kinderen om ons heen – dat is de dood. Als we eenmaal in de States zijn aangekomen, nemen veel van mijn flexibelere mede-immigranten al snel afscheid van hun moedertaal en beginnen de herkenningsmelodie te zingen van een tv-programma over een zwarte man met een agressief kapsel, genaamd Mister T. De reden dat ik nog steeds in het Russisch spreek, denk, droom en sidder van angst, heeft te maken met het besluit van mijn ouders dat er thuis uitsluitend Russisch wordt gesproken. Het is een compromis. Ik onderhoud zo mijn Russisch en mijn ouders zullen met de nieuwe taal blijven worstelen, want niets is leerzamer dan een kind dat aan een stuk door Engels brabbelt aan tafel.

Om nog maar te zwijgen van het feit dat we ons na een lening van 9600 dollar voor een verdieping van Sixty-Third Avenue 252-67 geen televisie kunnen veroorloven, dus in plaats van *The Dukes of Hazzard* stort ik me op de verzamelde werken van Anton Tsjechov, waarvan acht gehavende delen nog steeds bij mij in de kast staan. Zonder televisie is er absoluut niets om over te praten met de kinderen op school. Het blijkt dat die smousjes weinig of niets hebben met *Kruisbessen* of *De dame met het hondje*, en het is begin jaren tachtig onmogelijk om een kind ook maar één zin te horen zeggen zonder verwijzing naar een tv-programma.

'NEEEEERD!' krijsen de kinderen steevast als ik hen deelgenoot wil maken van mijn innerlijke leven.

En blijkt de Rode Nerd dubbelgehandicapt te zijn, omdat hij leeft in een wereld waarin hij noch de officiële taal, Engels, noch de bijna even belangrijke taal van de televisie spreekt. Het grootste deel van zijn Amerikaanse kinderjaren zal hij het ellendige besef hebben dat het Jalta van het fin de siècle, met zijn mooie, luie vrouwen en onderling strijdende, hitsige mannen, zich ergens achter de Toys'R'Us en de megabioscoop bevindt.

Ik zal u nu rondleiden in mijn privévertrekken. Het appartement heeft drie slaapkamers, namelijk drie slaapkamers meer dan we hadden toen we nauwelijks twee jaar geleden op JFK uit het toestel van Alitalia stapten. USA! USA! neem ik aan. De meeste Russen planten zich niet goed voort in gevangenschap, en bovendien lijken mijn ouders elkaar niet erg te mogen, dus ik krijg geen broertjes of zusjes. Dat pakt goed uit voor mij. Citaat uit een schoolopstel getiteld 'Terecht dat ze zich zorgen over me maken': 'Ik ben tevreden met mijn positie in het gezin. Als ik een oudere broer had, zou hij de baas over me spelen, me uitschelden, me schoppen en in elkaar slaan.'

Mijn ouders hebben de grootste slaapkamer, waar we in het weekend samen met z'n drieën in het reusachtige, glimmende mahoniehouten bed liggen en zij mijn besneden penis proberen te pakken om te zien wat ervan geworden is en of hij gegroeid is volgens de voorschriften van de *Sovjetgids voor de ontwikkeling van jongens*. '*Dai posmotret'!*' roepen ze. Laat eens zien! Waar schaam je je voor? Ik wend me kronkelend van hen af en grijp mijn zaakje beet, vervuld als ik ben van dat nieuwe, domme, Amerikaanse woord: *privacy*. Maar ik moet toegeven dat ik blij en opgewonden ben door hun belangstelling voor mij, ook al weet ik van de SSSQ dat niemand mijn *zain* mag aanraken. Dat is ons uitgelegd ergens tussen Leviticus en de Profeten.

Privacy dus. Omdat er drie slaapkamers zijn en mijn ouders erg blij zijn met die ene, krijg ik de andere twee. Dat is ook een statement van hun kant: ze houden zoveel van me dat alles wat overblijft van hun schamele bezittingen automatisch voor mij is. Ik schat hun budget voor persoonlijk vermaak in het belastingjaar 1979-1980 op ongeveer twintig dollar per jaar, waarvan het grootste deel besteed wordt aan vishaakjes voor mijn vader.

Mijn eerste slaapkamer, voorheen de eetkamer van het appartement en helemaal bedekt met goedkope houten lambrisering, is bestemd voor mijn vouwbank, die bekleed is met een soort fluweel met een groen-geel streepmotief, en o zo zacht. Als de bank opgeklapt is lijkt hij thuis te horen in een bedrijfskantoor van de beroemde International Business Machines, en als hij uitgeklapt is voelt hij ongelooflijk luxueus aan. Pas nu realiseer ik me dat de bank dezelfde gestreepte kleurstelling heeft als het enige overhemd dat ik heb meegenomen uit Leningrad, maar dan zonder de stippen. Naast de bank staat een typetafeltje met daarop een IBM Selectric-typemachine die mijn moeder heeft bevrijd van haar werkplek. Aanvankelijk weet ik niet wat ik ermee aan moet, maar ik weet dat de letterbal COURIER 72 om de een of andere reden belangrijk is, en ik houd hem een poosje in beide handen vast. Tussen mijn Courier-bal en de *Sovjetgids voor de ontwikkeling van jongens* gaapt een enorme kloof die een half leven duurt om te overbruggen.

Aan de andere kant van de bank staat de mahoniehouten boekenkast met glazen deuren die het middelpunt vormt van elk Russisch gezin. Dit soort meubel staat meestal in de woonkamer, waar bezoekers hun gastheer en -vrouw beoordelen en in stilte aantekeningen maken over hun intellectuele tekortkomingen. Mijn ouders dringen er niet op aan dat ik schrijver word – iedereen weet dat kinderen van immigranten rechten of medicijnen moeten studeren, of zich anders misschien moeten verdiepen in die vreemde nieuwe wereld die 'computer' heet –, maar door de boekenkast in mijn kamer te zetten geven ze een onmiskenbaar signaal af dat ik de toekomst van ons gezin ben en dat ik de aller-, allerbeste moet worden. En dat zal ik ook worden, papa en mama, dat zweer ik.

De boekenkast bevat de verzamelde werken van Anton Tsjechov in acht donkerblauwe delen met de zeemeeuwachtige handtekening van de auteur op het omslag van elk deel, en de meeste werken van Tolstoj, Dostojevski en Poesjkin. Vóór de Grote Russen staat een *siddoer* (het joodse gebedenboek) in een plastic cassette versierd met nepzilver en nepsmaragden. Het is geschreven in een taal die geen van ons begrijpt, maar die zo heilig is dat het boek voor de Poesjkin mag staan die mijn ouders vrijwel uit het hoofd kennen. Onder de siddoer, op de minder belangrijke planken, staat de kleine maar allengs groeiende verzameling Amerikaanse kinderboeken die ik al kan lezen. Er staat een boek bij over hoe Harriet 'Moses' Tubman de zwarte mensen bevrijdde uit Maryland, er is een korte levensgeschiedenis van George Washington (wat ziet hij er geweldig uit op zijn witte merrie, een echte *amerikanets*!), en een boek dat *The Boy from the ufo* heet. Barney, een ongelukkige blanke jongen die bij zijn pleegouders woont, ontmoet in zijn achtertuin een jongen uit de ruimte en spreekt met hem af terug te gaan naar zijn thuisplaneet. Als hij beseft dat hij zijn pleegouders nooit meer zal zien, leert hij van hen te houden. Op het omslag staat Barney, ook erg knap en Amerikaans, in zijn mooie pyjama op een dak dat het persoonlijk eigendom is van zijn pleegouders (zoals wij nu zelf ook een dak hebben!), en een rond metalen voorwerp, de ufo, zweeft veelbelovend vlak voor hem. Ik weet niet waarom, maar als ik dat boek lees moet ik 's nachts huilen.

Tegenover het bed is de kast die de Lichtman, met witte oogbollen, deelt met mijn overhemd, een trui met v-hals en een broek van gelig corduroy, onderdeel van mijn Stinkende Russische Beer-kostuum op SSSQ, met een brede ribbel in een stijl die een verwarrende comeback zal maken als ik me nog geen tien jaar later inschrijf op Oberlin College.

Om te voorkomen dat de schrijver een verkeerde indruk krijgt, vermeld ik meteen dat ik in de zevende hemel ben met Slaapkamer Nummer 1. Er heerst hier zoveel blijdschap. Dit is mijn eerste ervaring in het bezitten en onderhouden van een eigen ruimte, ook al wandelt mijn vader zonder kloppen naar binnen om *De vernederden en gekrenkten* van Dostojevski uit de boekenkast te halen, en komt mijn moeder regelmatig langs om me te knuffelen en te zien of ik nog leef.

En alsof dat nog niet genoeg is, breidt mijn koninkrijk zich uit tot Slaapkamer Nummer 2. We hebben niet genoeg geld om deze slaapkamer in te richten, maar dan voorziet die verbazingwekkende Amerikaanse stoeprand – dat land vol wonderen – ons van nog een bank, met een grof ruitpatroon, die we bedekken met een nog grover kleed van het soort dat in Leningrad boven mijn Cultuurbank hing. Uiteindelijk vinden we een klein Zenith-zwartwit tv'tje in een vuilnisbak bij ons gebouw, en dat krijgt een ereplaats. En als ik nog ouder ben en beschik over een Sanyo AM/FM stereo cassettespeler met koptelefoon en *antirolling*, zal ik op het grove Russische kleed op de grove Amerikaanse bank zitten luisteren naar Annie Lennox die klaagt over het weer in 'Here Comes the Rain Again', op die bijzondere, onwelriekende manier van een jongen die zijn puberteit betreedt.

Buiten onze voorzetramen bevindt zich ook een nieuwe wereld. Deepdale Gardens moet ooit een fraai labyrint zijn geweest van huizen van twee verdiepingen met bijbehorende garages van rood baksteen, maar in 1981 is dat rood verbleekt tot een soort bruin. Het tot bruin verblekende rood is wat mij betreft typerend voor Queens; er heerst een rustige, melancholieke sfeer van vergane glorie en heeft een vaag Brits karakter. Maar indertijd is het enige wat ik besef dat er wandelpaden en rotondes zijn waar ik kan rondrijden op mijn lullige tweedehands fietsje, en dat dit hele territorium eigendom is van de coöperatie en dus deels ook van mij. Sterker nog, er staan overal borden met DEEPDALE GARDENS die wijzen op het privékarakter van de woonwijk: 'Dit is onze wijk, dus wegwezen, man!' Een mededeling als DEZE WIJK WORDT BEWAAKT DOOR CAMERA'S EN GEÜNIFORMEERDE PATROUILLES moet iedereen die niet op ons lijkt ervan weerhouden onze met nepdiamanten bezette siddur te komen jatten.

Als de avond valt over Deepdale Gardens wandelen mijn vader en ik over de binnenplaatsen – waar het krioelt van de viooltjes, hortensia's, lelies en madeliefjes –, als twee onlangs benoemde edellieden. Vader is erg lief tegen me tijdens die wandelingen, hoewel hij me soms bij wijze van grapje van achteren besluipt en me een *podzjopnik*, een schopje, tegen mijn kont geeft. Au, niet doen! zeg ik dan, maar het geeft niet omdat het een liefdesschopje is en hij het niet uit boosheid maar uit speelsheid doet. Als hij wél boos is, mompelt hij hoofdschuddend: '*Ne v soldaty, ne v matrosy, ne podmazivat' koljosa*', wat ruwweg betekent: je redt het niet als soldaat, niet als matroos en zelfs niet als poetser van autobanden, wat stiefvader Ilja, Goebbels voor zijn vrienden, altijd tegen papa zei toen hij opgroeide in een dorpje bij Leningrad. Wat mijn vader denk ik bedoelt is dat ik niet goed ben in lichamelijke activiteiten, zoals meer dan één boodschappentas tegelijk van de Grand Union-supermarkt naar zijn wachtende Chevrolet Malibu Classic dragen, maar de Russische uitdrukking is zo verouderd en ingewikkeld dat ze haar doel mist. Natuurlijk word ik geen soldaat of matroos of pompbediende. Ik word minstens bedrijfsjurist, papa.

Maar er zijn ook gelukkige momenten, als mijn vader de enorme voorraadschuur van zijn fantasie opent en me een verhaal vertelt uit de langlopende serie die hij *De Planeet van de Jids* (*Plateta Zhidov*) noemt. 'Papa, alsjeblieft!' galm ik. '*De Planeet van de Jids! De Planeet van de Jids!* Vertellen!'

In papa's verhaal is de Planeet van de Jids een handige Joodse uithoek van de Andromedanevel, die voortdurend bestookt wordt door niet-Joodse ruimtevaarders die aanvallen doen met ruimtetorpedo's gevuld met het uiterst onkoosjere maar overheerlijke Russische *salo*: gezouten, rauw varkensvet, reuzel, een korrelig neefje van het Franse niervet. De planeet wordt bestuurd door Natan Sjaranski, de beroemde Joodse dissident. Maar de KGB laat hem niet met rust, ook al is hij lichtjaren ver weg, en probeert de planeet te saboteren. En telkens als het einde lijkt te naderen voor de Jids – 'de gojim zijn door het Spoetnik-scherm heen gebroken en bevinden zich in onze ionosfeer – slagen de besnedenen, onder aanvoering van de onverschrokken kapitein Igor, erin de vijand in de luren te leggen, zoals in de Bijbel, zoals in *Exodus* van Leon Uris, zoals bij ons. Want dit is uiteraard ons verhaal, en ik hunker er net zo sterk naar als naar dat verboden *salo*, dat niet echt te koop is bij de Grand Union, net zo sterk als ik hunker naar de liefde van mijn vader.

We lopen van noord naar zuid, van oost naar west door de Deepdale Gardens, langs de FAA Luchtverkeersleiding in de straat met de vijf antennes zo hoog als wolkenkrabbers, langs de speeltuin waar papa mij een punt meer laat scoren dan hij zodat ik een aanvankelijk gelijk opgaande wedstrijd van hem win, langs de hortensia's van ons coöperatieve paradijs, en dan de traploper op van Sixty-Third Avenue 252-67. Omdat we geproefd hebben van de verboden vrucht van het Publishers Clearing House, zit onze brievenbus boordevol aanbiedingen vanuit het hele land bestemd voor de heer S. SHITGART en zijn gezin, en niet te vergeten de laatste aflevering van *Isaac Asimov's Science Fiction Magazine*. We zullen er niet weer in trappen, maar die dikke, felgekleurde enveloppen vertellen ons verhaal ook.

We wonen op de Planeet van de Jids.

We hebben al gewonnen.

11.

Gary Gnoe III

De auteur in zijn favoriete (en enige) overhemd schrijft zijn meesterwerk Bionische vrienden *op een IBM Selectric-typemachine. De stoel komt uit Hongarije, de bank uit Manhattan.*

Vlak voordat de puberteit serieus toeslaat krijg ik last van een dissociatieve identiteitsstoornis, die gekenmerkt wordt door 'De aanwezigheid van twee of meer scherp van elkaar te onderscheiden identiteiten of persoonlijkheidstoestanden, elk met een eigen betrekkelijk langdurig patroon van het waarnemen van, het omgaan met en het denken over de omgeving en zichzelf' (DSM-4).

Minstens twee? Ik heb er vier! Voor mijn ouders en oma Polja ben ik Igor Semjonovitsj Shteyngart, ongehoorzame zoon en geliefd kleinkind. Dienstwillig. Zeer dienstwillig. Voor de Amerikaanse leerkrachten aan de SSSQ ben ik Gary Shteyngart, een vreemde, naar salami ruikende jongen met enige aanleg voor wiskunde. Voor de Joodse leerkrachten aan de SSSQ ben ik Yitzhak Ben Shimon of dat soort gelul. En voor de kinderen, voor mijn medeleerlingen in hun zondagse kleren van Macy's, ben ik Gary de Gnoe de Derde.

Als er een psychiater bij was geweest (en waarom was ze er verdorie niet bij?) om te vragen wie ik was, zou ik ongetwijfeld hebben geantwoord met mijn ietwat gepolijste maar nog steeds dikke Russische tongval: 'Dokter, ik ben Gary Gnoe de Derde, heerser van het Heilige Gnoe Rijk, schrijver van de heilige Gnora en opperbevelhebber van de Machtige Keizerlijke Gnoe Strijdkrachten.'

Hoe kunnen dingen zulke vormen aannemen?

In 1982 besluit ik dat ik niet langer mezelf kan zijn. De naam 'Gary' is een vijgenblad, en wat ik in werkelijkheid ben is een fokking Rode Woestijnrat, een communist. Een jaar later schieten de Sovjets vlucht 007 van Korean Airlines neer, en het hippe New Yorkse popstation 95.5 WPLJ draait een parodie op de hitsingle 'Eye of the Tiger' van de vooraanstaande Amerikaanse rockband Survivor, maar in plaats van 'Eye of the Tiger' wordt het nummer omgedoopt in 'The Russians Are Liars'. ('As those Communist killers / try to sleep late at night...')

En hoe erg die tekst ook is, ik krijg de woorden niet uit mijn hoofd. In de douche onder ons verbazingwekkend matglazen raam dat uitziet op de parkeergarage van Deepdale Gardens, in de auto van mijn vader op weg naar SSSQ terwijl we allebei last hebben van een ochtendhumeur, zelfs tijdens het gebrabbel en gescheld van mijn klasgenoten: *The Russians are liars, The Russians are liars.*

De Sovjetleiders zijn leugenaars, dat heb ik inmiddels wel door. Latijnse Lenin op het Moskouplein was niet altijd rechtdoorzee. Goed. Maar ben ik ook een leugenaar? Nee, meestal ben ik eerlijk. Behalve die dag dat ik, na een paar communistenopmerkingen te veel, mijn klasgenoten vertel dat ik helemaal niet in Rusland geboren ben. Ja, dat herinnerde ik me zonet! Het was allemaal één groot misverstand! In werkelijkheid was ik geboren in Berlijn, vlak naast de Flughafen Berlin-Schönfeld, daar hebben jullie vast wel van gehoord.

Dus nu probeer ik hier *Joodse* kinderen op een *Joodse* school ervan te overtuigen dat ik eigenlijk *Duitser* ben.

En snappen die kleine klootzakjes dan niet dat ik meer van Amerika houd dan wie ook. Ik ben een Republikein van tien jaar. Ik vind dat de armen belasting moeten betalen en dat de andere Amerikanen met rust moeten worden gelaten. Maar hoe overbrug ik die kloof tussen Russisch zijn en bemind worden?

Ik begin te schrijven.

Ik heb papa's ruimteopera, *De Planeet van de Jids*, in gedachten als ik een Square Deal-opstelschrift van 120 bladzijden met brede interlinie en kantlijn opensla, en aan mijn eerste ongepubliceerde roman in het Engels begin. De titel is *De uidaging* [sic]. Op de eerste bladzijde schrijf ik een 'dangbetuiging [sic] voor het boek Manseed [waarschijnlijk sic] in het laatste nummer van Isac [sic] Isimov [sic] Siance [sic] Fiction Magazine. Ik dank ook de makers van Start [sic] Treck [sic].'*

Net als dit boek wordt de roman opgedragen 'Aan papa en mama'.

De roman – nou ja, met vijfennegentig bladzijden is het eerder een novelle – gaat over een 'mistirieus volk' dat 'op zoek ging naar een planeet zoals Aarde en er een vond die Atlanta heette'.

Tja, Atlanta. We hebben onlangs van een paar mede-immigranten gehoord dat de kosten voor levensonderhoud in de grootste stad van Georgia veel lager zijn dan die in New York, en dat je zelfs een huis met zwembad in de buitenwijken van die snelgroeiende metropool kunt kopen voor ongeveer de prijs van ons appartement in Queens.

Tegenover het hemellichaam dat Atlanta heet, met zijn conservatieve politiek en sterke detailhandel, glinstert een buitenaardse planeet die Lopes heet, soms correcter gespeld als Lopez. 'Lopes was een hete wereld. Het was een wonder dat hij niet ontplofte... Er leefden ook veel papegaaien.' Om de een of andere reden heb ik mezelf kunnen bedwingen om de hitsige proto-latino's van Planeet Lopez te voorzien van keihard spelende transistorradio's, maar ik heb ze wel drie benen gegeven.

Er is ook een kwaadaardige, grapjes makende wetenschapper die uiteraard dr. Omar heet. 'Hallo,' zegt Omar, 'ik ben dr. Omar, onaangename kennismaking, en als je nu dat grote gat midden in je gezicht wilt dichtritsen, dan zal ik je mijn ontdekking laten zien.'

De ontdekking van dr. Omar is de 'Uidagingsmachine' die 'misschien zal aantonen welk volk het enig juiste is': de Atlantanen met hun voordelige vennootschapsbelasting of de Lopezianen met hun papegaaien en lage academische resultaten.

Terwijl ik *De uidaging* herlees, wil ik de tienjarige auteur toeschreeuwen: 'Jezus Christus, waarom kun je niet gewoon wat krabbelen in de hoekjes van je schrift, dromen van actiefiguren uit *Star Wars* en mi-

* Hierna zal het 'sic' omwille van de bondigheid worden weggelaten.

kado spelen met je vriendjes? (Daarin ligt waarschijnlijk het antwoord: welke vriendjes?) Waarom moet het op zo'n jeugdige leeftijd al gaan om een volkerenoorlog en dan ook nog zonder de zelfspot van papa's *Planeet van de Jids*? Waar heb je het verdomme over? Je hebt nog nooit een Lopez of een Omar gezien in het woeste straatleven van Little Neck.'

De held van *De uidaging* is een ruimtepiloot genaamd Flyboy, geïnspireerd door een joch dat zojuist op SSSQ was gekomen, zo blond en knap en met zo'n kleine neus dat sommigen van ons niet konden geloven dat hij zuiver Joods was. Flyboy's beste vriend is collega-piloot Saturnus, en zijn grote liefde is een pilote die Iarda heet. Zelfs in dit prille stadium van mijn schrijverscarrière herken ik het belang van de liefdesdriehoek: 'Flyboy glimlachte zijn mooiste glimlach, waar de andere twee jeloers op waren. Natuurlijk het was duidelijk [Iarda] vond hem het aardigst.'

'O, nee,' zegt Iarda. 'Nog veertien schepen van de andere kant.'

'Kijk,' zegt Saturnus. 'Nog twintig schepen in Atlanta oorlogsformasie. Onze soort.'

'Het raakte de elektronische radarantenne en alle radars en andere apparatuur zijn kapot.'

'Hoe stomp kunnen mensen zijn?' vraagt Flyboy zich af.

En als de ruimteoorlog afgelopen is en 'onze soort' heeft gewonnen: 'Het vierde schip moest wel komen. Op Atlanta ging het er ruig aan toe.'

Ik schrijf plichtsgetrouw, opgewonden, astmatisch. In het weekend sta ik elke ochtend op, zelfs als de Lichtman me de hele nacht wakker heeft gehouden, kleine lichtpuntjes van zijn hand naar me uitsteekt die tussen de kastdeur en de deurpost uitsteekt en me wil grijpen terwijl ik ademloos van angst op mijn slaapbank lig. Vijf jaar eerder had ik de roman *Lenin en zijn wonderbare gans* geschreven voor mijn oma Galja, die nu nog zes jaar verwijderd is van een afschuwelijke dood in Leningrad. Maar ik weet nu dat ik álles wat ook maar enigszins Russisch is moet vermijden. Mijn Flyboy is zo Atlantaans als appeltaart. En zijn Iarda, die vaag Israëlisch klinkt (een verwijzing naar de *Yordan*, de Jordaan?), is ook een hartstochtelijke, principiële belastingbetaler die een Lopez of een Rodriguez uit de lucht kan schieten, net zo doeltreffend als Ronald Reagan binnenkort schertsend zal opmerken: 'Over vijf minuten beginnen we [de Sovjet-Unie] te bombarderen.' Oma Galja in

Leningrad bombarderen, bedoelt hij, en al die andere Russische leugenaars.

Ik schrijf omdat er niets vreugdevollers is dan schrijven, zelfs als dat schrijven verwrongen is en vervuld van haat, de zelfhaat die schrijven niet alleen mogelijk maar ook noodzakelijk maakt. Ik haat mezelf, ik haat de mensen om me heen, maar waar ik naar hunker is het voltooien van een of ander ideaal. Lenin werd niks; het lidmaatschap van de Komsomol-jeugdliga werd niks; mijn familie: papa slaat me; mijn geloof: kinderen slaan me; maar Amerika/Atlanta zit nog barstensvol kracht en macht en woede, een kracht en macht en woede waarmee ik mezelf kan opladen totdat ik voel hoe ik naar de sterren raas samen met Flyboy en Saturnus en Iarda en minister van Defensie Caspar Weinberger.

Er is een leerkracht op school, ene juf S., die juf A. tot Z. vervangt, en die het zelf ook niet lang zal uithouden in het unieke educatieve milieu van SSSQ. Juf S. is net zo aardig tegen me als het zoontje van de progressievelingen. Zoals de meeste vrouwen op school heeft ze een enorme hoeveelheid spectaculair Joods haar en een mooie, kleine mond. Op een van haar eerste dagen vraagt juf S. ons of we onze favoriete voorwerpen willen meenemen en uitleggen waarom die ons maken tot wie we zijn. Ik neem mijn laatste speelgoedje mee, een kapotte Apolloraket waarvan de capsule met een druk op een knop wordt weggeschoten (maar alleen onder bepaalde atmosferische omstandigheden, de luchtvochtigheid mag niet hoger zijn dan 54 procent), en leg uit dat wat ik ben een combinatie is van mijn vaders *Planeet van de Jids* en de ingewikkelde verhalen uit *Isaac Asimov's Science Fiction Magazine* van figuren als Harlan Ellison en dr. Asimov zelf, en dat ik zelf ook een roman heb geschreven. Dit alles trekt nauwelijks de aandacht terwijl de laatste serie strijders van de *Star Wars* X-Wing en My Little Pony's de revue passeren.

Ten slotte houdt juf S. een sportschoen omhoog en zegt dat joggen haar favoriete activiteit is.

'Fiejoeoe!' roept een jongen, wijzend naar de sportschoen en zijn neus dichtknijpend, en iedereen behalve ik lacht een kwaadaardige kinderlach. Jerry Himmelstein doet 'sjoef'.

Ik ben geschokt. Hier heb je een jonge, aardige, knappe juf, en de kinderen doen alsof haar voeten stinken. Alleen ik en mijn Leningradse bontjas mogen hier stinken! Ik kijk naar juf S., vrees dat ze in huilen zal uitbarsten, maar in plaats daarvan lacht ze en vertelt ze hoe lekker ze zich voelt door hard te lopen.

Ze lacht om zichzelf en komt er ongehavend uit!

Nadat we allemaal hebben verteld wie we zijn, roept juf S. me bij zich. 'Heb jij echt een roman geschreven?' vraagt ze.

'Ja,' zeg ik. 'Hij heet *De uidaging*.'

'Mag ik hem lezen?'

'Ja, dat mag. Ik brenk hem.'

En ik 'brenk' hem haar met de bezorgde aansporing: 'Alstoeblieft niet verliezen, joef S.'

En dan gebeurt het.

Aan het einde van de Engelse les, waarin een boek over een muis die in een vliegtuig heeft leren vliegen grondig is geanalyseerd, kondigt juf S. aan: 'En nu gaat Gary ons voorlezen uit zijn roman.'

Zijn wát? Maar het maakt niets uit, want ik sta daar al met mijn opstelschrift rechtstreeks van de mensen van Square Deal Notebook uit Dayton, OH, postcode 45463, en de jongens staren me van onder hun vliegendeschotelachtige keppeltjes aan en ook de meisjes met hun heerlijk ruikende pony en hun met sterren bezaaide bloesjes. En daar is juf S., op wie ik al smoorverliefd ben maar die een verloofde schijnt te hebben, had ik net gehoord (ik weet niet precies wat dat is, maar het belooft niet veel goeds), maar haar stralende Amerikaanse gezicht moedigt me *trots* aan.

Ben ik bang? Nee, ik ben gretig. Gretig om te beginnen met mijn leven. 'Inleiding,' zeg ik. 'Het Mistirieuze Volk. Vóór de dinosauriërs was er al menselijk leven op aarde. Ze zagen er net zo uit als de mensen van tegenwoordig. Maar ze waren veel intelligenter dan de mensen van tegenwoordig.'

'Langzaam,' zegt juf S. 'Langzaam lezen, Gary. Laat ons genieten van de woorden.'

Dat doet me goed. *Juf S. wil genieten van de woorden*. Ik vervolg langzamer: 'Ze bouwden allerlei ruimteschepen en andere wonderbaarlijke dingen. Maar in die tijd cirkuulde de aarde om de maan omdat de maan groter was dan de aarde. Op een dag kwam er een reusachtige komeet die de maan opblies tot de afmetingen die wij nu kennen. Stukken maan vielen op de aarde. De mensen stapten in hun ruimteschepen en vertrokken. Ze gingen op zoek naar een planeet net als de aarde, vonden er een en noemden die Atlanta. Maar er was nog een planeet, die Lopez heette, met een bevolking van driebenige Mensachtigen. Al snel brak er oorlog uit.' Diepe zucht. 'Boek Een: Voor de Eerste Uidaging.'

Terwijl ik voorlees hoor ik een andere taal uit mijn mond komen. Ik spreek mijn spellingsfouten trouw uit ('de aarde cirkuulde om de maan'), en ik heb nog steeds een zwaar Russisch accent, maar ik spreek in min of meer verstaanbaar Engels. En terwijl ik spreek hoor ik, tegelijk met mijn vreemde, nieuwe Engelse stem, iets wat volkomen afwijkt van het gebruikelijke gekrijs en geschreeuw en *sjeket bevakasja!* waaruit het achtergrondgeluid van SSSQ bestaat: *stilte*. De kinderen zijn stil. Ze luisteren naar elk woord dat ik zeg, volgen de veldslagen tussen de Atlantanen en de Lopezianen tijdens de tien minuten die mij zijn gegeven. En de komende vijf weken zullen ze blijven luisteren, omdat juf S. het einde van elke les benoemt tot *Uidagingtijd*, en tijdens de hele Engelse les roepen ze: 'Wanneer gaat Gary nou voorlezen?', en ik zit daar op mijn stoel, hoor niets en zie alleen maar de glimlach van juf S. Ik hoef niet mee te doen aan de discussie over de muis die leerde vliegen, zodat ik de woorden kan oefenen die ik straks ga voorlezen aan mijn bewonderende publiek.

En God zegene deze kinderen omdat ze me die kans geven. Moge hun G-d hen zegenen, stuk voor stuk.

Begrijp me niet verkeerd. Ik ben nog steeds de gehate zonderling. Maar dit is wat ik doe: ik herdefinieer de voorwaarden waaronder ik een gehate zonderling ben. Ik leid de kinderen af van mijn Russisch zijn en naar het verhalen vertellen. En naar de ideologie van kracht en het republicanisme, kortom: het leven dat zich afspeelt rond de eettafel van de Shteyngarts. 'Heb je iets nieuws geschreven?' roept een kind 's ochtends, zoontje van een middenstander, berucht om zijn gebrek aan elementaire geletterdheid. 'Gaan de Lopezianen aanvallen? En wat gaat dr. Omar doen?'

Ja, zeg dat wel. Ik ben Jerry Himmelstein nu zo ver voorbij dat ik niet eens de moeite neem op hem te letten en zijn sociale blunders te negeren. De nieuwe, minder felle haat die me te beurt valt, brengt de verantwoordelijkheid met zich mee die me de rest van mijn leven zal achtervolgen. De verantwoordelijkheid om *elke dag* iets te schrijven, opdat ik niet opnieuw in ongenade val en terugval naar de status van Rode Woestijnrat.

Wat ik moet doen is mijn repertoire uitbreiden. En dat betekent meer toegang tot de populaire cultuur. Als ik klaar ben met het voorlezen van *De uidaging*, vervolg ik met een verhaal van vijftig bladzijden getiteld *Invasie vanuit de ruimte*, over de wandaden van de Academie van de Moren (Yasser Arafat was weer in het nieuws), en dat valt in redelijk goede aarde. Maar wat ik eigenlijk nodig heb is toegang tot een televisietoestel.

Ziehier oma Polja.

Achter ieder geweldig Russisch kind staat een Russische grootmoeder die optreedt als chefkok, lijfwacht, persoonlijk inkoper en pr-agent. Je ziet haar in actie in de rustige, lommerrijke wijk Rego Park in Queens, waar ze achter haar kleinzoon met de dikke beentjes aan loopt met een bordje boekweit, fruit of kwark – 'Sasja, hier komen, schatje! Ik heb pruimen voor je!' – of bij Alexanders (tegenwoordig Marshalls) aan Queens Boulevard de rekken met broeken doorzoekt in een poging Sasja voor te bereiden op het nieuwe schooljaar.

Rego Parks, Queens. Daar ga ik na school heen als mijn ouders nog aan het werk zijn. Dicht genoeg bij Little Neck, zodat mijn vader kan toeslaan met zijn Chevy Malibu Classic, maar ver genoeg weg om mijn eigen persoonlijkheid te ontwikkelen. De gezellige buurt met bakstenen laagbouw wordt overschaduwd door de drie modernistische Birchwood Towers, elk bijna dertig verdiepingen hoog en met de ordinairst ingerichte lobby's van de hele oostkust: de Bel Air, de Toledo en de Kyoto met marmeren nep-Japanse beeldjes en hangende perkamentrollen. Ik zie mijn eerste limousine geparkeerd staan op de ronde oprijlaan van Bel Air, en beloof mezelf dat ik er op een goede dag ook zo een zal hebben. Andere, minder gigantische appartementengebouwen hebben mooie tuinen en heten de Lexington of New Hampshire House. In een van die gebouwen maakt mijn oma, zestig jaar maar nog één en al plattelandskracht, de toiletten schoon voor een Amerikaanse vrouw.

Oma woont op Sixty-Fourth Avenue 102-17, een goedkoop, zes verdiepingen hoog flatgebouw dat uitziet op een staatsschool voor zwarte kinderen, waar we met een grote boog omheen lopen. Ze houdt hof op een houten bank buiten, stelt me voor aan andere Russische gepensioneerden en eist hun volledige aandacht op terwijl ze vertelt dat ik de beste, succesvolste kleinzoon ben die ooit door de straten van Queens heeft gewandeld.

Mijn oma houdt meer van mij dan de Madonna del Granduca van haar Zoon hield, en als ik na school bij haar kom, brengt ze haar liefde tot uitdrukking gedurende een drie uur durend bacchanaal.

Bij mijn ouders thuis doen we ons te goed aan de Russische, of liever de Sovjetkeuken. Het ontbijt bestaat uit een bord geroosterde boekweitgrutten met een kuiltje gesmolten boter in het midden. Het avondeten is een bord dikke, zoute kwark met daaroverheen een blikje bevroren perziken. ('Net als in de restaurants!' roept mijn moeder, alsof ze ooit in een restaurant is geweest.) Rond drie uur 's middags worden een stuk gekookt vlees en wat flauwe groente tot een maaltijd gestampt. 'Alsjeblieft,' smeek ik mijn moeder. 'Als ik maar een half bord boekweitgrutten hoef te eten, zal ik morgen het hele appartement stofzuigen. Als we de kwark overslaan, geef ik de helft van mijn zakgeld terug. Alsjeblieft, mama, geeft me niet zoveel te eten.' Als mijn moeder niet kijkt, ren ik naar de badkamer en spuug de oneetbare klont kwark uit en zie hoe het water in de toiletpot langzaam troebel wit wordt door mijn ellendige maaltijd.

Bij grootmoeder verloopt het leven anders. Terwijl ik als een pasja op een divan hang, krijg ik binnen de kortste keren drie hamburgers met koolsla en een klodder ketchup geserveerd. Ik eet ze met trillende handen op terwijl mijn oma als een schildpad van achter de keukendeur met grote, bezorgde ogen toekijkt. 'Heb je nog trek, lief kind?' fluistert ze. 'Wil je nog meer? Ik ren wel even naar Queens Boulevard. Ik ren wel naar 108th Street. Ik ren overal heen waar je maar wilt!'

'Rennen, oma, rennen!' En oma doet stofwolken opwaaien in het centrum van Queens, zeulend met pepperonipizza's, groene augurkschijven, gerookte cervelaatworstjes van Misja en Monja's Russische gastronom, ribbelchips gedoopt in oranje troep, tonijnsalade met veel mayonaise uit de koosjere winkel, dikke pretzels die ik zogenaamd oprook als sigaren, dipsauzen met een lichte knoflooksmaak die je vrijwel niet tegenkomt in ons appartement in Little Neck, pakjes chocolade Ding Dongs met crèmevulling. Ik eet en eet, ik raak verstopt door de onverzadigde vetzuren en op de meest onwaarschijnlijke plaatsen verschijnen vetkussentjes. Soms staat oma in de keuken op een kippenbotje te zuigen te midden van een oranje landschap bestaande uit commissiekaas, terwijl ze door een vers pakketje voedselbonnen bladert, elk voorzien van een prachtige tekening van de Vrijheidsklok van Philadelphia. Oma heeft in de oorlog de evacuatie uit Leningrad met haar driejarig zoontje (mijn vader) overleefd en staat nu in een keuken in Queens het merg uit een kippenbot te zuigen. Maar ze lijkt tevreden met haar schamele maal, filosofisch. Alles om de kleine Igor (of Gary, zoals de Amerikanen hem nu noemen) te voorzien van Ding Dongs.

Oma's eenkamerflat is een wonderbaarlijk verschijnsel. Behalve de hamburger producerende keuken is er mijn gemene stiefopa Ilja, die dreigend om zich heen kijkt aan de eettafel en die bovendien binnenkort zal overlijden, deels door kanker en deels omdat hij in Rego Park nooit iemand gevonden heeft met wie hij zwaar kan zitten hijsen (alcoholisch hartzeer dient te worden aangemerkt als een officiële Russische ziekte). Vervolgens zijn er de glimmende medailles die Ilja met het Sovjetleger heeft gewonnen voor 'betoonde moed' in de poolcirkel, die ik graag op mijn borst speld, omdat de Russen weliswaar leugenaars zijn, maar we toch maar mooi de Grote Patriottische Oorlog tegen de Duitsers hebben gewonnen, dus... Maar bovenal is er de televisie.

Oma heeft televisie.

De tv hoorde bij de flat, samen met de inzakkende divan en de clownstekeningen van bange kinderen, waarschijnlijk omdat voor de verplaatsing ervan alle mannen van de Drieëntwintigste Pooldivisie hadden moeten opdraven. Het is geen groot scherm en het wordt omsloten door een reusachtige houten kleerkast (zoiets als het drie ton wegende monster dat oma heeft meegebracht uit Leningrad), en dat hele geval rust op twee stevige, in een overtuigende hoek uitstaande poten. De Zenith stamt waarschijnlijk uit de late jaren vijftig of vroege jaren zestig, en het probleem is dat hij, net als een hond die te oud is om achter de bal aan te rennen, niet langer geïnteresseerd is in het opvangen van elektromagnetische signalen die zorgen voor beeld en geluid. Of liever gezegd: hij zendt óf beeld, óf geluid uit.

De enige manier om er geluid uit te krijgen is als ik het puntje van de antenne vastpak en mijn andere arm uit het raam houd. Omgekeerd, als ik geen onderdeel uitmaak van de antenne en tegenover de Zenith op oma's divan lig, is het mogelijk dat er geen ander geluid te horen is dan witte ruis. Ik kom er al snel achter dat episodes van de populairste soaps vaak worden herhaald op de Amerikaanse televisie. Ik verander mezelf in antenne om het verhaal te horen en schrijf tijdens het reclameblok zoveel mogelijk van de dialogen op. Als het programma een paar maanden later wordt herhaald, bekijk ik het met mijn aantekeningen, zodat ik actie en dialoog met elkaar kan combineren.

Op deze manier is het nog steeds moeilijk om te begrijpen waarom Buck Rogers vastzit in de vijfentwintigste eeuw of waarom de Ongelooflijke Hulk soms groen is en soms niet. Voor Buck Rogers, lieveling van de schoolkinderen – alle jongens zijn verliefd op kolonel Wilma Deering, gespeeld door het welgevormde model Erin Gray in een sexy overall, maar niemand is zo verliefd op haar als ik –, is een speciale afstelling nodig omdat het wordt uitgezonden om 16.00 uur op WWOR, kanaal 9. Het punt met kanaal 9 is dat als je ontvangst wilt hebben tussen 16.00 en 18.00 uur, er meer nodig is dan dat ik de antenne vasthoud en mijn arm uit het raam steek. Om de zeven seconden exact moet ik een 'kom eens hier'-gebaar maken met mijn hand, alsof ik het elektromagnetische signaal oma's woonkamer in moet lokken, opdat ik de kolonel kan horen roepen: 'Buck Rogers, ik beveel je terug te keren naar de basis! Dit druist in tegen alle principes van het moderne luchtgevecht!' terwijl ze haar blauwe ogen openspert van hartstochtelijke, gesimuleerde paniek en, als ik zo vrij mag zijn, pure wellust.

Later laat ik oma aan mijn ouders vragen een negentien inch Hitachi-tv met beperkte afstandsbediening voor haar te kopen. Ze realiseren zich niet dat het enige wat er gebeurt in de drie uur dat ik bij oma ben voordat papa komt binnenzeilen in zijn autoboot, is dat ik word als een foie gras-gans terwijl ik naar haar Zenith kijk. Ik lieg tegen ze en vertel dat ik in die drie uur mijn huiswerk maak, en oma zegt niets; ze is veel te blij om mij Dorito's te zien eten terwijl de Duitsers niet over de grens komen die is vastgesteld door het Molotov-Ribbentroppact. Het huiswerk van SSSQ vergt ongeveer drie minuten van mijn tijd. Je telt op hoeveel heteluchtballonnen langs zweven op een foto van New Mexico en daarna identificeer je een of andere profeet en krabbel je ongeïnteresseerd יְחֶזְקֵאל in het *matsjberet*, het blauwe Israëlische schoolschrift. (Mijn vader heeft de Joodse School al gebeld en geëist dat ze me moeilijker wiskundesommen op moeten geven, wat ze categorisch weigeren.) Als je klaar bent met de profeet Ezekiël mag je naar de sitcom *Diff'rent Strokes* kijken. Het probleem is dat zelfs met mijn toenemende Engelse woordenschat en het haarscherpe beeld van mijn oma's nieuwe Hitachi, *Diff'rent Strokes*, ogenschijnlijk het verhaal over een rijke blanke die tal van zwarte kinderen adopteert, op culturele gronden nergens op slaat. Sterker nog, het slaat helemáál nergens op.

Hoe vaker ik kijk, hoe meer vragen zich opdringen. Wat is er precies aan de hand in dit nieuwe land van mij? En waarom doet president Reagan er niets tegen? Bijvoorbeeld:

The Brady Bunch: Waarom zijn meneer en mevrouw Brady altijd zo blij, ook al heeft mevrouw duidelijk een razvod achter de rug met haar ex-man, en nu voeden ze samen kinderen op die niet van hen zijn? Bovendien, wat is de achtergrond van hun witte slavin Alice?

Three's Company: Wat betekent 'gay'? Waarom vindt iedereen het blonde meisje zo knap, terwijl de brunette duidelijk pas echt knap is?

Gilligan's Island: Is het echt mogelijk dat een machtig land als de Verenigde Staten niet in staat zou zijn twee van zijn beste burgers op te sporen die vermist worden op zee, namelijk de miljonair en zijn vrouw? Bovendien, Gilligan is komisch en hij brabbelt als een immigrant, en toch lijkt iedereen hem graag te mogen. Aantekeningen maken voor nader onderzoek? Nabootsen?

Planet of the Apes: Als Charlton Heston republikein is, zijn die apen dan Russen?

Na drie uur tv-kijken en commissiekaas eten op met oma's voedselbonnen gekochte Ritz-crackers, ben ik ogenschijnlijk net zo Amerikaans als iedereen. In de keuken staat oma nog meer eten klaar te maken voor de zwelgpartijen van de komende dagen, en ik vraag me af hoe het mogelijk om is zoveel van iemand te houden alleen maar omdat ze me gaf waar ik behoefte aan had toen niemand anders dat wilde doen.

Ondanks mijn hoogtevrees klim ik op de brandtrap op zes verdiepingen boven het vlekkerige gras van Queens en kijk ik naar de vliegtuigen van TWA die steil dalen naar LaGuardia Airport. Papa zal me zo dadelijk komen halen en mee naar huis nemen naar Little Neck, naar mijn eigen huis, waar mijn ouders tot half elf vanavond zullen bekvechten over de wolfachtige familieleden, totdat het tijd is om allemaal te gaan slapen zodat we morgen fit genoeg zijn voor weer een moeilijke dag in Amerika.

Voor oma's flat echoot het getoeter van de auto tot aan de Grand Central Parkway, de mensen in de flat naast ons draaien Engelse en

Spaanse muziek en genieten gewoon van hun vrije leventje, en de lucht ruikt naar stad met de geuren van benzine en barbecue, wat op zich heel lekker is. Als ik mijn ogen dichtdoe hoor ik de verslavend weeïge herkenningsmelodie van *Three's Company* ('Come and knock on our door / We've been waiting for you') en de reclame voor Juicy Fruit-kauwgom, die met zoveel overgave wordt gezongen dat ik er bang van word (*'Jew-see Froooot is gonna mooooove ya / it gotta taaaaaste that cut raaaaaght throoooo ya-ugh'*).

Een paar jaar geleden nog was ik bozer dan ik nu ben, en als ik de vliegtuigen van TWA zag landen, wilde ik dat er een paar zouden neerstorten en exploderen op de kleine huisjes achter de bakstenen flatgebouwen. Maar nu denk ik gewoon, *Vauw*, wat hebben die mensen toch mazzel dat ze gewoon ergens heen kunnen vliegen. En zal ik op een dag zelf door de lucht zweven? Waar zal ik dan landen? Op Flughafen Berlin-Schönefeld? Op Ben Gurion Airport in Israël, zodat ik kan gaan vechten tegen Omar en de andere Arabieren? Zal behalve oma ooit nog iemand van me houden?

'Jij bent Gary Gnoe,' zegt een kind in een openbare, niet-Joodse speeltuin.

Ik: 'Vat?'

'Jij heet Gary. Dus dan ben je Gary Gnoe. Uit de Grote Ruimte Coaster.'

'Vat voor coaster?'

'Doe niet zo dom. Jij bent Gary Gnoe.'

'Ik ben Gnoe?'

Maar voordat ik Gnoe ben wil ik eerst nog even uitweiden over een ander tv-programma dat ik heb gezien op oma's Zenith. Het heet *De man van zes miljoen*. Laten we allereerst eerlijk zijn: die man is duur. Niet zoals de tien miljoen dollar van de prijsvraag van het Publishers Clearing House die we bijna hadden gewonnen, maar bijna twee derde zo duur. Hij heet Steve Austin en was astronaut totdat hij bij een afschuwelijk ongeval heel wat lichaamsdelen kwijtraakte en werd gerepareerd op kosten van de belastingbetaler, zodat hij allerlei avonturen kon beleven. (Beroemde openingszin: 'Heren, we kunnen hem herstellen... We hebben de technologie.') Zo verliefd als ik ben op kolonel Wilma Deering in *Buck Rogers*, zo gefascineerd ben ik door de bionische Steve Austin, zo niet meer. Want als je er goed over nadenkt, is die man invalide. Hij mist een arm, twee benen en een oog. Stel je voor dat ik op SSSQ kwam zonder die dingen en met mijn speelgoed Monkey die ook een arm mist. De Israëlische kinderen zouden de vloer met me aanvegen, althans die delen van de vloer die Jimmy en George, de twee zwarte conciërges, hebben gemist. En toch is Steve Austin niet gebrekkig. Hoewel delen van hem niet echt zijn, maakt Steve gebruik van zijn nieuwe krachten. In de bewoordingen van het programma is hij 'Beter dan hij voorheen was. Beter, sterker, sneller'. Uiteindelijk is dit Amerika, en hier kun je lichaamsdelen die niet meer werken inruilen. Je kunt jezelf stukje bij beetje reviseren.

In mijn 'roman' *Invasie vanuit de ruimte* heb ik een hoofdstuk opgenomen dat 'Bionische vrienden' heet over, nou ja, twee bionische vrienden. De knappe juf S., inmiddels helaas mevrouw S., vindt vooral dat hoofdstuk erg goed, en ik moet denken aan het incident met haar sportschoen tijdens 'Laat zien wie je bent', toen een van de kinderen naar haar schoen wees en 'Fiejoeoe' zei: *Ze lacht om zichzelf en komt ongehavend uit de strijd.*

Ik, terug in de speeltuin: 'Wie is Gary Gnoe?'

'Dat ben jij, lul. Jij heet toch Gary? Nou, dan ben je dus Gary Gnoe, klootzak.'

Het is moeilijk iets in te brengen tegen de logica van dit christelijke joch.

Gary Gnoe is een komische, pluizige pop uit een kinderserie op tv die *The Great Space Coaster* heet. Alle andere kinderen op SSSQ kennen hem. Een gnoe is een van de gedrongen, osachtige antilopen van het geslacht Connochaetes, woonachtig in Afrika. Gary Gnoe heeft kennelijk een probleem met de 'g' in zijn naam, want die plakt hij tot vervelens toe voor elk woord dat met 'n' begint: 'Absoluut gniet. Wat doe je gnaar. Je brengt gniets dan slecht gnieuws.' Zijn motto in *The Great Space Coaster* is: 'Geen gnieuws, goed gnieuws met Gary Gnoe.' Ik weet daar niets van, maar zoals de goj jongen in de speeltuin al aangaf heet de antilope Gary, net als ik. Ik besluit het uit te proberen op de andere kinderen. 'Ik ben Gary Gnoe!'

'Gary Gnoe! Gary Gnoe! Geen gnieuws, goed gnieuws!'

Nou, dat ging zo slecht nog niet. Geen 'communist' of 'rooie' meer. Ik moet denken aan Thurston Howell III, de miljonair op *Gilligan's Island*, die inspiratiebron is voor een jonge Republikeinse immigrant. 'Ik ben Gary Gnoe de Derde.'

'Gary Gnoe de Derde! Gary Gnoe de Derde! Geen gnieuws,' enzovoort.

En dan dringt het besef tot me door. Ik ben geen Rus. Nooit geweest ook. Ik ben een antilope. Ik ben altijd een antilope geweest. Het wordt tijd die ontdekking aan het papier toe te vertrouwen.

Ik schrijf mijn eigen Thora. Het heet de Gnora, een verwijzing naar mijn nieuw verworven gnoeheid. De Gnora wordt geschreven op een echte papieren rol om hem het gevoel van een Thora te geven. Ik typ hem uit op een nieuw apparaat dat mijn vader heeft meegebracht van zijn werk, namelijk een toetsenbord van een computer dat signalen ontvangt via een telefoonlijn, die signalen vertaalt in dot matrix-letters en vervolgens print op kettingpapier. Om het geheel nog meer op een Thora te doen lijken, laat ik mijn vader twee stokken snijden, net als de rolstokken die gebruikt worden voor het op- en afrollen van de Thora.

De Gnora is bedoeld als vernietigende aanval op de hele religieuze ervaring op SSSQ, het vanbuiten leren van oude teksten, het agressieve schreeuwen, bidden en nabidden voor en na de lunch, de chagrijnige rabbi die beweert dat de Joden de Holocaust zelf teweeg hebben gebracht omdat ze te veel overheerlijke varkensvleesproducten aten. In het Hebreeuws zijn de woorden van het Oude Testament koeterwaals voor ons. *Bereisjit bara Elohim*... (In den beginne schiep God...). In het Engels zijn de woorden niet veel beter, namelijk het begin van een lange les in overdreven genealogie die volgens mij bedoeld is om ons jongelui te overtuigen van de duurzaamheid en uniciteit van ons volk. Je hoeft maar één blik te werpen op de roodharige zoon van de middenstander die nog geen twee begrijpelijke zinnen kan vormen in het Engels en volstrekt niet geïnteresseerd is in welke aspecten van het leven dan ook, behalve het steeds verder uitgraven van zijn eigen neus, en inderdaad, *bereisjit*. De Gnora daarentegen brengt het Oude Testament tot zijn conclusie van rond 1984.

> 1. Eerst was er niets behalve een boel kabaal. 2. Toen ontplofte dat en ontstond de aarde. 3. En de suiker veranderde in stof. 4. Eén stukje zoetstof veranderde in een mens.

God schept Adam (of liever, *Madman*) en schenkt hem een tuin genaamd Cleaveland, wat naar mijn idee verwijst naar de weinig succesvolle stad in Ohio en naar Genesis 2:24 ('Daarom zal een man zijn vader en moeder verlaten en zijn vrouw aanhangen').

In de volgende hoofdstukken wordt verwezen naar Wendy's beroemde reclame voor *'Where's the beef?'*, Mister Rogers, Howard Cosell, de *Playboy* en de supermarktketen van Waldbaum. Alle verwijzingen naar popmuziek die ik heb geleerd van de Zenith en elders heb ik erin gestopt, evenals die arme Jerry Himmelstein. De Twaalf Gnoeïsche Stammen vermenigvuldigen zich – 'Prinses Leia schonk hem Sjlomo, Sjlemazel, Sjmoek, Noednik, Dino, Gloria, Dror, Virginia, Jolly en Jim' – en komen op de een of andere manier in Australië terecht in plaats van in Egypte.

Exodus wordt Sexodus. Henry Miller zou trots zijn geweest. Mozes wordt herdoopt in Mesjokke, en in plaats van een Brandend Braambos is er een Brandende Televisie. God stuurt de Australiërs twaalf plagen, waarvan de laatste rabbi Sofer is, de dikbuikige Joodse directeur en machthebber van SSSQ, 'en de Australiërs hielden het niet meer uit en zeiden: "Ga, ga weg, en neem die rabbi Sofer mee."' De Gnoeïsche stammen reizen van Australië naar Hawaiï, 'het land van geld en woning'. Het vijfde gebod dat wordt overgeleverd door de Gnoeïsche God is: 'Mishandel uwe leerkrachten.'

> En G-d sprak, zeggende: Maak je niet druk om ethiek, hoewel dat niet betekent dat ge u kunt gedragen als John Macaenroe. Gij zult niet bidden voor beelden van Michael Jackson of Tom Sellek: Ik ben uw G-d. Als ge een blinde ziet, houd hem dan niet voor het lapje; verkoop hem bijvoorbeeld geen cocaïne terwijl het PCP is. Gij zult niet vloeken in de naam van Brook Shields, want zodoende bezoedelt ge Mijn naam.
> En G-d vervolgde: Wat voor regering gij ook hebt, belast de mensen zwaar en onrechtvaardig. Gij dient niet emotioneel betrokken te raken bij Boy George of zijn moeder. Gij zult abortus gedogen, want als er iemand als Jerry Himmelstein wordt geboren, dan is het verstandig te stellen dat beide *gesjoeft* hebben. En stel dat er een natuurramp als Eedo Kaplan [een Israëlische jongen die de twee Russische meisjes op school lastigvalt] geboren wordt? Denk daarover na. De volgende zaken zult gij niet met elkaar kruisen...

Er volgt een lange lijst met daarop onder anderen 'Ronald Reagan en Geraldine Ferraro', die helaas eindigt met 'Gary Gnoe en een willekeurige Vrouwelijke Gnoe', gevolgd door dezelfde woorden waarmee mijn vader alle verhalen over zijn *Planeet van de Jids* beëindigde: 'Wordt vervolgd'.

Als ik het af heb, lees ik het nog een aantal keren aandachtig na. Ik kan niet slapen. Ik wil zo vurig dat er van me gehouden wordt dat het neigt naar het waanzinnige. De volgende dag wacht ik op school ongeduldig tot de pauze begint, en dan ontrol ik mijn Gnora voor een paar kinderen, wetend dat rabbi Sofer in al zijn dikheid aanwezig is. Er komen meer kinderen om me heen staan. Met iedere nieuwe belangstellende overschrijd ik steeds meer de grens tussen ongezellige mafkees en geaccepteerde excentriekeling. Na het laatste lesuur is de Gnora de hele school rond geweest. De volgende dag wordt eruit geciteerd in de jongenstoiletten, het centrum van de macht. Zelfs Jerry Himmelstein schijnt in zijn sas te zijn met mijn walgelijk gemene opmerkingen over hem. Niet dat het mij iets uitmaakt. En terwijl we in de les stompzinnig de profeten opdreunen en de vrouwen die van hen hielden, terwijl we dingen scanderen die niets betekenen voor ons, terwijl rabbi Sofer rondwaggelt met zijn megafoon en ons meedeelt hoe ondeugend wij zijn, lachen ik en mijn groepje – wacht, zijn het echt mijn vríénden – lachen wij en verheugen wij ons in de gnoeïsche stammen en hun harde, geile Sexodus uit Australië en hun aanbidding voor de alom geliefde Brook Shields die, zo gaat het gerucht, misschien wel Joods of gnoeïsch of zoiets is.

De Gnora betekent het einde van het Russisch als mijn eerste taal en het begin van mijn ware assimilatie in het Amerikaanse Engels. In mijn muffe slaapkamer in Little Neck schrijf ik ijverig de Grondwet van het Heilige Gnoeïsche Rijk (het HGR), die gebaseerd is op solide Republikeinse principes. De liefde voor twee landen, Amerika en Israël, de liefde voor de gladde, altijd lachende, ogenschijnlijk zorgeloze Reagan, de liefde voor ongebonden kapitalisme (hoewel mijn vader voor de regering werkt en mijn moeder voor een niet-commerciële organisatie), de liefde voor de machtige Republikeinse partij is een manier om iets gemeen te hebben met mijn vader. Naast mijn stukgelezen *Isaac Asimov's Science Fiction Magazine* heb ik een abonnement genomen op de *National Review*. Het conservatieve tijdschrift van William F. Buckley Jr. herbergt ogenschijnlijk minder monsters dan dat van Isaac Asimov, maar zelfs al begrijp ik maar de helft van de woorden die

Buckley en zijn vrienden gebruiken, ik bespeur al wel de boze, ongelukkige retoriek over bepaalde mensen die treffend overeenkomt met de onze. Op het omslag van de Heilige Gnoeïsche Grondwet teken ik een weegschaal met 'Welvaart' en 'Militaire uitgaven', die duidelijk doorslaat naar de laatste. Pak aan, uitkeringstrekkers met je Cadillacs. En dan is er nog een onverwacht genoegen. Nadat ik mijn Republikeinse oprechtheid heb bevestigd door me te abonneren op de *National Review*, krijg ik een kartonnen kaart toegestuurd met een Amerikaanse adelaar die op twee geweren zit. Hoewel ik te jong ben om een vuurwapen te bezitten en in de metro een zwarte dood te schieten die me misschien wil beroven (ik heb tot dusver drie keer in de metro gezeten), word ik met trompetgeschal over het Tweede Amendement welkom geheten bij de *National Rifle Association*.

Op SSSQ sticht een andere overdreven fantasierijke jongen genaamd David de Keizerlijke Staat van David (KSD), die overeenkomst vertoont met het beleid van de Democraten, waarmee de ouders van de meeste Joodse kinderen uit Queens sympathiseren. Hij noemt zichzelf de Machtige Khan Caesar. Het spreekt vanzelf dat het Heilige Gnoeische Rijk en de Keizerlijke Staat van David elkaar de oorlog verklaren. David en ik houden vredesonderhandelingen en bespreken hoe we het bekende universum tussen ons zullen verdelen, zoals Spanje en Portugal ooit de aarde verdeelden volgens het Verdrag van Zaragoza. Terwijl we onze buitenlandse zaken regelen, rennen onze volgelingen beladen met gebedenboeken de gymzaal van SSSQ in, waar we 's ochtends het 'Star-Spangled Banner' zingen en met een gevoel dat ons bijna in tranen doet uitbarsten het 'Hatikvah', het Israëlische volkslied. Maar vandaag roepen de kinderen niet over *Nefesj Jehoedi* ('de Joodse ziel'). Ze scanderen mijn volkslied *('Nefesj Gnoesjie...')* en hijsen mijn vlag, met de afbeelding van een gnoe die indrukwekkend op de Afrikaanse steppe staat, gefotokopieerd uit het woordenboek van Merriam-Webster.

Totdat ik naar de middelbare school ga zal ik nooit meer Gary worden genoemd. Ik ben Gary Gnoe of gewoon Gnoe. Zelfs de leerkrachten noemen me zo. Met de bedoeling een dag lang niet te hoeven doceren besluit een van hen de lessen te weiden aan de Grondwet van het Heilige Gnoeïsche Rijk. Deze ontwikkeling windt me zo op dat ik een astma-aanval krijg die een hele week duurt. De kinderen, mijn gnoeische plaatsvervangers, gaan ermee door terwijl de gnoeïsche leider op zijn ziekbed, gehypnotiseerd door de Lichtman die zichzelf weer samenstelt in de kast, zich piepend en hijgend in een toekomstige wereld, een toekomstige persoonlijkheid waant.

Over drie jaar zullen we van school gaan en dan zal er een jaarboek worden uitgegeven. Er zullen humoristische citaten over ieder van de leerlingen in staan, bijvoorbeeld over de songtitels die ons het beste typeren. De drie andere Russische kinderen krijgen uitsluitend citaten over hun Russische achtergrond (bijv. favoriet nummer: 'Back in the USSR'), maar de mijne zullen gaan over mijn republicanisme of mijn vreemdheid ('They're Coming to Take Me Away, Ha-Haaa!').

Beter, sterker, sneller.

Maar niet heus. Zoals iedere zogenaamd creatieve geest al snel ontdekt, is de rest van de wereld absoluut niet geïnteresseerd. En terwijl de heisa rond mijn Gnoeïsche Rijk wegebt, komt er een zwaarlijvig joch wiens achternaam in het Russisch 'Eik' en 'Sufferd' betekent naar me toe gewaggeld en zegt: 'Hé, Gnoe. Waar luister je naar. De klassieke zender?' En ik protesteer, want ik heb geleerd dat je nóóít in het openbaar moet praten over hogere cultuur, noch moet vermelden dat mijn beide ouders een muzikale achtergrond hebben. 'Ik weet niets van klassieke muziek!' zeg ik hard, te hard. 'Ik heb de cassette *Seven and the Ragged Tiger* van Duran Duran plús die van Cyndi Lauper!'

Maar de 'Eik' en een klein, knap meisje met Mesopotamische ogen naast hem, zitten al keihard te lachen om mijn afschuwelijke afwijking. Als ze eens wisten wat een afstand ik heb genomen van de Tsjaikovski van mijn vader en de Chopin van mijn moeder. Dat ik bij mijn vader in de auto, als we van mijn oma komen, de cassette van Duran Duran zo hard afspeel als ik mag, en terwijl ik me naar het raam draai, alsof ik het fascinerende betonnen landschap van de Grand Central Parkway bewonder, zachtjes de Engelse woorden fluisterend met mijn tonijnadem, woorden waarvan ik nog niets begrijp ('The re-flex, flex-flex') en mijn tonijnadem ruik. Ik zing in stilte mee met het laatste restje hoop dat ik in me heb.

12.
Onsterfelijkheid

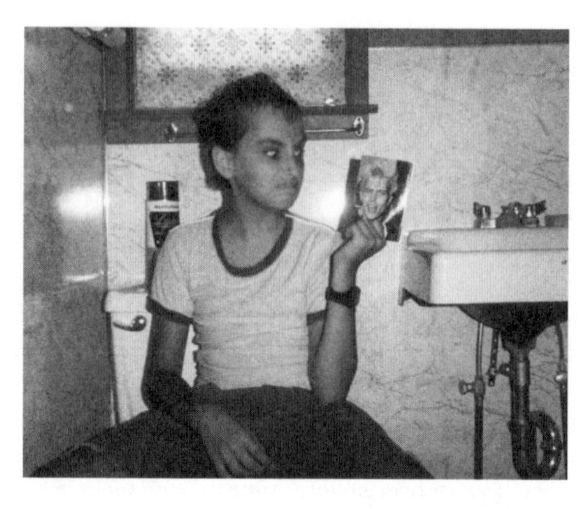

De auteur poseert als de popzanger Billy Idol op het toilet in het vakantiehuisje van zijn familie. De puberteit ligt op de loer, en de auteur staat op het punt mollig te worden.

De zomer van 1985. Ik sta op het punt een man te worden volgens de Joodse traditie. Net als de afgelopen zomers logeert mijn familie in een Russisch vakantiepark in de Catskill Mountains. De kolonie bestaat uit twaalf zondoorstoofde houten vakantiehuisjes die ingepropt staan tussen een paar oninteressante heuvels en een afschrikwekkend schouwspel van bossen en beken dat voor kinderen uit Queens net zo goed het Amazonegebied had kunnen zijn. Door de week zijn er alleen onze oma's en hun zorgenkinderen (een paar opa's hebben de Tweede Wereldoorlog overleefd en zitten de godganse dag te schaken onder de zorgeloze Amerikaanse zon), en ons leven draait om de regelmatige bezorging van oudbakken brood en banket vanuit de laadklep van een stationwagen. 'Brood! Koek!' schreeuwt een ongelukkige vrouw van middelbare leeftijd tegen ons, en de oma's en kinderen vechten om een frambozenbroodje van een week oud, dat is afgeprijsd tot een kwartje en net zo goed smaakt als wat we tot dusver te eten hebben gekregen. (Ik knijp mijn kleingeld zo stevig vast dat ik er afdrukken van in mijn handpalm krijg.) Verder spelen wij kinderen Doerak, een Russisch kaartspel dat weinig behendigheid vereist, en we slaan shuttles de lucht in met onze kapotte badmintonrackets, zonder erom te malen of ze ergens neerkomen of niet, want we zijn ontspannen en gelukkig en onder elkaar.

Mijn oma is altijd op de achtergrond, een abrikoos afkluivend tot op de pit, haar blik onafgebroken gericht op mijn ooit magere maar inmiddels ietwat kwabbige lijf. Ze waakt ervoor dat niets of niemand mij schade kan berokkenen. De andere kinderen hebben dezelfde hoedsters, vrouwen die opgroeiden onder Stalin, wier leven in de USSR geheel was gewijd aan crisismanagement en die ervoor zorgden dat de onverschillige wereld om hen heen hun kinderen beter zou behandelen dan ze zelf behandeld waren. Tegenwoordig praat mijn oma over de reis naar 'de volgende wereld', en in die zomer waarin ik met mijn bar mitswa zelf een mijlpaal heb bereikt, begin ik haar te zien als een oudere vrouw in verval, de bevende handen waarmee ze de abrikozenpit vasthoudt, de trillende stem waarmee ze me smeekt nog een hap worst te eten. Ze is net zo bang en hulpeloos ten overstaan van de eeuwigheid als iedereen. Misschien is dat het effect dat Amerika op je heeft. Nu de dagelijkse strijd om te overleven in heftigheid is verminderd, kun je ofwel terugdenken aan het verleden, ofwel het bijzondere lot van de toekomst onder ogen zien. Ondanks al haar gepraat over het nakende paradijs wil mijn oma nog lang niet dood.

In de weekends komen onze ouders uit de stad ons opzoeken, en op vrijdagavond zitten wij kinderen aan een picknicktafel langs de stille landweg die langs onze vakantiehuisjes loopt even waakzaam als terriers te luisteren naar het moeilijke geluid van de tweedehandsauto's van onze vaders. Ik herinner me mijn eerste liefde van dat jaar, geen meisje maar de glimmend nieuwe Mitsubishi Tredia-s sedan die mijn ouders hebben gekocht, een klein wagentje dat vooral bekendstaat om zijn lage brandstofgebruik. De beige Tredia-s met voorwielaandrijving is het absolute bewijs dat wij oprukken naar de middenklasse, en telkens als mijn vader en ik samen onderweg zijn, veer ik op als ik het gewone model van de Tredia zie langskomen (zonder de s).

Mijn vader is op het hoogtepunt van de middelbare leeftijd, een fysiek sterke man die zich uitbundig te goed doet aan hele knoflooktenen op dikke sneden zwart brood, met zijn kleine, taaie lichaamsbouw, zodat hij nog het meeste lijkt op een kerstomaat. Hij leeft voor het vissen. Elk jaar plukt hij honderden, zo niet duizenden vissen uit beken, meren en oceanen met zijn vishengel en een ijzingwekkend zelfvertrouwen. Helemaal alleen vist hij een heel meer bij Middletown, New York, leeg en laat slechts een schooltje verbijsterde weesvisjes achter. Vergeleken met mijn vader stel ik niets voor. Door de bar mitswa zal ik binnenkort man worden, maar als we het verboden, van sprinkhanen vergeven bos bij de vakantiekolonie betreden en hij met blote handen in de grond graaft en de vetste wormen boven haalt, voel ik het Russische woord voor 'zwak' – *slabji* – door me heen gaan, een bijvoeglijk naamwoord dat mij, uit de mond van mijn vader, tot niets reduceert.

'*Akh, ty, slabji.*' Hé, slappeling.

Als we niet vissen, vermaken we ons in de simpele bioscopen in stadjes als Liberty en Ellenville. De film van die zomer is *Cocoon*. Het thema: Aliens, of Antareanen om precies te zijn, landen in zuidelijk Florida en bieden het eeuwige leven aan aan een groep bewoners van een verzorgingstehuis, gespeeld door Wilford Brimley, Don Ameche en dat soort acteurs. Op dat punt in mijn leven pik ik alles wat Hollywood te bieden heeft: van Daryl Hannah als zeemeermin tot Shelley Duvall als Olive Oyl en Al Pacino als nogal agressieve Cubaanse emigrant. Terwijl ik de films zie in de koelte van de airco, ga ik helemaal op in en raak ik verliefd op alles wat voor de lens komt. Ik voel me dicht bij mijn vader, ver van het vangen van wormen terwijl we worden aangevallen door agressieve sprinkhanen, verlost van mijn voortdurende angst om een van die reusachtige haken door mijn duim te krijgen waarmee hij de plaatselijke forellen terroriseert. In de bioscoop zijn mijn vader en ik in wezen twee immigranten – de ene kleiner dan de andere en nog niet helemaal bedekt met lichaamshaar – die naar het ingeblikte spektakel staren van ons nieuwe vaderland: zwijgend, oplettend, gefascineerd.

Cocoon heeft alles te bieden wat ik van een film verlang. De geriatrische Don Ameche staat te breakdancen nadat de aliens hem hebben laten drinken van de fontein van de jeugd, terwijl in ons vakantiehuisje mijn oma en haar collega-senioren klagen over de prijs van de commissiekaas. Hier zijn de palmen van Florida, een oceaanbries, en Tahnee Welch – dochter van Raquel – die haar kleren uittrekt terwijl Steve Guttenberg, die in grote lijnen zichzelf speelt, door een spleetje gluurt. Ik heb nog nooit een vrouw gezien die zo moeiteloos mooi en zongebruind was, zó Nieuwe Wereld als juffrouw Welch junior. Dat bij mijn seksuele ontwaken Steve Guttenberg zijdelings betrokken was, heb ik in de loop van de tijd leren aanvaarden.

Het thema van de film is onsterfelijkheid. 'We worden nooit meer ziek,' zegt het personage gespeeld door Wilford Brimley tegen zijn kleinzoon voordat de aliens hem omhoog stralen. 'We worden niet ouder. En we gaan nooit dood.' Terwijl Brimleys personage dat zegt, werpt hij een vislijn uit in de Atlantische Oceaan terwijl zijn bezorgde kleinzoon toekijkt, een graatmager joch naast de volledig uitgegroeide mastodont van een man met zijn beroemde snor. Terwijl mijn vader op weg naar huis de Mitsubishi Tredia-s onder het heldere sterrendak door rijdt en onze sedan ruikt naar dode vis, levende wormen en mannenzweet, vraag ik me af waarom Wilford Brimley zijn kleinzoon niet meeneemt naar Antarea. Betekent dat niet dat hij uiteindelijk langer zal leven dan zijn kleinzoon? Zijn sommigen van ons voorbestemd voor slechts een ultrakort fysiek bestaan, terwijl anderen exploderen als supernova's tegen de koude berglucht? Als dat zo is, hoe eerlijk is dat dan, hier in Amerika? Terwijl die avond mijn vader gezond ligt te snurken in het bed naast mij en mijn oma de badkamer in en uit loopt, zuchtend vanuit de peilloze diepte van haar ampele boerenboezem, denk ik in veel detail zowel aan het niets waarnaar wij op den duur allemaal zullen terugkeren, als aan het tegenovergestelde: de achterkant van Tahnee Welch die gedeeltelijk schuilgaat in een witte zomershort. Ik wil dat Wilford Brimley mijn opa is, en ik wil dat hij doodgaat. Ik denk steeds aan wat hij aan het begin van de film tegen die *slabji* van een kleinzoon van hem zegt: 'Het probleem met jou is dat je te veel nadenkt; daar word je als man bang van.'

Ann Masons Vakantiekolonie ligt bij het dorp Ellenville, niet ver van de oude hotels in de Joodse Borsjtsj Gordel. Het ligt op de helling van een heuvel waaronder zich een rond hooiland bevindt dat eigendom is van een rabiaat antisemitische Pool die zijn Duitse herder achter ons aan stuurt als we te dichtbij komen, althans dat beweren onze oma's. We delen onze slingerende landweg met een incourant hotel dat Tamarack Lodge heet en een nederzetting van loslopende chassidische joden die onze vakantiehuisjes overvallen met hun gebedenboeken en vetlokken en die proberen ons Russen in te wijden in hun behaarde levenswijze. Mijn moeder en ik glippen het vlakbij gelegen Tamarack Lodge binnen, waar Eddie Fisher en Buddy Hackett ooit samen op het podium stonden, en zien reusachtige, zongebruinde Amerikaanse Joden op hun rug bij een zwembad van olympische afmetingen liggen of op pantoffels slaapwandelen naar de concertzaal om Neil Diamond te zien in *The Jazz Singer*. Na de voorstelling worden we naar een eetzaal geleid waar de Amerikaanse Joden hun maaltijd krijgen voorgezet – gegrilde kipfilets en ijskoude cola! –, en als de ober ons vraagt naar ons kamernummer flapt mijn moeder eruit: 'Kamer 431'. Mama en ik schrokken onze gestolen kipfilets naar binnen en maken dat we wegkomen.

Terug in Ann Masons Vakantiepark moeten we het stellen zonder Neil Diamond, en in het zwembad past misschien een handvol kleine Russische kinderen. Ann Mason, de eigenares, is een oud, Jiddisch spuiend monster met drie zeer wijde jurken in haar kleerkast. De kinderen (we zijn ongeveer met z'n tienen, uit Leningrad, Kiev, Kisjinev en Vilnius) zijn dol op Ann Masons echtgenoot, een bespottelijke hufter met een bierbuik en een rode baard die Marvin heet, die gretig alle strips in de zondagskranten leest, wiens gulp altijd openstaat en wiens favoriete uitdrukking is: 'Iedereen het zwembad in!' Als Ann Mason genoeg bonnen knipt, nemen zij en Marvin een paar van ons mee naar het Ponderosa Steakhouse voor T-bonesteaks met puree. De saladbar, waar je onbeperkt van kunt eten, is het toppunt van het kapitalisme en de vraatzucht waar we allemaal naar hebben verlangd.

Die Russische kinderen zijn de enige echte landgenoten die ik heb. Ik verheug me er het hele jaar op bij hen te zijn. Het staat buiten kijf dat sommige meisjes uitgroeien tot weergaloze schoonheden, met hun smalle gezichtjes die een ronde, Europees-Aziatische vorm krijgen, hun slanke jongensachtige lijfjes die hier en soms ook daar zachter worden. Maar wat ik het mooiste vind is het geluid van hun hese, opgewonden stemmen. Russische zelfstandig naamwoorden rijgen zich door een spervuur van Engelse werkwoorden, of vice versa *('Baboesjka, oni posjli* shopping *vmeste v ellenvilli'* – 'Oma, ze gingen samen shoppen in Ellenville').

Nagloeiend van mijn succes met de Gnora, besluit ik de teksten te schrijven voor een elpee met populaire Amerikaanse nummers met een Russische invalshoek. Madonna's 'Like a Virgin' wordt 'Like a Sturgeon' (= steur). Er zijn lofzangen op baboesjka's, op boerenkaas, op ontluikende seksualiteit. We nemen de nummers op op een bandrecorder die ik koop in een drugstore. Voor de hoesfoto van het album poseer ik als Bruce Springsteen op zijn album *Born in the* USA, in spijkerbroek en T-shirt en met een rode honkbalpet half uit mijn kontzak. Een aantal meiden poseert rond mijn 'Bruce' gekleed als de zangeressen Cyndi Lauper en Madonna, dik besmeerd met mascara en lippenstift. We noemen het album *Born in the* USSR. (*I was bo-ho-rn down in-uh Le-nin-grad... wore a big fur* sjapka *om my head, yeah...*)

Zodra mijn ouders aan komen rijden van hun werk in de stad, trekken de mannen hun overhemd uit en richten hun harige borstkas naar de hemel; de vrouwen komen bijeen in de keukentjes en praten zacht over hun echtgenoten. De kinderen proppen zich in een kleine stationwagen en rijden naar een nabijgelegen stadje waar zich, samen met een groeiende chassidische bevolking, een bioscoop bevindt. Hier worden voor twee dollar de films van de vorige zomer vertoond (reuzenzak popcorn met nepboter: vijftig cent). Op de terugweg naar Ann Masons Vakantiekolonie, bij elkaar op schoot zittend, bespreken we de details van *E.T.: The Extra-Terrestrial*. Ik vraag me hardop af waarom de film zich geen moment in de ruimte afspeelt, ons nooit de planeet van dat gerimpelde ventje laat zien, zijn geboorteplaats en zijn echte huis.

We praten er tot 's avonds laat over door, de sterren verlichten de schietschijf van het antisemitische hooiland. Morgen weer lange tijd voor spek en bonen badmintonnen. Overmorgen komt Marvin met de strips, en dan lachen we weer om *Beetle Bailey* en om *Garfield*, zonder dat we altijd weten waarom. Het is zoiets als geluk, dat niet weten waarom.

Het meisje van wie ik houd heet Natasja. Ik weet dat er een tekenfilm is met de personages Boris en Natasja, waarin Russen belachelijk worden gemaakt, en op SSSQ zou ik niet gezien willen worden met iemand die zo heet. Het enige meisje dat met mij naar het schoolbal wilde is een voormalige Moskoviet genaamd Irina*, en hoewel ik ergens wel besef dat ze slank en aantrekkelijk is en veel knapper dan de meeste

* Vreemd genoeg wordt ze later de romanschrijfster en essayiste Irina Reyn. Uit een eindexamenklas van een Joodse school van nog geen dertig leerlingen kwamen twee schrijvers voort, allebei uit de USSR.

inheemse dan wel Israëlische meisjes, zit ik er toch mee dat ze noch het een noch het ander is. In de vakantiekolonie tellen dergelijke overwegingen niet. We zijn allemaal hetzelfde, en we behandelen elkaar met een verrassende goedaardigheid.

Echter, ik ben niet knap. Mijn lichaam en gezicht veranderen, en niet ten goede. Door oma's voedingspatroon gecombineerd met de puberteit heb ik nu wat steroïden slikkende bodybuilders 'meidentieten' noemen ontwikkeld, en die tieten drukken tegen de toch al krap zittende T-shirts die ik cadeau krijg van de secretaresses van SSSQ. Op mijn rechterschouder bevindt zich het resultaat van een Sovjetvaccinatie die verschrikkelijk mis is gegaan: een reusachtig, vleeskleurig litteken dat ik bedek met een fortuin aan pleisters. Mijn gezicht, dat ooit vrolijk en jongensachtig was, krijgt volwassen trekken die nergens op slaan. Overal haar, mijn neus trekt krom; mijn vader noemt me tegenwoordig *goebastji*, ofwel 'zoeloelippen', en soms grijpt hij me bij mijn kin en zegt: '*Ach, ty, zjidovskaja morda.*' 'Hé, jij, Jodensmoel.' In zijn verhalen over de *Planeet van de Jids* is het goed om een slimme Jood te zijn, maar ik vermoed dat hij hiermee verwijst naar de minder aangename kenmerken van ons ras. Uiterst verwarrend allemaal.

Het volgende is niet verwarrend: Natasja is mooi. Ongeveer zo mooi als Tahnee Welch in *Cocoon*. Ze heeft ook hetzelfde korte kapsel, waardoor de slanke lijn van haar hals en haar van genot stralende blauwe ogen zo fraai uitkomen onder het badmintonnen. Ze is jongensachtig en atletisch en je ziet haar vaak over de terreinen van Ann Masons Vakantiekolonie schrijden met haar bruine boxer naast zich. Het is jammer dat ik niet meer weet hoe de boxer heet, want ooit wist ik het net zo goed als hoe ik zelf heet.

Natasja is lief en aardig en een en al zelfvertrouwen. Ze zeurt niet, ze klaagt niet, en als ze zich al onzeker voelt over haar positie in de wereld, dan lost ze dat elders op. Als ze voor mijn neus een salto of een handstand maakt, doet ze dat niet om op te scheppen maar omdat ze... gelukkig is? En als ze op haar handen staat en haar T-shirt toegeeft aan de zwaartekracht en ik haar zongebruinde platte buik zie, dan ben ik ook gelukkig. Ze zal duidelijk nooit mijn 'vriendinnetje' worden, maar ze bestaat ergens in de wereld, en dat is genoeg voor mij totdat ik naar de universiteit ga.

Inmiddels noemt iedereen me Gnoe (tegen mijn oma: '*Mozjet Gnoe snami poigraet?*' Mag Gnoe buiten komen spelen?), maar Natasja noemt me altijd Gary. Ik probeer mijn ontmoetingen met Natasja zo te plannen dat ik alleen maar om het andere spelletje met haar badminton of Kleine Doerak en Spugen met haar speel, maar de andere kinderen, vooral omdat de meesten van hen meisjes zijn en daarom bijdehand, hebben het in de gaten. Ik zit aan een groene picknicktafel met Natasja, onze schenen raken elkaar zevenendertig seconden (in gedachten: 'vierendertig, vijfendertig, zesendertig, zevenendertig, aha, ze heeft bewogen'), als een van de meiden zegt: 'Gnoe vindt Natasja leuk.'

Ik wil opstaan, omdat zelfmoord enige voorbereiding vergt, maar Natasja zegt: 'Ik vind Gary ook leuk. Hij is mijn vriend.' Ze doet iets met een kaart boven op haar stapeltje en zegt tegen haar trage tegenstander: 'Spugen!'

De kaart valt met hoge snelheid op de tafel. En ik blijf achter met dat dualisme: ze vindt me leuk. Dus ik ben in potentie leuk. En niet vanwege die Gnoe-shit. Voor haar ben ik Gary. Maar ik ben tevens haar vriend, en die uitspraak is ook onherroepelijk.

Wat betekent het om van iemand te houden? Op SSSQ mag ik niet in de buurt van de autochtone meisjes komen omdat ik tot de *dalit*-kaste, de onaanraakbaren, behoor en ik hen met mijn aanwezigheid zou kunnen bezoedelen. Maar op Ann Mason mag ik, zoals u hebt gezien, met mijn geschaafde knie zevenendertig seconden lang Natasja's gloeiende scheen aanraken, en ze wordt mijn vriendinnetje, zo niet meer. Als ik op een vroege zomerochtend onder een eikenboom voor de zon schuil en in *Isaac Asimov's Science Fiction Magazine* zit te lezen, niezend door het rijke Amerikaanse stuifmeel en dromend van verre allergeenvrije planten, stuit ik in een verhaal op de volgende regels: 'Ik stond op en drukte haar tegen me aan in die vochtige duisternis, ik ging met mijn hand langs haar smalle rug en toen naar voren, en voelde aan een borstje. "Ik hou van je, Jane," zei ik.' Ik sluit mijn ogen en stel me een handvol gewicht voor. *Voelt*. Je *voelt* aan het borstje van een *Jane*. Dus dat is liefde.

Thuis is er liefde tussen mijn ouders, en soms hoor ik hoe ze van elkaar houden. Maar liefde betekent meestal ruziemaken. Mijn moeder is zo'n meesteres in de stille tactiek dat ze vele dagen, soms weken achter elkaar, geen woord kan zeggen tegen mijn vader, ook al blijven ze het brede mahoniehouten bed delen. Als het weer zover is ben ik de postiljon tussen hen. Mijn ouders plannen besprekingen met mij waarin ze hun grieven uiten en de mogelijkheden van een razvod overwegen. En dus vlieg ik heen en weer tussen hen en voeg soms een paar tranen toe aan mijn smeekbede of ze bij elkaar willen blijven. 'Hij biedt zijn verontschuldigingen aan, mama. Hij zal niet langer buigen voor de invloed van zijn wolfachtige familie.' 'Papa, ze weet dat ze niet een uur te laat had moeten komen toen je haar ophaalde, maar er was plotseling nog wat typewerk en ze wilde het extra geld voor overwerk niet missen.'

Het gevaarlijkste moment van mijn dag is inderdaad als mijn vader mijn moeder moet oppikken van haar werk, nadat hij mij heeft opgehaald bij mijn oma, zodat we samen in de Tredia terug kunnen rijden naar het verre Little Neck. We wachten op moeder bij een metrostation op de hoek van Union Turnpike en Queens Boulevard, niet ver van de rechtbank. Op die hoek staat een standbeeld uit de jaren twintig genaamd *De Overwinning van de Burgerlijke Deugdzaamheid*: een naakte, gespierde man die met een getrokken zwaard twee zeemeerminnen met ontbloot bovenlijf vertrapt die corruptie en ondeugd moeten voorstellen. 'Waar blijft ze nou? *Soeka tvoja mat*!' roept mijn vader uit omdat mijn 'moederhoer' te laat is, tien, twintig, dertig, veertig minuten, een uur te laat. En ik weet dat hoe later ze is, hoe hoger de ruzie zal oplopen op de razvodschaal.

Om de tijd te doden en zijn woede en mijn ongerustheid in te dammen, spelen papa en ik een zenuwachtig soort verstoppertje rond de zwaargeschapen God van de Burgerlijke Deugdzaamheid met zijn strakke kontje en zijn verslagen meerminnen, en neem ik de misselijkmakende les over de strijd der seksen in me op die het standbeeld zo duidelijk verbeeldt. (Na veel protesten werd *De Overwinning van de Burgerlijke Deugdzaamheid* in 2012 verplaatst naar een begraafplaats in Brooklyn.)

Eindelijk komt mijn moeder hijgend het metrostation uit gehold in haar jas van konijnenbont, de enige luxe waar geen enkele Russische vrouw zonder kan; we stappen in de auto en het geruzie kan beginnen.

'*Soeka! Soeka! Soeka!*'

'Loop naar de *choei*!'

'Moet je haar horen vloeken waar het kind bij is. Hoeveel geld heb je nu weer naar je familie gestuurd?'

'*Ne-tvojo sobactje delo*. Dat gaat je niks aan, hond.'

'Waar was je dan, teef?'

'Mijn moeder is ziek! Mijn moeder ligt op sterven! Ach, wolvengebroed!'

En dan zegt mijn vader tegen mij, zacht, maar hard genoeg dat zij het kan horen op de achterbank: 'Andere mannen slaan hun vrouw. Maar ik heb haar nog nooit geslagen. Moet je zien wat me dat heeft opgeleverd.'

En ik draai me naar het raampje en leg mijn hoofd tegen het koude glas, terwijl 'One Night in Bangkok' van Murray Head uit de nerdmusical *Chess* zo hard als mag op de autostereo draait. Ik stel me een Aziatisch meisje voor onder een enorme Thaise stoepa gehuld in een zijden gewaad. Ik weet niet wat het betekent, behalve dat ik nu heel ergens anders heen wil, uit de auto wil springen en naar Kennedy Airport rennen, dat niet ver weg is.

Eén ding weet ik zeker, en dat is dat mijn ouders nooit een razvod kunnen krijgen. Waarom niet? Omdat wij de Familie Shteyngart zijn, bestaande uit drie personen, en met zo'n klein aantal mógen we niet eens uit elkaar gaan. Om nog maar te zwijgen van het feit dat het voeren van twee huishoudens betekent dat onze levensstandaard drastisch zal dalen, we geen middenklasse meer zijn en misschien de Mitsubishi moeten wegdoen, waarover ik al heb opgeschept tegen mijn klasgenoten op SSSQ, die er niet van onder de indruk waren: 'Aanschouw! De Tredia-s.' En ten slotte, als een van mijn ouders zou hertrouwen (ondenkbaar), zou hun Amerikaanse partner neerkijken op mijn keloïde litteken en geleende Batman-T-shirt, en zou ik helemaal geen familie meer hebben.

Soms word ik boos. In de schoolbus naar huis ontdek ik een Israëlisch meisje – ene Sjlomit of Osnat – wier ster nog minder straalt dan de mijne, en ik besluit haar genadeloos belachelijk te maken. Ze heeft net zo'n snor als mijn oma en draagt een sportbeha. Ik glijd naast haar op de bank en maak grapjes dat ze haar snor moet harsen met iets wat *turtle wax* heet, en dat lijkt me precies het juiste soort actuele wreedheid om los te laten op dit kleine, donkere, vriendelijke wezentje. Ik plaag haar met haar sportbeha en met wat eronder zit, maar waar ik geen idee van heb. Wat ik niet begrijp is dat ik verliefd ben op dat meisje precies omdat ze net zo'n snor heeft als mijn oma, zodat ik haar wil omhelzen en al mijn problemen vertellen. Het meisje dient een klacht in bij juf R., die aardige leerkracht die me ooit hielp met mijn schoenveters en 'Tralala' zong toen ik nog in klas één zat. Juf R. haalt me uit de rij bij de bushalte en zegt dat ik moet ophouden het meisje lastig te vallen. Het effect van haar zachtmoedige berisping is veel ingrijpender dan wanneer ze boos was geworden, en ik schaam me zo diep dat ik overweeg helemaal naar het huis van mijn oma in Queens te lopen. De waarheid is dat als die pluizige lippen over de mijne zouden glijden, ik me niet zou afwenden.

Ik word zelfs boos in het vreedzame domein van Ann Mason's Vakantiekolonie. Er is een nieuw joch gearriveerd en niemand mag hem. Rechtstreeks uit Minsk of zo, broodmager, ondervoed, zwak, Wit-Russisch. Hij is met zijn oma, en we weten niet waar zijn ouders zijn. Hij is een soort jongere versie van mijn stiefopa Ilja – de ongelukkige ogen, het leninistische voorhoofd – en daarom haat ik hem nog meer. Mijn favoriete boek van de zomer van 1984 en de twee zomers erna is *1984*. Ik leer de passages waarin Winston door O'Brien wordt gemarteld uit het hoofd. Als ik het kind aan een picknicktafel lusteloos in een stripboek zie bladeren, ga ik naar hem toe. Ik ga zitten en spreek hem in afgemeten bewoordingen toe. 'Macht is geen middel, *Vinston*, het is een doel. Men vestigt geen dictatuur om een revolutie veilig te stellen; men pleegt een revolutie om de dictatuur veilig te stellen. Het doel van vervolging is vervolging. Het doel van martelen is martelen. Het doel van macht is macht.'

Ik ga dicht bij het kind zitten. Hij deinst terug, wat ik zowel afstotelijk als prettig vind. Hij is nog meer *slaby* dan ik, en dat is goed. Ik sta op het punt iets uit mijn bar mitswa thora te zingen op de Congregatie Ezrath Israël in Ellenville, en wat ben ik dan? Een man. Wat zou een man doen?

Voordat hij me tegen kan houden, grijp ik zijn hand. Ik houd mijn linkerhand op en steek vier vingers op, net als in het boek van Orwell. 'Hoeveel vingers steek ik op, *Vinston*?'

Hij begrijpt me niet. Hij begrijpt mijn Engels niet. Hij begrijpt niet wie *Vinston* is. Ik herhaal mijn vraag in het Russisch. 'Vier,' zegt hij uiteindelijk; hij trilt over zijn hele miezerige lijfje.

'En als de Republikeinse Partij zegt dat het er geen vier maar vijf zijn, hoeveel zijn het er dan?'

'Vier.'

Ik buig zijn vingers achterover. Hij schreeuwt het uit van de pijn. Ik zet hem onder druk. Ik haat hem. Ik haat wat ik doe. *'Pjat!'* gilt hij in het Russisch. 'Vijf!'

Ik vecht tegen mijn eigen tranen. 'Nee, Vinston, dat heeft geen zin. Je liegt. Je vindt nog steeds dat het er vier zijn. Nou, hoeveel vingers, alsjeblieft?'

Hij rukt zich los en rent weg over het enorme grasveld tussen de vakantiehuisjes in. 'Baaaa-boeoeoeoesj-kaaaa!'

Later zie ik door mijn slaapkamerraam zijn oude baboesjka praten met de mijne, een moe, krom, uitgemergeld wijfje dat haar hart lucht bij een dikke, vraatzuchtige, quasi-Amerikaanse. Nu is het mis! Nu krijg ik straf! Ik geniet van de voorpret. Ik heb iets afschuwelijks gedaan en daar word ik nu voor gestraft. Ik ren naar oma toe. Ze kijkt me zuchtend aan. Ze houdt zoveel van me. Waarom houdt ze zoveel van me?

'De oma van die jongen zegt dat je hem geslagen hebt,' zegt oma.

'Ik heb hem niet geslagen,' zeg ik. 'Ik heb hem voorgelezen uit een boek.'

'Heeft hij jou iets gedaan?'

'Nee.'

'Mijn stralende zon,' zegt grootmoeder. 'Als je hem iets gedaan hebt, dan zal hij het wel verdiend hebben.'

Als oma weggaat loop ik naar mijn slaapkamer en huil om het monster dat ik geworden ben, maar de volgende dag doe ik het weer. En weer. En weer. 'Hoeveel vingers, Vinston?' Na een paar weken vertrekt het joch voorgoed uit de vakantiekolonie.

De zomerzon gaat rond half negen onder. Oma ligt al in bed en snurkt uit alle macht. De plattelanders in de Russische roman *Oblomov* van Ivan Gontsjarov begroeten elke avond met de uitdrukking 'Nou, weer een dag voorbij, godzijdank!' en iets dergelijks kan worden gezegd over oma's wereldbeeld. Stilletjes glip ik langs haar bed, de nieuwe nacht in. De sterrenbeelden vormen zich en het is stil in de vakantiekolonie, maar ergens hoor ik meisjes giechelen en het onduidelijke 'Karma Chameleon' van Culture Club op een tweederangs radiootje. De kinderen worden gebaad in het maanlicht en zijn blij om me te zien. 'Gnoe! Gnoe!'

'Sst, Eva... Je maakt baboesjka wakker.'

'Jij ook sst.'

Natasja zit op een Adirondack-stoel, ze heeft haar favoriete groene sweatshirt met capuchon aan en haar boxer ligt trouw aan haar voeten. 'Kom eens hier, Gary.' Ze gebaart naar haar schoot. Het is niet mannelijk om op een meisje te gaan zitten, ik weet het, maar we zijn ongeveer even groot en ik hunker naar haar warmte. De boxer kijkt beschermend op als ik bij haar op schoot kruip, en laat daarna zijn slijmerige neus minachtend zakken. O, hij is het maar. Boy George kweelt: 'I'm a man (a man) without conviction / I'm a man (a man) who doesn't know.' Natasja buigt voorover en ik voel haar wang, nog warm van een dag zon, tegen mijn oor. 'Gnoe, vertel eens een mop,' zegt iemand. Ik wil mijn ogen neerslaan en voor eeuwig hier blijven, maar ik begrijp wat die kinderen van me willen. Ik vertel een mop.

13.
Negenenzestig cent

Disney World, 1986. Vader en zoon aan de rol. Overal in Florida sluiten moeders hun dochters op.

Als ik veertien word, raak ik mijn Russische accent kwijt. In theorie kan ik naar een meisje toe stappen en de woorden '*Oh, hi there*' zouden niet meer klinken als *Ocht Haizer*, mogelijk de naam van een Turkse politicus. Er zijn drie dingen die ik in mijn nieuwe hoedanigheid wil doen: naar Florida gaan, waar volgens mijn informatie de beste en slimste mensen van het land voor zichzelf een paradijs vol zondige stranden hebben opgebouwd; een meisje laten zeggen dat ze me om wat voor reden dan ook aardig vindt; en alleen nog maar eten bij McDonald's. Ik smaak niet vaak het genoegen naar McDonald's te mogen. Papa en mama vinden dat eten in restaurants en kleren kopen die niet in Orchard Street per kilo worden verkocht slechts is voorbehouden aan de superrijken of de lichtzinnigen. Maar zelfs mijn ouders, die zo kritiekloos verliefd zijn op Amerika als alleen immigranten kunnen zijn, kunnen de iconische aantrekkingskracht van Florida niet weerstaan, de lokroep van het strand en van de Mouse.

En zo proppen twee Russische gezinnen zich tijdens de kerstvakantie in de grote tweedehands sedan en rijden via de I-95 naar de Sunshine State. Het andere gezin – bestaande uit drie personen – is er net zo een als het onze, alleen is hun enig kind een meisje en zijn de gezinsleden zwaarder uitgevallen; in tegenstelling tot hen weegt ons hele gezin honderdveertig kilo. Er is een foto onder de monorail bij het EPCOT Center waarop we een andere glimlach uitproberen om ons déjà vu uit te drukken, de sensatie van midden in het grootste attractiepark van ons nieuwe land te staan; mijn eigen megawatt grijns lijkt nog het meest op die van een Joodse marskramer van rond de eeuwwisseling die achter een potentiële klant aan rent. De kaartjes voor Disney zijn gratis, maar daarvoor moesten we het verkooppraatje aanhoren voor een gedeelde huurwoning in Orlando. 'Komt u uit Moskou?' vraagt de verkoper van de gedeelde huurwoning, terwijl hij inschat hoever mijn vader zou willen gaan.

'Leningrad.'

'Laat me raden: werktuigbouwkundige?'

'Ja, werktuigbouwkundig ingenieur... Eh, alstublieft die Disney-kaartjes nu.'

De rit over de MacArthur Causeway naar Miami Beach is mijn ware inburgeringsplechtigheid. Ik wil alles: de palmbomen, de jachten die naast de peperdure villa's dobberen, de appartementen van beton en glas die trots naar hun eigen spiegelbeeld in het azuurblauwe zwembad staren, de impliciete mogelijkheid van relaties met immorele vrouwen. Ik zie mezelf al een Big Mac zitten eten op een balkon, terloops frietjes over mijn schouder gooiend in de zilte zeelucht. Maar ik zal geduld moeten hebben. Het hotel dat de vrienden van mijn ouders hebben geboekt heeft veldbedden in plaats van echte bedden en een vijftien centimeter lange kakkerlak die zo uit de kluiten gewassen is dat hij een vuist naar ons balt. We rijden van schrik Miami Beach uit naar Fort Lauderdale, waar een Joegoslavische vrouw ons onderdak verleent in een uitgeblust motel, aan het strand en met gratis UHF-ontvangst. We lijken ons altijd aan de rand van alles te bevinden: de oprijlaan van het Fontainebleau Hilton of de glazen lift die ons naar een dakrestaurant brengt waarvandaan we over het bordje SVP WACHTEN TOT U EEN ZITPLAATS WORDT GEWEZEN uitkijken over de eindeloze oceaan; de Oude Wereld die we zo ver achter ons hebben gelaten en toch zo verraderlijk dichtbij is.

Voor mijn ouders en hun vrienden is het Joegoslavische motel ongetwijfeld een paradijs, een gelukkige slotscène van een aantal moeilijke levens. Mijn vader ligt weelderig uitgestrekt in de zon in zijn rood-zwart gestreepte nep-Speedo, terwijl ik over het strand wandel langs bruin bakkende meisjes uit het Midwesten en mijn litteken, mijn geheime passagier, onder een extra grote pleister zoemt. *Oh, hi there.* Deze volmaakt Amerikaanse woorden, niet per geboorterecht verkregen maar aangeleerd, liggen op het puntje van mijn tong, maar om naar een van die meisjes toe te lopen en zoiets terloops te zeggen moet je geworteld zijn in het hete zand onder mijn voeten, een historische aanwezigheid die overtuigender is dan de groene kaart met mijn vingerafdruk en een gezicht met sproeten. Terug in het motel worden alle afleveringen van Star Trek eindeloos herhaald op kanaal 73 of 31 of een ander priemgetal, en de verbleekte technicolor-planeten zijn mij vertrouwder dan onze eigen aarde.

Op de terugweg naar New York sluit ik mezelf af met mijn Sanyo AM/FM stereo-cassettespeler met koptelefoon en anti-rolling mechanisme, en hoop zo ons uitstapje te kunnen vergeten. Even nadat de palmbomen verdwenen zijn, ergens in zuidelijk Georgia, stoppen we bij een McDonald's. Ik proef het al: een hamburger van negenenzestig cent. De ketchup, rood en decadent, vermengd met stukjes geraspte ui. De prikkelende werking van de schijfjes augurk, de alles overstemmende rush van de Coca-Cola, waarbij de koolzuurprikkel achter in je keel aangeeft dat het genot compleet is. Ik ren de van vleesgeur vergeven kilte van het magische gebouw in, gevolgd door de grote Russen die iets zwaars meesjouwen. Het is een koeltas die, voordat we uit het motel vertrokken, is volgepakt door de andere moeder, de aardige, bolle evenknie van mijn eigen moeder. Ze heeft een volledige Russische lunch voor ons bereid. Zachtgekookte eieren in aluminiumfolie, *vinegret*, de Russische bietensalade die uit een hergebruikte bak crème fraîche bulkt, koude kip tussen de helften van een *bulka*. 'Maar dat mag niet,' zeg ik smekend. 'Je moet hier eten kópen.'

Ik voel kilte, niet de airco-kou van zuidelijk Georgia, maar de kilte van een lichaam dat de gevolgen van zijn eigen ondergang beseft, de zinloosheid van alles. Ik neem plaats aan een tafeltje, zo ver mogelijk verwijderd van mijn ouders en hun vrienden. Ik bekijk het schouwspel van de roodverbrande, vers geïmmigreerde buitenlanders die hun etnische maaltijd nuttigen – malende kaken, malende kaken – zachtgekookte eieren die licht trillen terwijl ze naar de mond worden gebracht; het meisje, mijn leeftijdgenoot, net zo nukkig als ik maar met iets van volgzame berusting; haar ouders die met plastic lepels de stukken biet ronddelen; mijn ouders die bij McDonald's gratis servetten en rietjes gaan halen terwijl Amerikaanse automobilisten met hun lawaaiige, vlasblonde kinderen de lekkerste Happy Meals bestellen.

Mijn ouders lachen om mijn arrogantie. Daar zit ik helemaal alleen honger te lijden; wat een rare persoon begin ik te worden! Zo anders dan zij. Ik heb diverse dubbeltjes en kwartjes in mijn zakken, genoeg voor een hamburger en een kleine cola. Ik overweeg de mogelijkheid om mijn eigen waardigheid te herwinnen, om onze bieten etende nalatenschap achter me te laten. Mijn ouders geven geen geld uit, want ze leven met het besef dat de rampspoed elk moment kan toeslaan, dat de uitslag van een leveronderzoek voorzien zal zijn van de onheilspellende krabbel van een arts, dat ze hun baan kwijt zullen raken omdat hun Engels niet goed genoeg is. Zeven jaar in Amerika en wij zijn nog steeds de vertegenwoordigers van een duistere samenleving, die schuilgaan onder een wolk van slecht nieuws dat nooit zal komen.

Ik houd de zilveren munten in mijn zak, ik krop de woede op die zich later zal uiten in een maagzweer. Ik ben het kind van mijn ouders.

Maar niet helemaal. De volgende zomer deelt mijn moeder mee dat we naar Cape Cod gaan. Ik ben me ervan bewust dat elke vakantie met mijn moeder de mogelijkheid van bietensalade inhoudt en vraag of we in een mooi hotel gaan logeren, zoals de Days Inn of misschien het legendarische Holiday Inn. Zo niet, als het weer een soort Russische hut wordt met een doe-het-zelfkwarkmachine, dan wens ik niet mee te gaan. Ik zie mezelf al naar het strand lopen waar alle jongedames uit fatsoenlijke hotels met ijsmachines komen, en ik met mijn onaantrekkelijke uiterlijk ook nog eens gehuld ben in de walm van een sneu boekweitontbijt. Ik wil niet tien dagen lang zowel arm als Russisch zijn in het gezelschap van leeftijdgenoten. Ik wil een vakantie van de Joodse School, geen onderdompeling in een Goj School. Deze zomer wil ik klaar zijn om '*Oh, hi there*' te zeggen.

'Nog beter dan de Holiday Inn,' zegt mijn moeder. 'Volgens mij heet het Hilton.'

Ik ga plompverloren op een *National Review* zitten. Hoe is dat mogelijk, het Hilton? Waarom geen kleine stapjes? Eerst Motel 6, dan Motel 7, en dan, over een paar jaar, het Hilton.

We arriveren eind juni in het milde klimaat op de kaap in Massachusetts. Ons onderdak is een gammele Russische datsja, een aantal verdiepingen vol vuil en loslatend behang, een toilet dat eigenlijk buiten had moeten staan, een eetzaal vol oude slaapwandelaars uit Odessa, schuifelend naar de pan met *sjtsji*, koude, zomerse zuurkoolsoep. Vergeet ik niet iets? Bietensalade? Reken maar.

'Hé,' zegt mijn moeder. 'Het lijkt het Hilton wel.'

En dan dringt het tot me door: voor mijn vader ben ik een object van haat/liefde, zowel een boezemvriend als een tegenstander, voor mijn moeder ben ik helemaal niemand.

Dat is meer dan een vaststelling van mijn kant, het is een herschikking van de feiten. Mijn moeder komt uit een land vol leugens, en ik ben daar nog steeds staatsburger van. Ze kan naar hartenlust tegen me liegen. Ze kan zelfs tegen me liegen zonder haar fantasie te gebruiken. En wat er uit haar mond komt dien ik te aanvaarden als de waarheid, als Dubbelplusgoed. Nee, ik zal haar nooit meer kunnen vertrouwen. Terwijl ik briesend langs het strand loop en gebruinde leeftijdgenoten zich verzamelen onder aan een schitterende trap die naar een of ander middenklassehotel leidt en rechtstreeks op het strand uitkomt – het onze staat langs een snelweg –, plan ik mijn eerste rebellie.

De volgende dag stop ik twee reusachtige vuilniszakken vol met mijn zomerkleren en mijn *Isaac Asimovs*. Ik zeg tegen mijn vader dat hij me naar het Peter Pan-busstation moet brengen. Ik herinner me nog maar weinig van de ruzie tussen mijn moeder en mij als ik mijn vertrek aankondig, behalve het feit dat ze geen centimeter toegeeft en zelf niet wil erkennen dat het Sauerkraut Arms Hotel niet het Hilton is. 'Wat is verschil?' schreeuwt ze. 'Noem eens één verschil!' Het is een angstaanjagende ruzie, waarbij mijn moeder haar hardvochtigste woorden en haar dreigende stiltes op de een of andere manier dooreenweeft. Maar het is ook een belangrijke ruzie. Ik houd voet bij stuk. Er wordt niet tegen mij gelogen.

'Ik zou je wel eens alleen thuis willen zien!' zegt mijn moeder. 'Ik zou je wel eens willen zien verhongeren.'

'Ik heb drieënvijftig dollar,' zeg ik.

En zo brengt mijn vader, mijn partner in deze bijzondere misdaad, mij naar het busstation met mijn twee vuilniszakken vol kleren en boeken. Hij zoent me op beide wangen. Hij kijkt me recht aan. '*Boed' zdorov, synok*,' zegt hij. Het ga je goed, zoontje. Gevolgd door een sluwe maar respectvolle knipoog. Hij weet dat ik van haar gewonnen heb.

Maar wat heb ik gedaan? Het landschap rolt voorbij, de bruggen en bossen van New England maken plaats voor de gesmolten kaaskoek van een zomers New York City. Ik ben alleen in de Peter Pan, omgeven door volwassen Amerikanen en hun Walkmans. Helemaal alleen, maar wat nog meer? Geëmancipeerd, bevrijd, duizelig, met drieënvijftig dollar zakgeld waarmee ik anderhalve week moet zien rond te komen.

Bij de Port Authority kruip ik met mijn twee vuilniszakken langs het draaihek naar de metro. Als ik in oostelijk Queens aankom, twee uur en heel wat metro's later, scheurt een van de zakken. (Ons gezin gebruikt geen Hefti of andere eersteklas vuilniszakken.) Ik probeer het gat in de zak met mijn hand dicht te houden, maar je moet erg handig zijn om dat voor elkaar te krijgen en ik ben, laten we wel wezen, een moederskindje dat niet in staat is om de simpelste dingen te fiksen. Ik haal een paar kleren uit de gescheurde vuilniszak, trek ze over elkaar aan en bind diverse T-shirts om mijn nek. Omdat ik niet nog een kaartje wil kopen, sjok ik het laatste stuk te voet naar ons appartement en zweet ongeveer acht kilometer lang als een otter onder de vele lagen kleren terwijl ik de anderhalve vuilniszak achter me aan sleep.

Ik ren naar de supermarkt van Waldbaum en investeer veertig dollar in Swanson Hungry-Man-diepvriesmaaltijden, zes reuzenzakken Dorito's, die bij ons het huis niet in komen (mijn ouders noemen ze *rvota*, ofwel 'kots'), en diverse grote flessen cola. Er is geen McDonald's binnen ons bereik, en ik neem niet het risico naar Burger King te gaan, omdat ik geloof dat hun hamburger duurder is en niet de originele.

Weer thuis trek ik mijn kleren uit en ga in mijn ondergoed 240 uur lang voor de tv zitten. *Mama, wat heb ik gedaan?* huil ik als het ochtendnieuws overgaat in het avondnieuws en er tussendoor een komische soap wordt vertoond over een denkbeeldig weeskind genaamd Punky Brewster. Hoe heb ik zo van je weg kunnen lopen? Ben ik nu beter af dan die moederloze Punky?

Mijn vader belt vanaf Cape Cod om te zien hoe het met me gaat.

'Mag ik mama even?' vraag ik.

'Ze wil niet met je praten.'

En ik weet wat er gaat gebeuren als ze terugkomt: minstens een maand lang zwijgen, een afwerende beweging met haar hoofd steeds als ik in haar blikveld kom. Soms wuift ze zelfs met een hand de lucht voor haar hoofd weg alsof ze wil zeggen dat ik niet langer de aardse atmosfeer met haar mag delen.

Maar op een dag, geruime tijd na mijn zelfgekozen ballingschap, helemaal alleen met mijn sciencefiction en mijn verboden Dorito's, met een zere kont van het langdurige zitten op de sjofele bank, met rode ogen van het tv-kijken, een door de tv verdoofde geest en met slechts een zak vol kleingeld resterend van mijn vermogen van drieënvijftig dollar, bedenk ik ineens: dit is eigenlijk zo slecht nog niet.

Eigenlijk is het best goed.

Eigenlijk is het perfect.

Misschien ben ik dit echt.

Helemaal geen loner.

Maar iemand die goed alleen kan zijn.

14.
Jonathan

Gevangenen van Zion: Gary en Jonathan klaar voor weer een dag op de Joodse School.

Terug op SSSQ zijn jarenlang de lichamen opgestapeld. Auschwitz, Birkenau, Treblinka. We krijgen een speciale film te zien in het gymlokaal, met om ons heen een beschermende muur van gebedenboeken, de Amerikaanse vlag aan de ene kant van het podium, de Israëlische aan de andere kant en daartussenin de slachting onder onschuldigen. Terwijl ik zie hoe ovens opengaan en skeletten verkruimelen, word ik boos op de Duitsers en ook op de Arabieren, die hetzelfde zijn als de nazi's: Jodenmoordenaars, fokking moordenaars, ze hebben ons land afgepakt of zoiets, ik haat hen.

Dan nog meer verontrustende beelden: kinderen, blanke kinderen zoals wij, die marihuananaalden in hun arm stoppen. Ze roken heroïnesigaretten. First Lady Nancy Reagan staat naast acteur Clint Eastwood tegen een sombere, zwarte achtergrond en zegt: 'De kick kan dodelijk zijn. Drugdealers moeten goed begrijpen dat we hen niet dulden op onze scholen, in onze wijk en in ons leven. Zeg nee tegen drugs en zeg ja tegen het leven.'

De kinderen van de Solomon Schechter School of Queens zijn bang voor nazi's en we zijn ook bang voor drugs. Als de *Jewish Week* een artikel had gepubliceerd waarin bekend werd gemaakt dat Goebbels daarboven in het Arendsnest dope had gedeald aan Hitler, dan zou de wereld een stuk duidelijker zijn geweest. Maar voorlopig is het trieste feit dat sommigen van ons geen Joods vervolgonderwijs zullen volgen. We zullen naar openbare *high schools* gaan waar veel niet-Joden zijn, en niet-Joden zijn dol op drugs. En hoe zullen we de *peer pressure* kunnen weerstaan als die spannende drugs onder handbereik zijn? Clint Eastwood, smalend: 'Wat ik zou doen als iemand me *deze drugs* aanbood? Ik zou zeggen dat-ie moest opdonderen.'

Ik zie mezelf langs de kluisjes lopen van Cardozo High School in Bayside, Queens, de sympathieke openbare school waar ik naartoe ga. Er komt een joch op me af. Hij lijkt gewoon Amerikaans, maar de blik in zijn ogen deugt niet. 'Hé, Gnoe,' zegt hij, 'wil je wat van deze drugs?'

En ik stomp hem in zijn gezicht en schreeuw: 'Donder op! Donder op, vuile nazi. PLO-tuig!' En ze proberen ook een Joods meisje te prikken met hun naalden, en ik ren naar haar toe met gebalde vuisten en schreeuw: 'Donder op! Donder op en laat haar met rust!' Ze stort zich in mijn armen en ik kus haar naaldenprikken en zeg: 'Alles komt goed, Rivka. Ik houd van je. En misschien heb je wel geen aids gekregen.'

De andere holocaust waar wij bang voor zijn is de nucleaire. In de ABC-tv-film uit 1983, *The Day After*, was te zien wat er kon gebeuren met de brave burgers van Kansas City, MO, en Lawrence, KS, als de Sovjets hen zouden laten verdampen met hun thermonucleaire wapens. Er is ook nog de BBC-versie, *Threads*, die te zien was op PBS, en die volgens velen veel realistischer is: baby's en melkflessen veranderen op slag in sintels, katten stikken, overlevenden hebben alleen rauw, radioactief schapenvlees te eten. ('Is het veilig om te eten?' 'Hij heeft een dikke vacht, misschien werkt dat als bescherming.') Ik heb de laatste ogenblikken onthouden, vlak voordat de bom op Yorkshire valt, een dialoog tussen twee slecht voorbereide bureaucraten, en ik herhaal de woorden in mezelf te midden van het harde gemompel in de Talmoedles: 'Code rood!'

'Code rood? Echt waar?'

'Natuurlijk is het code rood, verdomme!'

Vervolgens de zakelijke stem van de BBC-omroeper: 'Het stof daalt neer over Sheffield. Het is één uur en vijfentwintig minuten na de aanval. Door de hevigheid van deze aanval zijn alle ramen in Groot-Brittannië verbrijzeld. Van vele huizen is het dak afgewaaid, zodat het dodelijke stof naar binnen kan. In dit vroege stadium zijn de symptomen van stralingsziekte en paniek identiek.'

Ja, ze zijn identiek. Ik schijt bijna in mijn broek. Het probleem met *Threads*, opgenomen in de verbleekte kleuren van de authentieke locatie, is dat vaak moeilijk het verschil is te zien tussen het Sheffield van voordat de bom valt en het Sheffield van na de verwoesting. Het rauwe radioactieve schaap ziet er een stuk aantrekkelijker uit dan de erwten die in het begin van de film bij een gezinsmaaltijd op tafel komen; het schaap is in elk geval niet door en door gaargekookt.

In *The Day After* daarentegen wordt de verwoesting afgezwakt. De wereld stort veel fleuriger ineen; hoe kan dat ook anders met Steve Gutterson (mijn god, daar heb je hem weer) in een van de stralende hoofdrollen? Maar wat ik mooi vind aan *The Day After* zijn de scènes met de hardwerkende mensen uit Missouri en Kansas die vóór de aanval pret maken in hun onbezorgde leventje met stationwagens, kinderen op hun fietsjes op vele hectaren grote gazons, volwassenen die hoefijzer werpen zonder zorgen over het aflossen van de hypotheek. Bij de Handelskamer in Kansas City gaat de prijs van sojabonen omhoog, en in het Memorial General Hospital zorgt dokter Jason Robard dat een patiënt zijn favoriete ijsje krijgt. Vanille. Wat we gehoord hebben over de kosten van het levensonderhoud in Atlanta, Georgia, schijnt tweemaal zo erg te zijn. Als mijn ouders geen razvod krijgen, zouden ze met hun inkomen – ruwweg 42.159,34 dollar in 1983 – tot de hogere middenklasse behoren. En na vijftig minuten, als de enorme pijnbomen worden ontworteld door de kernexplosie en een bruiloft door de atoomflits wordt teruggebracht tot uitsluitend skeletten, voel je echt dat die mensen iets bijzonders verloren hebben.

Ondanks alle tekortkomingen gaat *The Day After* over hoe het is om op te groeien in de jaren tachtig. Dit is ons vocabulaire. Pershing II. SAC Luchtcommando. Lanceren na waarschuwing. 'Dit is de Noodomroep.' '*Sir*, wij verzoeken toegang tot de sleutels en de autorisatiepapieren.' 'Uiterst vertrouwelijk. Ik herhaal, uiterst vertrouwelijk.' 'Graag bevestiging, is dit een oefensituatie? *Roger*. *Copy*. Dit is géén oefensituatie.' 'We hebben nú een massale aanval op de Verenigde Staten. Meer dan driehonderd intercontinentale raketten op ons gericht.' 'Bericht volgt. Alfa. Zeven. Acht. November. Foxtrot. Een. Vijf. Twee. Twee.' 'We hebben toestemming van de President.' '*Stand by*. Ontsluit code.' 'Schat, we zullen eraan moeten wennen dat alles anders wordt. Waar het om gaat is dat we nog in leven zijn. En we zijn samen.' 'De rampzalige gebeurtenissen waar u zojuist getuige van bent geweest, zijn naar alle waarschijnlijkheid minder ernstig dan de verwoesting die zou plaatsvinden wanneer er wérkelijk een nucleaire aanval tegen de Verenigde Staten zou plaatsvinden.' Ik doe mijn ogen dicht en vóél bijna de griezelige stilte terwijl Steve Guttenberg over een landweg in Kansas loopt, minuten voordat de Russische raketten doel zullen treffen. De kinderschommels zijn leeg. Een kraai boven de uitgestrekte tarwevelden.

Mijn ouders zullen ooit een zalmkleurige Sony Trinitron kopen met 27-inch scherm en een chique afstandsbediening die de Zenith Space Command zal doen verbleken, vlak voordat Peter Jennings ons meedeelt dat het ruimteveer *Challenger* in de oceaan is gestort, maar als *The Day After* wordt uitgezonden hebben we nog een klein 9-inch toestelletje van de plaatselijke vuilstort, die we alleen voor speciale gelegenheden tevoorschijn halen. Dus ik neem een abonnement op de TV *Guide* om een beter idee te krijgen van de belangrijke programma's. Ik mag geen tv-kijken, maar ik mag wel de TV *Guide* lezen, die ik beschouw als Amerikaanse literatuur. *The Day After* wordt natuurlijk vergezeld van tal van artikelen in de *Guide*, en ik zal dat exemplaar nog vele jaren bewaren. Soms kijk ik naar de afbeelding op het omslag: een man die een jongen beschermt tegen een paddenstoelwolk, de Lichtman in mijn kast tuurt over mijn schouder mee, hij is zo geobsedeerd door de gruwelen dat hij mijn gewonde oor streelt. De jongen zal verblind raken door de lichtflits, en de gedachte om nog in leven te zijn in de postnucleaire holocaust zonder te kunnen zien, is ondraaglijk voor mij. Mijn eerste taak voor als de Sovjets aanvallen – en ik ken die leugenachtige klootzakken, ze vallen écht aan – is een goede zonnebril kopen bij het warenhuis Stern's in de Douglaston Mall.

'Als de bom valt, neem ik mijn kinderen mee naar buiten zodat we samen direct kunnen doodgaan.' Dat is juf A., die maatschappijleer en dergelijke vakken geeft. Als ze dat zegt, voel ik de ware verschrikkingen van een kernoorlog, omdat juf A. ongelooflijk aantrekkelijk is met haar slanke figuur en haar bos asjkenazisch kroeshaar, en haar dochtertjes, die in de onderbouw van SSSQ zitten, zien er hetzelfde uit. Alle coole kinderen op SSSQ en hun moeders lijken juf A. persoonlijk te kennen, en ze onderbreekt vaak een monoloog over de Suezcrisis met een opmerking tegen haar favoriete leerling: 'Chava, weet je nog...'

Ook vertelt ze ons graag wat voor een verbazingwekkend goede ballerina haar dochter is en dat ze al optrad in het Lincoln Center toen ze acht maanden was of zo. Deze vorm van kinderliefde verscheurt mij mateloos. Mijn vader kwam ooit naar een ouderavond, waar een van de leerkrachten tegen hem zei: 'Gary is erg slim. Het schijnt dat hij Dostojevski in het Russisch leest.'

'Pff,' zei papa. 'Alleen Tsjechov.'

Dus na *The Day After* speel ik steeds weer het stukje af waarin juf A. haar kinderen mee naar buiten neemt om oog in oog te staan met de paddenstoelwolk. Hou zouden de Sovjets ooit juf A. en haar dochter de ballerina kunnen doodmaken? Wat zou de Joodse tv-persoonlijkheid Abba Eban daarvan vinden? Voordat ze dat zei, was ik eigenlijk niet helemaal antikernoorlog. Mijn onderzoek wees uit dat twee van de Sovjetraketten terecht zouden komen op de vliegvelden JFK en LaGuardia in Queens. Geografisch ligt SSSQ even ver van beide luchthavens af, en het modernistische schoolgebouw met veel glas zal waarschijnlijk bij de eerste explosies al aan diggelen gaan, waarbij alle siddoer gebedenboeken als pannenkoeken zullen verbranden, en bij de daaropvolgende blootstelling aan straling zal iedereen overlijden, met uitzondering van de bolle, goed geïsoleerde rabbi Sofer.

Tot zover niets aan de hand.

Little Neck ligt niet in de buurt van strategische doelen. Het dichtstbijzijnde zou de Brookhaven National Laboratory in het verre Suffolk County zijn, waar mijn vader binnenkort zal zwoegen aan een onderdeel van Ronald Reagans nieuwe raketverdedigingssysteem 'Star Wars', en de coöperatie Deepdale Gardens is gebouwd van millenniumstenen, die een temperatuur van 600° Celcius kunnen weerstaan, volgens mijn simpele berekeningen. Ik hoef alleen mijn zonnebril bij de hand te hebben en een paar weken uit de straling te blijven. Daarna betreed ik een wereld zonder Joodse School. In die wereld, zonder Russisch accent en met de superieure wiskundige kennis die ik heb geleerd uit de Russische studieboeken van mijn vader, zal ik helpen een nieuwe Republikeinse beschaving op te zetten, samen met mijn nieuwe Amerikaanse boezemvriend, Jonathan.

Ja, ik heb een boezemvriend.

Juf A. geeft een vak dat 'Pilot Programma' heet, voor de slimste kinderen op SSSQ, die samen rond een kleine eettafel passen. Een heel lesuur lang worden wij, de genieën, gescheiden van de debiele sfeer van de rest van de school en naar een docentenkamer gestuurd, waar een koelkast staat vol met sneue sandwiches voor leraren en waar een zware tabakslucht hangt, zodat we ons behoorlijk volwassen voelen. Het is erg moeilijk om erachter te komen wat dat 'Pilot Programma' van juf A. precies is. Ik kan er rustig van uitgaan dat mijn vaders droom van een zwaar lespakket van theoretische fysica en hogere wiskunde niet uit zal komen. Activiteiten zijn onder andere karamels maken in de vorm van E.T.: The Extra-Terrestrial en een discussie over *Something About Amelia*, waarin Ted Danson seks heeft met zijn eigen dochter. Juf A. is een onderhoudende prater, en het Pilot Programma biedt haar de mogelijkheid erop los te associëren en ondertussen allerlei banket te bereiden. Als iemand de film *Jaws* van Steven Spielberg noemt, vertelt juf A. het fascinerende verhaal van een Israëlische soldaat die het slachtoffer werd van een explosie tijdens de Zesdaagse Oorlog, van wiens gezicht niets anders overbleef dan drie gaten. Behoedzaam eten we onze E.T.-karamels op.

Er zijn vijf jongens op SSSQ die worden buitengesloten. Je hebt Jerry Himmelstein, wiens slachtofferrol een speciale naschoolse aandacht verdient en die in klas zes onze debiele hel zal verlaten. Je hebt Sammy (niet zijn echte naam), een mager, sneu, hyperactief joch dat op ons af komt onder het schreeuwen van: 'UUURSJ! UUUUURSJ!', een of andere diepgewortelde *primal scream* die niet vertaald kan worden in het Engels of Hebreeuws. Je hebt David de Machtige Khan Caesar, heerser van het Keizerrijk van David, de voornaamste vijand en soms bondgenoot van mijn mythische Heilige Gnoeïsche Rijk. David is slim en zoon van een rabbi; soms haalt hij midden onder de les een ruimtescheepje tevoorschijn, laat het voor zijn gezicht zweven en zoemt: '*Noeoeoe... Mmm... Woeoeoe...*', ongeveer zoals de duikvluchten die ik uitvoer met mijn pen. Je hebt mij. En je hebt Jonathan.

Jonathans persoonlijkheid heeft niet zodanig te lijden gehad dat hij zich Gary Gnoe III of de Machtige Khan Caesar noemt, maar hij is duidelijk ook niet geschikt voor SSSQ. Hij heeft aardige en aantrekkelijke ouders, een aanbiddelijk zusje, de collie van mijn dromen; en dit ogenschijnlijk volmaakte gezin woont in een ruim, kasteelachtig tudorhuis in Jamaica Estate, het soort tudorhuis waar dr. Jason Robards en zijn mooie, oudere vrouw in woonden voordat het verdampte in *The Day After*. Jonathan is klein, net als ik, en zijn knappe uiterlijk gaat deels schuil onder een laag babyvet. Als een Israëliet bij trefbal met al zijn samengebalde Kanaänitische woede een bal naar Jonathan gooit en hem raakt, valt hij op de grond en grijpt naar zijn elleboog, net als ik. Een ander minpuntje is dat zijn ouders te verlegen zijn om mee te doen in het sjtetlnetwerk van SSSQ-ouders, een netwerk dat een weerspiegeling is van de vriendschappen van de kinderen zelf. Mijn eigen ouders ('Vaar is man toilet?') doen volstrekt niet gezellig.

Ten slotte is Jonathan intelligent. Briljant. En terwijl het oude stereotype van Joden als het Volk van het Boek om ons heen een stille dood sterft, vervelen Jonathan en ik ons de kanker. En nu mijn accent langzaamaan verdwenen is, mijn Engels steeds beter wordt en ik kan converseren met een snelheid van een kilometer per minuut, worden we vrienden met uitsluiting van ieder ander.

Zaterdags bij hem thuis, zondags bij mij. Of andersom. Het tudorhuis in Jamaica Estates met zijn speciale computerkamer of mijn flat in Deepdale Gardens met zijn verraderlijke rode hoogpolige vloerkleed. Zijn Apple //e-computer of mijn nieuwe Commodore 64 met Datasette-drive (drieënveertig minuten om een spel te downloaden). En als onze speelafspraak om is en we naar onze respectieve huizen zijn gebracht in papa's Tredia-s of in zijn vaders AMC-stationwagen, rennen we naar onze drukknoptelefoons om elkaar te bellen en verdere aanwijzingen uit te wisselen voor *Hitchhiker's Guide to the Galaxy* van Infocom Software of Zork II, de nerdachtige nieuwe computerspellen met 'interactieve fictie' die niet alleen ons leven in beslag nemen, maar ons leven zíjn, en onze hersenen gonzen van het idee dat er problemen zijn in de wereld die echt opgelost kunnen worden.

Als Jonathans vader mij naar huis rijdt, voel ik me veiliger dan ooit. Ooit wil ik ook een zoon of dochter hebben die ik thuis kan brengen in net zo'n robuuste auto als zijn AMC-wagen. Mijn vader rijdt nog maar sinds kort, en zijn auto is al eens over de middenberm geschoten en in een sloot terechtgekomen, maar Jonathans vader is duidelijke een geboren chauffeur. Hij vraagt me van alles over school, en we lachen om een paar idiote aspecten van SSSQ: het Pilot Programma en hoe gemakkelijk het huiswerk is, en of Jonathan en ik later naar Harvard of Yale zullen gaan (Jonathan zal uiteindelijk op Yale terechtkomen, ik niet echt). Als hij me aflevert bij mijn ouders verandert hun gelaatsuitdrukking; ze wordt zachter, alsof Amerikaansheid op de een of andere manier overdraagbaar is. Tien jaar later zal ik erachter komen dat, terwijl mijn ouders langzaam opklimmen op de maatschappelijke ladder, de zaak van Jonathans vader – hij heeft een bedrijf dat in de hele stad deuren plaatst – in grote moeilijkheden verkeert, zo erg zelfs dat hij een deel van het schoolgeld voor SSSQ betaalt met reparatiewerkzaamheden. Nog later zal hij overlijden aan kanker. De gedachte dat deze aardige man, dit volmaakte gezin, iets veel pijnlijkers doormaakte dan het mijne, is nooit bij me opgekomen. De meeste dagen word ik zo opgeslokt door de besognes van mijn familie dat er niet veel empathie overblijft voor anderen, vooral voor Amerikanen, die volgens de nieuwe Sony Trinitron 'alles hebben'. Soms, als ik duizelig ben na drie uur onafgebroken Zork, trek ik de deur van Jonathans spelonkachtige badkamer achter me dicht, ga liggen op de zachte mat die onder de hondenharen zit en adem de bloemengeur van de luchtverfrisser in die ik tot op de dag van vandaag associeer met thuis. Waar ik om moet huilen is het feit dat Jamaica Estates vlak bij JFK ligt, en dat als de Sovjets aanvallen, mijn nieuwe gezin in een flits verdwenen is.

Mijn vader is ook een soort tweede vader voor Jonathan: een sterke man, overdreven mannelijk, die ons mee uit vissen neemt op een pier vlak bij de welgestelde buitenwijk Great Neck. De steigers zijn uitsluitend bedoeld voor de inwoners van Great Neck, dat is duidelijk, maar mijn vader heeft een gat in de gazen omheining gevonden, en daar kruipen we gedrieën illegaal doorheen om te vissen op de pier der rijken. '*Prochod dlja oslov!*' roept papa trots uit. 'Gary, vertalen.'

'Dit is de doorgang voor ezels,' zeg ik tegen Jonathan.

Soms bezetten we de pier van de U.S. Merchant Marine Academy in Kings Point en vangen we vissen tussen de rompen van de militaire opleidingsschepen. Ik geniet ervan hoe aardig mijn vader is tegen Jonathan, hoewel ik ook een beetje jaloers ben. Ik ben trots op een vader die weet door te dringen op vijandig gebied en met een paar halen van zijn hengel zeebaars kan stelen, maar ik wou ook dat mijn vader altijd zo zou zijn. Zijn Engels is gebrekkig maar geduldig, teder, leerzaam.

'Zaar giends ies veel schol en zaar ies bot... Guys, niet zo hard vies optrekken! Geef hem tijd om aan haak te komen, ja?' *Guys*. Voor mijn vader zijn we *guys*. Ik besef dat als we thuis Engels spraken in plaats van Russisch, mijn vader wat van zijn natuurlijke wreedheid zou verliezen, die gepaard gaat met onze moedertaal. 'Hé, Snotneus. Hé, zwakkeling.' Want het enige wat ik wil is met papa en mama praten in het Engels van Jonathan. Wat toevallig ook mijn Engels is.

Maar daar is het te laat voor.

De seksualiteit rijpt om ons heen op een manier die ons bang maakt. Ik kan Jonathan nooit vertellen over Natasja, mijn Russische vakantievlam, want praten over meisjes herinnert ons aan onze status van onaanraakbaren en verbrijzelt de gepixelde wereld die wij rond onszelf hebben opgebouwd. Op een mooie herfstdag huren de ouders van een van de rijkste SSSQ-kinderen de hele bovenste verdieping van het World Trade Center af voor zijn bar mitswa, compleet met een klaveciniste die een klassieke versie van 'Hava Nagila' tokkelt in de *sky lobby*, massa's Sevruga-kaviaar, bij de toiletten geüniformeerde mannen met de naam van de jongen op hun revers en een hele rij bussen die ons van Queens naar de twee monsterlijk hoge wolkenkrabbers brengen.

In de gehuurde bussen op weg naar huis verzamelen twee van de wereldwijze jongens zich rond het meisje met de grootste borsten en beginnen zich onder luid gelach van haar af te rukken. Het nieuws bereikt ons voor in de bus, en Jonathan en ik zijn oprecht gechoqueerd. Dit soort dingen gebeurt niet in onze computerspelletjes. We hebben Brook Shields in badpak gezien in het tijdschrift *People*, en we hebben geprobeerd twee Panasonic-videorecorders te koppelen om de film *Excalibur* van John Boorman te kopiëren, die voor boven de achttien is en ruim voorzien van zowel frontale als ruggelingse naaktheid (het is ons nooit gelukt). Maar het idee dat twee jongens, en een van hen niet eens een Israëli, achter in een chique, gehuurde bus hun *zains* uit hun broek halen en zich aftrekken bij een meisje, gaat ons realiteitsgevoel ver te boven. Als ik me 's avonds in mijn veilige, rode Sovjetdekbed rol, komt papa soms mijn slaapkamer binnen met de bemoedigende woorden: 'Lig je je af te trekken? Niet te hard hoor, anders valt-ie eraf.' En midden in de nacht legt dr. Ruth Westheimer fluisterend in mijn koptelefoon het verschil tussen een clitoraal en een vaginaal orgasme uit, maar dat zijn alleen maar woorden die ik bewaar voor in een andere levensfase, misschien als ik later rechten studeer. Moet ik me aftrekken, net als die jongens? Zullen mijn ouders en leerkrachten daar blij van worden? Het gaat mijn voorstellingsvermogen te boven. Ik speel liever Zork met mijn boezemvriend Jonathan.

```
ZORK I: Het Grote Onderaardse Rijk
Copyright (c) 1981, 1982, 1983 Infocom, Inc. Alle rechten
voorbehouden.
Zork is een gedeponeerd handelsmerk van Infocom, Inc.
Herzien 88 / Serienummer 840726

Ten Westen van Huis
U staat in een open veld ten westen van een wit huis, met een
dichtgetimmerde voordeur.
Er zit een kleine brievenbus in.

>
```

In het vage licht van Jonathans computerkamer draaien zijn twee Apple 2,25 inch diskdrives vol verwachting. Het > verwijst naar de zogenaamde statusregel, waarop de speler commando's kan geven. Bijvoorbeeld:

```
>W
```

betekent dat de speler in westelijke richting wil. Of

```
>Open mailbox
```

is ook zo'n vanzelfsprekend commando. En zo, zonder de afleiding van de graphics of geluiden die je in andere videogames tegenkomt, reizen Jonathan en ik het Grote Ondergrondse Rijk binnen, het land van kerkers en schatten, trollen, elfachtige zwaarden en de gevreesde Flood Control Dam nr. 3. Na uren > zetten we het spel stil en strompelen de helverlichte wereld van Union Turnpike binnen, naar de Hapisgah (de Peak), de koosjere kebabtent waar de Israëlische serveersters ons net zo vrolijk negeren als onze eigen jonkvrouwen op SSSQ, terwijl ze voor een schijntje de sappigste kebabs van heel Queens opscheppen. Dit is het ritme van mijn nieuwe leven met mijn Amerikaanse Vriend: Union Turnpike, een bord kebab met hummus en Israëlische salade, videotheek, *History of the World, Part I* van Mel Brooks, de veilige politieke komedie van Mark Russell op PBS (*'Read my lips*, geen nieuwe belasting, *read my lips*, ze gaan de oude verhogen!'), en zwaaien met ons gezamenlijke Oeroude zwaard der Elfen tegen grote en kleine vijanden.

Op school zwaaien we ook vaak met ons Elfische zwaard. We zijn onafscheidelijk. Natuurlijk heb ik mijn buitenmodel Gary Gnoe III-personage nog, en soms moet ik me als zodanig manifesteren en de klas laten lachen. Als ik in een toneelstuk Julius Caesar moet spelen, breng ik overal de Romeinse groet, die gelukkig identiek is aan de nazigroet. '*Heil* Caesar!' roep ik dan terwijl ik met geheven rechterarm rondren door de Joodse School. Juf A. kijkt me met een vol afgrijzen aan. 'Dat is niet grappig,' zegt ze. 'Jij vindt alles grappig, maar dat is het niet. Niet alles is een grapje.' En ik heb het gevoel dat ze mijn Gnoe-personage ruw heeft doorgeprikt, deze vrouw door wie ik bemind wil worden. Ik snak naar adem als ik zeg: 'Het is de Romeinse groet, juf A. Ik heb ooit in Italië gewoond.' Maar juf A. negeert me en vertelt verder over de buitengewone balletprestaties van haar dochter en dat zij en het gezin van haar lievelingsleerling binnenkort samen naar de 'Berkshires' gaan, wie of wat dat ook mogen zijn.

We hebben een geschiedenisleraar op wie Jonathan en ik dol zijn en die meneer Korn heet. Meneer Korn heeft drie handicaps: 1) hij stottert enorm ('T-t-t-thee-p-p-pot K-k-k-koepel S-s-s-schandaal...'); 2) zijn tanden geel en onregelmatig; en 3) hij heeft in totaal drie geruite overhemden, die er net zo Sovjet uitzien als het mijne. Meneer Korn wil dat we echt iets leren naast de geboortevolgorde van Jacobs zonen. Zijn lijfspreuk, die hij zonder te stotteren uitspreekt, is: 'Denk daar maar eens over na.' En dat is veel gevraagd van een klas vol holbewoners die aldoor hysterisch lopen te krijsen over hun *zains* en de import- en exportfirma van hun vader. Ik gedraag me als een idioot in de les van meneer Korn, maar ik denk wel na over wat hij te zeggen heeft. Over het feit dat Amerika niet alleen een land is waar kapitaal wordt vergaard, maar een continent dat deels is gebouwd op de ellende van anderen; dat mijn toekomst niet uitsluitend een triomfantelijke immigrantenoptocht hoeft te zijn vanuit de straten van Queens naar het mooiste tudorhuis in Scarsdale.

Om meneer Korn te bedanken voor mijn opleiding, pest ik hem des te erger. Hij heet Robert, dus ik schreeuw: 'Hé, Bob!', steeds als ik de klas binnenstorm. Of: 'Jawel, Bobert!'

Vorig jaar hoorde ik dat meneer Korn onlangs gestorven was aan een verschrikkelijk bekende ziekte omdat hij, populair gezegd, 'van theater hield', en dat feit bevestigt alles wat ik weet over de manier waarop het universum in elkaar zit, de manier waarop de weegschaal doorslaat van de goeden en de zwakken naar de bozen en de sterken. Denk daar maar eens over na.

Als mijn uitbarstingen erger worden, stuurt meneer Korn me naar de leraar *general studies* (het niet-Joodse deel van het lesrooster), ook zo'n betrekkelijk humane man met de ongelukkige naam meneer Dicker, die we binnenkort zullen belonen met een hartaanval. 'Hoe denk je iets aan je gedrag te kunnen doen?' vraagt meneer Dicker. Ik steek mijn arm uit. 'Dat is een Romeinse groet, geen nazigroet, toch?'

'Juist,' zeg ik. 'Ik ben Julius Caesar. *Heil* Caesar!'

Terug in de klas bespreekt meneer Korn onze onzinnige opstellen over de ups en nog meer ups in de Amerikaanse geschiedenis. Ik buig me over het bureau en voel hoe zijn tabaksadem de zuurtjes- en snoepgeur van een hele SSSQ-klas vertroebelt. Om ons heen krijsen kinderen. Jonathan zit onze volgende doldwaze avonturen in het Grote Ondergrondse Rijk van Zork te schetsen. 'Hé Bob,' zeg ik.

'Hé, G-g-gnoe.'

'Ik vind echt dat we te veel hebben betaald voor de Louisiana Purchase. Vijftien miljoen dollar voor Arkansas?'

'Ik weet het, Gnoe.' En we glimlachen naar elkaar, met al die afgebroken, niet volgroeide stompjes van tanden tussen ons in.

In groep acht hebben Jonathan en ik alle vertrouwen in Solomon Schechter als educatief instituut verloren. We verzinnen ons eigen spel genaamd Snork II: Een Eeuwige Snorkreis. We zitten in de klas naast elkaar en we spelen het de hele dag met pen en papier in plaats van op het computerscherm, en geven alleen sjoeche als meneer Korn het lokaal binnen komt gestotterd en begint te klagen over het Tet-offensief. Ik ben de schrijver en Jonathan is de speler. Zijn absurdistische queeste leidt onder andere tot de redding van een zending Spaanse leerboeken voor SSSQ, de *Español al Días*, die bij vergissing gekaapt zijn door de Sovjet-Russische geheime dienst, maar soms krijgt hij hulp van Gnoe, Sammy 'de Uursjer' en de Machtige Khan Caesar, met andere woorden: van ons hele sneue troepje. Het avontuur begint in Queens, gaat verder in Honk [sic] Kong, dan op het vasteland van China ('Welkom in Communistisch China, *home of the whopper*!'), in de Oriënt-Express, Venetië, Duitsland, Sverdlovsk (waar Lenin, die op de een of andere manier nooit gestorven is, is teruggebracht tot een derderangs pluimvee-ondervrager), en vervolgens in Leningrad. Een serie zichzelf vernietigende berichten à la *Mission: Impossible* jaagt Jonathan voort, terwijl ik het verhaal vol spelfouten verzin en hij commando's schrijft op de statusregel (>).

Bladzijde 120
Kade (Leningrad)
PS Dit bericht vernietigt zichzelf over dertig uur.
> Zet de recorder neer
Wil je de recorder achterlaten?
> Ja
Zeker wete?
> Ja
Apsolut?
> Ja
Volkome?
> Ja
Koor je niet!
> Ja
Oké, laat maar achter hij ontploft na dertig seconden en er vallen 60 doden. Nou tevreje?
> Ja
Ik niet.
> Ga naar feest.
Gnoe neemt je mee naar de Tipanovskajastraat... Toevallig heeft Gnoe daar gewoond. Je ziet dat er een feestje is, er staat een bewaker voor de deur.

En zo gaat dat honderden volgekrabbelde bladzijden door, met oneliners à la Mel Brooks of misschien de Marx Brothers. 'Jullie zijn staatsvijanden. We weten niet welke staat, maar waarschijnlijk een dunbevolkte zoals Wyoming.' Geïmproviseerd verhaal over 'schuldig verklaren', 'vibrators' en 'andere exotische apparaten' en zo nu en dan verwijzingen naar romantiek, vermoedelijk geïnspireerd door onze recente nerdachtige lezing van *A Tale of Two Cities*: 'Ze is mooi, klein en victoriaans, wat wil je nog meer?'

Maar er is iets wat ik nog veel meer wil dan de goddelijke Lucie Manette uit Dickens, en dat is Jonathan mee op avontuur nemen naar mijn kindertijd, en daarom kan de Eeuwige Snorkreis alleen maar teruggaan naar één plek, naar Leningrad, naar de Tipanovstraat. Thuis kijken mijn ouders en ik met veel achterdocht op tv naar de reformistische nieuwe Sovjetleider Gorbatsjov. Gaat deze glimlachende man met de bolle toet en die enorme wijnvlek op zijn voorhoofd een einde maken aan al de Sovjetonzin? 'Vertrouw, maar controleer,' zoals onze held Ronald Reagan graag zegt. En ik begin niet gauw over grootmoeder Galja, die we achtergelaten hebben, omdat ik weet dat alles wat met *rodstvenniki* te maken heeft, problemen kan geven. Ik ben vergeten hoe ze eruitziet, ik ben vergeten hoe de boterhammen smaken waarmee mijn eerste roman werd betaald, en ik ben vergeten dat ik van haar moet houden, ook al is ze niet hier.

Misschien is dat de reden dat ik Jonathan mee terugneem naar Leningrad. Ik vertel Jonathan iets wat ik nooit zou kunnen zeggen tegen de jongens en meisjes op SSSQ. Dat ik niet een soort Gary Gnoeantilope ben of zo, wat de fok, wiens enige reden van bestaan is hen te vermaken. Dat ik een Russische jongen ben, van Joodse komaf, een Russissche jongen uit Rusland, die de helft van zijn leven in dat land heeft doorgebracht.

En omdat Jonathan een echte vriend is, gaat hij met me mee.

Toevallig heeft Gnoe daar gewoond.

Mijn vader slaat me niet meer, misschien omdat ik een beetje groter ben, mijn oerwoud van zweterig haar komt tot een paar centimeter onder zijn dikke lippen. Misschien vanwege Amerika, vanwege Jonathans familie, die langzaam tot hem doordringt. De laatste keer dat hij me er 'eentje in de nek' gaf, was ik zogenaamd een *groebijan* (een 'hufter') geweest tegen mijn oma Polja. Ik neem aan dat het onbeschoft van me was omdat ik weigerde haar een hand te geven toen we door de gewelddadige straten van Forest Hill liepen (ik ben bijna vijftien) en omdat ik niet meer zo dol ben op haar achtgangenmenu's, nu ieder hapje van een Klondike-reep meteen aan mijn tieten blijft zitten. Maar ik voel ook hoe mijn oma achteruitgaat. Met het jaar gaan haar geestelijke vermogens achteruit, en de Amerikaanse medicijnen helpen ook niet. Er zal een reeks beroertes volgen waardoor ze eenzijdig verlamd raakt en in een rolstoel terechtkomt. Al voordat het zover is wil ik me van haar terugtrekken. Ik kan niet toestaan dat de vrouw die zoveel van me houdt langzaam voor mijn ogen doodgaat. Ik moet mijn blik afwenden.

En dus geeft mijn vader me er eentje in de nek. Mooi. Prima. Ik zit te koken van woede op mijn kamer. Elke penny die ik verdien, besteed ik aan het optuigen van mijn slaapkamer totdat die lijkt op het kantoor van J.R. Ewing, de boef uit de tv-soap *Dallas*. De juiste lambrisering zit er gelukkig al, en om de sfeer te verhogen heb ik een desktopcomputer geïnstalleerd, een chique Panasonic-telefoon met lcd-scherm, en een luxe bureaustoel van de vuilnisbelt. Het enige wat nog ontbreekt is een gouden model van een olieboortoren om alles te vervolmaken. Maar als ik me down voel, zelfs zonder de boortoren, grijp ik de dure telefoon en schreeuw met een naar ik hoop Texaans accent in de hoorn: *'Hi, darlin'! You just hang tight, y'hear?'*

Nadat mijn vader me er eentje in mijn nek heeft gegeven, komt hij naar mijn slaapkamer, en ik bereid me voor op nog zo'n klap. 'Kom, we gaan een eindje lopen,' zegt mijn vader. Hij wekt een verdrietige indruk. Zuchtend schud ik de stapel zorgvuldig uitgetypte verhalen recht die ik van plan ben in te sturen naar *Isaac Asimov's Science Fiction Magazine*.

We wandelen door de bloeiende Deepdale Gardens, langs alle plekken waar mijn vader me heeft vermaakt met zijn verhalen uit *Planeet van de Jids* en waar hij me de podzjopniks heeft gegeven, de speelse trapjes tegen mijn kont. Vandaag is papa ernstig, en mijn nek voelt gespannen. Hij neemt zijn tijd voordat hij zegt wat hij te zeggen heeft, en meestal rollen de woorden uit zijn mond in een dikke brij van woede, blijdschap of gefilosofeer. We passeren de vijf wolkenkrabbers hoge, insectachtige antennes verderop in de straat met hun onheilspellende borden: WAARSCHUWING: DEZE APPARATUUR WORDT GEBRUIKT VOOR MILITAIRE LUCHTVERKEERSCONTROLE. STORINGEN KUNNEN LEIDEN TOT DODELIJKE ONGEVALLEN. WIE DE LUCHTVERKEERSCONTROLE VERSTOORT ZAL WORDEN VERVOLGD VOLGENS FEDERALE WETGEVING.

Ik wil niet worden vervolgd volgens federale of familiale wetgeving. Of misschien ook wel. 'Luister,' zegt papa. 'Ik had je niet moeten slaan.

Je was onbeschoft tegen je oma, maar ik had je niet moeten slaan. Ik heb me misdragen.'

Ik wrijf over mijn nek en haal mijn schouders op. 'Geeft niks,' zeg ik. Maar wat ik eigenlijk wil zeggen is: *Wil je dat dan niet? Wil je me niet blijven slaan? Houd je niet meer van me? Of ben ik zo slecht dat 'eentje in de nek' me niet meer kan redden?*

Je hebt je niet misdragen, papa. Alleen ík kan me misdragen. Ik ben het kind. Jij bent de vader. Hoe kun je zoiets afschuwelijks zeggen?

We passeren het basketbalveld waar ik zo vaak het bord heb geraakt en de ring heb gemist door mijn slechte richten, en ik hem wilde behagen met mijn vingers, mijn armen en mijn longen. We praten over het vissen, de auto's, mijn kansen om aangenomen te worden op het Stuyvesant, de gespecialiseerde high school voor exacte vakken in Manhattan waar het onderwijs gratis is. Mijn vader zal tegen me blijven schreeuwen. En me bedreigen. En teleurgesteld zijn in me. Maar zonder zijn klappen is de familieromantiek over. Zoals mijn astma, die ook over is. Nu ben ik zogenaamd man geworden, moet ik van me af leren slaan en zorgen dat anderen bang zijn voor mij. *Hoeveel vingers steek ik op, Vinston?*

De leerlingen van de Solomon Schechter School of Queens zijn bijeengekomen in het Forest Hills Jewish Center en luisteren naar mijn boezemvriend Jonathan, nog steeds een schattig joch, met zijn paarse nylon afstudeertoga om, die een gebed voorleest voor de vrede en tegen de alles vernietigende kernoorlog. Daarna zingen we het Israëlische volkslied en zijn we geslaagd. Mijn familie is ook geslaagd, en we verhuizen van ons appartement met tuin naar een echt huis met een eigen tuin van ruim tweehonderd vierkante meter in een ander, iets welvarender deel van Little Neck.

Er is een jaarboek met opstellen en foto's geproduceerd. Op een bladzijde staan opstellen van twee jonge Joodse meisjes getiteld 'DOOD', 'ANGST', en 'DE AFSCHUWELIJKE PIJN', naast een tekening van Magere Hein. Jongens worden geacht hun innerlijke leven te verstoppen achter veel lawaaierige onzin, maar deze meisjes zijn oprecht bang voor de dood, bang voor de Grote Leegte, bang voor de afschuwelijke pijn die in Amerika zeker 80,3 jaar voorafgaat aan de dood. Wie had kunnen weten dat de algehele angst en droefheid – naast de angst van de puberteit en de droefheid van het Joods-zijn – zijn doorgedrongen in de smalle gangen en piepkleine broodtrommels van *Bionic Woman* op Solomon Schechter

Op een andere bladzijde staat een foto van een glimlachend Israëlisch joch dat mij met een hand zogenaamd in het gezicht stompt en met de andere mijn keel dichtknijpt terwijl ik zogenaamd ineenkrimp van angst. Ernaast staat een foto van de bebaarde meneer Korn in een geel geruit geval die op het punt staat mij op mijn kop te slaan met een opgerolde *Times*. Uit de uitdrukking op mijn gezicht blijkt: ik ben dol op die man.

Vijfentwintig jaar later raken Jonathan en ik weer bevriend, nadat we uit elkaar zijn gegroeid, zoals hechte vriendjes met traumatische schoolervaringen zo vaak overkomt. We keren terug naar onze oude school, die veel kleiner lijkt en waarvan inmiddels meer dan een derde van de leerlingen afkomstig is uit de voormalige Sovjet-Unie, overwegend Bukharan-Joden uit Oezbekistan die zich in dit deel van Queens hebben gevestigd. Juf A. is er nog steeds, en ze ziet er opmerkelijk jong en vitaal uit. Ze herinnert zich Jonathan, en vooral zijn knappe moeder, maar mij niet meer. 'Ben jij schrijver geworden?' vraagt ze. 'En doe je verder nog iets?' Ze stuurt ons weg met de opdracht positief te rapporteren over het onderwijs op Solomon Schechter. 'Laat iedereen weten dat onze oud-leerlingen geen moordenaars zijn!'

Ik ben aanwezig op de vijfentwintigste reünie van SSSQ in het Forest Hills Jewish Center. De sfeer is nauwelijks veranderd. Er lopen een boel kale *machers* met stralende echtgenotes rond, hele tafels converseren met elkaar in het Hebreeuws, leerkrachten manen ons tot stilte, een ingehuurde komiek maakt grapjes over Latijns-Amerikanen en Iraniërs. 'We hebben jullie *Choemasj** geleerd,' krijst een nieuwe maar vertrouwd klinkende conrectrix ons toe, 'maar we hebben jullie blijkbaar geen manieren geleerd. Houd op met praten! Wat een vijandig publiek zijn jullie!'

En terwijl ik om me heen kijk, op zoek naar oud-klasgenoten, dringt zich een gedachte aan me op: dit is een gemeenschap. Deze mensen kennen elkaar, begrijpen elkaar, zijn samen volwassen geworden. Ze zijn verbonden door afkomst en uiterlijk, net als hun ouders. En daar de ouders weer van. Moeders bereiden rugelach in moderne ovens, vaders bespreken het benzineverbruik van hun nieuwe Lincolns, het

* De Thora in gedrukte vorm.

slaperige, hypnotiserende gemurmel van chazans en rabbi's op zaterdagochtend. Wat daar gebeurd is, is niemands schuld. Wij, Sovjet-Joden, zijn simpelweg op het verkeerde feestje uitgenodigd, omdat we niet wisten wie we waren. In dit boek probeer ik uit te leggen wie we wel waren.

'Lieve Gnoe, Je bent een grappige Republikein die over een paar jaar democraat wordt. Fok Reagan! Hup Jesse [Jackson]! Veel plezier met de Chinese genieën.* Veel liefs... Rachel W.' – Van een klasgenote in het handtekeningenboek van SSSQ, 1987

'Lieve Gary, Eén vraagje: huil jij wel eens?' – Nog een klasgenoot

'PS Voor elk vergaard fortuin is een misdaad begaan.' – Meneer Korn.

'*Genug* [Jiddisch], Gnoe. Begin opnieuw.' – Een bezorgde tekenlerares

In onze computerspelletjes komt een reeks commando's voor die de speler intikt op de statusregel als hij zich in een geheel nieuwe omgeving bevindt.

```
>Kijk. Hoor. Proef. Ruik. Voel
```

Al mijn boeken zijn ingepakt voor onze verhuizing naar het nieuwe huis met de achtertuin. De kast met de houten deuren is leeg. Ik maak hem open met dezelfde angst als anders, maar de Lichtman zit in de hoek te beven, en er vallen kleine lichtpuntjes van zijn lichaam. Nu mijn astma voorbij is, kan ik voluit ademen terwijl ik hem zie verdwijnen. Maar dit is geen loutering voor mij, vrees ik. Geen metamorfose. Terwijl mijn kwelgeest langzaam verdwijnt in de duisternis om hem heen, bal ik mijn vuisten. 'Hé, modderfokker,' zeg ik in mijn inmiddels volmaakte Engels. *Vuile modderfokker.*

* Op Stuyvesant High School, waar ik mijn studie zal vervolgen.

15.
Take the K Train

De oma van de auteur heeft nooit een oordeel geveld over het verbazingwekkende shirt dat hij hier draagt. Zijn mooiste glimlach bewaarde hij altijd voor haar.

De eerste paar jaar van mijn leven in Queens, Amerika, heb ik geen flauw idee waar Manhattan ligt. Er staan twee of drie wolkenkrabbers van misschien twintig verdiepingen hoog op het punt waar Union Turnpike overgaat in Queens Boulevard. Ik verkeer in de veronderstelling dat dát Manhattan is.

Uiteindelijk word ik meegenomen naar de koopjespaleizen in Orchard Street in de Lower East Side, waar ik het grootste deel van de dag als een nieuwsgierige big rondstruin langs de bakken met kleren, ondergoed, riemen, sokken en broeken, en een winterjack met een capuchon die ontworpen is voor het hoofd van een stadsreus en niet dat van een huilebalk als ik. Er heerst een zichtbare goorheid op deze plek; in tegenstelling tot de parkachtige weidsheid van Queens doen de kleuren van Manhattan me denken aan het Sovjet-tv-journaal: tractorbruin, bietenrood, koolgroen. Mama en ik gaan van Orchard Street naar Delancey Street, waar de stalen heksenketel van de Williamsburg Bridge het stadslandschap overschaduwt, zodat ik vrees dat de auto's verdwijnen tussen de reusachtige liggers en balken. En dan: een luide knal. Geweervuur! Ik grijp de hand van mijn moeder en druk me tegen haar aan. De gewelddadige, ongelukkige Manhattanieten schieten op ons! We horen een paar kreten van voorbijgangers, maar al snel maakt de halfhartige doodsangst plaats voor gelach en veel Spaans. Wat is er gebeurd? Een kapotte knalpot van een auto, meer niet.

Als leerling van de Joodse School droom ik ervan ooit naar de chicste buitenwijk te kunnen verhuizen, waar ik nooit meer een onbekend gezicht, of welk gezicht dan ook, zal hoeven te zien. Ik zie mezelf als een welvarende Republikein die met rust wordt gelaten in een achtertuin die zich uitstrekt tot over een heuvel, met een voormalig openbaar meer, en eindigt in een braambos van prikkeldraad met een bordje: PRIVÉTERREIN. Het is een passende manier om de jaren tachtig door te brengen. De jonge immigrant tegen de grote stad: *Val dood.*

Ik word aangenomen op Stuyvesant High School, op basis van zowel wiskunde als andere exacte vakken, in Fifteenth Street, tussen First en Second Avenue, en tussen de gevaarlijke wijken East Village, Greenwich Village, Union Square, Times Square en de Ladies' Mile.

September 1987. Manhattan Island. De auto van bezoekende familieleden rijdt over Second Avenue, met mij en mijn knapzak aan boord. De familieleden, afkomstig uit een tweederangs Amerikaanse of Canadese stad, kijken behoedzaam om zich heen naar de drukke, vieze stad. 'Zet hem hier maar af,' zegt mijn moeder. *'Igorjotsjek'* – Kleine Igor – 'kun je alleen oversteken?'

'Ja, mama.' We zijn bezorgd dat, net als op de Joodse School, de onaanzienlijke auto van onze familieleden voor mij problemen zal veroorzaken bij mijn medeleerlingen. We beseffen blijkbaar niet dat meer dan de helft van de leerlingen op Stuyvesant net als wij geïmmigreerde strebers uit de lagere of middenklasse zijn, dat de Chinese provincie Fujian, de Indiase staat Kerala en de Russische Leningrad Oblast de uiterste hoeken liggen van datzelfde continent vormen. (De school die berucht is om zijn hoge toelatingseisen eist hoge cijfers voor een test waar leerlingen uit de lulligste landen met gemak voor slagen.)

Ik besef ook niet dat ik op het punt sta de rest van mijn leven te betreden.

In de weken voordat Stuyvesant begint, neem ik mijn moeder terzijde en vertel haar dat ik betere kleren nodig heb dan op Solomon Schechter. Ik vertel haar niet over mijn achtjarige, vrijwel onmenselijke bestaan op de Joodse School, want dat zou erop neerkomen dat ik iets slechts zeg over de Joden, wat een vorm van hoogverraad, een halsmisdaad zou zijn. Mijn ouders hebben alles opgeofferd om mij hierheen te brengen, waar ik vrij en Joods kan zijn, en ik heb die les ter harte genomen. Goed, ik heb mijn godslasterlijke Gnora geschreven, maar nog geen jaar geleden ben ik mijn ouders voorgegaan in een krankzinnige zoektocht naar kruimels *chametz*, het zuurdesembrood dat verboden is tijdens Pesach, heb hen bestraffend toegesproken om hun onoplettendheid, waarbij ik bijna het hoogpolige tapijt losrukte op zoek naar maanden oude kruimels van Litouws roggebrood. Als ik plas, weet ik dat ik niet mag denken aan een van de namen van G-d, of Hij zal me straffen en alles wat er nog over is afhakken, hoewel ik me tegenwoordig vrijwel niet kan inhouden en een stroom *Jahweh*, *Jahweh*, *Jahweh* uitstoot, gevolgd door een uren durende existentiële kwelling.

'Mama, ik moet me beter kleden.'

In mijn zoektocht naar subsidiëring van mijn kledingwensen heb ik mijn moeder misschien ook wel verteld dat kleding een eerste vereiste is om te worden toegelaten tot een Ivy League-universiteit. Deze (halve) leugen heeft misschien de sluiting van haar portemonnee opengekregen, want het bereiken van een eersteklas universiteit is vanaf de dag in 1904 dat Stuyvesant werd gesticht de eerste, tweede, derde en laatste prioriteit geweest van alle leerlingen en hun moeders, en dat zal zo blijven totdat de nieuw schoolcampus aan het water in 2104 uiteindelijk zal worden overspoeld door de door het veranderende klimaat opgestuwde golven.

En zo vindt mijn eerste herinnering aan Stuyvesant plaats bij Macy's. Samen met mijn moeder ga ik in die doolhof in midtown op zoek naar de hipste merken: Generra, Union Bay, Aéropole. Ik wil me kleden zoals de rijke meiden op de Joodse School, dus ik pas ruimvallende shirts en truien die ook mijn tieten verhullen en zich zacht neervleien over het roze litteken op mijn rechterschouder. Niemand shopt als mijn moeder. Ze weet met haar kleine budget een shirt voor elke dag van de week en broeken en truien voor om de andere dag aan te schaffen. Als ik de paskamer uit kom, houdt mama de shirts strak tegen mijn lijf om zeker te weten dat ik er niet uit barst, en, als ik een spijkerbroek pas, dat er in elk geval iets van mijn kont te zien is. Totdat ik na mijn dertigste kennis krijg aan een reeks vriendinnetjes die me zullen begeleiden naar kleedkamers in heel Manhattan en Williamsburg, zal ik niet meer zo door een vrouw geholpen worden.

Als we Macy's uit lopen met twee volle tassen onder elke arm, voel ik het offer dat mijn moeder heeft gebracht veel sterker dan wanneer ze vertelt over wat ze in Rusland heeft moeten achterlaten. Ik houd echt heel veel van mijn moeder, maar ik ben een puber. Het feit dat mijn moeder zojuist in Leningrad mijn stervende oma heeft bezocht, die niet meer kon praten en haar zelfs niet herkende, terwijl de rest van de familie, koud en hongerig, urenlang in de rij stond om een uitgedroogde, oneetbare aubergine te scoren, betekent veel te weinig voor mij.

Het enige wat ik hoor zijn de elektronische geluidjes – *tttrik* – van de Generra-shirts van $39,99 die gescand worden op de toonbank, de groene dollartekens die worden opgeteld door de kassa en dan de laatste vernedering, de btw, waardoor het eindtotaal onverwacht hoog uitvalt. *Het spijt me heel erg, mama, dat we ons geld zó uitgeven.*

Op Solomon Schechter moesten de jongens overhemden met boorden dragen omdat Jahweh dat wilde, maar het openbare Stuyvesant heeft geen kledingvoorschrift en dus investeren we in een kleurrijke verzameling OP T-shirts. 'OP' betekent 'Ocean Pacific', een surfmerk uit Californië. Ik ben natuurlijk de meest volleerde Californische surfer ter wereld. ('Dude, that breaker was boss! I am like so amped!') Maar ondanks mijn gebrek aan surfervaring zijn het fantastische T-shirts: ze bedekken mijn onzekere puberlijf, en de kleurrijke afbeeldingen van surfers op de golven leiden de aandacht af van de wippende adamsappel boven het kraagje. Op een van de shirts staan drie oma's in jurken met stippen naast een langharige surfer met zijn boogieboard onder zijn arm, en ik neem aan dat dat een soort relaxte Californische humor is, maar het herinnert me er ook aan dat midden in Queens, ver van de angstige wereld van Manhattan, nog steeds mijn oma woont, die trots op me is omdat ik ben toegelaten tot die prestigieuze bèta-academie.

Met mijn OP-oma-shirt aan loop ik over het parkachtige Stuyvesant Square, bang en met het zweet in mijn handen. Ik weet dat ik niet langer Gary Gnoe kan zijn, maar wat moet ik dan zijn? Een serieuze, hardwerkende, Republikeinse jongen die is voorbestemd voor Harvard, Yale, of in het ergste geval Princeton. Dat ben ik. Ik zal alleen grappig zijn als het nodig is. Geen loltrapperij meer. Ik houd voortaan mijn mond dicht. Ik heb zojuist met mijn ouders *Wall Street* van Oliver Stone gezien, en de lessen zijn duidelijk: vertrouw geen buitenstaanders. Zorg dat je niet gepakt wordt. Concentreer je op vermogensvorming. Hebzucht is goed. Ik denk ook dat ik nóg een aas in mijn mouw heb: het koloniale pand van 280.000 dollar dat mijn ouders onlangs hebben gekocht in Little Neck. Voor alle zekerheid heb ik in mijn schooltas een taxatierapport waaruit de waarde van ons nieuwe huis blijkt en een foto van het huis in de ochtendzon en van de zuidkant, met een rij hyacinten ervoor. Bij elke stap van het koopproces, van de keuze van het huis uit een ruim aanbod aan koloniale panden tot het berekenen van de hypotheeklasten, ben ik fanatiek betrokken geweest. Op mijn Commodore 64 heb ik zelfs een computerprogramma, genaamd 'Gezinsvastgoedcalculator', ontwikkeld waarmee we onze afdaling in het moeras van institutionele schulden kunnen berekenen. Ik vraag me af wat kinderen met rijke ouders in hun vrije tijd denken.

En wat ik nog meer wil doen is vriendschap sluiten. Jonathan is naar de Ramaz-school gegaan, een Joodse school in de Upper East Side waarvan veel leerlingen van zo rijke komaf zijn dat mijn oude kameraadjes van Solomon Schechter er pover bij zouden afsteken. Het verschil tussen Stuy en Ramaz is te groot, de herinnering aan ons gemeenschappelijke lijden te vers, en onze vriendschap verbleekt snel. Er is nu niemand meer met wie ik Zork kan spelen of malse koosjere kebab kan eten, geen dagelijkse telefoontjes, geen autoritjes met een aardige, autochtone vader, en ik besef dat, nadat ik een echte Amerikaanse vriend heb gehad, vriendschap bijna even belangrijk voor me is als het verwerven van eersteklas vastgoed in de voorstad. Omdat ik mijn status op Stuyvesant niet door middel van humor kan verhogen, moet ik iets anders proberen om ervoor te zorgen dat mensen me aardig vinden en met me willen optrekken.

En zo sta ik hier dan voor Stuyvesant High School in mijn Ocean Pacific-oma-T-shirt. Het gebouw is een uit de kluiten gewassen monster in de Beaux Arts-stijl, vijf verdiepingen baksteen en academische uitmuntendheid die het jongetje uit Little Neck veel angst inboezemen. Maar mijn collega-eersteklassers zien er niet veel beter uit dan ik. De meeste jongens zijn van mijn lengte of een beetje langer, mager en bleek, ze ruiken muf en etnisch, en de wereld om hen heen weerspiegelt zich in brillenglazen die zo dik zijn dat je er zonne-energie mee zou kunnen opwekken. Onze natuurlijke vijanden zijn de echte stadskinderen van de bepaald niet academische Washington Irving High School een paar straten verderop, die je naar verluidt tot moes slaan als ze er zin in hebben (in de vier jaar op Stuyvesant ben ik er precies nul tegengekomen). Het schoolbestuur regelt een speciale 'veilige trein' vanaf het metrostation op First Avenue. Deze metro vertrekt onder volledige politiebescherming om te voorkomen dat onze Einsteins worden aangevallen door bruut volk als ze overstappen op bijvoorbeeld lijn 7 naar Flushing, Queens. Ik ben kennelijk verhuisd van een Joodse Benneton-showroom naar een opvangcentrum voor multinationale nerds.

En dat brengt me op iets anders wat me opvalt.

Ongeveer de helft van de leerlingen zijn 'Chinees'. Men heeft mij voorbereid op deze interessante ontwikkeling en allerlei formele strategieën geadviseerd voor de omgang met kinderen uit het Verre Oosten, omdat ze op een dag mijn werkgevers kunnen zijn. Terwijl het algemeen bekend is dat zwarte kinderen en latino's altijd gewelddadig zijn, zijn Chinese kinderen meestal slim en beleefd, maar ook een beetje raar omdat hun cultuur zo anders is dan de normale cultuur. Een belangrijke tip die ik opving op straat in Queens is dat je Chinese kinderen nooit 'Chinees' moet noemen, omdat sommigen van hen Koreaans zijn.

Binnen is het een gekkenhuis. De gangen van het oude Stuyvesant – tegenwoordig is de school gehuisvest in een luxe miniwolkenkrabber in Battery Park City – waren aan het begin van de twintigste eeuw bedoeld voor een handvol jongens. In 1987 weet de school op de een of andere manier bijna drieduizend nerds van beide geslachten te herbergen. De informatie aan nieuwe leerlingen bestaat uit stapels uitdraaien, hele reeksen precalcullus, echte calculus, postcalculus en meta-calculus, samen met dodelijke doses biologie, natuurkunde en scheikunde. Een dik blauw-wit handboek geeft ons een idee van wat we de komende vier jaar kunnen verwachten: het Overzicht Universitair Hoogste Gemiddelde Afgewezen, Laagste Gemiddelde Aangenomen (OUHGALGA*), dat we binnen de kortste keren uit het hoofd kennen. De cijfers zijn verbijsterend. Zonder een gemiddelde van ten

* Acroniem van de auteur.

minste 91 procent is zelfs de meest bescheiden Ivy League-universiteit taboe.

Na de eerste dag bedenken mijn moeder en ik een plannetje. Omdat Manhattan zo gevaarlijk is, zal mama zich verstoppen achter een boom bij de hoofdingang van Stuyvesant, en als ik naar buiten kom zal ze me schaduwen tot aan de metro en vandaar naar het veilige Little Neck. Toen ik wegliep uit de Sauerkraut Arms op Cape Cod, had ik deze lange reis per metro helemaal alleen afgelegd. Maar toen had ik die twee vuilniszakken vol boeken en kleren bij me, waardoor ik er zo berooid uitzag dat potentiële overvallers vol mededogen hun blik afwendden.

En er wordt ook besloten dat ik gezelschap moet hebben in de metro. Maar ons plannetje loopt voor mama vreselijk in de soep. Want aan het einde van de eerste schooldag op Stuy, met zijn geweldige academische uiteenzettingen over de verschillende studierichtingen aan Cornell University (Industriële en Arbeidsverhoudingen is een goede optie als je niet wordt toegelaten tot Kunst en Wetenschap en je de toelatingscommissie ervan kunt overtuigen dat je dol bent op arbeid), heb ik een soort vriendschap gesloten met... een zwarte. Met een dun laagje kortgeknipt haar op zijn hoofd en een stadsplunje bestaande uit een merkloze trainingsbroek en een merkloos sweatshirt, ook zwart. En die nieuwe vriend heeft me gevraagd of ik meega naar Central Park om een spel te spelen dat Ultimate Frisbee heet en met hem nog een paar leerlingen van Stuyvesant, ook zwarten.

Ik sta voor een duivels dilemma. Verraad ik mama, die zich schuilhoudt achter een boom en bezorgd de horizon naar mij afspeurt terwijl er horden Chinese kinderen langs haar rennen op weg naar de Veilige Trein? Of ga ik met die zwarte mee naar Central Park? Ik kies voor de nieuwe vriendschap. Het doet me verschrikkelijk pijn omdat mijn moeder net al die mooie kleren voor me heeft gekocht en we door het winkelen dichter bij elkaar zijn gekomen. Mama is een vriendin, mijn intiemste vertrouweling nu Jonathan naar Ramaz is vertrokken, en zij staat onder de boom op me te wachten. Drie jaar geleden, in Ann Masons Vakantiekolonie, had ik haar apart genomen en haar de belangrijkste ontwikkeling in mijn leven tot dusver vertrouwd: 'Mama, we hebben flesje draaien gespeeld en Natasja moest me zoenen.'

Wat moet ik doen?

De jongeman en ik verlaten het gebouw via de achteruitgang, terwijl ik diverse smoezen voor mijn moeder verzin: we hebben het al gehad over peer pressure en besloten dat je er zo nu en dan strategisch aan toe moet geven. En mijn nieuwe metgezel is niet zwart, hij is Chinees. We gingen naar het park om hard te lopen en het Overzicht Universitair Hoogste Gemiddelde Afgewezen, Laagste Gemiddelde Aangenomen te bespreken. Die jongen, Wong, zal mij vastberaden door Wharton loodsen, en met een beetje geluk buigen we ons bij hetzelfde makelaarskantoor over getallen tegen de tijd dat Dan Quayle in 1996 begint aan zijn eerste termijn als president.

Mijn nieuwe vriend loopt door de metrowagons, en dan bedoel ik ook echt erdoorheen. Op de deuren hangen bordjes die waarschuwen dat niet te doen en veilig in je wagon te blijven, maar deze stadsjongen loopt van het ene uiteinde van de trein naar het andere. Met mij achter zich aan dánst hij door de trein. Eén misstap en je valt in de leegte tussen de halfronde balkons, maar die gast trekt zich er niets van aan! Hij loopt zelfs te fluiten terwijl hij van wagon naar wagon loopt en met een glimlach en een knikje de deuren voor me openhoudt. (Ik sis bang tussen mijn tanden: 'Dank je, *dude*.') Onze trein is een stokoud zilverkleurig beest van een metrolijn waar ik nog nooit van gehoord heb, niet de betrekkelijk schone en moderne F-trein, die naar een punt ergens bij Jonathans huis en het koosjere kebabrestaurant Hapisgah scheurt, maar de B-, T- of P-trein, die als een pijl door het smalle Manhattan Island in noordelijke richting gaat en helemaal niet naar Queens.

Ben ik nu ondeugend? Is dit vragen om overvallen te worden? Ik ben vergeten een 'overvalportemonnee' mee te nemen, waar maar één briefje van vijf dollar in zit terwijl ik de rest van mijn geld verstop in een van mijn sokken of mijn strakke, witte onderbroek (zelfs mijn ondergoed geeft een statement over de rassenkwestie).

Maar waar het ook op uitdraait, het voelt niet verkeerd.

We klimmen in Seventy-Second Street de metro uit en koesteren ons in de zon. Ik vraag me af wat mijn nieuwe kameraad in me ziet, waarom hij me gevraagd heeft om mee te gaan naar het park. Het komt waarschijnlijk door mijn Ocean Pacific-T-shirt en mijn relaxte surferstijl. De jongen loopt zelfverzekerd door Central Park naar een groene ruimte die als een vloerkleed ligt uitgespreid tussen de wolkenkrabbers. Tweehonderd dagen later, het volgende voorjaar, zal ik het hebben leren kennen als de Schapenwei. Nu kijk ik er achterdochtig naar. Hoe is het mogelijk, deze mooie en schone plek midden in de op één na gevaarlijkste stad ter wereld na Beiroet? Al dat groen, al die vroeg vrije, zwijgende, tevreden mensen die op hun buik liggen te genieten van het nazomerbriesje dat hun katoenen T-shirt van achteren licht doet bollen?

'Shit,' zegt mijn nieuwe amigo waarderend.

Mijn vader is inmiddels vertrouwd met vloeken in het Engels. Elke kennismaking met een huishoudelijk apparaat of een auto leidde tot een stortvloed van 'Shíííts' en 'Faaaks', die soms overging in een theatraal 'Faaak Shíííít Faaak, Faaak Faaak Shíííít', waardoor ik, voordat hij besloot me niet meer te slaan, mijn armen beschermend om mijn bovenlijf sloeg. Maar op de Joodse School werd er meestal in die taal gevloekt en uitsluitend door Israëlische jongens. En dat brengt me op de volgende vraag: Hoe praat je tegen een niet-Jood?

'Shit,' zeg ik. Heel relaxed en terloops.

Mijn nieuwe collega plaatst een bruine hand als een zonneklep boven zijn ogen en tuurt de horizon af. 'Fok,' zegt hij.

'Ja,' zeg ik. 'Fok.' En dat voelt goed, passend en ter zake doende. Ik ben nog niet geheel vertrouwd met het woord, maar ik begrijp wel iets van de betekenis: het voelt cool. Mijn maatje ziet de kinderen met wie we gaan frisbeeën, en wauw, het zijn enorme gojim. Gojim uit China, India, Haïti, de Bronx, Brooklyn en ook van Staten Island. Maar hoewel ze niet Joods zijn, is het meteen duidelijk dat ze niet van plan zijn me te beroven of vol heroïne te spuiten. Ze willen alleen maar een fokking frisbee gooien.

En hoewel ik niet goed ben in de stadssport Ultimate, wat een mengvorm is van schijfwerpen en American football (maar dan zonder het duiken naar de benen), ben ik hier wel zo goed in dat niemand me uitlacht. En terwijl ik over de Schapenwei ren met mijn handen in de lucht en de schijf probeer op te vangen en ermee naar de 'eindzone' te rennen, snak ik naar het moment waarop er niet meer gerend wordt zodat ik dit alles kan verwerken.

Waar ben ik? Ik ben in Manhattan, het belangrijkste stadsdeel van New York City, de grootste stad van Amerika. Waar ben ik niet? Ik ben niet in Little Neck, ik ben niet bij mijn ouders.

Het park is een onderbreking in het stedelijke stratenplan. Eromheen staan gebouwen van heroïsche afmetingen, gebouwen die me tot een dwerg maken, gebouwen die me vertellen dat ik niets bijzonders ben, maar ik ben er niet bang voor. Stel dat... dringt het ineens tot me door. Stel dat ik daar zelf ooit zou wonen...

Ik word omgeven door vrouwen die mooi zijn. Niet mooi zoals ik het geleerd heb, de idyllische proporties van jonkvrouwen uit de heroische fantasy, met een flinke boezem en vruchtbare schoot, maar mooi met hun slanke lichaam liggend op een deken, met een beetje borst boven de beha uit piepend, een streepje wit, een streepje bruin, niet te lang kijken, wend je blik af.

In de roman *Call It Sleep* van Henry Roth, over de immigratie van rond 1900, verlaat de jonge Joodse hoofdpersoon, David Schearl, de vertrouwde omgeving van het getto in Brownsville met een Poolse jongen, en hij denkt over zijn nieuwe vriend: 'Niet bang! Leo was niet bang!' En hier ben ik, in de grote boze stad, op een paar uur afstand van de liefhebbende armen van mijn moeder, en ik ben niet bang.

'Time-out, time-out,' zeg ik, en ik slaag erin met mijn handen dat haakse Amerikaanse gebaar te maken naar mijn speelkameraden dat ik even op adem wil komen. Ik ga in het gras zitten, en mijn blauwe Guess?-spijkerbroek krijgt de grasvlekken die ik zou moeten voorkomen, want zelfs in de uitverkoop bij Macy's heeft hij mama vijfenveertig dollar gekost. Ik adem diep en gulzig in. Nazomergras. Zonnebrandcrème op vrouwenruggen. Hotdogs voor vijfenzeventig cent die koken in smerig water.

Ik maak de balans op.

Uiteindelijk zullen de frisbeeërs om me heen niet mijn vrienden worden. Stuyvesant heeft geen coole elite omdat iedereen er een nerd is, maar de kinderen die ik hier vandaag op de Schapenwei heb ontmoet, zullen onze meest atletische en 'populairste' zijn, als dat woord tenminste van toepassing is. Sommigen van hen zullen zelfs ski-jacks dragen met de liftkaartjes er nog aan. Terwijl ik hen door het park zie rennen achter hun kostbare schijf aan, betreur ik niet wat ik al weet, namelijk dat we geen boezemvrienden zullen worden.

Er staan mij nog vele afschuwelijke tests te wachten, in wiskunde en de andere exacte vakken natuurlijk, maar de allerbelangrijkste heb ik op mijn eerste dag met succes afgelegd. Ik heb me onder hen gemengd. Ik heb rondgerend. Ik heb geschreeuwd en er werd naar mij geschreeuwd. Ik heb een frisbee gevangen, die ik op het laatste moment uit mijn handen heb laten glippen, en toen heb ik 'FOK!' geroepen. Ik viel op een jongen en er viel een jongen op mij, en ik rook het zweet dat ons allemaal bedekte en rook niets bijzonders. Ik was vandaag geen Rus. Ik was gewoon een jongen van vijftien aan het einde van de middag; ik was een jongen van vijftien totdat een paar Aziatische jongens weer naar Flushing moesten en we 'Game!' riepen. Ik ging terug naar de metro, in de buik van de B-, P- of T-trein, en liep er helemaal doorheen. Onder het lopen liet ik de deuren achter me dichtvallen terwijl de mensen, de New Yorkers, me zagen langslopen en naar me keken zonder liefde, zonder haat, zonder kritiek. En dat is mijn nieuwe geluk: hun volslagen onverschilligheid.

16.
Kleine Mislukkeling

Onderschrift overbodig.

Tijdens mijn eerste jaar op Stuyvesant ontdek ik iets nieuws aan mezelf, iets wat mijn ouders nooit hadden verwacht.

Ik ben een slechte leerling.

Op de basisschool leerde mijn vader me van alles uit Sovjetschoolboeken voor gevorderden. Ik probeerde de wiskundesommen op te lossen achter in de opstelschriften waarin ik *De uidaging*, *Invasie uit de ruimte* en andere sciencefictionverhalen schreef. Het algebraïsche gekrabbel ziet er behoorlijk indrukwekkend uit voor een derdeklasser, maar boven de sommen heb ik geschreven, gericht aan mijn vader: JA NITSJEVO [sic] NEZNAJOE, ik weet niets. En op een andere bladzijde, in het Engels: 'Allemaal fout'.

Huiswerk vond ik nooit een probleem. Op de Joodse School vormden Boezemvriend Jonathan, David de Machtige Khan Caesar en misschien nog drie meisjes, de concurrentie. Op Stuyvesant zitten achtentwintighonderd kinderen die allemaal begaafder zijn dan ik en van wie de helft uit plaatsen ten oosten van Leningrad afkomstig is. In de les zitten ze als menselijke leeslampen over hun bank gebogen, zacht en idioot zoemend zoals Glenn Gould dat doet achter zijn piano, terwijl het speeksel langs hun kin loopt, hun ooghoeken zich vullen met slaapvuil (de enige slaap die ze krijgen), hun potloden zelfverzekerd tekeergaan in hun schriften en de vergelijkingen razendsnel worden opgelost. Hoe is hun inzet te verklaren? Wie wacht er thuis op hen? Wat gebeurt er met hen als ze mislukken? Ik vond altijd dat papa me te vaak sloeg, maar stel dat hij me te weinig had geslagen...

Ik ben bang. Op de Joodse School dacht ik dat ik mijn status als untermensch puur door wilskracht zou kunnen ontgroeien, door vechtend de Ivy League te bereiken en vervolgens de zegeningen van de hogere klasse. Ik zou mijn klasgenoten vóór zijn in mijn Jaguar en met mijn *setsjel*, mijn koppige Joodse brein. Dat zou mijn ontsnapping zijn. Na de eerste twee weken op Stuyvesant concludeer ik dat deze route voorgoed voor mij afgesloten zal zijn. Zo snel ontdek je op Stuyvesant of je zult slagen in het leven of niet.

De lerares – een Afrikaans-Amerikaanse vrouw met een designblouse aan en een onberispelijk gecoiffeerd knotje achter in haar nek – tikt vragend met haar krijtje tegen het bord terwijl de jonge immigranten de correcte antwoorden roepen. Zij vraagt, zij roepen. Op die ene leerling na in zijn Ocean Pacific-T-shirt dat drijfnat is van het zweet, die niet-begrijpend naar het bord staart terwijl om hem heen de nieuwe taal wordt geroepen van sinus, cosinus en tangens, terwijl leerlingen die het antwoord maar gedeeltelijk goed hebben zich keihard tegen het voorhoofd slaan. 'Lekker hoor,' zegt een van hen sarcastisch tegen zichzelf. 'Nee, gaat lekker zo.'

Is er niemand die mij terug wil brengen naar de Joodse School? Ik zal alles doen, alles geloven! Ik zal de haggada van Pesach vanbuiten leren. Ik zal keihard al die onzin zingen. *Baroech atah Adonai, Eloheinoe melech ha parabola*. Maar haal me hier alsjeblieft weg. Laat me weer een goede leerling zijn, dan hebben mijn ouders dát in elk geval.

Bij biologie word ik gekoppeld aan een Vietnamees meisje van ongeveer veertig kilo, vrijwel uitsluitend hersenen, dat razendsnel een kikker ontleedt en alle organen voorziet van etiketjes met de Engelse en Latijnse namen. 'Doe jij niets?' vraagt ze terwijl ik daar sta met mijn even impotente als erecte scalpel. 'Ben jij, zeg maar, achterlijk of zo?'

Ooit was ik de Rode Woestijnrat; ooit was ik Gary Gnoe. Je kon me bespugen of me besmeuren met je slijmerige ijslollie, of me niet uitnodigen voor je bar mitswa op de rolschaatsbaan in Great Neck. Maar je kon nooit zeggen dat ik dom was. En nu ben ik dat wel. Zo dom dat ik bijna zak voor Spaans. Zo dom dat ik een halve dag naar een bladzijde meetkunde kan zitten staren en uitsluitend kan concluderen dat driehoeken drie zijden hebben. En als ik bij biologie begreep wat een 'negatieve terugkoppeling' is, dan zou ik misschien ook begrijpen dat hoe dommer ik me voel, des te dommer ik word. De angst groeit en versterkt zichzelf. De tests – en die krijgen we elke dag – worden steeds moeilijker in plaats van gemakkelijker. En met elke test en na elke week kom ik dichter bij 'het'.

'Het' is het rapport. Op 'het' staat hoe je positie in dit leven eruit zal zien. Want de meeste leerlingen van Stuyvesant hebben geen plan-B. Wij gaan niet werken in het bedrijf van onze vaders of een sabbatjaar doorbrengen in Laos. Sommigen van ons komen zelf al uit Laos.

Het rapport, gedrukt op dun dot-matrix toiletpapier, wordt uitgereikt tijdens de studieles, en onze blik schiet langs de verschillende scores naar het allerlaatste getal, het gemiddelde.

Ik begin al te huilen nog voordat ik de vier cijfers zie.

82,33

Een 8, zeg maar.

Harvard, Yale, Princeton?

Lehigh, Lafayette, héél misschien Bucknell.

Wat betekent het voor een immigrantenkind uit de betere stand om naar Bucknell University te moeten?

Het betekent dat ik mijn ouders heb teleurgesteld. Dat ik mezelf heb teleurgesteld. Dat ik mijn toekomst heb verprutst. Ik had hier net zo goed niet heen hoeven te komen.

Het Stuyvesant van 1987 lijkt op een huurkazerne aan de Lower East Side van rond de eeuwwisseling. De snotkleurige gangen van de school barsten bijna uit hun voegen; de brede gangen zijn een soort drukke Broadway's, de smallere gangen lijken nog het meest op stedelijke hoofdstraten. De eersteklassers klampen zich vast aan anderen die op hen lijken; ze verplaatsen zich in kleine kuddes. Dit is Klein Taiwan, Mini Macao, Klein Port-au-Prince en Klein Leningrad. Ondanks mijn eenmalige succes met het spelen van Ultimate Frisbee ben ik nog steeds veel te verlegen en onzeker om echte vrienden te maken, en ik houd me de halve lunchpauze schuil in de toiletten, waar een triade van Chinese 'criminelen' staat te roken.

Op dinsdag en donderdag gaat een Filipino-of-misschien-Mexicaans joch met me mee naar een broodjestent die Blimpie heet, waar ik een broodje gepaneerde kip koop dat te groot voor me is, maar dat ik evengoed opeet omdat het 499 cent kost. Mijn ouders geven me zes dollar per dag voor het eten, waardoor ik betrekkelijk rijk ben, maar het schuldgevoel na het eten van een duur broodje gepaneerde kip met een gemiddelde voor Lehigh, is te veel voor me.

'Jo.'

'Hoi.'

'Wat is je gemiddelde?'

'82,33.'

'Shit.'

'Ik weet het.'

'Wat denk je?'

'Lehigh.'

'Fok.'

'Misschien Bucknell.'

'Kun je net zo goed naar SUNY-Albany gaan; je bespaart geld, presteert goed en stapt over naar iets beters.'

'Op Haverford is in 1984 iemand van Albany aangenomen met een 3,78.'

'Dude, dat was in 1983. Sindsdien hebben ze een strenger aannamebeleid.'

'Volgens mij zijn ze gezakt naar de negende plek op het *U.S. News & World Report*.'

'Medicijnen of rechten?'

'Rechten.'

'Hastings in Californië. Dat is een *sleeper school*, maar ze nemen heel wat kids van SUNY aan.'

'Ik heb de laatste uitgave van *Essays That Worked for Law School*.'

'Mijn moeder heeft het onder mijn hoofdkussen gelegd en Duke zeg maar drie keer onderstreept.'

Gewoon een gesprekje van jongens van vijftien met afschuwelijke snorretjes; de ene het tamelijk verwende zoontje van een Russische ingenieur, de andere een die probeert de kruidenierswinkel van zijn ouders te ontvluchten.

Gewoon twee jongens die slap ouwehoeren.

Het is koud geworden. Mijn eerste winter in Manhattan. Sneeuwduinen vormen zich rond het psychiatrisch ziekenhuis van Beth Israel, waar binnenkort twee van mijn klasgenoten zullen worden opgenomen; een van hen nadat hij midden in een vriesnacht in Central Park zijn eigen iglo ging bouwen. Op de overloop op de tussenverdieping van ons nieuwe koloniale huis in Little Neck staar ik uit het raam terwijl de sneeuwvlokken mijn vaders toekomstige frambozenperk verfraaien. (Door het wekelijkse vissen van mijn vader en zijn fruit- en groenteteelt voorzien we binnenkort in onze eigen behoeften!) Het huis naast ons staat al in Great Neck. Little Neck is middenklasse, Great Neck is rijk. Dat volgende huis was steeds mijn streven geweest. Tot nu toe.

'De klootzak!' roept mijn vader. 'Hij had beloofd de trap te stofzuigen! Moet je die *debil* zien. Hij staat daar maar een beetje, met zijn mond wijd open.'

'Ik denk na over mijn huiswerk,' lieg ik. En met iets van de brutaliteit die ik op school heb ontwikkeld, voeg ik eraan toe: *'Otstan' ot menja.'* Laat me met rust.

'Ik zal je *otstan' ot menja*!' schreeuwt mijn vader. 'Ik sla je verrot!'

Maar dat doet hij niet.

Ik laat me op mijn bed vallen met mijn biologieboek. Hoe maakt de structuur van een pantoffeldiertje het mogelijk om te functioneren in zijn omgeving? Hoe is het hart aangepast met het oog op zijn functie? Op een van mijn muren heb ik een poster opgehangen met de militaire uniformen van de verschillende NAVO-landen, die ik heb besteld via een anticommunistisch tijdschrift voor quasioverlevers. Boven mijn nieuwe kleuren-tv heb ik een wervingsaffiche van de CIA gehangen. Aan een derde muur: een groene vierhoek van de universiteit van Michigan, mijn nieuwe streefschool. Mijn ouders hebben zich geabonneerd op *Playboy*, en als ze ermee klaar zijn in hun slaapkamer, leg ik ze gewoon op een stapel naast mijn bed. *Essays That Worked for Law School* ligt al snel onder een *Playboy* met een topless La Toya Jackson, de zus van Michael, die een slang om haar glanzende nek heeft. Ondertussen staat onze oude vriend Tsjechov te vergelen op een plank op de overloop.

Mijn Ocean Pacific-T-shirts hebben plaatsgemaakt voor een zwartbeige Union Bay-sweater die me, zonder dat ik het weet, brandmerkt als de ultieme forens. Bij warm weer scholen de leerlingen van Stuyvesant High School samen bij de voor- en achteringang van de school, waar ze wachten op hun volgende popquiz zoals astronauten wachten op hun countdown. Tegenwoordig zoeken ze toevlucht in de enorme aula van de school. Sommigen liggen uitgeput van het studeren te slapen op hun rugzak, alsof ze zojuist een afschuwelijke natuurramp hebben overleefd en nu opeengepakt zitten in een door de staat beschikbaar gestelde schuilkelder. Sommige Aziatische kinderen liggen met een ontroerende intimiteit op elkaars schoot te slapen. We hebben bijna allemaal een koptelefoon op, een reusachtige, pluizige koptelefoon die in verbinding staat met de piepkleine beloning voor al ons harde werken: een nieuw model Aiwa Cassette Boy met de nieuwe equalizerfunctie waardoor je je een beetje een deejay voelt.

Thuis in onze zweterige slaapkamers wordt onze existentiële outsidersangst verlicht door de 'Eurotrash' newwavemuziek van een radiozender op Long Island die WLIR heet (later omgedoopt in WDRE), en die uitzendt vanuit de voorstedelijke jungle van Garden City. Wij – en met 'wij' bedoel ik jonge, puistige Russen, Koreanen, Chinezen, Indiers – zijn verloren geraakt tussen twee werelden. We gaan naar school in Manhattan, maar onze immigrantenenclaves in Flushing, Jackson Heights, Midwood, Bayside en Little Neck zijn te dicht bij Long Island om ons te verzetten tegen WLIR, die krijgstrompet van piepende synthesizermuziek, narcoleptische gothic kleding en piekhaar. De *usual suspects* die de ether domineren zijn Brits: Depeche Mode, Erasure (hun extatische hit 'Oh l'Amour' is een inspiratiebron voor de liefdelozen) en natuurlijk de kampioenen van de haargel, de Smiths.

Wie redt ons van onszelf? Wie vertelt ons over de juiste drugs en de juiste muziek? Wie leert ons integreren in Manhattan? Daarvoor hebben we autochtonen nodig.

Die houden zich op in het zuidelijkste deel van de aula, een paar rijen boven de steile rand waaronder de strijkers voortdurend zitten te stemmen. Ze komen uit Manhattan en de brownstones van Brooklyn. De jongens zijn hippies, *stoners* en punks, of gewoon kids met diepgaande persoonlijkheden en interesses die het arbeidsethos missen om de strijd aan te gaan met de felle academische krijgers van Stuyvesant. De meiden dragen lange, golvende rokken, getie-dyed met afbeeldingen van paarden en mandala's, gescheurde jeans, flanellen broeken, groene legerjacks en boerenomslagdoeken, en lijken een redelijk evenwicht te hebben gevonden tussen zelfexpressie en academische prestaties. Dat wil zeggen dat ze ooit naar een universiteit zullen gaan. De vibe is volstrekt onmaterialistisch. Als ik het bewijs laat zien van het koloniale huis van mijn ouders in Little Neck ter waarde van 280.000 dollar, zijn de meiden zo aardig om niet te zeggen dat de zeskamerappartementen van hun ouders aan de Upper West Side vier keer zoveel waard zijn.

In tegenstelling tot Haverford en het UC Hastings College of Law hebben deze kids flexibele toelatingseisen.

Misschien raak ik wel bevriend met ze.

17.
Stuy High, 1990

Eenpersoons galafeest?

Op de verkiezingsdag in 1988 ga ik de balzaal van het Marriott Marquis Hotel in en denk: dit is de dag. De dag waarop ik eindelijk seks zal hebben.

Ik heb me als vrijwilliger aangemeld voor de tactiek van de geschroeide aarde van George Bush sr. tegen de ongelukkige Michael Dukakis, en lach smakelijk om de racistische, hysterische pro-Bush commercials van Willie Horton en om alles wat erin gesuggereerd wordt over de progressieve Griek uit Massachusetts. Uiteindelijk is mededogen een deugd die alleen rijke Amerikanen zich kunnen veroorloven, en tolerantie het voorrecht van de gladde inwoners van Manhattan die alles al hebben wat ik wil hebben.

Ik zit te ploeteren in het hoofdkwartier van Bush in New York en beman de telefoons samen met twee oudere dames in met bont afgezette jassen. Het is onze taak trouwe Republikeinen te bellen en hun te vragen om hun steun. Mijn collega's, die ondanks hun kledij in de zomerse hitte geen druppel zweet produceren, vermaken zich uitstekend aan de telefoon en lachen en flirten met oude klasgenoten en verloren liefdes, terwijl ik de hoorn met bevende handen omklem en voorstedelijke huisvrouwen fluisterend waarschuw voor de twee grote kwaden: belastingen en de Sovjets. 'Ik zal u eens iets vertellen, mevrouw Sacciatelli, ik ben opgegroeid in de USSR, en die mensen zijn níét te vertrouwen.'

'Maar Gorbatsjov dan? En glasnost?' wil mevrouw Sacciatelli uit Howard Beach weten. 'Heeft Ronald Reagen zelf niet gezegd: "Vertrouw maar controleer"?'

'Ik wil achteraf geen kritiek uiten op de Gipper, mevrouw Sacciatelli. Maar als het op Russen aankomt, gelooft u me, het zijn beesten. En ik kan het weten.'

Op de Verkiezingsdag word ik uitgenodigd voor wat ongetwijfeld een Republikeins overwinningsfeest zal worden in het Marriott Marquis, het lelijke, logge gebouw bij Times Square, waar mijn moeder ooit in het ronddraaiende restaurant haar verjaardagen zal vieren. Op de uitnodiging voor het feest staat een hatelijke karikatuur van Dukakis met grote oren, die zijn hoofd uit een M1 Adams-tank steekt (de meest ongelukkige fotosessie van zijn campagne), en ik verwacht een avond met arrogant geroeptoeter waarin ik aan de borst wordt gedrukt van mijn medeconservatieven, terwijl ik een protestantse hora dans op het graf van progressief Amerika.

Ja, vanavond ontmoet ik een Republikeins meisje uit een schoon, blank milieu. Ze heet Jane. Jane Couthers, bijvoorbeeld. *'Hoi, Jane, ik ben Gary Shteyngart uit Little Neck. Mijn ouders hebben een koloniaal huis van tweehonderdtachtigduizend dollar. Ik ben het genie achter de Gezinsvastgoedtransactie Calculator. Ik zit op Stuyvesant High School, mijn cijfers zijn niet geweldig, maar ik hoop te worden toegelaten tot het* honors college *van de universiteit van Michigan. Ik denk dat vanavond het doek valt voor de gouverneur van Taxachusetts, hi hi.'*

Ik betreed de balzaal, een donkere immigrant met uiteenstaande tanden die badstofsokken, bruine penny-loafers en zijn speciale en enige pak draagt, een uiterst ontvlambaar polyster geval. Ik laat mijn blik door de zaal gaan vol stralende blanke Angelsaksen met een single malt whisky in hun hand, die mij geen blik waardig keuren, en zonder een paar blije blauwe ogen die de grijze glans weerkaatsen van mijn kraakheldere stropdas, die ik voor twee dollar op Broadway heb gekocht. Terwijl op het grote scherm boven ons George Herbert Walker Bush de ene staat na de andere verovert, en het gejuich en gelach door de afschuwelijk lelijke balzaal dendert, sta ik alleen in een hoekje, bijt in mijn plastic beker met ginger ale en sla de kleurige ballonnen van me af die zich aangetrokken voelen door mijn statische polyester, totdat twee schattige blonde tieners, het soort meiden op wie ik mijn hele leven al wacht, mij eindelijk benaderen met een begerige glimlach op hun gezicht en een van hen mij wenkt met een handbeweging. Ik ben zo opgewonden dat ik op de een of andere manier vergeet hoe ik eruitzie: een kleine puber, geboren in een fout land, ingesnoerd in een glimmend, staalgrijs jasje, met een bos van het zwartste haar in de hele zaal, zelfs nog zwarter dan het hellenistische kapsel van Michael Dukakis.

Wie van beiden is mijn Jane? Wie van de twee zal met haar tinnen vingers langs de w-vorm van mijn wijkende kin gaan? Wie van de twee zal me uitnodigen aan boord van haar boot en me voorstellen aan de miljonair en zijn vrouw? *Weet je, papa? Gary heeft het communistische Rusland overleefd, alleen maar om lid te worden van de Grand Ol' Party. Dat is heel dapper van je, jongen. Heb je zin om na de cocktails een football over te gooien met mij en Jack Kemp? Laat je bootschoenen maar in de bijkeuken staan.*

'Hé,' zegt een van die schatjes.

'Hé,' antwoord ik nonchalant en ontspannen.

'Nou, ik wil graag een rum-cola met een beetje ijs en limoen. Mandy, jij wou geen ijs, hè? Voor haar een cola light met limoen en zonder ijs.'

Ze denken dat ik de ober ben.

Het racisme in mij is stervende. Een zware, stinkende dood. Neerkijken op anderen is een van de weinige dingen waardoor ik in de loop der jaren het hoofd boven water heb kunnen houden, de troost van de gedachte dat hele rassen minderwaardig zijn aan mijn familie, minderwaardig aan mij. Maar in New York City is dat moeilijk. Op Stuyvesant is het ook moeilijk. Wat valt er nog te zeggen als de slimste jongen van de school via Zuid-Afrika van Palestijnse afkomst is? Hij heet Omar, toevallig ook de naam van de boze wetenschapper in mijn puberroman *De uidaging*. En hoe kan ik het feit negeren dat het knapste meisje van heel Stuyvesant – een korte blik bij natuurkunde op haar sterke benen-in-minirok bracht mijn semestergemiddelde met 1,54 punt naar beneden – Porto Ricaans is? En dat de massa om me heen, die feilloos en zonder te slapen rechtstreeks afstevent op het Albert Einstein College of Medicine, simpelweg niet blank is?

Als het racisme verdwenen is, blijft er een eenzame leegte achter. Ik heb zo lang niet Russisch willen zijn, maar nu, zonder het door woede aangewakkerde rechts extremisme, ben ik écht niet Russisch meer. Aan eettafels langs de hele Oostkust, tussen kleine *rjoemotsjki* van wodka en hapjes vettige steur, kan ik achteroverleunend meedoen aan de haat en me onderdeel voelen van iets wat groter is dan ikzelf. Twintig jaar na de campagne van Bush sr. tegen Dukakis klinkt uit de mond van een familielid dat Engels spreekt ter wille van de paar niet-Russen aan het Thanksgivingdiner: 'Ik vind dat Obama president moet worden. Maar van Afrikaans land. Dit is blánk land.'

Maar plotseling is er geen sprake meer van een blank land. Of, wat mij betreft, van een blanke stad. Een blanke school. Er komen nog steeds de afschuwelijkste woorden uit mijn mond, maar tegenwoordig zijn ze vijandig en tegendraads of misschien alleen maar komisch bedoeld. Uitkering zus. *Trickle-down*-effect zo. Toen de vileine, rechtse betweter Glenn Beck zichzelf een paar jaar geleden een 'rodeoclown' noemde, begreep ik zijn recept heel goed: deels clown, deels bullebak. *Hoeveel vingers, Vinston?*

Na het debacle van het overwinningsfeest van Bush schrijf ik voor het vak maatschappijleer een novelle van vijftig bladzijden die zich afspeelt in het dan verre jaar 1999 in de onafhankelijke republiek Palestina. In de novelle, met de pretentieuze titel *Elastiekjes schieten naar de sterren*, komt mijn geilste regel tot dan toe voor, iets over 'het gladde oppervlak van dij, borst en schouder'. Maar *Elastiekjes* is voor mij ook verbazend onpartijdig. Zes jaar na de intergalactische raciale waanzin in *De uidaging* zijn de Palestijnen, zoals mijn medeleerling Omar, gewoon menselijk. 'Achter jouw materialistische uiterlijk gaat een gevoelige, esthetische ziel schuil,' schrijft mijn docent, een linkse gast met een wit baardje, op mijn werkstuk, naast het cijfer 10+. Ik concentreer me op het cijfer, mijn gemiddelde schiet omhoog tot boven Michigan op Het Overzicht Universitair Hoogste Gemiddelde Afgewezen, Laagste Gemiddelde Aangenomen, en ik berg de omschrijving van mijn gevoelige, esthetische ziel weg voor op de universiteit. Met name voor een vrouw die Jennifer heet.

Maar terug naar dat 'gladde oppervlak van dij, borst en schouder'. Mijn stervende republicanisme en provincialisme zijn niet de reden dat ik nog maagd ben. Ik kan niet met een meisje praten zonder ofwel zwaar in de overdrive te gaan ('Hé, *babe*, wil je mijn nieuwe Aiwa-walkman horen?'), ofwel een knoop in mijn tong te krijgen. In het tweede jaar slaag ik er op de een of andere manier in mijn tong in de mond van iemand anders te krijgen, een blond meisje met tie-dye-kleren uit een lager leerjaar, op een parkbankje in het westelijke, beter verzorgde deel van het nabijgelegen Stuyvesant Square, dat wij het Park noemen. Ik ben te bang om ten volle van het ogenblik te genieten: het feit dat iemand haar mond wil delen met de mijne. Op dat moment let ik meer op enkelen van mijn stonede vrienden die op een bankje vlakbij zitten te roepen: 'Woeoe!' en 'Zet hem op, Shteyngart!'

Had ik die avond maar een beetje kalmer aan kunnen doen en genoten van de aanwezigheid van iemand die net zo jong en, naar ik aanneem, net zo blij was om daar met mij te zijn. Die zachte, magere benen, de ernst waarmee we bezig zijn: mijn eerste echte kus, misschien ook wel de hare. Hoe dan ook, als ik de jongedame de volgende dag op school zie, worden er slechts gênante blikken uitgewisseld, en er gebeurt verder niets. Vergeet het maar, Jake, dit is Stuyvesant. Zij gaat terug naar haar studie en haar vriendinnen, ik ga terug naar mijn bierblikken en hasj.

Het is één uur bij het Park. Weet u waar uw kind is?

Ik ben dronken en stoned. Ik ben al drie jaar dronken en stoned.

Ik heb mijn vierdejaarsrooster zo veranderd dat ik nu meteorologie doe, een van de ongelooflijke bullshitvakken die worden gegeven door ene meneer Orna, voor ons drop-outs een held van middelbare leeftijd die geniet van zelfbedachte uitdrukkingen in nep-Jiddisch, zoals '*Oooo, matsja katsja*!' en 'O, *sjrotzel*!', en die excursies naar het Park organiseert waar we wolken bestuderen, het hele semester geen absenten noteert maar je eindtentamen *voor jou* doet, zodat ik op Stuy althans één hoog cijfer haal. Tussen meneer Orna's meteorologie en zijn andere, Jacques Cousteau-achtige onderwateravontuur, oceanografie, heb ik twee tussenuren rond de lunchpauze ingepland. Ik heb nu vier lesuren om high te worden en halveliterblikken bier te nuttigen of rond te zwerven in de stad met mijn vrienden. Tegen tweeën meld ik me in de enige les die ik nog interessant vind, metafysica. De les wordt gegeven door dr.

Bindman, een psychoanalist/goeroe die we allemaal aanbidden maar die ons veel strenger becijfert dan meneer Orna en veel metafysischer – kruis of munt bepalen je cijfer. Ik ga naar de les van dr. Bindman omdat ik een zitting van tantristische seks mag leiden, waarbij we de gordijnen dichtdoen en geurkaarsen aansteken, en ik mijn voorhoofd tegen dat van een van de meisjes mag drukken op wie ik verliefd ben.

Ze heet Sara en is half Filipijns, met ongelooflijk eerlijke hazelnootbruine ogen en longen waarmee ze een flinke haal wietrook gedurende de hele lunchpauze kan binnenhouden. Dichter dan de rand van een kartonnen bekertje kom ik niet bij haar zeemeeuwlippen. We kopen koffiebekertjes in het groot in, met het opschrift WIJ HELPEN U GRAAG in Griekse stijl, en vullen die met Kahlúa en melk, zodat de conciërges denken dat we koffie met een scheutje room drinken. In de metafysicales, met de gordijnen dicht en vier bekers Kahlúa met melk achter de kiezen, raak ik Sara's warme voorhoofd met het mijne en probeer niet over haar heen te zweten, terwijl de rest van de klas om ons heen aangenaam 'om' zoemt. Zoals te verwachten is Sara verliefd op dr. Bindman, op zijn aardige Amerikaanse gezicht, zijn kalmerende stem en zijn weelderige snor.

Terug in het Park draag ik nog steeds die idiote Union Bay-sweater die tot aan mijn knieën komt, als een soort hommage aan de meisjes van Solomon Schechter, maar ik heb hem voorzien van een leren armband met studs om mijn linkerpols, en aan mijn voeten draag ik Reebok Pump-sportschoenen, een nieuw soort hoge sneakers die zichzelf opblazen als je op een gestileerde oranje basketbal drukt die aan de tong hangt. Een van mijn domme kreten is: 'Hé, baby, wil je me oppompen?'

Of als verwijzing naar een of andere hippe rapsong en het laatste tv-journaal: 'Vrede in het Midden-Oosten, Gary uit het getto, geen verraad!'

Of ik zwaai opzichtig met mijn nieuwe Discover-kaart, die ik bewaar in mijn portemonnee, waar eerst mijn lidmaatschapskaart van de NRA in zat: 'Ik trakteer op het eten. Joods Kapitalisme!'

Ik ben een soort joker, maar de vraag is: wat voor soort? Het is mijn taak om iedereen te laten raden. Want wat ik doe is in feite performancekunst, deels een onwelsprekende schreeuw om hulp, deels rauwe voorstedelijke agressie, en deels simpelweg een stomme ezel zijn.

En niets van dat alles zal me brengen waar ik wil komen, namelijk, in simpele en sneue termen, in de armen van een meisje. Maar elke Valentijnsdag ga ik naar de bloemist op de hoek van First Avenue en koop daar drie dozijn rozen, en ik geef er een aan ieder van de zesendertig meisjes op wie ik verliefd ben, mijn stille eerbetoon aan het feit dat ergens onder die beige-zwarte Union Jack-sweater iemand schuilgaat die wil wat iedereen wil maar te bang is om het te zeggen.

Om mijn dronken, stonede lippen speelt een glimlach die ik zou willen omschrijven als depressief maar optimistisch. Als ik moet raden dan denk ik dat die glimlach van mijn moederskant komt, van ergens vóór Stalin maar na de pogroms, toen de appels dik aan de takken van de Wit-Russische bomen hingen en de koosjere slagerij van mijn grootmoeders familie op haar hoogtepunt was. Binnenkort zal ik met verbijstering naar de witte plekken staren in mijn jaarboek van Stuy. Een van de meisjes in mijn groep heeft geschreven: 'Ik vond je altijd heel lief onder die belachelijke grijns van je.'

De Park-meisjes zitten in een halve cirkel om ons heen en praten over Grinnell en Wesleyan; allemaal heel schattig, maar in strijd met alle puberregels, of misschien ook wel ter bevestiging daarvan, zijn het de jongens in wie ik geïnteresseerd ben. Populair worden bij de jongens, geaccepteerd worden door deze groep stoners en freaks, daaraan besteed ik mijn puberjaren.

Links van mij zit Ben de hars uit zijn chromen Proto Pijp te krabben. Hij is half Vietnamees, half Fins, lang en hoekig gebouwd, met het haar van een rockster en een gulle lach, en hij gaat gekleed in een theatrale Duitse legerjas met een paperback in een van de zakken, meestal *Siddharta* of *Zen en de kunst van het motoronderhoud*, die we geen van beiden zullen uitlezen, en die voor zover ik weet door niemand ooit zijn uitgelezen. Meisjes leggen graag de tarot met Ben of leunen in geval van nood tegen zijn brede rug.

Aanvankelijk mag Ben mij niet. Ik ben een harde noot om te kraken: een vermoedelijke Republikein die het luidruchtig opneemt voor Ayn Rand en de aanbodeconomie. Als we elkaar voor het eerst ontmoeten, haalt Ben een groot waterpistool tevoorschijn dat hij voor dit soort noodgevallen altijd in zijn rugzak meedraagt, en spuit me door- en doornat. Mijn trui stinkt onder scheikunde naar nat schaap. Maar op een feestje in een sjofele brownstone op Park Slope, verontschuldigt Ben zich in opdracht van zijn vlotte, lieflijke vriendinnetje omdat hij zo rot tegen me heeft gedaan. 'Je slooft je te veel uit,' zegt hij terwijl hij me als gebaar van goede wil zijn Proto Pijp doorgeeft. 'Iedereen ziet dat.'

Ruim twintig jaar later volg ik acteerlessen van Louise Lasser, die beroemd werd door *Mary Hartman, Mary Hartman* (en omdat ze de tweede vrouw van Woody Allen was). Mevrouw Lasser geeft haar leerlingen genadeloos op hun lazer vanwege onze slappe pogingen tot acteren, waardoor menige jonge vrouw anderhalf uur lang zit te janken. Na mijn sneue poging om de Meisner-techniek toe te passen (acteur 1: Jíj draagt een blauw shirt; acteur 2: Ík draag een blauw shirt) schreeuwt ze tegen me: 'Weet je wat jouw probleem is, Gary? Je bent fake en manipulatief!'

En ik wil zeggen: *Jawel, maar dit is New York. Wie is hier níét fake en manipulatief?*

Je slooft je te veel uit. Iedereen ziet dat.

Terug op ons bankje in het Park zit Brian rechts van mij hevig te zoenen met zijn vriendin. Brian is knap en jongensachtig, half Joods en half zwart, met vrouwelijke lippen die door erg veel meisjes om ons heen zijn gekust. Brian is net zo'n kakker als wij: wit T-shirt onder een overhemd, kakibroek, en dat alles op verwarrende, paradoxale wijze verpakt in een leren jack met een kraag van bruin nepbont. Brians knappejongenslippen zuigen zich vast op die van zijn stonede blonde vriendin, en zijn handen zijn overal. Het is bekend dat Brian en Ben de leiders van ons groepje zijn, dat ze toegang hebben tot alle meiden en tot de glorie. Als een van hen neerbuigend tegen me deed, zou ik dat accepteren als een man, ik zou blij zijn dat er überhaupt tegen me gesproken werd en met alle plezier aantekeningen maken over hoe ik het beter zou kunnen doen. *Sloof ik me te veel uit? Heren, ik ga me nog meer uitsloven.*

Op het onorthodoxe niveau van Ben en Brian bevindt zich nog een lange jongen met een adembenemend voorkomen, net als zij met een complexe raciale achtergond. Ik kan niet uitgebreid met hem praten omdat hij mijlenver buiten het universum lijkt te zweven waarin ik beweer te verkeren, en uiteindelijk ben ik schrijver en geen astronoom. Ook zou ik diep willen zuchten om hun steeds mooier en kosmopolitischer wordende vriendinnen. Ik zie blauwe ogen, stonede glimlachjes van een onbetwistbare vreedzaamheid. Ik ruik patchouli. Ik hoor 'Groove Is the Heart' van Deee-Lite. Ik voel het gemak en het geluk van deze jonge vrouwen-van-de-wereld.

Een eindje verwijderd van Ben, Brian en die Andere Gast bevindt zich een kleine elite van ongeveer twaalf jongens die diverse gradaties van paniek uitstralen. Op geringe afstand van Ben en Brian, maar behorend tot een beduidend lagere kaste, houden John en ik ons op. Als collega-slachtoffers uit oostelijk Queens zijn John en ik de barbaren die binnengelaten willen worden met onze gelamineerde Long Island-treinmaandkaarten en onze bereidheid om alles te doen; zo draagt John tijdens een houseparty de hele avond een lampenkap op zijn hoofd. Mijn makker is een zwaargebouwde, behaarde dyslecticus met een Hawaïaans shirt aan en een gleufhoed op en, net als ik, een aankomende schrijver en poseur. Hoewel John me meestal aanspreekt met 'Hé, sukkel', mag ik hem graag. Ik weet niet zeker of hij geniaal of volkomen geschift is. Soms schrijft hij hilarisch, op een puberale Gonzo-toon (over zinloos stedelijk geweld, Duitse dwergporno, ontploffende Saigonese hoeren, New Yorkse honden op zoek naar liefde) en neigend naar onze gemeenschappelijke droefheid – de droefheid omdat we niet kunnen communiceren met anderen zonder een lampenkap op te zetten.

Johns vurige wens om mij ervan te overtuigen dat 'de westerse literatuur van na de Verlichting gecentreerd [is] rond illusionisme' gaat mij boven de pet om twee uur 's middags, na de inname van een halve krat bier en de elementaire deeltjes van Bens Proto Pijp. Ik zit liever bij metafysica met mijn voorhoofd tegen dat van Sara. Vier jaar later, nadat John iets heeft ontdekt dat humorstudie heet, heb ik geen andere keus dan hem baf! tot hoofdpersoon van mijn eerste roman te maken.

We zoomen nu even uit. Naar een bank op de oostelijke helft van Stuyvesant Square, dat toen een sjofel plantsoen was, in tweeën gedeeld door het razende verkeer van Second Avenue. Er zit een groepje jongens op de bank, een aantal stinken naar Indonesische Djarum-kruidnagelsigaretten en ongewassen haar. Om in beweging te blijven komen we zo nu en dan overeind om jihadbal te spelen met een rubberen *kooshball*.

De regels zijn simpel: je neemt de bal, wijst iemand aan en roept: 'Ik roep de jihad over jou af.' Dan gooi je de bal naar de persoon in kwestie en kijkt toe terwijl de rest van je vrienden zich op hem stort.

Ben en John geven de Proto Pijp door en praten, net als wij allemaal, ergsnel, ergsnel, ergsnel over Freud, Marx, Foucault, Albert Einstein, Albert Hall, Fat Albert, Fats Domino, de Domino-suikerraffinaderij. Aan de overkant van de betonnen weidsheid van het Park, slechts op een jihadbalworp afstand, zitten talloze Aziatische meisjes met lange tanden te eten van hun roergebakken, gestoomde *mandoo*-dumplings en dikke ronde groenten-*kimbap* uit bakjes van wit piepschuim. In elk geval in theorie leven ze in de droomwereld van Stuyvesant, met hoge cijfers en een stralende toekomst. Een deel van mij wil met ze meedoen, maar een nog groter deel van mij wil dat ik kan begrijpen wie ze zijn.* Als het jaarboek verschijnt, zal ik een piepkleine blik in hun hart kunnen werpen:

> 'Kinderen, weest uw ouders gehoorzaam in de Heer, want dat is recht. Efeziërs 6:1. Ik hou van je, mam; ik hou van je, pap.' – Kristin Chang

> 'Met Christus ben ik gekruisigd en toch leef ik niet meer mijn ik, maar Christus leeft in mij. Galatiërs 2:20. – Omhels het Kruis.' – Julie Cheng

Ondertussen zijn Brians lippen verbonden met die van zijn vriendin, een feit dat ik jaloers gadesla, en de mijne zijn verbonden met een bierblik in een bruine papieren zak. Sinds ik begon met drinken, ben ik ook meteen écht gaan drinken. Kahlúa met melk met Sara, screwdrivers op het dak aan Fifth Avenue met Alana, nog een meisje op wie ik kuis verliefd ben, wodka met tonic, wodka met grapefruitsap, wodka met wodka, kannen sterke cider 's middags in het Life Café op de hoek van Tenth Street en Avenue B. In de ware alcoholische traditie verdeel ik de dag in kwarten van drank, zonsopkomst en -ondergang worden geregeld door heldere en bruine drank. Vele jaren vóór Stuyvesant had ik alcohol geproefd – uiteindelijk kom ik uit een Russische familie –, maar hier met mijn vrienden de collega-verworpenen voert elke dag mij een beetje verder weg van de dromen die ik niet meer kan verwezenlijken. Terwijl ik zit te zuipen in het Park, staat mijn moeder diep in de krochten van het Beaux Arts Stuyvesant-gebouw, aan het hoofd van een lange rij evenzeer huilende Aziatische moeders en smeekt de natuurkundeleraar met haar allerliefste maar nog onvolmaakte Engels

* Later zal ik meer dan tien jaar aan die opdracht besteden.

mij een voldoende te geven en zegt: 'Mijn zoon, hij heeft moeite met aanpassen.'

Drank. Haalt overal de scherpe kantjes af. Of maakt ze juist scherper. Wat je maar wilt. Als ik nu lach, hoor ik het van ver, alsof er iemand anders lacht. Ik hoor dat klare, waanzinnige lachen van mij dat daarna ondergaat in het klare waanzinnige lachen van mijn metgezellen, en ik voel me te midden van een broederschap. *Ben! Brian! John! Andere Gast! Ik verklaar júllie de jihad!*

Is het bespottelijk om te stellen dat op dat moment in mijn leven alcohol het beste is wat mij ooit is overkomen?

Absoluut. Dat zou bespottelijk zijn. Want er is ook nog zoiets als hasj.

In een poging me te helpen omgaan met peer pressure, hebben mama en de onlangs gearriveerde tante Tanja me geleerd hoe je een sigaret rookt en de rook snel uit je rechtermondhoek kunt laten wegglippen zonder te inhaleren. Wij drieën staan in de achtertuin van ons huis in Little Neck, op de krakende herfstbladeren, zogenaamd te roken en net zo nonchalant te doen als in de film. '*Vot tak, Igorjotsjek*,' zegt mama terwijl ik de rook uit mijn mond laat kringelen en mijn neus hunkert naar de vreemde, verboden geur. Zo doe je dat, kleine Igor. Nu kan ik doen alsof ik sigaretten of hasj rook net als de andere coole kids. Ik pas deze nieuwe vaardigheid toe bij mijn eerste vijftig of zo contacten met het duivelse kruid, waarbij ik doe alsof ik nog stoneder ben dan mijn vrienden en allerlei onzin uitkraam: 'Vrede in het Midden-Oosten! Gary uit het getto! Geen verraad!' Maar de eenenvijftigste keer, aan het begin van het derde leerjaar, vergeet ik uit te ademen.

De alcohol mag me verwoesten, de hasj pelt me af. Tot op de kern. De afgelopen 223 bladzijden die u zojuist hebt gelezen, zijn nooit gebeurd. Er is nooit een Moskouplein geweest, geen *Lenin en zijn wonderbare gans*, geen *Buck Rogers in de 25ste eeuw*, geen 'Heren, we kunnen hem herstellen, we hebben de technologie', geen Gnora, geen mama, geen papa, geen Lichtman, geen Kerk en de Helikopter. Tot op de kern, zoals ik al zei. Maar als de kern ook niets voorstelt?

En als de lachkick mijn mond verlaat, klinkt hij zacht en nadrukkelijk; hij begint in mijn tenen en eindigt in mijn wimpers. Terwijl hij door mijn lichaam omhoogkomt, kriebelt hij de kern, en het maakt niet uit of die kern goed of slecht is, alleen maar dat hij er zit, veilig opgeborgen voor toekomstig gebruik.

Hoe verander je van een Republikeinse streber in een volstrekte stoner? Ik zal nooit helemaal geaccepteerd worden in de groep, zoals ik ook nooit de tekst zal kennen van 'Sunshine of Your Love' van Cream. Als ik mazzel heb, word ik uitgenodigd voor een op de drie feestjes, en de knapste meiden blijven nog steeds op afstand. Maar de 'hippies', zoals ze worden genoemd, zijn de enigen die ik ervaar als een soort vriendengroep. Als ik op een rottende schoolbank de woorden 'Fok alle hippies, Gideon, neem een douche' gekrast zie staan, word ik boos op de schrijver ervan en wil ik vreemd genoeg zelf ook wel zo stinken. Kon ik maar het tegenovergestelde zijn van hoe ik ben opgevoed. Kon ik maar volkomen authentiek zijn, zoals die Gideon, wiens vader toevallig een of ander Amerikaans genie op een bepaald gebied is en wiens familie in een enorm penthouse in de West Village woont.

Ik ben dol op de jongens, maar Manhattan is mijn beste vriend. Als ik op een vrijdagavond over Second Avenue loop, passeer ik een man en een vrouw die, gehuld in goedkope, strakke kleren, midden op het trottoir in elkaars armen staan te huilen. Groepen tieners lopen behoedzaam om hen heen, niet zozeer geschokt door het tafereel als wel vol respect voor de ongegeneerde emotionaliteit ervan. Iedereen om me heen zwijgt minstens tot aan de volgende zijstraat. Ik blijf staan en kijk nog een keer om. Het gezicht van de vrouw is nauwelijks zichtbaar, maar als ze naar achteren leunt, zie ik haar ietwat Perzische, amandelvormige ogen, de lange parabool van haar wimpers, haar ruwe rode lippen. Ze is beeldschoon. Maar iedereen is beeldschoon. Het is vrijwel onmogelijk om van de Safe Train in Fourteenth Street naar school in Fifteenth te lopen zonder wanhopig verliefd te worden.

Dit leer ik: mannen en vrouwen in verschillende gendercombinaties wisselen beetjes seksuele informatie uit en slaan dan de hoek om alsof ze elkaar nooit hebben gezien. 'Ja,' zeggen mijn ogen tegen bijna alle vrouwen die langslopen, maar ze kijken boos en wenden hun blik af ('Nee'), of ze glimlachen en lopen door ('Nee, maar bedankt voor de aandacht'). Eindelijk, op een bloedhete zomerdag, laat een jonge vrouw die voor me loopt haar short zakken zodat de rondingen van haar achterste zichtbaar zijn. Ze draait zich om en lacht haar onregelmatige gebit bloot. Ze gaat harder lopen. Ik kan haar amper bijhouden. Er loopt inmiddels een aantal mannen achter haar aan, de meeste yuppen in pakken, maar we zijn allemaal stil en geil. Om de andere zijstraat trekt ze haar short een beetje verder naar beneden, en haar achtervolgers loeien van ongeloof. Plotseling rent ze de straat over, verdwijnt in een deuropening en lacht ons uit voordat ze de deur dichtsmijt. We kijken om ons heen en merken dat we op Avenue D zijn, in de schaduw van een paar ruige achterstandswijken. Verder van Little Neck ben ik nog nooit geweest en ik zal nooit meer teruggaan.

De grootste leugens in onze kindertijd gaan over wie ons zal beschermen. En hier is een hele stad die zijn lelijke, dikke armen om me heen slaat. En ondanks alle verhalen over straatrovers en messentrekkers, zal niemand me hier slaan. Want als hier al een godsdienst heerst, dan is het er een die we zelf hebben gemaakt. Ouders, weest uw kinderen gehoorzaam in de Heer, want dat is recht.

18.
De lange weg naar Oberlin

De auteur is terecht verkozen tot Koning der Middeleeuwen.
Links van hem zijn blozende koningin.

Ondertussen krijgen mijn ouders in Queens door dat ik het spoor bijster raak, maar ze worden er niet gewelddadig door. Mijn vader probeert geduldig op papier de werking van een verbrandingsmotor uit te leggen zodat ik hopelijk een voldoende zal halen voor natuurkunde. Mijn moeder vraagt namens mij vergiffenis aan mijn docenten. Alles wordt gedaan om ervoor te zorgen dat ik bijtijds betere cijfers haal om rechten te kunnen gaan studeren. Mijn moeder is bedroefd omdat ik 's morgens om drie uur dronken thuiskom: 'Waarom heb je ons niet gebeld dat je negen uur te laat bent?' 'Ik had geen kwartjes meer, mama!' Mijn ouders zijn allebei opgegroeid in Rusland en begrijpen hoe het leven voor jongvolwassenen is. De paar keer dat ik thuiskom na een maagdelijke nacht met een meisje, neemt mijn vader de tijd terwijl hij aan de keukentafel zijn gekoesterde tomaten zit te snijden en vraagt: '*Nu*, ben je al een man?' Hij buigt voorover en snuift de lucht om me heen op. Ik zeg zuchtend: '*Otstan' ot menja*', Laat me met rust, en stamp de trap op naar mijn *Playboys* en mijn *Essays That Worked for Law School.*

De elite onder ons daarentegen zit er tot aan zijn middel in. Er zijn nu voortdurend feestjes. Ik word uitgenodigd in het beste vastgoed in Manhattan. Lofts in Mercer Street, klassieke zeskamerappartementen aan Amsterdam Avenue, een penthouse in West Tenth Street met panoramisch uitzicht over het roerloos liggende en ademende dier dat Greenwich Village heet. Een appartement in Battery Park City, zo dicht bij de torens van het World Trade Center dat ik na een paar joints denk dat ik mijn spiegelbeeld kan zien in het omhulsel van staal en glas (onmogelijk). Er is overal geflikflooi van pubers. En waarom ook niet? De appartementen lijken allemaal verlaten door hun volwassen bewoners. De ouders zijn weg. Raketwetenschap beoefenen in verre landen, het Kroatische constitutionele hof adviseren, koffie verbouwen in de bergen bij Kigali. Al die briljante ouders van al die mooie mensen zijn vele tijdzones ver weg. Het komt niet bij me op dat het hebben van rare immigrantenouders in Little Neck op de een of andere manier te prefereren is boven de wilde toestanden waaraan veel van mijn leeftijdgenoten zich overgeven.

En zo bestaat er in tientallen lege appartementen tussen tientallen harige mensen een blije uitwisseling van seks, waar ik geen deel aan heb. In aangenaam stonede toestand begeef ik me naar de badkamer en hoor licht gekreun en gegiechel aan de ene kant, een bewegend matras aan de andere. Ik blijf voor de deur staan, geil en verward, en probeer me mijn dr. Ruth-kennis te herinneren. Dit klonk als een vaginaal orgasme. Dat was duidelijk clitoraal. Buiten op het terras gaat de zon onder achter de laaiende uitkijktoren van Jefferson Market, en medeslachtoffer John ontmantelt een kalkoensandwich boven een blikje bier. 'Hé, Jood, *wakka-wakka*,' zegt hij. 'Hermeneutiek.' Enzovoorts, enzovoorts, een hele poos, totdat we weer met de Long Island Rail Road naar huis gaan.

Op wie ben ik verliefd? Ik zal de meisjes tellen. Tien? Vijftien? Twintig? Ik word kritiekloos en openlijk verliefd. Een lange klassieke schoonheid met kringen onder haar ogen. Ik neem haar mee naar Central Park Zoo, mijn idee van romantiek. Ze neemt een vriendin mee. Met een van haar lange, alternatieve nagels krabt ze per ongeluk mijn hand open, waarvan ik nog steeds het litteken draag. Er is een pluizige, rondborstige blondine met lichtblauwe ogen die met haar gescheiden moeder in een huis in de Village woont. Mama doet de deur open, stelt vast dat ik ongevaarlijk ben en geeft Pluisje toestemming met mij naar de Bronx Zoo te gaan, waar ik een olifantje voor haar koop dat we Gandhi noemen. Ik neem haar mee naar een Frans restaurant in midtown. 'Zullen we gewoon vrienden blijven?' Dan is er Sara, met wie ik tantristische seks heb gehad in de metafysicales. Er is een lang Koreaans meisje, Jen, van wie ik haar voeten mag masseren. 'Je moet hebzuchtig, egoïstisch en immoreel zijn om tegenwoordig te kunnen overleven,' is Jens opmerking in het jaarboek. De mijne is: '"Deugd is nooit zo fatsoenlijk als geld" – Mark Twain'. Soulmates. Er is de kroesharige, magere Alana (niet haar echte naam), wier appartement aan Fifth Avenue en ruimdenkende ouders ik me kort daarna zal toe-eigenen voor mijn eerste roman. Ik breng vele nachten met tollend hoofd op haar logeerbank door, naast een badkamer die stinkt naar kattenbak en twee bijbehorende katten, Middernacht en Kaneel. Na middernacht en met liefdesverdriet, terwijl Alana elders in haar comfortabele bed ligt, staar ik opnieuw uit het keukenraam naast mijn bedbank naar de toren van een bruine gotische kerk. Een gemeenschappelijke vriend van ons heeft me verteld dat Alana mijn neus te groot vindt, dus dit wordt ook niets. Het interessante met mijn neus is dat mijn vader me altijd 'Jodensmoel' noemde, maar hij zei ook dat mijn lippen het probleem waren. En nu mijn neus dus ook. Hoe dan ook, ik bevind me in een appartement vol briljante Manhattanieten, naast een kattenbak, terwijl buiten de maan boven de kerk en de brede Fifth Avenue hangt bij het kruispunt waar deze in de richting van de dramatisch Europese, sierlijke boog op Washington Square leidt. De beroemde straat is leeg op een gedeukte oude taxi na. Het kan elk moment gaan sneeuwen.

Maar er is wel iemand die van me houdt. Hij heet Paulie*. Hij is in de veertig. Ik werk na school in zijn______bedrijf** in het Meatpacking District, hoewel het niet duidelijk is wat ik daar precies moet doen. Om mij in zijn middelbare klauwen te lokken, plaatste Paulie een ad-

* O nee, toch niet.

** Laten we het erop houden dat het een bedrijf is waar menige gespierde man met een rijbewijs zich in het zweet werkt.

vertentie op het publicatiebord van Stuyvesant waarin hij vraagt om een slimme tiener en waarin hij een uurloon van zes dollar belooft. Aanvankelijk neemt hij mij en een Russisch meisje aan, maar het Russische meisje stinkt naar vlees en zweet, dus die ligt er binnen een paar dagen uit. Op mijn verzoek neemt Paulie ook Alana in dienst, maar hij wil haar niet! Hij wil mij! De helft van de tijd scheuren we in zijn auto door de straten terwijl hij met zijn______-accent* naar passerende vrouwen schreeuwt: 'Hé, schoonhaaid! Wat een mooie kont heb jaai! Geef maar toe!' In de loop van de jaren hebben we, zeg maar, nooit beet. 'Ik ben geen flikker,' zegt Paulie terwijl hij de resterende geverfde krullen naar achteren veegt, maar hij zegt wel dat hij me over het bureau wil buigen______en______met mijn kont wil doen.

Ik voel me ongelooflijk gevleid door Paulies aandacht. Hoewel hij veel ouder is, wil hij op een dag ook schrijver worden en misschien een verslag schrijven over zijn ontsnapping van______** op een vlot met de hulp van de CIA. Op het werk is het mijn taak de lunch te verzorgen voor het hele personeel, voornamelijk hamburgers van Hector's Café of *arroz con pollo* uit de Dominicaanse tent. Hij kaffert me uit als ik me vergis, maar als ik het goed doe noemt hij me Prins Ananas en nog iets in het Spaans. 'Goed gedaan, Prins Ananas, *puta maricón*.' Ik kan wel een uur blijven grijnzen als hij dat heeft gezegd. Op een dag neemt Paulie me mee naar Florida voor een korte vakantie, een uitstapje dat als inspiratie dient voor een lang, eng hoofdstuk in mijn eerste roman. Op de ochtend van mijn vertrek komt mijn vader naast me op de bank zitten terwijl mijn moeder de tas doorzoekt die ik heb gepakt voor Florida, om zeker te weten dat ik mijn astma-inhaler en zonnecrème niet ben vergeten. 'Je baas...' zegt mijn vader. Hij zucht. Ik krom mijn witte wintertenen. *Vermoedt papa dat mijn baas mij wil neuken?* 'Soms,' zegt mijn vader, 'ben ik jaloers op Paulie omdat hij meer een vader voor je lijkt dan ik.'

'Nee hoor,' zeg ik, 'alsjeblieft zeg. Jij bent mijn vader.'

Een paar dagen later zitten Paulie en ik in een gehuurde Buick voor een luxeappartement in Sarasoto. Hij legt zijn hand op mijn knie. Paulie wijst naar het appartement. Hij lijkt uitgeput door het steeds achter me aan zitten, net zo uitgeput als ik zou zijn als ik op zijn leeftijd

*Laten we zeggen van een bepaalde eilandstaat.

**Opnieuw een bepaalde eilandstaat.

achter al die meiden van Stuyvesant aan moest zitten. 'Jij kunt dat appartement krijgen. Je familie kan het gebruiken wanneer ze maar wil. Bedenk eens hoe blij je je ouders zou kunnen maken. Het enige wat ik wil...' En hij schuift zijn hand hoger langs mijn dij.

Ik lach zoals meiden lachen wanneer ik ze probeer te versieren; ik haal zijn hand van mijn dij af en voel de warmte en het gewicht ervan. Ik ben een beetje bang en een beetje blij dat mijn tweede vader zoveel belang in me stelt. Voelde ik maar iets voor hem... Het is net als in een roman van Tolstoj, waarin X van Y houdt, maar Y van Z.

Ik heb een foto van dat uitstapje waarop iemand een arm om mijn schouder heeft gelegd. Het is niet Paulie, maar de Koningin. Ik sta daar met mijn krulhaar en draag een soort pullover van een Mexicaanse deken en een papieren kroontje uit Medieval Times, een tournooi-en-eettent vlak bij Orlando. De Koningin lijkt een gevorderde puber in vol middeleeuws tenue. Aan de zijkant staat Paulie te lachen en maakt met gebaren duidelijk wat ik zou moeten doen met Hare Majesteit. Ik sta een beetje voorovergebogen, mijn armen hangen slap langs mijn lijf, omdat ik niet gewend ben dat een vrouw me aanraakt, maar mijn gebroken witte Sovjetgrijns laat duidelijk zien dat ik bemind word. Het is een van de gelukkigste momenten uit mijn leven tot dan toe.

De tijd gaat snel. We gaan bijna naar de universiteit. Bijna een derde van onze eindexamenklas heeft fokking aanvraagformulieren ingeleverd voor het Westinghouse Science Talent-onderzoek. Ik heb daarentegen nog nooit op, onder of achter een vrouw gelegen. Een van de weinige nachten dat ik niet zit te zuipen of blowen met Ben, Brian en John, of bij Sara, Jen, Pluisje et al. probeer te zijn, lig ik op mijn bed met allerlei kleurrijke brochures van Amerikaanse universiteiten om me heen. Beneden dreigt de razvod. Tante Tanja en haar kinderen zijn naar Amerika gekomen. Mijn knappe, lenige nicht Victoria, de ballerina, slaapt al ruim een jaar bij mijn moeder in bed, als een echte vluchteling, terwijl mijn vader ligt te mokken op zijn zolder. Allebei haar ouders zijn overleden, onder wie mijn moeders oudere zuster Ljoesja, en de twintigjarige Victoria moet bij ons blijven totdat ze zelf een flatje heeft gevonden. Mijn vader geeft haar een waardevol advies: met haar uiterlijk zou ze in een stripclub moeten gaan werken. Verlegen loop ik op de trap langs Victoria of kijk haar over de eettafel aan, bang en verward door haar aanwezigheid; ik wil met haar praten maar ben bang dat ik partij kies voor mijn vader of moeder. Het is ongeveer zoals toen we jong waren en ik naar haar staarde door onze tuindeuren in Leningrad, niet in staat haar aan te raken vanwege mijn moeders angst voor *mikrobi* (bacteriën). Maar er is nog iets anders: de afgelopen tien jaar heb ik mijn stinkende best gedaan om Amerikaans te worden, en nu is er dit Russische meisje in ons midden dat mij eraan herinnert wie ik ooit was. In de slaapkamer die Victoria deelt met mijn moeder luistert ze naar countrymuziek, omdat de woorden langzaam en ontspannen worden uitgesproken en ze zo wat Engels kan leren. 'Countrymuziek is stom,' zeg ik met rollende ogen, als een echte hoffelijke, behulpzame neef. Als altijd de afgezant van mijn vader.

Want de totale oorlog is uitgebroken. Mijn vader en zijn wolfachtige familie zijn door de nieuwkomers plotseling in de minderheid. Het wordt tijd dat mijn ouders eens openhartig hun standpunten uitwisselen. '*Zatkni svoi rot, soeka!*' Hou je kop, teef.

Maar in gedachten ben ik al vertrokken. Ik lees over het 'netwerk van old boys en old girls' van Cornell en fantaseer over een wondere wereld waarin ik een Old Boy ben en bij het haardvuur van een universiteitsclub zit met andere Old Boys, en misschien een sexy Old Girl, met wie ik keihard aan het netwerken ben. Cornell is natuurlijk een moeilijke universiteit om op te worden aangenomen, maar ik heb een kansje op de School of Hotel Administration aldaar, omdat Paulie een lulbriefje van een van zijn vrienden heeft geregeld waarop officieel wordt verklaard dat ik een van de beste piccolo's in een bepaald hotel in Manhattan ben. Door de brochure van het sympathieke, progressieve Grinnell College in Iowa ben ik letterlijk tot tranen geroerd. Al die ethisch sterke jongens en meisjes, al die internationale vlaggen die wapperen te midden van de gotische architectuur. Ik wikkel me in mijn oude Sovjetdekbed, terwijl papa en mama beneden nieuwe lawines aan beledigingen uitwisselen. Wat voor iemand zou ik zijn als ik naar een universiteit als Grinnell ging? Als ik alles eens overboord gooide: buitenlander, Gnoe, nep-Gordon Gekko? Als ik eens helemaal opnieuw begon? Huil ik om de razvod beneden? Huil ik omdat ik ernaar hunker bemind te worden om die kleine kern in mij, wat die ook mag inhouden? Of huil ik omdat ik in zekere zin besef dat ik op het punt sta een soort zelfmoord te plegen, een daad waar ik tot aan mijn veertigste, inclusief een decennium lang psychoanalyse, mee bezig zal zijn?

Ik ga eerst naar Michigan. Een rode jeep van rijke vrienden van Ben en Brian scheurt over de West Side Highway, terwijl ik achterin keihard 'Mie-sjie-gun!' zit te schreeuwen naar de travestieten van het Meatpacking District. Met in mijn hoofd de eindeloos herhaalde tekst van Bowies 'Space Oddity' kots ik op Penn Station in een vuilnisbak. En nadat ik met mijn dronken hoofd twee uur lang in de Long Island Rail Road richting Port Jefferson heb gezeten (Little Neck, waar mijn ouders wonen, ligt aan de spoorlijn naar Port *Washington*, niet aan die naar Port Jefferson), strompel ik plotseling over een onbekend perron, totdat ik val en met mijn voeten bungelend boven de rails terechtkom. Een verveelde conducteur brengt me in veiligheid en zegt dat ik koffie moet gaan drinken. 'Michigan,' zeg ik tegen hem. 'Ik ga naar de universiteit.'

'Ga eerst maar naar de AA,' zegt de conducteur.

Maar ik ga niet naar de universiteit in Ann Arbor. En ook niet naar de School of Hotel Administration van Cornell, waartoe ik tot mijn stomme verbazing ben toegelaten. In het laatste schooljaar ben ik verliefd geworden.

Het is een klein Joods meisje dat boekverslaafd is, met rood haar als uit een mythe, dunne lippen en een wijkende kin, net als de mijne. Ze komt uit het alternatieve Queens, het deel waar het radiostation WLIR meedogenloos overheen gaat met zijn Depeche Mode en zijn Cure. Ze heet Nadine (nee, niet echt). Ze is slim en wereldwijs en hoort niet bij de kliek van stoners. Van iemand hoor ik dat een van haar ouders of grootouders de Holocaust heeft overleefd, en ik heb geen idee wat ik met die wetenschap aan moet. Hoe dan ook, Nadine is taai en sterk en heeft die vreemde combinatie van een jongensachtige en vrouwelijke uitstraling die ik zo geweldig vond aan Natasha, mijn eerste liefde. Als ze door de telefoon 'Gary' zegt met die sexy, door sigaretten verpeste stem van haar, realiseer ik me hoe fantastisch het is dat mijn Amerikaanse naam niet Greg luidt.

Hebben we verkering? Niet echt. Maar we houden graag elkaars hand vast. En we zingen graag 'I Touch Myself', de verbazingwekkende hitsong uit 1991 door een Australische band die de Divinyls heet. En zo lopen we hand in hand op en neer langs Stuyvesant High School en zingen 'I don't want anybody else / When I think about you / I touch myself'. Dit heb ik altijd gewild: iemand met wie ik hand in hand kan lopen terwijl we zingen over vrouwelijke masturbatie, terwijl anderen toekijken. Nu ben ik een echt persoon, niet?

Bij haar thuis liggen we naast elkaar en ik probeer haar vluchtig te zoenen of raak bijna per ongeluk haar kleine borstjes aan door haar dikke sweatshirt heen en probeer een tepel te vinden. Of we gaan naar *Terminator 2: Judgement Day*. Honderdnegenendertig minuten lang houden we elkaars hand vast (we blijven zitten bij de aftiteling), en daarna lopen we, nog steeds samen, de hitte van de stad in. Of we gaan naar een boekhandel bij Penn Station die, net als zoveel andere, niet meer bestaat, waar ik heel verlegen iets pretentieus uitkies.

Op slechte dagen zegt Nadine: 'Je weet dat je depressief bent als je niet klaarkomt bij het masturberen.'

Nadine gaat naar een universiteit voor verlegen mensen die Oberlin heet, waarvan ik me herinner dat ze op de derde plaats staat op de *U.S. New & World Report* lijst van beste universiteiten voor alfawetenschappen, maar onlangs is ze naar beneden geduikeld op die lijst. Ze hebben er ook een goed programma voor creatief schrijven, en ik kan als tweede hoofdvak politicologie doen in het kader van mijn rechtenstudie. De Laagste Gemiddelde Aangenomen-score van Oberlin is ongeveer vijf punten lager dan mijn huidige score van 88,69, dus het zal geen probleem zijn om te worden toegelaten en hopelijk krijg ik een studiebeurs, zodat mijn ouders niet bankroet gaan. En als ik naar die universiteit in Ohio ga, heb ik iemand wier hand ik kan vasthouden, mijn lieve niet-vriendinnetje met de zwoele stem.

'Ik geloof echt dat jij en Nadine met elkaar gaan trouwen,' schrijft een Stuy-vriend van mij, een knappe donkere Griek die ik onlangs in aanraking heb gebracht met marihuana (vooraf betalen), in mijn Stuyvesant-jaarboek. Gevolgd door zijn definitieve inschatting van mijn toekomst: 'Veel geluk, Gary. Je zult het nodig hebben.'

19. Houd mijn hand vast

Links de auteur op een van de eerste dagen van zijn carrière op Oberlin. Rechts op een van zijn laatste.

Oberlin College is gesticht in 1833, om mensen die elders geen liefde konden vinden, de emotioneel invaliden en Olifantmannen van deze wereld, in staat te stellen die hier te vinden. Wat enorm in het voordeel van Oberlin pleit is dat het een van de eerste Amerikaanse universiteiten is die Afrikaans-Amerikaanse studenten toeliet, en de eerste waar vrouwen afstudeerden. In 1970 haalde Oberlin de cover van *Life* omdat daar als eerste het tijdperk van de gemengde studentenflats aanbrak. In 1991 concludeer ik dat van alle beschikbare universiteiten ik op Oberlin de meeste kans heb om op de minst vernederende manier mijn maagdelijkheid te verliezen aan een even langharig, stoned en ongelukkig iemand als ik.

En de belangrijkste reden dat ik voor Oberlin heb gekozen: er is hier iemand wier hand ik vanaf dag één kan vasthouden, mijn niet-echte vriendinnetje Nadine. Zoals ik ooit Stuyvesant binnenliep met een makelaarsrapport waaruit bleek dat mijn ouders een koloniaal huis ter waarde van 280.000 dollar bezaten in Little Neck, zo is op Oberlin mijn geheime wapen een broodmager Joods meisje met een sexy bos rood haar en een rookverslaving van een pakje per dag.

De Ford Taurus van mijn vader is volgeladen met astma-inhalers en spullen voor de Apple IIC. Ik heb mijn toekomstige kamergenoot al gewaarschuwd dat ik een feestbeest pur sang ben en dat ik van plan ben hem onafgebroken te teisteren met het album *Little Creatures* van de Talking Heads. Deze kamergenoot, die een ongelooflijk burgerlijke studiebol blijkt te zijn, economie en Duits studeert en afkomstig is uit een rustige buitenwijk in Washington D.C., zal de ware Oberlin-ervaring uit me halen, ter waarde van honderdduizend dollar (tegen de koers van 1995).

De Taurus volgt de kronkelweg tussen het slagveld Little Neck en onze afspraak op het Bureau Studiebeurzen van Oberlin College. Ik praat tegen mijn vader en tegen mijn moeder, maar ze praten niet met elkaar. Er heerst een onuitsprekelijke droefheid tussen de inhalers en de Apple IIC, de droefheid van het feit dat zodra mijn ouders terug zijn in New York ze eindelijk tot de razvod zullen overgaan. En dus klinkt 'Road to Nowhere' van de Talking Heads, dat uit de vrijwel defecte speakers van de Taurus schalt, behoorlijk toepasselijk. Sinds we twaalf jaar geleden aankwamen in Amerika heb ik geprobeerd mijn ouders bij elkaar te houden, maar vandaag loopt mijn diplomatieke missie ten einde.

Als we door Pennsylvania rijden, waar zich de Ivy League-universiteiten met dezelfde naam bevinden, evenals het gerenommeerde Haverford College en Swarthmore College, en het vlakke Ohio bereiken, denk ik onwillekeurig dat als ik beter mijn best had gedaan op school, deze razvod niet zou plaatsvinden. Als papa en mama trotser op me hadden kunnen zijn, dan waren ze bij elkaar gebleven, al was het maar om te kunnen zeggen: 'Onze zoon gaat naar Amherst, nummer twee op de lijst van beste alfawetenschappen volgens *U.S. News & World Report*.'

Nadine en ik hebben ervoor gekozen in dezelfde studentenflat te gaan wonen.

Ik ben nooit echt ver van de Oostkust geweest, en ik word onrustig door het vlakke en droge van de langsvliegende akkers (tarwe? maïs?) en struikgewas. Ik heb niets met dit nieuwe landschap en voel me er absoluut niet thuis. Het enige wat ik zie is de wurgende omklemming van Amerikaanse snelwegen en de gevels van derderangs fastfoodtenten, zoals Arby's. Maar omdat ik jong ben, hoop ik dat het toch nog goed met me zal aflopen, razvod of geen razvod.

Oberlin College ligt ten zuidwesten van de depressieve stad Cleveland, vlak bij de nog depressievere steden Lorain, Elyria en, wat gemeen, Amherst. Het even depressieve centrum, een soort aanhangsel van de universiteit, 'gaat prat op' een art deco-schouwburg die de Apollo heet. Lang vóór en na Kerstmis klinkt door de hele stad 'Stille Nacht' om de Joodse studenten te pesten. Er is een goedkoop warenhuis dat goed past bij de kerstmuziek en het algehele gevoel dat de tijd ons voorgoed in de steek heeft gelaten. Jonge plattelanders en werkloze knechts van omringende boerderijen vinden het leuk door de North Main Street te scheuren in hun pick-uptrucks onder het schreeuwen van: 'Oberlin, Homoberlin! Jullie zijn een stel fokking Democraten!'

De architectuur van de universiteit is geknipt voor experimenten met lsd en geestverruimende paddo's, want ze slaat alleen ergens op als ze vervaagt. Alles is gebouwd van zware blokken plaatselijke zandsteen, van een gotische aula tot een kapel in mediterrane stijl met rood pannendak. Te midden van deze iconoclastische gebouwen bevindt zich een van de verloren terminals van Newark Airport, die hier herbouwd is tot een suïcidale studentenflat die 'South' heet, en het conservatorium dat is ontworpen door Minoru Yamasaki, die ook het oorspronkelijke World Trade Center heeft ontworpen, en waarvan de drie verdiepingen hoge versie een sprekende gelijkenis vertoont met dat gedoemde bouwwerk. Er zijn twee jaargetijden, winter en zomer. Als de bladeren verkleuren en de twintig minuten durende herfst van Ohio aanbreekt, wordt alles plotseling zo mooi als in deze wereld maar mogelijk is.

Het menselijke element beweegt zich voort tussen deze zandstenen en betonnen kolossen, chagrijnig en veganistisch, lijdend aan een Lage Zelfdunk of een Veel Te Lage Zelfdunk. Er loopt een jongen langs in een geruit overhemd en veelkleurige sneakers met een propeller op zijn rode pauskalotje, en als je probeert een foto te maken van hem en zijn kalotje, snauwt hij je af vanwege je brutaliteit en omdat je hem belachelijk wilt maken en zijn vrouwelijke metgezel wier spijkerbroek een maat kleiner is dan ze zelf is. En als je geen foto meer van hem wilt maken, snauwt hij je af omdat je geen aandacht meer aan hem besteedt. Lermontov heeft dat allemaal al beschreven in *Een held van onze tijd*.

Op de eerste twee bladzijden van de *Oberlin Review* van 5 april 1991 staan de volgende koppen: 'Ontdekking marihuanaplanten leidt tot aanhoudingen', 'Demonstratie pro-marihuana-activisten', 'Porno, Ontwerp Samenlevingscontract Agenda'. Een vierde artikel, getiteld 'UB [Universiteitsbestuur] bespreekt toelatingscriteria', beschrijft dat in het jaar waarin ik op Oberlin kwam, 67 procent van alle aanvragen zonder gedoe zijn toegelaten. Ik had wel eens willen praten met het derde deel dat niet had voldaan aan die strenge toelatingseisen. Citaat van een docent in het bedoelde artikel: 'Het niveau van hun selectie komt gênant dicht bij nul.'

Ik ben op de juiste plek terechtgekomen.

De Subaru's van de ouders staan in een kudde bijeen. Ik ben nog niet bekend met de betekenis van deze linkse Oostkust-auto. Ik begrijp ook niet dat veel van de ouders zelf academicus zijn, en dat vele afhankelijk zijn van familiefondsen waarmee de toekomst van hun kinderen wordt veiliggesteld. Er is heel veel dat ik niet weet, behalve dan dat mijn ouders op de rand van een razvod staan. Ik geef hun een vluchtige zoen (Papa citeert Lenin: 'Je moet studeren, studeren en studeren, kleintje') en stuur ze terug naar Little Neck via het goedkope Motel 6. Daar liggen ze dan in bed, stel ik me voor, zo ver mogelijk uit elkaar, met tussen hen in een vreemde, Joods-Russische stilte en enkele brochures van Oberlin College, met foto's van kleurrijke hippies flikflooiend op een geschilderde rots. In mijn studentenkamer, in het gezelschap van mijn hardwerkende, broodnuchtere, volstrekt square, nieuwe kamergenoot – vanwege zijn arbeidsethos krijgt hij meteen als bijnaam de Bever –, pak ik de Apple IIC en de dot matrix-printer uit en voel me alleen – en niet het goede soort alleen dat ik voelde nadat ik ontsnapt was uit de Sauerkraut Arms – en hunker naar de hand van Nadine.

Er is nog iets wat ik niet begrijp en waar ik pas weken later achter zal komen. Op de terugweg blijken mijn ouders 'het goed te hebben gemaakt'. Sterker nog, zodra ik het gezin heb verlaten, verandert de koers van hun huwelijk radicaal. Ze zullen samen zoveel liefde en geluk ervaren als voor mensen met hun achtergrond mogelijk is. De vraag die ik mezelf stel is: waarom? Waarom gebeurt datgene waar ik mijn hele jeugd naar heb verlangd, vrede tussen papa en mama, pas nadat ik mijn hielen heb gelicht? Waren hun dagelijkse en nachtelijke ruzies slechts een poging om mijn aandacht te trekken? Genoten ze van mijn pendeldiplomatie? Van mijn huilerige 'Papa houdt echt heel veel van je en hij belooft dat hij een betere echtgenoot voor je zal zijn', of het praktische 'Mama heeft haar moeder en een oudere zuster verloren, dus we moeten extra aardig voor haar zijn en haar elke maand vijfhonderd dollar naar Leningrad laten sturen'. Of nog waarschijnlijker: het feit dat ze in dit land nu zo weinig mensen hadden tot wie ze zich konden wenden – weinig Amerikaanse of Russische vrienden en fatsoelijke, niet-wolfachtige familieleden –, liet hun dat uiteindelijk geen andere keus dan om zich weer tot elkaar te wenden? Misschien herinnerden ze zich zonder mij eindelijk weer wat ze altijd zo hadden liefgehad aan elkaar: mijn vaders intellect, mijn moeders schoonheid en wilskracht.

Zullen ze zich eenzaam voelen zonder de kleine Igor? Dat hoop ik zeker. Het alternatief is dat ze altijd gelukkiger zijn geweest zonder mij. Ik heb nooit deel uitgemaakt van de gezinsromantiek. Ik stond die zelfs in de weg.

Alleen het tweepersoonsbed van Motel 6 kent het antwoord.

En nu is het tijd om mijn eigen liefde op te eisen. Nadine-die-mijn-hand-vasthoudt is hier, knapper dan ooit in haar neutraalgrijze sweatshirt en spijkerbroek, terwijl ik om haar heen dans in een lelijke kakibroek en getie-dyed T-shirt dat mijn oudere quasiminnaar Paulie en ik hebben gekocht in het themapark van de Universal Studios in Orlando, Florida. ('Check dit T-shirt, Prins Ananas, *maricón*.') Het lachende gezicht van Marilyn Monroe uit *The Seven Year Itch* staat erop, en ik hoop dat het vertonen van die retro seksbom op mijn borstkas gewaagd of interessant zal zijn (niet dus). Er worden posters verkocht bij de Student Union, en ik koop er een van *De schreeuw* van Edvard Munch en een met *De Bieren van de Wereld*. Ik laat ze welgemoed aan Nadine zien, die niet onder de indruk lijkt. Ze steekt een mentholsigaret op, blaast de rook via een hoek van haar strakke mondje uit, en we lopen terug naar onze flat, een neogeorgiaans monster dat Burton heet en met zijn twee vleugels een noordelijk gelegen blok omvat. Met mijn gebruikelijke gretigheid grijp ik haar hand en neurie 'I Touch Myself' van de Divinyls.

'Weet je,' zegt Nadine, 'misschien moeten we elkaars hand niet meer vasthouden.'

Het elastiek in mijn onderbroek lubbert plotseling van angst: 'Waarom niet?'

'Omdat hier zoveel rijke, potentiële echtgenoten rondlopen.'

Ze lacht flauwtjes.

Ik lach ook flauwtjes. 'Ha-ha,' zeg ik.

Terug in mijn flat, alleen, want de Bever is weg om nog meer moeilijke colleges aan zijn al overvolle rooster toe te voegen, ga ik op mijn harde bed liggen en krijg een verschrikkelijke, meedogenloze paniekaanval à la Oberlin. Ik zit hier met een bever als kamergenoot, met scheidende immigrantenouders en met een hand die ik niet meer mag vasthouden in de noordoostelijke uithoek van een staat waarvan het allesbehalve ironische toeristische devies is 'Het hart van alles'.

Oberlin heeft geen mannelijke of vrouwelijke studentensociëteiten. Bovendien ligt het in een droog gebied. Deze en andere factoren maken het lastig voor de meeste studenten om niet hoeveelheden bier en marihuana tot zich te nemen die de term 'overvloedig' een nieuwe betekenis geven (voor geïnteresseerden onder de lezers: er is ook een behoorlijk aanbod van heroïne en cocaïne). Mijn eerste avond op Oberlin rook ik vijf à zes joints en drink ik de Bieren van de Wereld, althans een sixpack Milwaukee's Best, het plaatselijke blaasverruimende bocht. In half comateuze toestand zit ik hand in hand met het mooiste meisje van de flat, ook al zit ze ondertussen smerig te flikflooien met een geile studentendecaan en lacht iedereen me uit: die sneue, dronken sukkel die wanhopig die spetter vasthoudt terwijl ze haar esthetische evenbeeld kust, een man met lang haar dat even zacht en golvend is als het hare. Stoned als ik ben, klamp ik me vast aan de warmte van die hand zonder te weten wiens hand het is – van Nadine? van mijn scheidende moeder? –, totdat ik wakker word in een andere kamer dan de mijne, gehuld in een soort Peruaanse poncho en overdekt met wat ongetwijfeld de kwijl van een ander is. In het jaar dat volgt zal ik drinken en blowen, blowen en drinken, struikelen en vallen, vallen en struikelen, totdat mijn eindeloze alcoholische en narcotische wapenfeiten me op Oberlin een bijnaam opleveren: Enge Gary.

Als de nacht valt over Oberlin doven Enge Gary en de Bever hun lampen. De Bever, uitgeput van het leren en nadenken, zet het meteen op een luidkeels snurken, terwijl Enge Gary schijtensbenauwd is vanwege een bepaalde eigenaardigheid van deze universiteit: de badkamers in Burton Hall zijn gemengd.

Voor mij is iedere Oberlin-vrouw al een engel, een intens geurend wezen dat in dronkenschap mijn hand kan vasthouden, en nu word ik geacht me vlak bij haar te ontlasten? Ook het eten dat in de eetzaal wordt opgediend – een mislukte poging tot *beef au jus*, een harige salade van verwoeste slablaadjes, een postapocalyptische taco – maakt de Grote Boodschap noodzakelijk. Als ik in leven wil blijven, dan moet de stront nu meteen uit mij kunnen vloeien alsof ik een herschepping ben van *Fallingwater* van Frank Lloyd Wright, waarvan ik waarschijnlijk een poster had moeten kopen in plaats van van die clichématige *Schreeuw* van Munch. Ik hang de hele avond rond in de badkamer in de hoop op een opening, zodat ik een stevige bolus kan bakken. Om drie uur 's nachts, terwijl iemand van het schone geslacht luidkeels haar Milwaukee's Best staat uit te kotsen, glip ik het verst mogelijke hokje in, maak verlegen mijn broek los en bereid me erop voor me eens flink te laten gaan. Juist op dat moment komen de hippe laarzen van het meisje, wier hand ik met mijn dronken kop vasthield terwijl ze een ander zat af te likken, het hokje tussen mij en de kotsster binnengelopen. Ik stop een denkbeeldige kurk in mijn reet, zeg de Grote Boodschap af en ren terug naar mijn kamer. Dat afschuwelijke schijtensbenauwde is typerend voor mijn eerste jaar op Berlin.

Hoewel de toiletten gemengd zijn, blijken de volgende ochtend de douches alleen voor mannen te zijn. Er zijn geen afscheidingen tussen de douches en we staan daar naakt bij elkaar. Net als in de gevangenis of bij de marine.

Er komt een man binnen met zo'n emmertje en een schepje waar kinderen mee spelen op het strand. Hij zingt vrolijk terwijl hij zich inzeept. Zijn penis is enorm; zelfs in slappe toestand beschrijft hij grote bogen in de stoom van Ohio. Als hij er is probeer ik met wilskracht de mijne wat groter te maken, zodat hij niet zo miezerig lijkt, maar alles valt in het niet bij zijn geval. 'A mulatto, an albino,' zingt Grote Pik opgewekt, zoals alles in 1991 op Oberlin verwijst naar *Nevermind* van Nirvana, en op elke studentenkamer is minstens één exemplaar aanwezig van het iconische album met de baby die onder water naar een dollar aan een haakje zwemt.

Mannen met kleinere pikken betreden de doucheruimte. Het klagen begint.

'We moeten veel te veel lezen voor Engels!'

'Ganzel heeft ons een heel boek opgegeven!'

'Ik moest deze week twee essays schrijven.'

De oud-Stuyvesantleerling in mij is geamuseerd. Tijdens mijn eerste semester op Oberlin was mijn langste opdracht *Blade Runner* van Ridley Scott bekijken en daarna een essay schrijven waarin ik mijn gevoelens erover beschreef. Studenten, stadsbewoners en allerlei andere losers mogen college geven op Oberlin binnen het kader van de Experimentele Universiteit. En voor die colleges krijg je gewoon studiepunten! De aardige hippie van hiernaast, tweedejaarsstudent, geeft een inleidende cursus over de Beatles die bestaat uit het beluisteren van *Revolver*, heel erge vreetkicks krijgen en vervolgens een pizza Hawaïi met ham en ananas bestellen bij Lorenzo (o, het halve uur uitgehongerd wachten tot dat verrekte ding wordt bezorgd). Soms nemen we lsd en proberen 'And Your Bird Can Sing' te analyseren, terwijl we naar diverse gebouwen lopen en ertegenaan leunen.

Het duurt maar een paar weken voordat ik besef wat voor onvoorstelbare vooruitzichten zich aandienen. Terwijl ik op Stuyvesant een van de slechtsten van de klas was, kan ik op Oberlin een vrijwel volmaakt gemiddelde halen terwijl ik de hele dag dronken en stoned ben. Zodra het eerste rapport verschijnt, bel ik naar huis.

'Mama, papa, ik heb 3,70!'

'Wat betekent dat, 3,70?'

'10 gemiddeld. Ik kan nu gemakkelijk rechten studeren aan Fordham University. Als ik summa cum laude afstudeer misschien wel op NYU of de universiteit van Pennsylvania.'

'Semjon, hoorde je wat Kleine Igor zei?'

'Heel goed, heel goed,' zegt mijn vader door de telefoon. *'Tak derzjat'!'* Volhouden!

Intense, stonede gevoelens van liefde overspoelen mij. Tak derzjat'! Dat soort dingen heeft hij zeker vijf jaar niet tegen me gezegd. Ik herinner me dat ik negen ben en in onze flat in Deepdale Gardens langs zijn harige buik omhoogkruip en kirrend van genot in zijn borsthaar woel, terwijl hij nonchalant in *Kontinent* leest, de krant voor de geëmigreerde intelligentsia. Ik noem hem *djadja som* (Oom Meerval). Hij is behalve mijn papa ook mijn beste vriend. 'Wat had je voor je proefwerk rekenen?' vraagt hij. '*Sto, djadja som!*' ('Honderd, Oom Meerval!') Een prikzoen op mijn wang. 'Tak derzjat'!'

Maakt het echt iets uit dat op datzelfde moment Nadine hand in hand zit met een gast die lijkt op die beroemde acteur die altijd in een afkickcentrum zit of op de politie schiet? Maakt het echt iets uit dat buiten een stel hipsters met propellerpetjes op een bonenbal overgooien, de populairste sport op Oberlin, en mij niet vragen mee te doen, omdat ze op de een of andere manier mijn wanhopige achtergrond ruiken, mijn stage bij de verkiezingscampagne van George H.W. Bush, mijn jaren als leider van het Heilige Gnoeïsche Rijk?

Moeder: 'En wat voor cijfers halen je collega's?'

'Op Oberlin heb je het niet echt over cijfers, mama.'

'Wát? Wat is dat voor een school? Dat is socialisme!'

Socialisme, mama? Je moest eens weten. Er is een coöperatieve studentenwinkel waar geen honing wordt verkocht omdat daardoor het werk van bijen wordt geëxploiteerd. Maar wat ik werkelijk zeg is: 'Het is inderdaad belachelijk, maar fijn voor mij. Minder rivaliteit.'

'Het viel me op dat er niet veel Aziatische studenten waren.'

'Inderdaad,' zeg ik opgetogen. 'Inderdaad!'

'Mama en ik zijn gisteravond naar een opera geweest. Puccini.'

Mijn vader heeft Tak derzjat' gezegd, en mijn ouders zijn samen naar Puccini geweest. Dat betekent dus geen razvod. We blijven een gezin.

Meteen nadat ik heb opgehangen steek ik wellustig mijn zilveren hasjpijp aan en blaas zoveel rook naar de Bever dat hij aftaait naar de bibliotheek. Verlost van zijn blozende, besproete, studieuze aanwezigheid bevredig ik mijn laatste behoefte bij de klanken van 'Baby, You're a Rich Man'. En daar krijg ik ook studiepunten voor.

Ik ga graag naar college omdat ik daar veel leer. Over mijn medestudenten, bedoel ik. Hier klinken de grote aria's over zelfverdieping – veel theatraler dan Puccini's 'O Mio Babbino Caro' – door de piepkleine collegezaaltjes terwijl hoogleraren gretig onze groei als sociale wezens en meesterklagers mogelijk maken. Ik leer effectief te communiceren met mijn nieuwe milieu. Ik maak me een typische Oberlintechniek eigen, die 'Als...' heet.

'Als vrouw denk ik...' 'Als gekleurde vrouw zou ik denken...' 'Als ongekleurde vrouw zou ik vermoed ik...' 'Als hermafrodiet...' 'Als bijenbevrijder...' 'Als beagle in een vorig leven...'

Maar wat heb ik te melden? Namens wie spreek ik? Ik steek mijn hand op. 'Als immigrant...' Stilte. Alle ogen zijn op mij gericht. Dit is anders dan Stuyvesant; hier zijn immigranten een zeldzame, smakelijke mensensoort, ook al hebben de aanwezige exemplaren ouders die de helft van Lahore bezitten. 'Als immigrant uit de voormalige Sovjet-Unie...' Tot dusver niets aan de hand! Hoe nu verder? 'Als immigrant uit een ontwikkelingsland dat zucht onder het Amerikaanse imperialisme...'

Terwijl ik aan het woord ben knikken mensen, ik bedoel meisjes, mij instemmend toe. Ik heb de laatste overblijfselen van de Joodse School-idioot en de Stuyvesant-clown afgeschud. Wat ik zeg in de klas is niet langer grappig, satirisch of ironisch bedoeld; wat ik zeg moet mijn eigen belangrijkheid bevestigen, gesmeed in de smeltkroes van onze gezamenlijke belangrijkheid. Er is geen plaats op Oberlin voor grappig. Alles wat we doen moet de mensheid voorwaarts stuwen.

En wat me overkomt is dit: ik leer. In werkelijkheid hoor ik helemaal niet thuis op een instelling als deze. Oberlin is iets leuks wat je je kind schenkt als je rijk bent. Of in elk geval bemiddeld. Als ik ooit een Amerikaans kind krijg, zou ik haar met alle plezier naar Oberlin sturen. Laat haar maar genieten van de vruchten van mijn arbeid. Laat haar zowel clitorale als vaginale orgasmes hebben in een glutenvrije omgeving. Maar ik? Ik ben nog steeds een gretige, op kolbasa draaiende, opgefokte vluchteling. Ik moet nog steeds een huis bouwen in dit land en een auto met vierwielaandrijving aanschaffen om ernaast te parkeren.

Het probleem is alleen dat ik te langzaam leer. Er loopt hier een zeer populaire ouderejaars rond die een portiershemd draagt met de naam BOB op zijn borstzak gestikt. Ik heb ook als portier gewerkt voordat ik naar Oberlin kwam. Mijn vader regelde een baantje voor mij: in een voormalige kernreactor in zijn laboratorium moest ik vloeren dweilen. Ik kreeg 10,50 dollar per uur voor het dweilen van vele hectaren radioactief vloeroppervlak en moest altijd een apparaatje bij me hebben dat eruitzag als een geigerteller (zoals blijkt uit mijn wijkende haarlijn). Ik werkte er de hele zomer zodat ik genoeg geld had verdiend om wiet en drank en Chinees eten te kunnen kopen voor een mogelijke handvasthoudster. Maar mijn ouders voorzagen me van shirts en broeken.

'Arme Bob,' zeg ik. 'Hij heeft maar één shirt. *Als immigrant* weet ik hoe dat voelt.'

'Wie is Bob?'

'Die daar.'

'Dat is John.'

'Waarom staat er dan "Bob" op zijn shirt?'

Mijn hippe gesprekspartner kijkt me aan alsof ik volslagen idioot ben. Wat ik waarschijnlijk ook ben.

Als immigrant is het mijn fokking plicht om te leren. En wat Oberlin me te leren heeft is hoe ik deel moet gaan uitmaken van de culturele industrie in een aantal Amerikaanse steden. Hoe keer ik terug naar Williamsburg in Brooklyn of naar het Mission District in San Francisco en word ik enigszins bekend in een groepje van mijn gelijken? Hoe gebruik ik het voorschot op de Servische vertaalrechten van mijn autobiografie om een moordfeest te geven met de op een na slechtste banjospeler ter wereld en de allerslechtste slangenbezweerder. Er wordt op de deur geklopt tijdens een werkcollege van mijn favoriete marxistische docent. Iemand bezorgt een pakketje met kaas uit Frankrijk. 'Kaas voor het volk', noemen we het. De Volvo voor het Volk. De Audi TT Roadster voor het Volk. Er zijn andere manieren om beroemd te worden, manieren die ik niet kan bedenken tussen de tuinen van twaalf bij dertig meter in oostelijk Queens. Je moet alleen voortdurend zeker van je zaak zijn. Je kunt niet te koop lopen met je ambities. Je moet bij een band gaan waar je je verkleedt als kip. Je moet klagen over de recente ineenstorting van de Sovjet-Unie terwijl je ouders dat feit juist vieren. Je moet 's morgens een strandemmertje en -schepje meebrengen naar de doucheruimte. Je moet tijdens je hele eerste jaar met iemand verkering hebben en die weer dumpen als je genoeg van haar hebt, en vervolgens moet je je beklagen over het feit dat er iemand van je gehouden heeft, stel je voor.

Het komt hierop neer: de rijken hebben het ook voor het zeggen op Oberlin, waar die mensensoort eigenlijk verboden is. Ze keren de bestaande machtsstructuur gewoon om, om hun zin te krijgen. Ze zullen altijd de baas zijn, wat er ook gebeurt. Stuyvesant was zwaar maar hoopgevend; Oberlin daarentegen herinnert me er weer aan hoe de wereld in elkaar zit. Daarom noemen ze het onderwijs, denk ik.

Mijn haar groeit, vormt pijpenkrullen en hangt tot op mijn kont; ik draag dezelfde flanellen shirts als Kurt Cobain. Een kind van Lenin leert van alles over het marxisme in de Rust Belt van docenten die de deur van hun kantoor hebben versierd met bordjes waarop staat: GEACCREDITEERD LID VAN DE AMERIKAANSE VERENIGING VOOR BURGERRECHTEN en LOBOTOMIE VOOR REPUBLIKEINEN VERPLICHT.

Ik doe nog steeds politicologie als hoofdvak, ik denk nog steeds aan de droom van mijn ouders dat ik rechten zou gaan studeren. Maar ik doe tegelijk iets waarover op Oberlin ook gunstig wordt gedacht.

Ik ben weer aan het schrijven.

20.

Jennifer

Mijn eerste Kerstmis in het Zuiden. Jennifer heeft de eigenzinnige Tally-Dog in haar armen. Ik zit zo vol met aardappelkroketten en grutten dat het pijn doet als ik mijn hoofd beweeg.

'Eh, je doet me pijn met je tanden, Gary. Kunnen we niet iets anders proberen?'

Ik heb een vriendin.

Ze heet Jennifer, maar is bij de meeste mensen vooral bekend als J.Z., haar initialen.

Ik lig naast haar. Ik ben twintig. Toen ik nog op Stuyvesant zat, had ik diverse nachten naast Nadine gelegen in haar slaapkamer in Queens, allebei met de ogen dicht, met de afstand van achttienjarigen tussen ons, ik dromend van haar knokige lichaam, zij waarschijnlijk dromend van het knokige lichaam van een ander, terwijl een digitale klok aan haar kant van het bed zwijgend de tijd bijhield, verloren tijd.

Als ik de onbeantwoorde liefde van de afgelopen twintig jaar kon samenpersen, dan kon ik er misschien kunst van maken. Maar zo'n soort kunstenaar wil ik niet worden. Als het gaat om de wereld, dan wil ik die kennen, aanraken, proeven en voor eeuwig omklemmen. Twintig jaar, post-Leningrad, post-Joodse School, post-kinderjaren, post-God: ik ben een materialist zonder bezittingen. Ik geloof niet in een Russische ziel. Het hart is een belangrijk orgaan, maar het is niet meer dan een orgaan. Je bent niet wat je wilt. Je bent datgene wat je terug wilt. Alles begint bij haar. Alles begint op de avond dat ik samen met haar in een gebouw lig met de charmante naam Keep Cottage, een gammele vakwerkvilla waarin zich een van Oberlins eet- en woonunits bevindt van het soort waar bijen beschermd worden tegen exploitatie en een solitaire terrorist die bekendstaat als de Bacon Bomber en onder de dekmantel van de nacht opereert en de voorraad hummus voor de volgende dag bedekt met het voedsel waarnaar hij genoemd is.

Ik heb een vriendin. Ik weet nog niet goed hoe ik haar moet kussen, maar ik heb wel een vriendin. Dank je wel, Oberlin College. Zonder jouw brede welkom, ook aan de zonderlingen, zonder jouw acceptatie van de nog niet helemaal ontwikkelden, zonder de peilloze, existentiële angst die jij opdringt aan allen die onder jouw Herdenkingsboog door lopen, de angst die leidt tot de ongelukkige interactie waar jouw studenten gedurende hun hele ellendige puberteit op hebben zitten wachten, zonder al die dingen is het denkbaar dat ik pas op mijn dertigste een vrouw had aangevallen met mijn vijfhoekige Sovjetslagtanden. Het is ook denkbaar dat ik zonder jou rechten had kunnen studeren op Fordham. Maar daarover later meer.

Ik ben twintig. De lente van mijn tweede jaar. Ik had negentien moeten zijn, maar omdat ik geen Engels kon toen ik naar Amerika kwam, zal ik altijd een jaar achterblijven. Jennifer ligt in mijn armen, haar zachte en niet hoekige vormen, het feit van haar en mij. We zweven door de ruimte. Dat geldt voor iedereen op deze planeet, maar het geldt vooral voor mensen die elkaar voor het eerst omhelzen, 's avonds, met de ogen dicht, half in slaap. Bij wijze van referentiepunt ligt naast ons haar kamergenoot, die ook Jennifer heet en die we binnenkort de bijnaam 'de Arische' zullen geven (ze komt uit North Dakota en heeft doorzichtige ogen), moeizaam te snurken en roept zo nu en dan de vreselijkste dingen in haar slaap. Telkens als ik wegdommel, word ik wakker door haar kreten van verdriet; het doet me denken aan het grootste deel van mijn bestaan: een ongelukkig iemand die zich door het leven slaat.

Maar hoe kan ik dan Jennifer verklaren, in mijn armen, de warme tattoeage die ze maakt in mijn hals. Hoe kan ik de aanwezigheid van een ander in mijn leven verklaren, iets wat ik alleen maar kan verklaren als niet-eenzaamheid?

Er is nog iets wat ik wil vertellen. Als ik 's morgens Keep Cottage verlaat, loop ik over een groot deel van de campus van Oberlin, langs de nieuwe, betonnen, diarreekleurige eetzaal in aanbouw, langs de duizenden fietsen, oud en nieuw, die Oberlin-studenten doorgaans beschouwen als een verlengstuk van zichzelf, een van de weinige voorwerpen die ze mogen bezitten zonder een ideologische hartaanval te krijgen, en vervolgens door de groene uitgestrektheid van mijn eigen North Quad, waar mijn flat in New England-stijl en mijn twee kamergenoten en onze gezamenlijke, bijna een meter lange hasjpijp wachten op de aankondiging van mijn nieuwe liefde.

Rewind mijn voettocht tot op een achtste van de afstand, op het pad tussen Keep Cottage en de eetzaal. In slow motion, met mijn vingertoppen nog aan mijn neus, draai ik me om en kijk naar de vele erkerramen van Keep Cottage die me aanstaren. Staat ze daar ook naar mij te kijken? Wat betekent het als het niet zo is?

Het is voorjaar, echt voorjaar, wat in Ohio eind april betekent, niet eind maart. Ik sta vlak bij een parkeerplaats met een aantal tweede- of derdehands Subaru's en Volvo's. En als ik naar Jennifers raam kijk vermengt de extase van ons samenzijn zich met het moment in de toekomst dat we afscheid nemen, want we móéten ooit afscheid nemen, nietwaar? En ergens midden in het voorjaarsgeluk van het Midwesten, te midden van de hergeboorte en het paasfeest om me heen, voel ik, voorzie ik de dood, de dood van iets waarvan ik weet dat ik er geen recht op heb. Ik doe haar echt pijn met mijn tanden. Kunnen we niet iets anders proberen? Ja, we kunnen het proberen. Maar zal het helpen?

We ontmoeten elkaar bij een van die Enge Gary-momenten waar ik geen duidelijke herinnering meer aan heb. Ik word door het North Squad gedragen door een stel even dronken en stonede feestvierders, van wie ik de zatste, de stonedste en natuurlijk de engste ben. Ik heb drie verschillende versies van dit incident gehoord. Volgens de ene word ik mijn flat úít gedragen omdat ik een ruig feest heb gegeven en mijn kamergenoot, de Bever, zo kwaad heb gemaakt dat hij me buiten heeft gezet om ergens anders te gaan feesten. Volgens een andere versie word ik de flat ín gedragen, náár de boze Bever toe, wiens roodharige studie of slaap ik op het punt sta te verstoren met mijn luidruchtige horde. Volgens een derde versie, die op Oberlin een eigen leven is gaan leiden, word ik eerst de flat ín, en daarna weer úít gedragen.

'Feest op mijn kamer!' roep ik. 'Iedereen welkom! Burton 203!' Ik heb dan mijn eerste schamele sikje, ik heb mijn Peruaanse poncho aan die met een speld in het midden vastzit. Denk ik, terwijl ik op en neer word gegooid door tal van zwakke Oberlin-armen, aan het boek dat ik zojuist heb gelezen – *Geheugen, spreek* van Nabokov – waarin de adellijke vader van Vladimir Vladimirovitsj op zijn landgoed ceremonieel door boeren in de lucht wordt gegooid nadat hij een van hun boerenruzies heeft beslecht? Ja, daar zou ik aan moeten denken, omdat de literatuur langzaam in mijn sikje sijpelt, samen met de Milwaukee's Best en de vieze laag vet waarin de aardappelkroketten zijn gefrituurd in de cafetaria. In onze kamer zit de Bever, die, als ik mijn toenemende snobisme even vaarwel zeg, een heel aardige, slimme jongen is die Greg heet, gefixeerd achter zijn economieboeken, terwijl ik mijn zilveren hasjpijp tevoorschijn haal en dertig paar longen zich voorbereiden, terwijl de bierblikjes worden opengeklikt door evenveel magere wijsvingers, terwijl mijn tweedejaars buurman, mijn docent Beatles Studie, de lade van de cd-speler opent – weet je nog hoe dat klonk, dat mechanische woeoeoesj van een cd-speler? – en *Rubber Soul* opzet.

Ergens in deze mêlee ontwaar ik een gezicht, een bleke cirkel in het donkerst denkbare haar, en een kin die uitloopt in een volmaakt kuiltje. Er bevinden zich minstens twaalf vrouwen in de drukke, met hasjdampen gevulde kamer, en mijn liefde vormt aureolen rond ieder van hen, ook al probeer ik me tot een van hen te beperken. Mijn weektaak bestaat eruit een onbeantwoorde liefde te ontwikkelen en die dan van me af te blowen en drinken. Vanavond keer ik steeds terug naar de bleke cirkel in de donkere krans en naar wat daaronder ligt: etnisch donkerbruine ogen en dikke wenkbrauwen. Ze heeft een luide, schaarse lach die snel wegebt, en een ietwat onzekere houding, alsof ze hier niet echt thuishoort. Niet op de manier waarop de meeste mensen niet echt thuishoren op Oberlin, maar op dezelfde manier dat ík niet thuishoor op Oberlin. Ik zal er snel achter komen dat we allebei niet begrijpen waarom een band zich moet uitdossen als kippen. En onze sympathie gaat althans deels uit naar de Bacon Bombardeur en zijn sabbotage van de voorraad hummus en pindakaas van de studentenwinkel. En onze harten zijn althans deels in Rusland en Armenië, waar de familie van haar vader vandaan komt, en het Zuiden van de Verenigde Staten, waar haar moeder met moeite vandaan komt.

Ik doe een beetje charmant, met de nieuwe charme die ik heb ontwikkeld, zo dronken dat ik bijna in coma raak, zo dronken dat ik meedein met 'Nowhere Man' op *Rubber Soul* en daar een persoonlijk ritme in ontdek, zo dronken dat ik ellenlange komische, intellectualistische prietpraat verkondig tegen iedereen die me voor de voeten komt. Dinges, dinges, Max Weber, dinges, dinges, protestantse grap, dinges, dinges, iets over Brezjnev. Degenen die mijn eerste roman hebben gelezen, kennen mijn vaste deuntje wel.

'Dat is een aspect dat ik benijd in jou,' zal ze me binnenkort schrijven in een brief, 'dat je mensen naar je kunt laten luisteren en hun aandacht vasthoudt.'

Ja, de jaren dat ik werd genegeerd, dat ik toekeek vanachter een taalbarrière, dat ik luisterde vanuit een slaapkamer naast die van mijn ouders en een manier probeerde te verzinnen om het vuur te doven, hebben een berekenend, aandacht zoekend zoogdier gebaard dat zijn gelijke niet kent.

En in een veel latere brief schrijft ze: 'Ik voelde een zekere wanhoop in jou, een droefheid die ik herkende op Oberlin voordat wij iets met elkaar kregen.'

Ze is met haar vriend Michael, een Joodse polyglot uit de provincie en zonder meer de intelligentste van het academische jaar 1995 op Oberlin (vanwaar hij als Marshall Scholar rechtstreeks toegang krijgt tot Oxford). Hij zal ook een van mijn beste vrienden worden. Ik ga naast Michael zitten, de dikte van zijn brillenglazen komt overeen met de schotelvormige diepte van mijn contactlenzen, en we praten in het Russisch met elkaar, wat het meest ontspannen en oprechte gesprek wordt dat ik tot dusver op Oberlin met iemand heb gevoerd. Iets over de Russische bard Vladimir Visotski misschien? Het einde van de Sovjet-Unie een paar maanden geleden? De heimwee die volgens Nabokov ordinaire *posjlost'* is, maar die wij als jongens van negentien en twintig niet zo terloops van de hand willen doen? En terwijl we Russisch kleppen komen er steeds meer feestvierders de kamer in, de stank uit mijn hasjpijp dringt door tot de verdieping onder ons en die daaronder. Maar ik ben niet geïnteresseerd in hen, afgezien dan van een slap: 'Hé, man, bier in de koelkast.'

Soms lacht ze, soms kijkt ze onzeker recht voor zich uit en soms houdt ze haar hoofd achterover en neemt een lange, forse teug van haar Milwaukee. Kort daarna interesseer ik me alleen nog maar voor elk detail van haar achtergrond, en elk maniertje zal ik bestuderen met een micro-economische detaillering waar mijn kamergenoot van onder de indruk zou zijn. Maar nu treed ik op. Ik treed op voor mijn dode oma Galja en zing voor haar over *Lenin en zijn wonderbare gans*. Ik ben niet arrogant genoeg om tegen de vrouw vóór me te zeggen: 'Je zult van me houden', maar wel om te zeggen: 'Waarom overweeg je niet om van me te houden?'

Dat overwegen zal ongeveer een jaar duren, nadat we eerst boezemvrienden zijn geworden. Maar samen met de charme leer ik ook de kunst van de wanhopige overreding. Om Louise Lasser nog eens te citeren: 'Je bent fake en manipulatief!' En uiteindelijk laat ik haar geen andere keus.

Ze heet Jennifer, en haar achternaam begint met een Z en eindigt met de gebruikelijke Armeense patronieme uitgang '-ian'. Het grootste deel van haar leven zal ze bij haar initialen worden genoemd, J.Z. Tot de Amerikaanse namen waar ik naar hunker behoort het allesomvattende Jennifer, samen met het kakkineuze Jane en Suze, en ik ben ook dol op de variaties Jenny en zelfs het korte maar lieflijke Jen. Maar een vrouw die alleen haar initialen draagt, heeft zelfs op Oberlin iets krachtigs en ongewoons. Nadat het uit is tussen ons en ik terugga naar New York, kan ik nauwelijks naar de metroplattegrond kijken vanwege de veel voorkomende J- en Z-treinen die onbekommerd van Manhattan via Brooklyn naar Queens rijden, door alle stadsdelen die ik ken en bemin.

J.Z. komt uit de noordelijke buitenwijken van Raleigh, North Carolina. Ze heeft een licht zuidelijk accent, haar ouders zijn niet academisch gevormd, en ze zwemt niet in het geld. Door al die factoren is ze anders dan de gemiddelde Obie-vrouw.

Haar vriend Michael is ook anders: meertalig en kosmopolitisch, zodat je niet zou denken dat hij is opgegroeid in Plattsburgh, New York, bedreven in het shaken van martini's en het gebruik van bitters en in informeel Jiddisch. Ik zal nu mijn warme tweedejaars vriendengroep (1992 tot 1993) voorstellen. Ik heb twee nieuwe kamergenoten. Irv (niet zijn echte naam, hoewel dat eigenlijk wel zou moeten) heeft prachtige cup C borsten en een Japanse vriendin die op het conservatorium zit. Hij is zelfs stoneder dan ik en zit het grootste deel van de dag vergenoegd op zijn duim te zuigen. Hij is in staat op een drietal hippiemeiden in onze flat af te stappen met de hoffelijke openingszin: 'Hé, ik hoorde dat jullie morgenavond een soort gangbang organiseren.' Mijn andere kamergenoot is Mike Zap, die me laat kennismaken met de muziek en gedachtewereld van de destijds licht ontvlambare rapper Ice Cube. Menige avond beginnen we met de opwekkende woorden '*Po*-lice eat de dick straight up!' van het Cube-album *Death Certificate*. Mike komt uit Pittsburgh, verzorgt de sportrubriek voor de *Oberlin Review* (de meest ondankbare journalistieke klus op onze sterk ongecoördineerde universiteit) en vormt met zijn zachtaardige en betrekkelijk normale karakter een bruikbaar kompas voor de rest van ons freaks. Als ik met hem mee naar huis ga in Jewish Squirrel Hill in Pittsburgh, herken ik iets van Jonathan, mijn vriend op de Joodse School: een functioneel huishouden dat ontspannen gerund wordt door normale ouders, in combinatie met twee van de sympathiekste dieren die ik ooit heb gezien, een zwarte teckel die Rudy heet en een karamelkleurige, Schultz.

Met z'n vijven – J.Z., Michael, ik en mijn kamergenoten Irv en Zap – zijn we wat ik altijd heb gewild in het leven: een gemeenschap waarin ik me niet tweederangs hoef te voelen. Hoe verliefd ik ook ben op J.Z., ik ben ook verliefd op het feit dat zij en ik samen onze beste vrienden delen. Twee weken nadat het tweede jaar begonnen is, trekt de enorme, bijna een meter lange, hemelsblauwe hasjpijp in onze kamer de aandacht van hordes eerstejaars die hebben gehoord over onze legendarische rookmachine. Het mooie van Big Blue is dat hij zo lang is dat er minimaal twee personen nodig zijn om hem naar behoren te laten werken, en natuurlijk is Irv-met-de-borsten of Zap-met-het-nieuwe-rafelbaardje en aanminnige hoge lach zo aardig om de kop te vullen en de 'schacht' vast te houden, terwijl ik achteroverleun en mezelf volzuig met gelach en waanzin. '*Po*-lice eat the dick straight up!' Weerzinwekkende, vervuilde winden waaien tegen de ramen van Noah Hall, maar we zitten hier allemaal samen in het complot. En dan, vervuld van rook en vriendschap, doe ik mijn ogen dicht en droom uitsluitend van haar.

Ik achtervolg haar op de enige manier die ik beheers. Fake en manipulatief. Ik beledig haar. Iets over de sproeten boven haar borsten die ik zoen in mijn dromen. Als een typische stoere meid uit het Zuiden schrijft ze me een briefje dat niets aan duidelijkheid te wensen overlaat: '... genoeg van die bullshit! Jij hebt ook onzekerheden waar je eens naar moet laten kijken.'

Wat? Ik? Onzeker?

Ze sluit af met de opdracht 'Schrijf op wat je voelt, ongecensureerd', met daarnaast een groot hart en haar initialen, J. en Z.

Ik voel dat ze me een opening gunt en besluit toe te slaan. Ik schrijf wat ik voel. Ik schrijf en ik schrijf en ik schrijf en ik schrijf en ik schrijf, een stortvloed aan hopeloos verliefde brieven zoals ik ze nooit meer zal schrijven, want mijn volgende verkering, ruim acht jaar later, zal zich al afspelen in het tijdperk van de e-mail. Zelfs nadat we het uitmaken op Oberlin, vliegen er brieven van veertien kantjes vanuit New York naar North Carolina en komen er brieven van veertien kantjes teruggevlogen. We schrijven elkaar zelfs als we nog op Oberlin zitten, we zijn bang en op onze hoede voor elkaar en zijn geen van beiden gewend om onze mond open te trekken en onze stem te laten kleuren door onze emoties. Waar wij vandaan komen zijn emoties uitingen van zwakheid. En als de zomer een einde maakt aan Oberlin en we elkaar nauwelijks zien, schrijven we elkaar op onze werkdagen; ik vanuit een centrum voor herhuisvesting van immigranten – voor 8,25 dollar per uur – en zij, voor de helft van dat bedrag, achter de balie van een Amerikaanse autozaak genaamd Pep Boys.

De mooiste verzameling letters en cijfers die ik ooit heb gezien op één enkele witte envelop, nadat we ongeveer een halfjaar verkering hebben:

RESEARCH TRIANGLE AREA
RALEIGH DURHAM CHAPEL HILL
FIJNE KERSTVAKANTIE 29/12/1992 PM RAL NC #1

RAL NC #1. Iemand in Amerika, het echte Amerika, heeft me geschreven. Voor het huis van mijn ouders, met het schaarse verkeer van Little Neck achter me, maak ik haar kerstbrief open en hoor niets meer van de wereld om me heen. Haar dunne lippen spreken tegen mij, het lawaai van mijn ouders – 'Igor! Snotneus! Tijd om te stofzuigen!' – al die Russische onzin achter het trage, zuidelijke ritme van haar stem. Ik zuig de inhoud van de brief in me op, zowel de liefde als de angst (want net als ik is ook zij geen onverdeeld gelukkig iemand), terwijl ik me opsluit in de badkamer en het water laat stromen. En nadat het stofzuigen nog altijd niet gedaan is en er op mijn moeders smetteloze vloeren nog minuscule stofdeeltjes liggen, waardoor haar angstvallige wereld op zijn grondvesten trilt, begin ik aan mijn antwoord.

J.Z.,
Het hele idee om met jou samen te wonen, met jou te fitnessen, gedichten met je te schrijven, grutten en okra met je te koken is gewoon te verbijsterend voor woorden.
Ik maak grote vorderingen bij het ontdekken van wie ik ben, ik ben eindelijk blij dat ik Gary ben, en dat gebeurt allemaal omdat ik eindelijk een vriendin heb met wie ik alles kan delen.
Ik heb mijn hele leven al een onzeker gevoel over de Bijbel.
Is het geen verrotte samenleving waarin wij leven?
IK HAAT MIJN HAAR!
Ik lijk op een Joodse geit met een bult en een gebit dat lijkt op de skyline van Sarajevo na de oorlog.
Ik respecteer jouw pessimisme.
Valt die Jason [die gast uit North Carolina] je nog steeds lastig? Ik heb moeite met dat gezoen in je hals, weet je.
Waarom worden zoveel mannen (en vrouwen) zo snel verliefd op jou?
Jij bent mijn beste docent; je hebt me zoveel geleerd van wat ik bewonder en respecteer in mezelf.

In mezelf, jazeker. Ik ben druk bezig met leren om mezelf te bewonderen en respecteren. Maar zij dan? Nu ik tot mijn schrik vaststel dat ik Verkering heb en me zorgen maak dat verliefde jongens uit North Carolina die Jason heten haar in mijn afwezigheid voortdurend in de hals zoenen en ik constant manieren probeer te verzinnen om haar nog meer van me te laten houden, kan ik nu nog wel echt het trieste, lieve meisje van een meter zestig voor me zien? Ze is een kind van gescheiden ouders, een lachspiegelversie van hoe mijn familie eruit had kunnen zien als de razvod was doorgegaan. De norse Armeense vader, een genie op een bepaald terrein van de computerwetenschap, alleen op zijn uitstapje in zijn Research Triangle, dat zijn kinderen aanspoort het nog slechter te doen dan hij. De zuidelijke moeder in haar kleine moderne ranch, die haar tijd verdeelt tussen eten, slapen, glazen witte wijn drinken en bridgen. De kille, boze, oudere halfzus, die negatieve vibraties uitstraalt vanuit Dallas/Fort Worth. De jongere broer die haar om de een of andere reden 'Nate' noemt, zijn scheten aansteekt en aan dragracen doet over het zonovergoten asfalt van Carolina.

Per post komt uit North Carolina een ansichtkaart van de 'Bed-peace' van John en Yoko, voorzien van een onderschrift in haar lieve hanenpoot: 'Dit doen wij binnenkort ook!'

Uit andere brieven:

Ik lijk op een Armeense marshmallow.
Ik begin je NU *helemaal te vertrouwen in alles, Gary. Voor een deel was ik steeds op mijn hoede, maar ik voel me eindelijk ontspannen bij je.*
Ik zal je een kopie sturen van de [nieuwe] cassette van David Byrne.
Een collega zei tegen mij: Jij bent gemengd, hè? Ik bedoel, je bent niet helemaal blank, hè?
De hele weg naar huis heb ik gehuild... Het blijkt dat mijn opa een hartaanval heeft gehad. Ik ben dol op die oude man. Hij is echt een heel goed mens.
Gary, we zijn op ons hoogtepunt – laten we ervan genieten – die stress van Oberlin is fout!
*Niet te geloven hoeveel kritiek je moeder op je heeft. Ze zegt nooit iets positiefs tegen je, voor zover ik kan beoordelen. Wat doet dat met je?**
Ik wou dat ik naar het Shteyni-huis kon vliegen om je te redden.
Kun je ervoor zorgen dat Nina [mijn moeder] bidt voor mijn opa?
Kun je je ons huwelijk voorstellen? Joden, Armeniërs en Zuiderlingen.
Dude, er is geen humor in het stroomgebied van de Mississippi!
Ik hou van je, Gary.

Ik heb de neiging dat laatste nog een keer op te schrijven, want toen ik die woorden voor het eerst las, werden ze vaker dan één keer gelezen.

'Ik hou van je, Gary.'

* Een toekomstig vriendinnetje zal in 2004 in een hotelkamer in Praag of Wenen (het wordt steeds moeilijker om die twee uit elkaar te houden), nadat ze zojuist mijn ouders heeft ontmoet, tegen me zeggen: 'Waarom doen ze zo rot tegen je?' Ik: 'O, dat is gewoon hun cultuur.' Zij: 'Man, wát een excuus.' Ik: 'Ander onderwerp.'

Het vliegtuig landt in Raleigh-Durham. Begin van de zomer, een paar weken nadat Oberlin is gesloten voor de zomerse ontsmetting en een ideologische reset, maar we kunnen geen dag langer zonder elkaar. Ik draag een geruit shirt uit een kringloopwinkel à la Keep Cottage, waar we voor het eerst hebben gezoend, dat ik altijd aanheb omdat het me een gevoel van vrijheid en verkering geeft. Ik heb een veter om mijn nek met een marmerblauwe kraal eraan die ik niet durf af te doen, zelfs niet onder de douche, omdat het een cadeautje van haar is. In de vijf jaar die volgen zal ik, steeds als ik gespannen ben, de kraal tusssen duim en wijsvinger heen en weer draaien. Ook als ze weg is. Vooral als ze weg is.

Ik heb aan boord drie bloody mary's gedronken, want dat doen jetsetters als ik graag tussen LaGuardia en Raleigh. En ook omdat ik in deze fase van mijn leven niet een paar uur zonder drank kan. Buiten zie ik al een totaal andere wereld, haar wereld. Door het vliegtuigraampje zie ik alleen maar groen North Carolina. Bos na bos, woud na woud, gezegend door de aangename plaatselijke zon, opgedeeld door smalle stroken bebouwing die de migrerende Yankees zoals bekend oprichten als ze de universiteitssteden Durham, Chapel Hill en het land daarachter overnemen.

Ze staat voorbij de bagagehal, mijn bleke half Armeense marshmallow, inmiddels ietwat rood gekleurd door de eerdergenoemde zon, zoals ik ook rood ben aangelopen door de eerdergenoemde wodka. (Ik ben inmiddels eenentwintig en mijn drankgebruik is legaal.) Ze draagt de antieke, groen-gouden, vaag Aziatisch ogende zijden rok die ik haar voor haar twintigste verjaardag heb gegeven. Ik omhels haar. Jongen, wat omhels ik haar.

'Rustig. Rustig aan, Shteyni-dawg.' Shteyni-dawg is mijn bijnaam, niet alleen voor J.Z. maar ook voor onze vriend Michael, Kamergenoot Irv-met-de-borsten en Aardige Rappende Kamergenoot Zap.

En ik denk: mijn god, ik ben niet alleen.

Zo ver van mijn ouders verwijderd, en hier heb ik mijn vriendin in mijn armen, en verspreid over de Oostkust (alleen Zap zit in de binnenlanden van Pennsylvania) zijn mijn vrienden.

Rustig aan, Shteyni-dawg.

Ze heeft een Oldsmobile 88, een groot, rood Zuidelijk Monster, en onder het rijden buig ik zijwaarts en zoen haar in haar hals. Ze heeft de lavendelparfum op die we bij een kraampje op Fourth Avenue hebben gekocht. Ik zit onder de Drakkar Noir of Safari for Men of een eau de toilette met een vergelijkbare debiliserende stank. Uiteindelijk moet toch uit íéts blijken dat ik nog steeds een Russische immigrant ben.

Of ben ik dat niet meer?

Toen ik na mijn eerste dag op Stuyvesant de Schapenwei in Central Park betrad, dacht ik dat er iets in me brak. Een band met het verleden. Een lijn rechtstreeks uit de werkkampen van oom Aaron en de bommen van de Messerschmitts naar het slaan van mijn vaders handen en de gesel van mijn moeders tong, naar de jongen die 'Gary Shteyngart' en 'SSSQ' schrijft boven zijn proefwerken op de Joodse School. Misschien is die band niet verbroken. Misschien is hij alleen verbogen. En nu in de auto van J.Z. raakt hij nog meer verbogen. Het verleden, dat zich eindeloos achter me uitstrekt, en de toekomst, die hooguit nog vijftig jaar duurt, zijn met elkaar in evenwicht. Niets van wat mij in mijn genenpakket is meegegeven, heeft me voorbereid op iemand als zij, op de onvoorwaardelijke warmte van haar inter-etnische neus, op 'Dude, er is geen humor in het stroomgebied van de Mississippi!' En ook niet op de diepe, existentiële melancholie die op ons allebei drukt zoals de hete, vochtige zuidelijke zomer om ons heen.

Het huis van haar moeder is, in tegenstelling tot dat van míjn moeder, verwaarloosd, de zware meubels zinken weg in hoogpolig tapijt, elke vierkante centimeter is het jachtterrein van een pluizige corgi die Tally-Dog heet en, geconfronteerd met de stank van mijn Drakkar Noir, maar op één manier kan reageren: door te blaffen. Tot mijn grote afschuw vis ik drie minuten na mijn aankomst een albino kakkerlak aan een voelspriet uit de gootsteen, in de veronderstelling dat het een van mijn eigen haren was die vroegtijdig grijs was geworden.

Maar haar moeder is lief en toont interesse in mij, ze kijkt me goedgehumeurd en ietwat tipsy op de vroege avond door haar goudkleurige bril aan. Het is een grote vrouw met een voorkeur voor de tinten paars en lavendel, vaak in laagjes over elkaar. En vanaf het moment dat ik een voet over de drempel zet, is het duidelijk dat ik hier welkom ben en mag genieten van de liefde van haar dochter.

Tijdens haar bezoek vorige zomer aan Little Neck stootte J.Z. per ongeluk de bureaulamp van mijn moeder om, waarvoor mijn no-nonsense mater ons prompt tachtig dollar in rekening bracht. (We delen de tachtig dollar, voorwaar een fors bedrag voor twee beursstudenten.) Dat plus mijn vader die de trap af komt in zijn strakke voetbalbroekje terwijl zijn glanzende testikels er aan weerszijden uit piepen, geven J.Z. een snel maar krachtig inzicht in het familieleven van de Shteyngarts *in medias res.*

Hier in het zuiden worden testikels zoveel mogelijk aan het oog onttrokken. Sterker nog, er is hier in het Zuiden een regel die een man verplicht met een voet op de grond te blijven staan als hij zich in één ruimte bevindt met een jonge vrouw. Het is de mooiste regel in het christendom, dat strenge voorbehoud, want nadat haar moeder het huis heeft verlaten, rennen J.Z. en ik naar haar slaapkamer en bespringen elkaar en trekken met een paar simpele bewegingen onze lelijke Oberlin-kleren uit, terwijl David Byrne begint te zingen:

And she was lying in the grass.
And she could hear the highway breathing.
And she could see a nearby factory.
She's making sure she is not dreaming.

Ik weet zeker dat hij zingt over J.Z., over haar rozige lichaam, het harde deeg van haar schouders, de serieuze blik in haar ogen. Hij zingt over haar en niet over mij; hij zorgt dat ik mezelf kan verlaten en bij haar kan zijn. *And she was.*

Na een korte douche in de nauwe badkamer begeven we ons weer in de vochtige hitte van Carolina en praten over de dood. Voor mijn eenentwintigste verjaardag heeft de moeder van J.Z. me op mijn verzoek een boek gegeven dat *We Don't Die: George Anderson's Conversations with the Other Side* heet, een staaltje propaganda voor een medium dat communiceert met overledenen. Sinds mijn eerste ademloze ervaringen met astma heb ik het gevoel dat het gordijn tussen onze wereld en de dood zo dun is als een kopeke. Maar nu ik een paar peilloze bruine ogen heb gevonden die in de mijne staren op een met kantjes en strookjes versierd bed in North Raleigh, breekt mijn hart bij de gedachte dat ik deze aarde ooit moet verlaten. 'Ik wil niet bij je weg,' zeg ik tegen J.Z., waarmee ik bedoel dat ik de komende vijf dagen niet bij haar weg wil, als ik weer naar het noorden moet. Maar wat ik echt bedoel is dat ik haar nooit meer wil verlaten, of de genoegens die we zojuist hebben gesmaakt, of die vreemde stem van David Byrne, of de herinneringen die we elke dag samen opstapelen. Na ons afstuderen besluiten we naar New Mexico te verhuizen. Blowen en vrijen tussen de cactussen. Ze wil een soort healer worden. Ik weet al wat ik wil gaan schrijven.

Haar opa is door en door een zuiderling, hoffelijk en volks – 'Hij is zenuwachtiger dan een kat in een kamer vol schommelstoelen' – en er hangt een hert in zijn rookhok in Fayetteville. Hij heeft genoeg autoriteit om in het huis van zijn dochter de plaats aan het hoofd van de tafel op te eisen, en is voorkomend genoeg om een volmaakte vreemde uit New York naast zich te dulden en te behandelen als een oude vriend. Hij bidt voor het eten, noemt Jezus Christus, Onze Heer, waarop J.Z. en ik elkaar kort toelachen à la Oberlin. Opa, hij is jóóds.

Maar na het eten komt opa de keuken in en zegt: 'Jullie hebben een mooie werkverdeling. Zij wast af en jij droogt af. Jullie passen mooi bij elkaar.' Ik besluit ter plekke dat ik met J.Z. wil trouwen, met haar hele familie, met aangestoken scheten en al. En als haar opa een paar jaar later sterft aan een hartaanval, voel ik haar pijn als een verlengstuk van mijn eigen verdriet, omdat mijn eigen oma zo ziek is.

We hebben ruzie. Het punt is dat ik niets kan – ik kan niet autorijden, geen ei bakken, geen man zijn – en hoe progressief we ook mogen zijn, ze wil toch dat ik sterk ben voor haar. Uiteindelijk, terwijl we van North Carolina naar haar zus in Dallas, Texas rijden, beveelt ze dat ik het stuur overneem, en ergens in Alabama zet ik de Oldsmobile 88 tegen de muur van een filiaal van Shoney's. J.Z.'s favoriete uitdrukking, uitgesproken met een geoefende, honende ondertoon en met een gele vonk broeiend in die donkere Armeense ogen: 'Dit is zó belachelijk.'

Maar in plaats van berouwvol te zijn, ga ik in het offensief. Ik ben een New Yorker. Waarom zou ik niet in een Oldsmobile van Raleigh naar Dallas mogen rijden zonder tegen een weerzinwekkend zuidelijk restaurant te rijden? Ook al werd mijn aanval per auto op hun eetzaal beloond met een huisgemaakte Monte Christo-sandwich ('Jullie zullen wel moe zijn'). Was ze niet bij mij en haar vriend Michael toen we samen naar *Manhattan* van Woody Allen keken? Sloeg ze niet de ene martini en whisky sour van Michael achterover terwijl hij en ik Joodse grapjes maakten over de kunstenaar Sol LeWitt? Is dit niet het leven dat ze heeft geambieerd met een New Yorkse intellectueel in spe?

Blijkbaar niet. Want ik probeer nu de steile helling te beklimmen van Grandfather Mountain in North Carolina en met behulp van ladders en kabels probeer ik me aan die verrekte berg vast te klampen, terwijl *onder mij* de wolkenslierten wervelen, zodat mij een vlijmscherpe en gerafelde dood wacht zodra ik het touw loslaat. Ik ben een klassiek geval van hoogtevrees en vrees dat een deel van mij eigenlijk het touw los wíl laten. Maar ik weet ook dat als ik geen auto of fiets kan besturen en behoorlijk stokken kan gooien met een chagrijnige Welsh corgi, ik toch minstens een berg moet beklimmen met deze lichtvoetige plattelandsvrouw, die op dit moment langs de rotswand omhoog dartelt met de behendigheid van een poema.

Of, zoals ik later zal schrijven als ik terug ben in Little Neck: 'Ik kan me niet goed aanpassen aan een nieuwe omgeving, vooral niet als ik bang ben jou kwijt te raken door iets verkeerd te doen.'

Of, zoals ik haar zal schrijven nadat we het hebben uitgemaakt: 'Als ik denk aan de belangrijkste momenten van onze relatie, zie ik mezelf naar het dashboard van je auto zitten staren.'

Ja, naast de bestuurder, starend naar de klikkende kilometerteller op dat reusachtige chromen dashboard, starend naar de langsschietende bomen en heuvels en de Blue Ridge Mountains, starend naar het landschap van het land dat mij is beloofd in mijn naturalisatiepapieren. En zij rijdt mij rond, met een hand aan het stuur terwijl ze met de andere het rietje naar haar mond brengt in de transparante, transpirerende beker zuidelijke ijsthee, die, voor degenen die het nog niet weten, de beste ijsthee ter wereld is.

En 's avonds, in de half opgeblazen tent die ik niet goed heb weten op te zetten, in een of ander nationaal park, terwijl de laatste vonken van onze vrijpartij zijn uitgedoofd en onze magen vol zitten met aardappelkroketten, grutten en gebakken schelvis, lig ik daar te lezen in *We Don't Die: George Anderson's Conversations with the Other Side*, tegen beter weten in hopend dat alles wat ik heb geleerd op Stuyvesant en Oberlin – de immateriële kant van onze persoonlijkheden, ons korte bestaan op de aarde – niet helemaal waar is.

21.

'Sign Your Name (Across My Heart)'

Helemaal klaar om harten te breken.

Te midden van al dat gedoe met Jennifer gebeurt er iets anders, iets wat je universiteit zou kunnen noemen. Als ik mijn ogen dichtdoe, zie ik mezelf het talud van de Mudd Library af lopen, een soort postmoderne academische vesting compleet met slotgracht, met een rugzak vol statistieken over de gerstoogsten in het tijdperk-Chroestjov. Mijn afstudeerscriptie voor politicologie heeft als titel: 'Terug naar de USSR: de evolutie van hedendaagse reïntegrationistische tendenzen'. Alles is goed genoeg voor mij om terug te keren naar het land dat zojuist zonder plichtplegingen ineen is gestort. Als ik mijn ogen nog even dicht houd, zie ik Big Blue, de hasjpijp die ik op atletische wijze rook terwijl Ice Cube het niet-aanwezige vrouwelijke publiek instrueert: *Bitch... you should have put a sock on the pickle*. Als ik mijn ogen nog een seconde langer dichthoud (ik beloof dat ik ze gauw weer opendoe), ben ik weer in de West Village met mijn kamergenoot Vik C-cup, terwijl we in het huis van zijn ouders trippend op paddo's staren naar de fascinerende nieuwe fractale patronen die opbloeien en wegsterven op het scherm van zijn desktop-Mac.

'Dude, een vent op het conservatorium heeft me geneukt,' zegt Irv.

Me inmiddels nergens meer over verbazend, zeg ik neutraal: 'Cool. Hoe voelde het?'

'Goed wel. Alsof ik een keutel in mijn kont had.'

Dit alles leidt ergens toe.

Nu ik echte vrienden heb die me vertellen wat er zich zoal afspeelt in hun kont, nu ik openhartig kan spreken over mijn leven met een vrouw die van me houdt ('Ik hou van je, Gary', om nogmaals haar brief te citeren), kan ik mezelf eindelijk als een serieus iemand gaan beschouwen. En dat serieuze zal niet leiden tot de Fordham Law School, waar ik de eerste twee vast en zeker moeilijke jaren een beetje zou rondklooien om in het derde jaar strak van de coke in een vrije val terecht te komen. Voor mij betekent dit maar één ding, dat ik vakbekwaam en vol passie nastreef. Dat ik schrijf.

Ik herhaal het nog eens: ik kan niets. Geen ei bakken, niet koffiezetten, niet autorijden, geen advocaat worden, geen grootboek bijhouden, geen vaderbord op een moederbord solderen, 's avonds geen kind warm houden en veiligheid bieden. Maar ik heb nog nooit een writer's block gehad, zoals dat heet. Mijn geest raast als die van een chronische slapeloze. De woorden vallen op hun plaats als soldaten bij het appèl. Zet me achter een toetsenbord en ik tik meteen het hele scherm vol. Wat wil je hebben? Wanneer wil je het? Nu meteen? Nou, hier is het.

Mijn productie bedraagt een verhaal of een aantal gedichten per week. Ik begin meteen te schrijven na het opstaan, de kater bonst nog in de beschadigde frontaalkwabben van mijn hersenen, op het tsjakka-tsjakka-ritme van de eerste hevige aftrekronde van mijn kamergenoot Irv. Ik schrijf al vóór de koffie; ik schrijf terwijl Big Blue staat te pruttelen in de hoek; ik schrijf als een kind dat iets wil bewijzen. Ik word aangenomen bij de afdeling creatief schrijven op Oberlin. Er is een professor, Diane Vreuls (wat een sterke, Nederlandse naam), een lang en markant type, bijna gepensioneerd, die doorheeft wat ik wil. In haar piepkleine kantoortje in het souterrain van het gebouw dat lijkt op de onderste drie verdiepingen van het World Trade Center, wijst ze op een passage waarin een van mijn personages door de bossen kruipt. 'Hoe kruipt hij, Gary?' vraagt ze. En dan laat ze zich op handen en knieën vallen, en met haar een meter tachtig en de grijze stralenkrans van haar lange haar, kruipt ze alle kanten op. En ik snap het. Ik begrijp hoe het moet. Hoe woorden de wereld om mij heen en de wereld die in mij verstopt zit, kunnen beschrijven.

Ik loop op water. Ja, dat doet schrijven met je. Ik steek de Atlantische Oceaan al lopend diagonaal over, neem het Kanaal mee, kijk nauwelijks op van de Deense archipel, glip de Oostzee en daarna de Finse Golf in. '*Well, we know where we're going*,' zingt David Byrne op de stereo, '*but we don't know where we've been*.'

Ik ga naar het Moskouplein, naar de Tipanov-straat, maar wat ik nog niet kan is buiten het binnenplaatsje van mijn kindertijd geraken, met zijn beroete zwarte pijp en roestige raket.

Naar de Tsjesme-kerk. Naar de helihaven. Omhoog, de lucht in en tussen de torenspitsen door.

Ik schrijf terwijl J.Z. tegenover me in lotushouding op bed zit, verdiept in studieboeken over statistiek en psychologie. Jaren later zal ze healer worden, zoals ze zich had voorgenomen.

Ik probeer wanhopig een geschiedenis, een verleden te hebben. Ik overspoel mezelf met herinneringen, melancholiek en waarheidsgetrouw. Alle verdrongen herinneringen aan de Solomon Schechter School of Queens, waar ik deed alsof ik een goede Oost-Duitser was, komen terug. Ik schrijf over toen ik met mijn moeder *pelmeni*-dumplings zat te eten bij het beeld van de zeemeermin in Jalta. Ik schrijf over de opwindkip waar ik mee speelde op de Krim. Over het meisje met het ene oog in onze eerste flat in Amerika, met wie ik speelde met de nummerborden van Honeycomb. Ik gebruik trots woorden die ik pas heb geleerd, woorden als 'Aubusson', en schrijf er tussen haakjes achter 'Frans vloerkleed'. Ik stop de Aubusson in een soort literair actieverhaal dat 'Sundown at the International' heet, compleet met 'gitzwarte Sikorski-helikopters'. Vijftien jaar later zal ik dat verhaal uitbreiden tot de roman *Absurdistan*.

Soms slaat mijn schrijverij nergens op, maar soms ook jaag ik de waarheid na, en dan werkt het. Mijn ouders maken ruzie in mijn teksten. Ik leer Engels. Ik leer om tweederangs te zijn. Ik leer *Adonai Eloheinoe, Adonai Etsjad*. In een Amerikaanse pizzatent 'dwingt mijn moeder me een pizza met vlees te bestellen, zodat ik een volledige maaltijd binnenkrijg'. Ik kan mijn fantasie alle kanten op laten gaan, zelfs de verkeerde kanten (vooral de verkeerde kanten). Ik lever een bijzonder vreemde karakterschets in van Nikita Chroestjov die in alle eenzaamheid zijn zeventigste verjaardag viert op een kolchoz. Ik schrijf over de fictieve ontmoeting van mijn oma met paus Paulus VI.

En dan houdt het ineens allemaal op.

Oberlin importeert een swingende jonge docente, een discipel van de goeroe Gordon Lish, de redacteur die beroemd is vanwege het redigeren van Raymond Carver en voor zijn onverbiddelijke workshops à 2600 dollar aan de oostkust. Elk verhaal dat ik inlever krijg ik terug met de opmerking 'Gary, ik weet wat Gordon van dit verhaal zou vinden, dus ik zal je die 2600 dollar besparen'. Aanvankelijk kan het me geen reet schelen wat Gordon ervan zou vinden, gezien het indrukwekkende onderwijs op Oberlin en het feit dat mijn ouders (en de federale overheid) bovendien veel meer voor mijn colleges hebben betaald dan die 2600 dollar. Maar de docente gaat schaars gekleed – een mini-jurkje met bloemmotief en spaghettibandjes midden in de winter van Ohio – en ze breekt onze in flanel gehulde harten met elke workshop die ze geeft. Ik wil haar heel erg behagen. Dus ik ga schrijven in die bondige, onleesbare, mysterieuze bullshitstijl die Gordon Lish ergens vanuit Manhattan kennelijk van mij vereist. 'De *sjoeka* zit in de pan.' Wat dat ook mag betekenen. Een aantal klasgenoten besluit er na het semester mee te stoppen, wat onbewust misschien de bedoeling is van dat hele Gordon Lish-programma: om beginnende schrijvers alle zelfvertrouwen te ontnemen en iedereen weg te sturen die ongehoorzaam is aan de meester. Op bepaalde koude dagen verval ik onbewust in het gebed van de Joodse School, ik dein heen en weer om warm te blijven en zing: '*Sj'ma* Oberlin, Gordon Lish *Eloheinoe*, Gordon Lish *Etsjad*.' (Hoor, O Oberlin, de Gordon Lish is onze God, de Gordon Lish is Een.) Maar dat helpt niet. De juf met de spaghettibandjes zegt dat wat ik schrijf geen literatuur is, hoewel ze meer hoop heeft voor mij dan voor de andere studenten omdat 'ik een beter begrip heb van de grammatica'.

De Lish-professor blijft maar één semester, en daarna keer ik terug bij Diane. Het duurt even voordat ik van de schrik bekomen ben. Diane pakt me hard aan, maar ze is ook geduldig en aardig. En wat belangrijker is, ze kan lachen met elke centimeter van dat Nederlands-Servische lijf van haar; belachelijk lachen, Oost-Europees lachen. Mensen die denken dat literatuur *Serieus* moet zijn en zou moeten dienen als blauwdruk voor een raket die nooit wordt gelanceerd, zijn in het gunstigste geval kwaadwillend en in het ongunstigste antisemitisch. In de warme omhelzing van Diane houd ik op met schrijven dat 'De *sjoeka* in de pot' zit. Ik keer terug naar mijn oude werk. Als een Napoleon ploeg ik voort naar het Moskouplein en dan naar Moskou zelf.

Er is een uitwisselingsprogramma met het Staatsinstituut voor Internationale Betrekkingen in Moskou, een elitaire instelling waar ooit de toekomstige diplomaten van de Sovjet-Unie werden opgeleid. Moskou is niet Sint-Petersburg (plaatselijke patriotten zullen zelfs beweren dat het het tegenovergestelde is), maar Moskou is écht Russisch, waarmee ik Azië bedoel. Daar geloof ik heilig in.

Ik ben er helemaal klaar voor om voor mijn voorlaatste jaar naar Moskou te gaan, om de Kleine Igor in mij terug te vinden.

En dan zeggen de vrouwen in mijn leven: Nee.

Mijn moeder is in 1993 bang voor Rusland. Jeltsins tanks schieten op het parlementsgebouw. Tsjetsjenië bereidt zich voor op een totale oorlog. Vuurgevechten op klaarlichte dag. In de tien jaar nadat we geëmigreerd zijn, hebben mijn ouders niet één goed woord overgehad voor het land, behalve dan om de vele bebaarde schrijvers en het Eskimo-roomijs te prijzen. Het internet zoals wij dat nu kennen is nog geen feit, maar mama toont mij een gefotokopieerd artikel over een ongelukkige student die uit het raam van een Moskouse studentenflat is gegooid en de val niet heeft overleefd.

Ik schrijf een verhaal dat 'Drie uitzichten vanuit de Avenue Karl Marx' heet en dat een oprecht eerbetoon is aan mijn oom Aaron en de werkkampen. Mijn professor zegt dat ik het naar *The New Yorker* moet sturen, waarna ik bijna een hartaanval krijg. Ben ik echt zo goed? Mijn moeder leest het en zegt zuchtend: 'Zo is het niet gebeurd.' Van de details klopt helemaal niets.

Ik ben er kapot van. Vreemd genoeg voelt de pijn hetzelfde als toen ik op de Joodse School een Rode Woestijnrat werd genoemd. Daar werd ik bespot omdat ik geen authentieke Amerikaan was, en nu word ik ervan beschuldigd geen authentieke Rus te zijn. Ik heb nog niet door dat juist deze paradox de kern is van de zogenaame immigrantenroman. Als de onvermijdelijke afwijzing van *The New Yorker* komt, besluit ik dat ik terug moet naar Rusland om de details te controleren.

Maar er is nog een vrouw.

J.Z. begrijpt dat ik Rusland nodig heb voor mijn verhalen. Maar ze wil me geen jaar lang kwijt. We beginnen net. We zijn zo ontzettend verliefd. En dus sta ik voor de keus: mijn schrijven, of wellicht mijn vriendin.

Het is geen echte keus.

Fok Rusland. Ik ga een semester lang met J.Z. naar het toen trendy Praag.

Binnen een paar minuten verschenen aan weerszijden van de weg gemetselde muren, als een wegwijzer met de tekst VLADIMIRS KINDERJAREN: DE VOLGENDE HONDERD AFSLAGEN*: een uitgestrektheid aan bouwvallige, gestuukte flatgebouwen uit de Sovjettijd, met afbladderende verf vol vochtplekken waarin een fantasierijk kind onwillekeurig de vormen van dieren en sterrenbeelden kon zien. En in de ruimtes tussen deze Behemoths bevonden zich de piepkleine grasveldjes waar Vladimir soms speelde: pleintjes met een handvol zand en een paar roestige schommels. Goed, Prava was geen Leningrad, maar deze gebouwen vormden één lange idiote lijn van Tadjikistan naar Berlijn. Er was geen houden aan.*

Deze zinnen verschenen in mijn eerste roman: *The Russian Debutante's Handbook*. Onnodig te zeggen dat Prava een soort Praag is, en Vladimir, de hoofdpersoon, een soort ik. Toen ik die Russische huurkazernes zag, *paneláks* in het Tsjechisch (letterlijk 'geprefabriceerde huizen'), in de bus vanaf het vliegveld van Praag met de hand van J.Z. in de mijne geklemd, wist ik dat ik een roman wilde schrijven en ook waarover. Als je eenentwintig bent is er maar één onderwerp en je ziet het elke ochtend in de spiegel, met een tandenborstel in de hand.

Het semester in Praag was mijn verkenningsmissie. Praktisch gezien leerde ik er niets, zelfs geen Tsjechisch, wat toch redelijk simpel moet zijn geweest voor iemand die Russisch spreekt. Misschien leerde ik er dat ik gelukkig kon worden van een half glas pils dat ik over een bord met uien en kaas morste en daarna op sopte met dik boerenbrood.

Onderweg gebeurden er een aantal dingen die ook in mijn roman gebeurden. In een dorpje ten noorden van Praag werd ik bijna verrot geslagen door Tsjechische skinheads die me aanzagen voor een Arabier. Ik werd gered door mijn rijbewijs van de staat New York en mijn American Express-card, twee bewijzen dat ik niet van Arabische afkomst ben. (In de roman krijgt de hoofdpersoon Vladimir het pak slaag waaraan ik ontsnapte wel degelijk, plus nog meer.)

Er waren ook dingen die bijna gebeurden zoals ze voorkwamen in mijn roman. Nadat J.Z. had gedanst met een Australiër of een Israëli, werd ik zo dronken dat ik tussen de tramrails naar onze studentenflat kroop, en mijn dood slechts voorkomen werd door het woeste nachtelijke geklingel van tram 22 en de tussenkomst van een even dronken Tsjechische politieagent.

En dan waren er nog dingen die helemaal niet gebeurden in de roman. Op Boeda en uitkijkend op het overdreven protserige Hongaarse parlementsgebouw, staarde J.Z. in mijn cameralens, haar zwarte haar wordt opgetild door de wind, de combinatie van Armeense en zuidelijke gelaatstrekken van kakkineuze schoonheid worden tot iets onmiskenbaar Oost-Europees, de afwezige glimlach, de aanwezige bleke schoonheid.

Een koude, ellendige, modderige, regenachtige dag eind mei. De afstudeerfeesten aan Oberlin College van 1995. Met twee derde van het manuscript van wat uiteindelijk mijn eerste roman zal worden onder mijn arm. Ik ben blij en ik ben bang. J.Z. en ik maken het uit. Het is niemands schuld. Zij wil terug naar North Carolina. Ik wil in New York wonen, waar, naar ik ten onrechte veronderstel, binnen de kortste keren een nieuwe liefde in mijn armen zal liggen zwijmelen.

Maar ik wil mijn verhaal over Oberlin hier niet beëindigen. Ik ga een jaar terug. Er is een studentenflat die South heet en die, zoals ik eerder meldde, lijkt op een verdwenen terminal op Newark Airport. Ik heb zojuist een astma-aanval gehad, mijn eerste in vijf jaar en de ergste van mijn hele leven.

Een aantal weken nadat ik ontslagen ben uit het sneue ziekenhuis van Oberlin, een aantal weken nadat J.Z. de telefoon tegen haar oor gedrukt hield terwijl mijn moeder haar de gegevens van mijn ziektekostenverzekering doorbelde, terwijl ik naar adem snakte in mijn bezwete studentenbedje; de twee vrouwen in mijn leven, met hun Russische en zuidelijke accent, de afschuwelijke nauwgezetheid van mijn moeder, de liefde en angst van J.Z.

Ze heeft me door haar zorgen beter gemaakt, heeft elk uur van de dag naast mijn bed gezeten. De wallen onder mijn ogen zijn groter dan anders. Vanwege de astma heb ik in geen weken geblowd, en ik ben gespannen en uitgeput. Een van de dingen die ik nooit heb geleerd is dansen. Maar vanavond zegt J.Z. dat ze me wil leren dansen. Ze zet

'Sign Your Name (Across My Heart)' van Terence Trent D'Arby op, dat om de een of andere manier de totale Kurt Cobainisering heeft overleefd op de stereo's van Oberlin. Ze legt haar handen op mijn heupen en ik de mijne op de hare. Ik doe mijn ogen dicht. Haal langzaam en ritmisch adem. De lelijke flat, de sneue universiteit, de ongelukkige studenten. Ik dein de ene kant op, dan de andere. Wat doe ik verkeerd? Ik wil niet nog een astma-aanval. Mijn handen rusten op de heupen van mijn lief, en een deel van mij heeft, misschien door de recente astma-aanval, mijn lichaam verlaten. Wat ik nog niet weet is dat dit mijn allerlaatste astma-aanval was. Maar voorlopig zijn wij tweeën hier nog, deinend op het serieuze croonen van Trent D'Arby.

'J.Z.,' zeg ik. 'Ik kan dit niet.'

Ze laat haar handen op mijn heupen rusten. Haar donkere haar met de bruine highlights valt over mijn borst.

En plotsklaps kan ik het wél.

22.

De weldoener

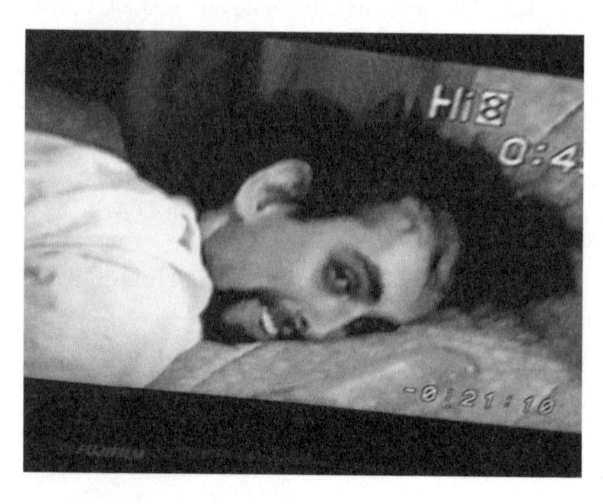

De auteur ligt te trippen op psychedelische paddo's terwijl hij wordt gefilmd door zijn nieuwe vriend John voor een documentaire die Only Children heet.

Tijdens de negen uur durende terugreis vanuit Ohio, met mijn diploma in mijn hand, stoppen mijn ouders en ik onderweg om te lunchen bij een McDonald's. Merkwaardig genoeg is de prijs van de hamburgers in die jaren niet veranderd, dus ik bestel er drie, plus een medium Coke en medium frietjes, en mijn ouders nemen ook ieder een hamburger en een kleine Coke, en eten mee van mijn medium frietjes. Vanwege mijn goede cijfers en mijn aanstaande baan als assistent-advocaat, en daarna wellicht een heuse rechtenstudie, vormen wij een gelukkig gezinnetje, en de vijf keer negenenzestig cent voor de hamburgers plus nog drie dollar vijftig voor de hamburgeraccessoires lijken geen bezwaar te zijn. We hebben dit verdiend. Aan de andere kant van het gangpad zie ik een van de knappere afgestudeerden van Oberlin, een meisje dat lippenstift gebruikt, en we rollen met onze ogen naar elkaar alsof we willen zeggen: *Jekkie, moet je ons hier bij McDonald's zien zitten...* Kon ik haar maar duidelijk maken hoeveel elke hap met mijn ouders voor me betekent.

Het andere waar ik me op verheug is teruggaan naar New York, de stad waar ik de rest van mijn leven zal wonen, dat weet ik zeker. Nu J.Z. mijn vriendin niet meer is, betekent naar huis gaan maar één ding: terug naar mijn nieuwe beste vriend.

Maar eerst nog even terug naar mijn tweede jaar.

Mijn kamergenoot op Oberlin, C-cup Irv, en zijn ouders wonen in Washington Square Village, twee staaltjes kleurrijke NYU-Warschaupactarchitectuur rond een aangenaam privéplantsoen. Tegenover Irv woont een geluidsman die bevriend is met de voormalige scenarioschrijver van de soapserie *As the World Turns*. Ik wil graag zeggen hoe oud John, deze soapscenarist, is, maar in de twintig jaar dat ik hem ken heeft hij nooit iets gezegd over zijn leeftijd. Niet dat hij erover liegt. Hij zegt gewoon tegen niemand hoe oud hij is. 'Veel te traumatisch,' fluistert hij als ik ernaar vraag, met een gezicht dat lijkt op dat van een treurende Joodse schildpad, een gezicht dat mijn volk alleen trekt als ze het hebben over hun eigen uitroeiing. In zijn appartement vond ik een foto van zijn afstuderen, waar achterop zijn afstudeerjaar stond vermeld. Hij sprong op om me de foto uit handen te rukken, stootte daarbij een salontafel om en stortte kermend van de pijn ter aarde met de afstudeerfoto triomfantelijk in zijn hand. Dus hoe oud is John echt? Omdat je er nooit achter komt hoe oud Amerikanen zijn die volgens hun eigen tijdsschema op hun eigen einde afdenderen, zullen we het erop houden dat als ik in 1993 kennis met hem maak, hij oud genoeg is om een soort vaderfiguur voor me te worden en jong genoeg om hem als vriend te beschouwen.

In 1993 laat John de wereld van de soap achter zich en werkt hij aan het script over een student die zijn ouders vermoordt. (Vaag toepasselijk gezien het feit dat ik in die tijd ook mijn ouders probeerde te doden, althans de eerste twintig jaar van mijn leven in hun gezelschap.) Zijn vriend de geluidsman stelt een geschikte kandidaat van mijn generatie voor. Voilà Irv, mijn kamergenoot van Oberlin, de trotse seksuele omnivoor en bewaarder van Bid Blue, onze bijna een meter lange hasjpijp. Voilà Maya (naam gewijzigd), een lief, beschadigd, mollig meisje dat meesteres is in de Vault, de belangrijkste sm-club van New York, die ik eveneens uit het echte leven zal plukken en met slechts weinig bloedvergieten op de bladzijden van mijn ontluikende eerste roman zal prikken onder de naam Challah.

Voilà ikzelf.

John neemt me mee uit eten. Ik ben zo onder de indruk dat John een echte schrijver is dat ik aanbied voor het eten te betalen. Ik neem hem mee naar Akbar, een chique Indiase tent op de hoek van Park Avenue en Fifty-Ninth Street, waar Paulie, mijn geile schoolbaas, me altijd mee naartoe nam. Het restaurant heeft plafonds van gebrandschilderd glas, oogverblindend voor mij uit Little Neck, en de obers lijken erg trots op hun krachtige tandoori-oven, waaruit mijn eerste kussenachtige naanbrood tevoorschijn komt dat magische stoomwolken uitstoot als ik het uit elkaar scheur.

Ik weet dan nog niet dat dit het laatste chique etentje is dat ik de komende vijf jaar zal betalen, en ook niet dat ik op het punt sta de ene weldoener te verruilen voor een andere, deze keer eentje zonder de neiging om mij voorover op zijn bureau te leggen. De schrijver Chang-rae Lee (over wie later meer) zal opmerken dat mijn personages meestal zonen zijn op zoek naar een vader, een punt dat ik moeilijk kan bestrijden.

Onder het eten zie ik een man met dun krulhaar en een ziekenfondsbril, wiens gezicht deels schuilgaat achter een borstelige snor en die zijn kraakheldere Frank Stella-shirt in zijn spijkerbroek draagt. Zo stel ik me de coole vaders voor van Oberlin-studenten die buiten de campus wonen in huizen met rare namen als 'Bananenhuis' of 'Oei-een-huis!', waar iedereen in een band speelt of bevriend is met iemand die in een band speelt.

En dit ziet John tegenover zich zitten bij Akbar: een jongen van twintig met onverzorgd haar tot op zijn kont, een belachelijk slecht Sovjetgebit waar een bever uit de Appalachen zich voor zou schamen (totdat mijn ouders er een jaar later iets aan laten doen, praat ik voortdurend met een hand voor mijn mond, als een verlegen Japans meisje), en de trots van mijn kleerkast: een zijden zomercolbert zoals acteur Don Johnson dat draagt in de tv-serie *Miami Vice* en waarvan ik altijd de mouwen omsla, zelfs in januari.

John neemt al dat unieke aan mij welgezind in zich op, terwijl mijn gebit en ik hem ondervragen over het leven als schrijver. Ik ben vooral onder de indruk van het feit dat hij *Knots Landing* heeft geschreven, een spin-off van mijn geliefde *Dallas*. Ik heb hem werk van mij op

Oberlin gestuurd, met name een kort toneelstuk waar hij een bemoedigend oordeel over had ('grappig', 'goede passage') en voorzag van rake kritiek ('specifieker', 'vreemde zinsnede'). Onder het eten heb ik nog allerlei vragen aan hem. Hoe kan ik die vreemde zinsnede het beste veranderen? Wat bedoelt hij met 'specifieker'?

John is een echte 'Manhattanite', gecompliceerd en door en door zoals je ze niet vaak tegenkomt, bekend met restaurants en theaters en een markt die Fairway heet, op Broadway bij Seventy-Fourth Street, waar ze etenswaren verkopen waar ik alleen maar van kan dromen: ansjovis met citroen, Romeinse artisjokken, Idiazabal-kaas uit Baskenland. Ook heeft hij geen kinderen, wat een geluk is voor mij maar misschien niet voor hem.

Binnen een paar maanden na ons etentje bij Akbar ruil ik het Don Johnson-jasje in voor een van Johns oude Armani-blazers.

Binnen een paar maanden bellen we elkaar vrijwel elke dag op, waarbij ik hem brutaal en ongeduldig lastigval over de opzet van mijn laatste verhaal of gedicht, alsof zijn hele wereld draait om mijn creatieve behoeften. 'Heb je het gelezen? John? Hallo? Ik móét het weten. Zeg iets, Heimosaurus!' (John is niet lang, maar zijn aanwezigheid en houding stralen iets kolossaals en *heimish* uit, zodat hij me doet denken aan een sterke Joodse dinosaurus.)

Binnen een paar maanden overweeg ik ernstig om over te stappen naar Columbia of, meer in overeenstemming met de academische realiteit, naar New York University, om dichter bij mijn nieuwe rolmodel te kunnen zijn. Alleen mijn ontluikende relatie met J.Z. houdt me nog op Oberlin.

Binnen een paar maanden neemt John mij, J.Z. en kamergenoot Irv mee uit naar het River Café ter ere van mijn eenentwintigste verjaardag, en ik verdwijn met mijn vriendinnetje naar de parkeerplaats, waar ik haar net zo lang kus tegen de belangrijkste skyline ter wereld dat mijn medium-rare gebakken filet mignon koud is geworden.

Binnen een paar maanden logeren J.Z. en ik in zijn lege nieuwe appartement, waar we samen op de kale hardhouten vloer slapen.

Binnen een paar maanden laat hij het idee voor het script varen en besluit hij een documentaire te maken over mij, Irv en Maya de Meesteres, die uiteindelijk de titel *Only Children* zal krijgen, omdat hij en zijn drie acteurs iets interessants gemeen hebben: een gebrek aan broers of zussen.

En binnen een paar jaar zal ik hem volkomen en definitief gek maken. En hij op zijn beurt zal me afzetten voor de deur van het Psychoanalytic Institute in New York.

John komt er vrij snel achter dat ik een lul ben. Dat gebeurt terwijl hij een maaltijd filmt met mij, Irv en diens ouders in hun appartement in Washington Square Village. Ik houd onvoorwaardelijk van Irvs appartement omdat het midden op het eiland staat waar ik wil wonen en omdat de wetten van het ouderschap zoals ik die ken, hier niet van toepassing zijn. Er staan zonder duidelijke reden vuilnisbakken op planken aan de muur, en de meeste bezittingen zijn opgeborgen in uitpuilende tassen van de apotheek van Duane Reade. 'Jij bent hier toch de volwassene!' schreeuwt Irvs moeder tegen John, bonzend op Irvs slaapkamerdeur. We zitten met z'n drieën bij elkaar te blowen, met een handdoek onder de deur gepropt die Irvs mama probeert te slopen. Irv drukt snel de joint uit: 'Ogenblikje, mam! We zijn aan het wérk.' Daarna barsten we in lachen uit, inclusief mama, om Johns gebrek aan volwassenheid. Terug in de woonkamer laat John filmmateriaal zien van Maya de Meesteres, voor wie hij in zijn oneindige goedheid een flat heeft geregeld omdat ze op het punt staat dakloos te worden.

En ik ga loos. Vanachter mijn Russische konijnentanden spui ik zo'n misplaatste stortvloed van haat tegen een meisje wier leven van de rails is geraakt, die niemand kwaad heeft gedaan, die dichter bij me staat dan ik denk. *Ze is dik. Burgerlijk. Acultureel.* En dat van een jongen die zojuist 'Aubusson' in zijn schrijversdagboek heeft gekrabbeld en dat minstens drie keer heeft onderstreept.

'Hoe kun je dat zeggen?' vraagt John.

Maar ik zeg nog veel meer over de vrouw met de rinkelende kettingen boven haar decolleté, de vrouw die zojuist is afgetuigd met een knuppel terwijl ze aan het werk was in een sm-kelder in Manhattan, terwijl ze doodziek was door bloedarmoede en een maagbloeding had, die van het ene opvanghuis naar het andere is verhuisd nadat ze op haar zestiende door haar familie in de steek is gelaten.

'Er komen zoveel mensen naar de East Village, op zoek naar het extreme tegenovergestelde van hun burgerlijke leventje,' zeg ik vol venijn tegen de camera. 'Dat is zó achterhaald. Om haar personage interessant te maken moet ze innemend en intelligent zijn.'

'Ze is geen personage!' roept John.

Ik ben dronken van Irvs Japanse pruimenwijn (het vreemde, hippe drankje van die zomer), zit constant te klieren met mijn nieuwe, goedkope contactlenzen en word steeds bozer omdat John het opneemt voor die vette, burgerlijke meesteres. *Je kunt haar niet adopteren*, wil ik tegen hem zeggen. *Je moet mij adopteren!* Omdat niemand meer lijdt dan ik.

Dit heeft deels te maken met de studentenleeftijd, dat je overal verstand van denkt te hebben. Maar ook zeg ik precies wat mijn ouders zouden zeggen over Maya. Verwende Amerikaanse. Heeft niet meegemaakt wat wij hebben meegemaakt. Haar leven vergooid. Sterker nog, met mijn nieuwe stoppelige sikje en mijn vrolijke sarcasme ben ik een waardige plaatsvervanger van mijn vader. Had ik maar zo'n plaatje van de VN dat ik vóór me op mijn bureau zou kunnen zetten: Republiek Vaderlandia.

Op een avond in de zomervakantie, nadat John me heeft getrakteerd op een etentje in Le Bernardin of La Côte Basque of een klein tentje in East Ninth Street met goddelijke slakken in knoflookbotersaus, het soort eten waar ik van droom als ik naar *Dallas* kijk en de boerenkaas van mijn moeder met perziken uit blik eet, zitten we in de metro. Ik ben zo blij dat ik weer in Manhattan ben, zo blij dat ik weer bij mijn nieuwe beste vriend ben, zo blij dat ik zo lekker gegeten heb, dat elke honderd dollar die aan mij besteed is, aanvoelt als een nieuwe liefdesverklaring. Zelfs lijn 1, die langzaam voortratelt van downtown via midtown naar uptown, zelfs de drukte en de melancholie in de trein maakt me eindeloos gelukkig. Ik moet iets zeggen om dat moment onsterfelijk te maken.

'Ik snap niet waarom mensen de underdog bejubelen,' zeg ik.

John kijkt me zwijgend aan. Naar mijn gapende gebit. Naar mijn Don Johnson-mouwen. Hij wil niet zeggen wat hij denkt. Dat ik voor hem de underdog ben. Dat hij weet wie ik ben. Dat hij bang is voor wat me te wachten staat. Dat zijn eigen moeder tegen hem als kind regelmatig had gezegd: 'Zonder jou was ik allang gescheiden van je vader.' Dat hij klasse-oudste was op zijn middelbare school in Salem, Oregon, de jongen die de *Queen of the Sweetheart Formal* mocht kronen, maar die zich met zijn boterhammen verstopte in de bibliotheek als de lunchpauze begon. Dat hij zijn ouders teleur had gesteld omdat hij nooit advocaat was geworden, ongeveer zoals ik de mijne de komende jaren teleur zal stellen.

Hij is een vaderfiguur voor mij. En ik ben vreemd genoeg een vaderfiguur voor hem. Boos, bazig, ondergedompeld in het monsterlijke narcisme van het ondergewaardeerde kind, niet in staat om zonder geld te leven, wat moet dat mijn vriend vertrouwd voorkomen. Toen Johns moeder op sterven lag, wilde zijn vader, een geslaagd zakenman, zijn auto niet voor een dollar achterlaten op de parkeerplaats van het ziekenhuis. 'Hoe kan hij een dollar uitgeven,' zei Johns psychotherapeut, 'als hij zoveel verliest.'

En zo wordt dit Johns stilzwijgende missie: Hoe kan hij voorkomen dat ik mijn vader word? Het eerste deel van zijn plan is vreemd genoeg dat ik mijn liefde voor mijn vader moet begrijpen en erkennen, mijn wens als kind om hem naar de kroon te steken.

In mijn eerste jaar op Oberlin schreef ik een gedicht dat 'Mijn spiegelbeeld' heet, over een reisje met papa naar Florida waar we een ver familielid zouden bezoeken. Toen mijn vader in een wegrestaurant naar het toilet ging, had de serveerster hem aangezien voor mijn broer en gezegd dat hij er schitterend uitzag. Toen mijn vader terug was, ging ik zelf ook naar de wc en probeerde voor de spiegel te doen alsof ik hem was, blij dat hij er zo jong uitzag, en ik dacht dat hij mij misschien wel zou overleven. 'Ik telde vijf grijze haren boven op mijn hoofd', is de laatste regel van het gedicht.

Als onderdeel van de documentaire, als onderdeel van zijn poging het publiek te laten zien dat ik geen volslagen idioot ben, moet ik van John op verschillende locaties in de stad 'Mijn spiegelbeeld' voorlezen. Hij neemt me mee naar het Meatpacking District, dat toen even bloederig was als de naam doet vermoeden, en vraagt me het gedicht leunend tegen een muur voor te lezen. 'John, deze muur is onhygiënisch,' zeg ik. 'John, het stinkt hier naar kreeft.'

'Lees nou dat gedicht maar voor,' zegt hij.

'Het is een middelbareschoolgedicht,' jammer ik. 'Het mist inventiviteit. Ik kan me niet voorstellen dat ik me zo identificeer met mijn vader. Mijn bedoeling was gewoon een aardig versje over een vaderzoonrelatie. Dit klinkt als een Hallmark-wenskaart.'

John is altijd bereid tot een woordenwisseling met de zoon die hij zelf nooit heeft gehad en zegt: 'Als je het zo niet gevoeld had, dan had je het niet moeten schrijven.'

'Maar ik ben heel goed in dit soort bullshit.'

'Dit raakte een gevoelige snaar. Het laat iets van je zien wat je niet bloot wilt geven. Tederheid, empathie, en een band met je vader.'

'Het is gekunsteld. Mijn vader en ik hebben in jaren geen goed gesprek gehad.' John en ik kibbelen zo nog een uur door, totdat ik wegloop met de woorden: 'Ik hoop dat iemand je die camera in je reet ramt.' Maar tussen ons is dat gewoon vrolijke kout, en John volgt me onverschrokken met zijn camera op een rottende pier in de Hudson. Op een bordje staat: ONVEILIG GEBIED: NIET BETREDEN. In 1994 is het grootste deel van New York onveilig gebied, dus we negeren de waarschuwing. Ik ga zitten op de rottende pier en staar in de zonsondergang boven New Jersey.

'Lees dat gedicht voor,' zegt John.

'Wat ben jij toch een lul!'

'Lees het gedicht voor,' zegt hij.

'Ik word doodziek van die shit. Dit is geen leven.'

'Lees het gedicht voor, Gary.'

Later die dag drink ik als aperitief een glas beaujolais bij John. Telkens als hij wordt afgeleid door een telefoontje, sluip ik naar zijn gigantische Dell-pc die min of meer is ingebouwd in de visgraatparketvloer van zijn werkkamer, open een bestand en schrijf midden in een van zijn Word-documenten iets wat me te binnen schiet, bijvoorbeeld: 'Weer een kostelijke avond hier in Château le Moron', want zo noem ik Johns flat. Iemand die zo bang is voor de dood als John, houdt meestal een akelig nauwkeurig archief bij van alle aspecten van zijn leven, en zo ontdek ik een bestand met de volledige speellijst van een concert van Tony Bennett. Soms heb ik in het gezelschap van John het gevoel dat ik mijn kinderjaren herbeleef, althans ik probeer me voor te stellen hoe mijn kinderjaren in dit land hadden kunnen verlopen. Er is ruimte tussen 'Tangerine' en 'The Best Is Yet to Come' en daar typ ik 'Duet with Gary' in.

Ik ben te jong om de betekenis ook maar te kunnen vermoeden van wat ik zojuist heb getypt. De wanhopige behoefte aan volwassen vriendschap en ondersteuning, de opluchting iemand gevonden te hebben die mijn volume en toonhoogte aankan, die mijn lied begrijpt.

Duet with Gary. Ben ik ooit in mijn leven zo oprecht geweest? Zal dat ooit nog eens gebeuren?

Op de terugweg na mijn afstuderen op Oberlin met mijn ouders denk ik aan John en de etentjes bij La Côte Basque en de ontspannen wereldwijsheid en kameraadschap die mij ongetwijfeld wachten. Ongeveer op dat moment, honderden kilometers westelijker, neemt hij de voice-over op van zijn documentaire en stelt mij zo voor aan de kijker.

'Ik ben me altijd blijven verbazen over Gary's intolerantie, sadisme en egoïsme,' zegt de man die ooit getuige zal zijn bij mijn huwelijk in de microfoon. 'Ik weet niet of het dankzij of ondanks die karaktereigenschappen is dat ik me zo aangetrokken voel tot deze vijandige Rus – die onnoemelijk veel jonger is dan ik –, meer dan tot welke andere vriend ook.'

De vijandige Rus is op weg naar huis. Hij is arrogant en glimt nog van trots door de loftuitingen van de faculteit creatief schrijven van Oberlin College. Hij is zojuist door zijn ouders getrakteerd op een lunch bij McDonald's, de laatste traktatie die hij gedurende lange tijd zal krijgen. Nog tragischer is dat hij geen flauw benul heeft van de mogelijkheid van mislukking.

23.
Uit de dagboeken van Kutje-cake

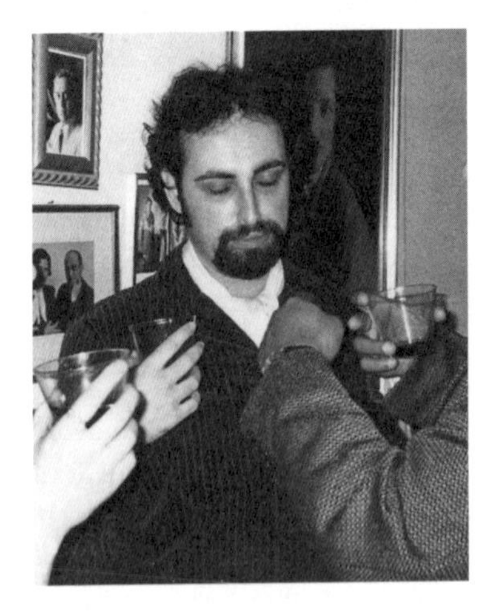

De auteur op een feest tijdens zijn eerste date met Pamela Sanders. Hij is zo dronken dat hij amper overeind kan blijven. Zie ook het sneue witte sjaaltje om zijn hals. Arme auteur.

Laten we teruggaan naar het begin. Naar de Strand Bookstore in Manhattan. Naar de paniekaanval. Naar het boek. *Ik sta weer in Fulton Street met dat boek in mijn handen.* St. Petersburg: Architecture of the Tsars, *de barokke blauwtinten van het Smolnyklooster en kathedraal die praktisch van het omslag af spatten. Ik sla het boek voor de eerste keer open, op bladzijde 90. Ik sla de bladzijde om. Het dikke papier volgt mijn hand.* Wat gebeurde er meer dan twintig jaar geleden bij de Tsjesme-kerk?

Toen Jonathan en ik na een dag op de Joodse School ons Zork-computerspel speelden, tikten we een simpel commando in – *I* – dat 'inventaris' betekende. Daar stond in over hoeveel zwaarden, flessen en allerlei magische buit jij, de speler, op dat moment beschikte. Merkwaardig genoeg wordt een 'Persoonlijkheidsinventaris', of 'Zelfrapportage-inventaris', ook gebruikt door psychologen om de geestelijke omstandigheden van een testpersoon te evalueren. Ik bedoel maar.

Als ik in 1997 *I* zou intikken in de Strand Bookstore in Lower Manhattan, wat zou er dan in die inventaris verschijnen?

1. In de eerste plaats 'ik'. Paardenstaart bijeengehouden door een meisjesachtig strikje. Wijkende haarlijn van voren. Vijfduizend dollar schuld aan Chase Visa. Een Kleine Mislukkeling van de eerste orde.
2. Dan mijn nieuwe studio in het overheerlijke Park Slope. Dertig vierkante meter die uitzien op een vochtig achtertuintje, een keuken die overspoeld wordt door kakkerlakken van uiteenlopende kleur en afmeting, een cadeautje van de oude vrouw die in de flat boven mij langzaam, eeuwigdurend aan het doodgaan is. Niet overheerlijk.
3. Mijn roman, die ik af heb maar ook verafschuw. Op een bepaald moment besluit ik alle vijfhonderd bladzijden van de laatste versie weg te gooien. Zoals het een goed ex-student van Oberlin betaamt, recycleer ik de hele handel, maar omdat ik blut ben en zelfs schulden heb, gebruik ik de allergoedkoopste recyclezakken. Als ik thuiskom van mijn werk zie ik dat mijn recyclezakken open zijn gebarsten en mijn hele roman als een sneeuwstorm door Seventh Avenue, de Champs-Elysées van Park Slope, waait met mijn naam boven aan elke bladzijde, zodat mijn vrienden grinniken om willekeurige bladzijden van mijn proza. 'Wie is die *Vladimir*?'
4. Mijn vriend, tegenstander en rolmodel: John. De sleutel tot mijn toekomstige geestelijke gezondheid.

Het probleem met de inventarisfunctie van Zork is dat er nooit in staat wat je níét hebt. Wat je wilt. Wat je nog nodig hebt.

Ik heb J.Z. niet meer. Die zit in North Carolina. Haar vriendje is drummer en woont in een busje. Na bijna drie jaar een metgezel te hebben gehad, iemand die me naar het ziekenhuis bracht na mijn laatste astma-aanval, iemand die een klef broodje tonijn met me deelde in een studentencafetaria, ben ik nu alleen.

Mijn oma Polja. Haar doodsstrijd is wreed en langdurig. Ik volg haar naar diverse ziekenhuizen, Mount Sunai in Manhattan en een kleiner hospitaal vlak bij haar flat in Queens, maar ik vind het zwaar om naast haar bed te zitten, naast de groenige monitoren waarop haar steeds zwakkere greep op de wereld wordt bijgehouden. Ze sterft in gedeelten, zoals de meesten van ons. Trekken van zuur verdiende volwassenheid bladderen af. De liefheid is verdwenen uit haar gezicht, de liefheid die ze ooit alleen met mij deelde, en wat overblijft is een verwrongen Sovjetgrimas. Ik weet niet wat ik moet doen. Ik voer haar aardbeien. Ik zie hoe mijn vader jankt van woede en verdriet. Ik kus haar voorhoofd in het rouwcentrum, en het voelt zo koud en hard als een baksteen, levenloos. Tot zover *We Don't Die* van George Anderson.

Ik kijk toe als haar lichaam naar de begraafplaats van Long Island wordt gereden in een bestelwagen in plaats van in een echte lijkwagen, en ik wou dat ik het geld had om haar reis wat meer cachet te geven. Het lichaam van de enige vrouw die mij geen Kleine Mislukkeling of een Snotneus of een zwakkeling vond, wordt bedekt met aarde, handenvol aarde die we allemaal met onze handen over haar heen hebben gegooid, zoals bij Joden de gewoonte is.

En het laatste wat ik niet heb: *St. Petersburg: Architecture of the Tsars*. Nadat mijn paniekaanval voorbij is, leg ik het boek terug en loop de Strand Bookstore uit. Rechtstreeks naar een frisse wodka-tonic als lunch in de Blarney Stone. Geen Tsjesme-kerk voor mij. En ook geen helikopter.

Maar vier droge jaren nadat ik J.Z. vaarwel heb gekust, komt er iemand anders in mijn leven.

Een bijzonder iemand, zoals dat heet.

Ze heet Pamela Sanders*. We raken aan de praat tijdens een bijeenkomst van een sociale instelling over de hervestiging van vluchtelingen uit Hmong of zoiets. Ze is een serieuze 'Program Development Specialist' die werkt voor dezelfde non-profitorganisatie als waar ik zojuist ontslagen ben. Ik schrijf beursaanvragen voor een opvangcentrum aan de Lower East Side, mijn nieuwe baan. Mijn titel is Senior Grant Writer, maar ik word soms ook Señor Grant Writer genoemd en ik krijg te horen dat ik geen teamspeler ben.

Na vier eenzame jaren zonder J.Z. ben ik bereid iedereen aardig te vinden die me aan wil raken, maar er is meer met Pamela dan dat sympathieke onderscheid. Ik zal beginnen met haar uiterlijk. Ze heeft twee lichamen. Een aristocratisch bovenlijf dat door mijn Leningradse

*Maar niet heus. Zo heet ze helemaal niet.

voorgeslacht waarschijnlijk als 'beschaafd' zou zijn bestempeld: minischouders die gemakkelijk in mijn handen passen, een goed geproportioneerd Angelsaksisch gezicht (een rechte neus, piepkleine oortjes), en al dat fraais wordt bekroond met vijftig centimeter lang dik, vlaskleurig haar. Maar bij kaarslicht openbaart zich een ander lichaam, leemachtig en net zo levensecht als onze binnenlanden: sterke, sterke benen die de heuvels van Brooklyn, waar ze woont, moeiteloos bedwingen (Cobble Hill en Boerum Hill om precies te zijn), heupen die breed genoeg zijn om de hele stam van Jozef te kunnen baren, een achterste waarin je jezelf kunt verliezen, een geschulpte, gewelfde wit-roze ode aan de ongecompliceerde lustbeleving. En als ze dat tweede lijf uit haar strakke spijkerbroek tevoorschijn tovert, wordt ik verscheurd tussen het biologische en het verfijnde: grijp ik die kont vast of kus ik dat ragfijne neusje, ga ik voor haar gouden kroon of stort ik me tussen haar veelbelovende dijen? Nadat ik haar een paar weken ken, nadat ik smoorverliefd op haar ben geworden, voel ik me gevangen in een driehoeksrelatie tussen mezelf en de beide Pamela's. Maar dan wordt het triootje pas écht ingewikkeld. Ze vertelt me dat ze nog een vriend heeft.

Dat is Kevin, laten we zeggen: een dertigjarige dichter die nog bij zijn ouders in New Jersey woont en dubieuze verzen schrijft over Griekse goden en die elke week bij mijn liefje in Brooklyn logeert. Ze zijn al bijna tien jaar bij elkaar, de telefoonrekening staat op zijn naam, en het antwoordapparaat meldt dat de opbeller verbonden is met 'het huis van Kevin'. Op de foto lijkt hij nog het meest op een Griekse god, een donkere hipstergod, door Zeus toegewezen aan een ietwat inferieure wijk, laten we zeggen Trendios, de god van Williamsburg. Op de voicemail spreekt hij met een nep aristocratisch accent. Ook werkt hij graag met hout. Ondanks die neiging heeft hij al geruime tijd geen seks gehad met mijn schatje.

Dat is mijn taak. Inmiddels bewoon ik een huurflatje bij Delaney Street aan de Lower East Side, drie bij zes meter (met minder en kleinere kakkerlakken dan in mijn flat in Brooklyn, maar met reusachtige wantsen), naast een studio waar een stel woont dat zoveel lawaai maakt dat je om het uur hun orgasmen kunt vastleggen in een reeks parabolen en belcurves. Pamela besluit de strijd met de buren aan te gaan. Ze schreeuwt onder het vrijen alsof er brand is uitgebroken in het gebouw (wat vaak voorkomt), en dringt erop aan dat ik meedoe.

'We zullen ze eens laten zien waar het pas écht leuk is!' zegt ze dan. Na het vrijen belt ze haar andere vriendje, zorgt ervoor dat haar ouders weten dat ze, ja inderdaad, nog steeds naar New Jersey komt voor een weekendje familiejolijt, op kalme, familiaire, gehoorzame toon.

Als ik een keer haar flat in Brooklyn bel terwijl Kevin in situ is, laat hij haar weten dat hij niet wil dat 'die man', ik dus, 'daarheen', naar haar flat dus, belt. Dit veroorzaakt een rimpeling in onze communicatie.

Ik houd van Pamela. Op haar wacht ik mijn hele leven al. Het is de kans om mezelf te laten vernederen, de kans om iemand steeds weer te smeken om haar liefde, in de wetenschap dat ik die nooit zal krijgen. Als ik na onze eerste date ontdek dat ze nog een vriendje heeft, onderteken ik een e-mail aan haar met: 'Ik ben tot je beschikking.'

Alleen schrijf ik: 'Ik ben je beschikking.'

In ruil voor deze bekentenis geeft ze me een cadeau: *Manhood: A Journey from Childhood into the Fierce Order of Virility* van Michel Leiris.

Ze is achter in de twintig maar heeft al kraaienpootjes in de hoeken van haar lichtgrijze ogen. Maar het is niet alleen haar gezicht. Haar hele persoonlijkheid is oud. Volgens haarzelf is ze een stadskluizenaar en een onverbeterlijke winkeldief. Als ik ziek word, zegt ze dat ze fantaseert dat ik een koortsig negentiende-eeuws kindje ben, en dat zij de rol speelt van een geile, oudere verzorgster. Als ze ziet dat ik Lever 2000 Pure Rain-zeep gebruik (negenenveertig cent bij de kruidenier op de hoek), zegt ze dat die slecht is voor mijn huid en koopt chique zeep voor me op basis van olijfolie. Ze speelt tot twee uur 's nachts computerschaak. Ze neemt een week vrij van haar werk en belooft dat het het 'Neukfeest '99' zal worden. 'Ik voel het kriebelen in mijn buik,' deelt ze me mee. Ze noemt me Dope, Mister Shygart, Verlegen Moeke, *Poochie* (van 'Have fun tonight, Poochie'), Kutje-cake, Grote Harige Teef.

'Je moet dat allemaal niet pikken van mij,' zegt ze nadat ze me weer eens beledigd heeft.

Aan de andere kant raakt ze overstuur als ik zeg dat ik van haar houd. Ze zegt dat ik haar erg 'dierbaar' ben, maar dat ze al die 'liefde' niet kan beantwoorden vanwege Kevin. 'O, de complexiteit van het moderne leven,' schrijf ik haar. 'Zoveel onnozele, serieuze jongens uit de middenklasse om uit te kiezen.'

Maar daar zit 'm precies het probleem. Pamela en ik willen allebei schrijver worden, we willen allebei bij de Oostkust Intelligentsia horen, maar we vinden onszelf ook allebei fake. Ik ben een Russische immigrant (van vóór de tsunami aan Russische immigranten van kort na 2000), en zij is uit de arbeidersklasse. Ze komt uit een gebroken gezin in Washington State, haar vader werkte bij Boeing en maakte zich voortdurend zorgen om zijn volgende salaris en de volgende vakbondsstaking. Kevins familie ís haar nieuwe familie: liefhebbende, autochtone, goed opgeleide, Joodse burgers. Als ze een weekend bij hen logeert, slaapt Kevin op de grond naast haar bed en doet alsof ze een volmaakte relatie hebben. Geen van beiden wil dat haar adoptiefouders achter hun leugen komen.

En daar zit hem de pijn: ik kan haar niet dezelfde soort familie bieden. Met mijn lullige Shteyngarts achter hun omheining in Little Neck. Met mijn moeders koude borsjtsj met de belachelijk grote klodder zure room, met hun Republikeinse sympathieën, met hun antieke Ford Taurus die voor de eenpersoons arbeidersgarage olie staat te lekken.

En als ik door haar ogen naar mijn ouders kijk, houd ik des te meer van hen. Omdat ik weet dat achter dat accent, achter die angstige, boze, conservatieve denkbeelden een cultuur schuilgaat waar Pamela alleen maar van kan dromen, de cultuur van de supermacht die op de mestvaalt van de geschiedenis is gegooid, ja, maar ook de cultuur van Poesjkin en Eisenstein en Sjostakovitsj en Eskimo-roomijs en luiers die je moest wassen en buiten aan de lijn moest laten drogen en Grundig-radio's van de zwarte markt waarmee je wanhopig probeerde Voice of America en de BBC te ontvangen. Maar misschien ben ik nu te sentimenteel.

'Laat die klootzak van een Tolstoj je leven niet verpesten,' zegt Pamela.

Net als Pammy leid ook ik een dubbelleven. Voor haar ben ik een Grote Harige Teef. Voor mijn vrienden ben ik levendig en zelfverzekerd, trots dat ik een vriendin heb (de meesten van mijn vrienden weten niet van het bestaan van Kevin), trots dat ik weer bij de wereld van de reproducerenden behoor. Ik richt me volledig op voedsel en cocktails, zozeer dat Pamela zich beklaagt omdat ik alleen maar kan praten over de veel te dure troep die ik in mijn mond stop. Mijn salaris van de non-profitorganisatie gaat helemaal op aan gin fizz bij Barramundi in Ludlow Street, waterpijpen van Kush in Orchard Street, oesters bij Pisces op Avenue A, zoete aardappelen en geroosterde eend bij Le Tableau in Fifth Street. Na het eten gaan mijn vrienden mee naar mijn flat, waar we luisteren naar MC Solaar en zijn Frans-Senegalese beats op mijn nieuwe TEAC stereo, meezingen met 'Prose Combat' en 'Nouveau Western'. Een typische e-mail aan Pam uit die tijd: 'We hebben tapas gegeten bij Xunta die *nonpareil* waren, droge worst, bloedworst, olijven gevuld met ansjovis, schapenkaas, *patatas bravas* en de alomtegenwoordige knoflookgarnalen.' O, die *nonpareil* droge worst. O, die *alomtegenwoordige* knoflookgarnalen.

Zo schep ik tegen Pam op over mijn gastronomie en over mijn liefdesleven tegen mijn vrienden. En nu lig ik hier in bed in een flat aan de Lower East Side, mijn futon glijdt weg op de aflopende vloer totdat ik languit tegen mijn boekenkast aan rol en harige Poochie tranen huilt omdat Pam bij Kevin in New Jersey is of erger nog, in haar flat in Boerum Hill, en met hem het beroemde lamsvlees en aardappelen uit de oven eet als het getrouwde stel dat ze allang hadden moeten zijn.

'Als je niet tegen me praat, dan kan ik beter dood zijn!' schreeuwde ik tegen mijn moeder als ze me als kind een poosje doodzweeg. Volgens Pam ben ik nu Mister Shygart, een verlegen moeke die tegen de dertig loopt, met een halve vriendin, met een baantje als Señor Grant Writer dat 50.000 dollar per jaar oplevert. Maar ondanks die bescheiden succesjes wil ik in de stilte van mijn moeder zijn. In werkelijkheid mis ik haar bijna net zo erg als ik Pam mis. Alleen zijn, huilen en bloedige wraak zweren: het voelt alsof ik weer thuis ben. Het voelt behaaglijk en vertrouwd. Het enige wat ik nog mis is de Lichtman in de kast van toen ik klein was.

In wanhoop schrijf ik haar: 'Ik zou het geweldig vinden als Kevin en ik vrienden konden zijn en we samen dingen konden doen.'

Nog wanhopiger: 'Misschien kunnen we zelfs een soort onconventioneel gezin stichten à la Marin County.'

Mijn beeld van Marin County, Californië, blijkt op dat moment vertekend te zijn.

Uiteindelijk besluit ik de grote stap te wagen. Ik mag niet in de buurt van haar flat komen als Kevin zich verwaardigt op bezoek te komen vanuit New Jersey, maar op een avond bevind ik me in de nabijgelegen

Brooklyn Inn, een stoffige maar gezellige kroeg in Hoyt Street met hoge, gewelfde ramen en een lange bar van donker hout. Kevin en Pammy zijn allebei dol op die tent omdat er keurige literaire types komen, het soort mensen dat ze zelf ook willen worden. Aan de bar sla ik een wodka-tonic achterover, en nog een en nog een en nog een en nog een en nog een en nog een. Hoeveel zijn dat er? Ik ben nooit goed in hoofdrekenen geweest.

Het is ongeveer vijf minuten lopen van de Brooklyn Inn naar Pamela, als je nuchter bent. Het grootste gevaar is Atlantic Avenue, waar ik heel wat rijbanen moet oversteken, waarmee ik bedoel meer dan twee. Een kleine Japanse auto die wil invoegen raakt me op de heup, maar ik haal mijn schouders op en gebaar naar de bestuurder dat hij zich geen zorgen hoeft te maken. Uiteindelijk zwalk ik de prachtige, lommerrijke State Street in, waar Pam woont, en kruip op handen en knieën de stoep op naar de bel. Boven op de stoep zak ik in elkaar. Ik besluit op adem te komen en al mijn woede te verzamelen. De laatste keer dat ik iemand geslagen heb, was in de datsja ergens in de staat New York, het joch dat ik martelde terwijl ik de martelscène uit *1984* van Orwell voorlas. Wat ik nu wil gaan slaan is niet Kevin. Zelfs niet die arme *Vinston* van Orwell. Maar een deur. Pamela's voordeur.

Het probleem met het te boek stellen van het absolute dieptepunt in mijn leven is dat ik me er niet meer veel van herinner.

Wat ik me wel herinner volgt hier.

Ik ram op de deur. Die stevige deur in Brooklyn, die waarschijnlijk vervaardigd is in de tijd van Walt Whitman, geeft geen krimp. In plaats daarvan wordt mijn hand eerst rood, daarna paars. Ik voel niets. Misschien begint mijn heup pijn te doen door die botsing op Atlantic Avenue.

Plotseling ben ik binnen omdat iemand (Pam?) de deur geopend heeft, en ik ren de trap op om oog in oog te komen met mijn kwelgeest. Het punt met Kevin is dat hij echt heel erg knap is. Hij heeft een echte kaaklijn, een serieuze neus, en priemende, intelligente ogen onder een hoog voorhoofd. Ik besef onmiddellijk dat ik kansloos ben.

De volgende seconden, minuten of misschien wel uren gebeurt er ongeveer het volgende: ik gil en krijs iets in de trant van: 'Ik kan er niet meer tegen, ik kan er niet meer tegen! Ik kan beter dood zijn!' en Pammy gilt en krijst met me mee. Voor zover ik me kan herinneren blijft Kevin redelijk kalm en onaangedaan. Hij zegt een paar dingen, misschien iets als: *Het spijt me dat het zo moet gaan*. Maar wat echt ongelooflijk is aan die scène is dat Pamela en ik eigenlijk een soort act opvoeren voor Kevin. De twee outsiders, de ene straalbezopen, de andere depressief en eeuwigdurend eenzaam, dansen en zingen en huilen voor Kevin, onze god. Ik weet de choreografie van Pamela's dans niet meer precies, maar ik herinner me wel mijn eigen tekst. Die is Hebreeuws uiteraard, en ik heb hem geleerd in 1979 op een school in Queens.

Jamin, smol, smol, jamin, links, rechts, rechts, links, *tralalalala*.

Pamela brengt me naar beneden, mijn hand klopt nu zo erg dat mijn blik vertroebeld wordt door een heel ander soort tranen. Ze gaat niet verder dan de deur waar ik zevenentwintig jaar aan ervaring op heb afgereageerd, de deur die ze met een klap achter me dichtslaat. Bij het eerste daglicht beginnen haar boze, beschuldigende e-mails binnen te stromen. Het schijnt dat ik, door oog in oog te komen met Kevin, de regels van het spel heb overtreden.

En buiten is het warm, de afnemende warmte van de herfst ofwel de verrukkelijke, subtiele warmte van het voorjaar. En terwijl ik daar mijn pijnlijke hand sta vast te houden, komt er een academisch ogende man met een baard en een paar Welsh corgi's State Street uit gelopen, een beeld van vroeger – zomervakantie, North Carolina – waar de vroege Nabokov van zou hebben genoten.

Drie jaar later doet Pamela Sanders mee aan een masteropleiding creatief schrijven aan de universiteit van Florida. Op een avond ziet ze haar laatste ex-vriendje – een promovendus Engels die, zo gaan de geruchten, haar iets vreselijks heeft aangedaan – op de binnenplaats zitten van de Pub & Brewery in Market Street. Als hij opstaat volgt Pamela hem via de bar naar de toiletten. Ze heeft een klauwhamer bij zich waarvan de kop in plastic is verpakt. Terwijl hij staat te plassen in het urinoir, slaat Pamela hem herhaaldelijk met de klauwkant van de hamer op zijn achterhoofd. 'Ik vermoord je!' krijst Pamela volgens het proces-verbaal. 'Je hebt mijn leven kapotgemaakt!' Hij weet haar de hamer te ontfutselen. Ze rent de pub in Market Street uit, terwijl haar slachtoffer de bar in strompelt. Hij heeft diverse wonden en kneuzingen aan het hoofd.

Pamela ontvlucht de staat Florida; ze wordt aangeklaagd voor poging tot moord. Uiteindelijk keert ze terug naar Florida en meldt zich bij de politie. De aanklacht wordt teruggebracht tot zware mishandeling met een dodelijk wapen, en ze wordt veroordeeld tot een jaar gevangenisstraf.

Ik hoor voor het eerst over haar daad in 2004, als ik in Praag ben voor een schrijverscongres na de publicatie van mijn eerste roman. Mijn bier zuipende gesprekspartner vertelt me het verhaal met een grijns, waaruit kan blijken dat hij op de hoogte is van onze eerdere relatie. Ik kan me voorstellen dat zo'n verhaal als een lopend vuurtje door een universiteitsstad is gegaan. Hoe snel de uitspraak 'Pamma Hamma Slamma' werd verzonnen. Al vóór die aanslag was ze een raadsel voor haar collega-schrijvers en -docenten, maar diverse vrouwelijke deelnemers aan de opleiding creatief schrijven schaarden zich achter haar, en een van hen ging blijkbaar zo ver dat ze haar bij zich in huis heeft genomen, in Gainesville, nadat ze was vrijgelaten met een proeftijd van veertien jaar. Enige tijd later keerde ze terug naar New York City.

'Die gast die ze de kop heeft ingeslagen,' deelt mijn drinkebroeder in Praag me mee, 'die leek wel wat op jou! Hij had ook een baard!'

Later hoor ik dat Pamela vóór de aanslag erkenning begon te krijgen voor haar werk, wat me eigenlijk niet verbaast, want ze was altijd een uitzonderlijk goede schrijfster, hoewel misschien een beetje bang voor de waarheid die ze aan het papier toevertrouwde. Maar voor dat soort werk is een ander soort moed nodig dan om een medemens met de klauw van een hamer in een stinkend subtropisch toilet op het hoofd te slaan, en nog eens en nog eens en nog eens.

24.
Razvod

De auteur poseert voor zijn eerste roman. Wat hij wint aan lezers, zal hij snel verliezen aan hoofdhaar.

In een boek vol dysfunctioneel gedrag en met hamers bewapende moordenaars hoort een verstandige volwassene thuis. Er moet iemand opkomen van links, uiterst links, en tegen onze gefrustreerde held zeggen: *Je kunt zo niet verder leven*. Iemand met een half onsje gezond verstand en minstens evenveel sympathie moet het leven van onze held veranderen. Wat zou het romantisch zijn als de persoon in kwestie een slanke Amerikaanse blondine was of een meid met een scherpe tong uit Brooklyn. Maar niets van dat alles. We weten allemaal wie het is.

Maar goddank is er *iemand*. Nee, laat ik het duidelijker stellen: goddank is *hij* er.

Als ik afstudeer van Oberlin, is John het centrum van mijn leven en het mikpunt van mijn spot. Ik haat hem omdat hij uit een welvarende Amerikaanse familie stamt, omdat hij ouder is dan ik, omdat hij zo aardig is voor Maya, voor wie hij de eerste fatsoenlijke woning van haar hele leven heeft geregeld en die, dankzij zijn goede werken, geen zakenlui meer hoeft af te ranselen in een kerker in Manhattan. En ik haat dat spiertje onder zijn linkeroog, dat spiertje dat samentrekt als we naar iets droevigs kijken in de Lincoln Plaza Cinema's, dat een vochtige schittering op zijn onderste ooglid toont, dat laat zien dat hij menselijk is en zich bewust is van de pijn van anderen. Meer dan al het andere is dat onvergeeflijk voor mij en mijn afkomst. Dus reageer ik door zijn documentaire te saboteren, door alleen maar met clowneske liedjes en domme accenten voor de dag te komen als hij de camera weer eens aanzet. Ik wil John straffen omdat hij verder wil kijken dan mijn sik en rancuneuze tong. Ik wil hem duur laten betalen voor zijn nieuwsgierigheid en zijn liefde.

Maar ondanks die haat wil ik net zo'n leven leiden als hij. Ik passeer de winkel van Frank Stella aan Columbus Avenue waar John shirts koopt die hij moeiteloos draagt naar een zaak als Le Bernardin of een productie van *Oleana* van Mamet. Voor mij is Frank Stella, die ouderwetse winkel voor de middenklasse, niets minder dan een geraffineerd uitgelichte juwelenkist. De eenvoud, de pretentieloosheid, de afwezigheid van Stuyvesant die de beste probeert te zijn. Kon ik mijn oog maar laten trekken en huilen. Kon ik de stilzwijgende kilte in mij maar laten verdwijnen. Had ík maar gordijnen van groene zijde in mijn flat, een jarentwintigbank van bordeauxrood mohair, en een brief van Bette Davis waarin ze me bedankt voor de bloemen toen we in hetzelfde hotel in Biarritz logeerden. Kon ik elke dag maar een paar glazen minder drinken.

Als ik thuiskom na een dag assistent-advocaat spelen en zie dat in mijn flat de grootste wants ter wereld rondfladdert, bel ik John en smeek hem het beest te komen doodslaan. Dat weigert hij, maar het is een opluchting hem te kunnen bellen om iets te vertellen wat niemand anders mag weten. Dat ik bang ben.

John is zo sympathiek om tientallen versies van mijn eerste roman door te lezen, waarvoor ik hem bedank met vijf jaar hoon. 'Dat personage Challah [lees: Meesteres Maya] moet verder uitgediept,' zegt hij.

'Zeg, wat weet jíj daarvan?' zeg ik, kokend als een kleine samowar op zijn exclusieve mohairen bank. 'Jij schrijft alleen maar voor televisie. Jíj hebt nog nooit een roman geschreven.' En wat ik daarmee bedoel is: *Waarom moet ik zo hard werken, waarom moet ik die fokking roman steeds maar weer herschrijven om een complimentje van jou te krijgen? Waarom aanbid je me niet gewoon, zoals mijn oma deed?*

Als ik bij mijn echte ouders ben, trakteer ik hen op verhalen over die Rijke Amerikaanse John – 'Elke week komt er een vrouw zijn flat schoonmaken en daar betaalt hij haar grof voor!' –, een domme, Amerikaanse losbol op wie we allemaal rustig mogen neerkijken. En toch, ondanks of misschien wel dankzij zijn Amerikaansheid, respecteren we hem ook. Tijdens Thanksgivingdiners probeert hij hun de gedroomde toekomst voor mij als advocaat of accountant uit het hoofd te praten en vertelt over zijn jaren als tv-schrijver. 'En hoeveel heb je verdiend met al dat schrijven?' wil mijn vader weten.

Hij vertelt het hun. 'Ooooo.' Het is een mooi bedrag. 'Gary heeft veel talent,' zegt John tegen mijn ouders. 'Hij redt het wel als schrijver.' Blozend maak ik een wegwerpgebaar. Maar ik ben hem dankbaar. Een vriendelijke Amerikaan, wiens flat volgens de schatting van mijn ouders en mij bijna een miljoen waard is tegen de koers van 1998, is mijn pleitbezorger.

Later besef ik dat ik, zoals ik op de middelbare school hoog opgaf van de niet-bestaande rijkdom van mijn ouders, ik John voor mijn ouders, mijn vrienden en mezelf rijker en vrijgeviger wil doen lijken. Ik probeer van John een ouder te maken die mij van Solomon Schechter had kunnen halen. Een ouder die zou zeggen: 'Dit kan beter.' De werkelijkheid is dat Johns vader helemaal niet de eigenaar was van de helft van Salem, Oregon, de glanzende hoofdstad waar John vandaan komt, zoals ik altijd tegen iedereen beweer. Hij had een ijzerhandel. Het appartement aan de Upper West Side, dat John halverwege de jaren negentig kocht, kostte hem tweehonderdduizend dollar, en geen miljoen. Die ene Armani-blazer die hij had en later aan mij gaf, vertegenwoordigde allesbehalve de garderobe à la Gatsby die ik me had voorgesteld. En zelfs die uitjes bij Le Bernadin of La Côte Basque vonden incidenteel plaats. Meestal was het garnalen met rietsuiker in de Vietnamese tent bij hem om de hoek. Maar wat maakt het uit? Ik was gewoon gelukkig in zijn gezelschap.

Nee, ik wil de zekerheid van Johns denkbeeldige rijkdom om mezelf te redden van de kipkotelet à la Kiev voor $1,40 van mijn moeder. 'Als je alles zelf moet betalen, dan weet je hoe zwaar het leven is,' zegt mijn moeder op de avond dat ze me een stapel met boter gevulde kipkoteletten en een rol huishoudfolie verkoopt voor twintig dollar.

En dan realiseer ik me de aard van de wanklank tussen mijn ouders en John. We zijn in Amerika, en eerlijk gezegd is het leven hier niet zó zwaar. Ze móét het zwaarder maken dan het is. Voor zichzelf. Voor mij. Want we hebben Rusland nooit echt verlaten. Het oranje Roemeense meubilair, de houtgravure van het Petrus en Paulus-fort in Leningrad, de explosieve koteletten à la Kiev. Dat alles betekent maar één ding: de zachtheid van dit land heeft mijn ouders niet verzacht.

Aan de eettafel op de Avond van de Koteletten in Little Neck bespreken John en mijn ouders wat de inscriptie moet worden op de grafsteen van mijn oma. Er is inmiddels een jaar verstreken sinds haar dood.

Mijn vader wil de Engelse vertaling van een Russisch opschrift dat in vertaling ruwweg luidt: 'Altijd rouwende zoon'.

'Maar je blijft niet altijd rouwen,' zegt John. 'Je zult haar altijd missen, maar je blijft niet rouwen.'

Mijn vader reageert lichtelijk verbijsterd op Johns voorstel: *Hij zal haar altijd missen.* Wat is dat voor Amerikaanse bullshit? Zijn moeder is dood, en dus moet hij letterlijk de *altijd rouwende zoon* blijven.

Mijn moeder heeft een andere suggestie voor de zerk: 'Altijd worstelende zoon'. Ter wille van onze Amerikaanse gast verklaart ze zich nader: 'Gary's vader vindt dat hij moet worstelen. Hij moet altijd de pijn blijven voelen. Sommige mensen' – ze bedoelt onze soort – 'willen zich eeuwig schuldig blijven voelen.' Ze heeft nog een paar voorstellen voor een inscriptie: 'Altijd pijnlijk rouwend'. 'Voortdurend pijnlijk rouwend'.

Mijn vader neemt John mee naar boven, naar zijn kloostercel op zolder, om mijn vriend zijn territorium te laten zien. 'Hier heb ik mijn Sony-radio. Hier staat wat Tsjechov en Tolstoj. En dit zijn Poesjkins brieven.' Wat ben ik blij als ik zie hoe de twee belangrijkste mannen in mijn leven met elkaar praten, vrienden zijn ondanks de kloof van tijd en cultuur. Die ene term, 'Sony-radio', is genoeg om me tranen zo dik als koteletten te laten huilen. John doet het weer, hij stemt mijn ouders gunstig voor mij.

Ten slotte, in zijn overvolle moestuin met tomaten en komkommers, wordt mijn vader, terwijl de zon achter hem ondergaat, sprekend opgevoerd voor Johns camera: 'Toen Gary zes jaar was, rende hij de straat op, kuste me en omhelsde me. Nu wil hij me niet meer omhelzen, dat vindt hij niet nodig. Maar ik heb dat nodig. Ik voel me verloren nu. Niet alleen omdat ik geen moeder meer heb, maar omdat niemand me zo nodig heeft als zij me nodig had.'

John en ik praten voortdurend over onze ouders; ik luister met een half of een kwart oor naar zijn verhalen, hij gaat helemaal op in de mijne. Hij legt uit wat ik soms niet zie vanwege zowel mijn woede als mijn liefde (vanaf een bepaald punt zijn die twee niet meer van elkaar te onderscheiden): ze hebben mijn universitaire opleiding betaald; ze hebben een nieuw gebit voor me betaald zodat ik breeduit kan lachen. Als zijn vader, een geslaagd zakenman in Salem, Oregon, zich druk kon maken om één dollar parkeergeld, wat valt er dan te zeggen over mijn moeder, een vrouw geboren in het jaar nadat het Beleg van Leningrad werd doorbroken?

Empathie is deel één van deze opvoeding.

Gevolgd door een gereguleerde afstand.

De jaren gaan voorbij. 1999. Ik ga uit met Pamela Sanders en huil om de aanwezigheid van Kevin en zijn krachtige houtbewerkingsgereedschap. Mijn roman beleeft versie na versie. Iemand moet de schuld krijgen voor dat alles, en omdat ik niet op kan tegen Pamela of mijn ouders, moet John dat zijn.

Jarenlang heb ik hem proberen leeg te zuigen. Voor mijn vrienden, die hem nooit hebben ontmoet, is hij de Filantroop, alias Filly. De duizenden dollars die hij me heeft geleend, verdwijnen in mijn kaviaarfeestjesfonds. Diverse keren per jaar prop ik mijn flat van nog geen twintig vierkante meter vol met zo'n tweehonderd feestgangers die zich te goed doen aan de beste champagne en de zilvergrijze beloegakaviaar, die ik scoor in een twijfelachtige winkel in Brighton Beach. De aanleiding voor dit soort feestjes is altijd onduidelijk. Mijn kapper verhuist naar Japan. Mijn kapper komt terug uit Japan. 'Kaviaar welwillend ter beschikking gesteld door mijn filantroop!' roep ik boven MC Solaar en het blije gegiechel van mijn kapper uit Osaka uit. 'Ergens is er iemand die heel veel van me houdt!'

En dan houdt het plotseling op. Dan heeft John er plotseling genoeg van.

Voor de komst van de elektronische inbox bewaarde ik bijna alle brieven en ansichtkaarten die ik ontving. Een verstandige gewoonte, denk ik, overgenomen van mijn moeder, die nooit iets weggooit. Of misschien de erfenis van een totalitaire cultuur waarin alles gebruikt kan worden als bewijsmateriaal. Hoe dan ook, Johns brieven aan mij liggen boven op de stapel. Tegen de tijd dat hij genoeg van me krijgt, zijn ze wel vierentwintig kantjes lang en ze beschrijven de waarheid over mijn leven beter dan ik zelf zou kunnen.

Jij bent geen kind en ik ben jouw vader niet.
Er zit niets van de ware schrijver in het proces dat je doormaakt. Door je acute en altijd aanwezige angsten functioneer je veel eerder als een boekhouder of een producent die zijn blik aldoor richt op het eindresultaat en geen idee heeft over hoe een kunstenaar functioneert, dan als een jonge schrijver die probeert een eerste roman, een nieuwe carrière van de grond te krijgen. Kortom, je bent net zo zelfzuchtig tegenover jezelf als je ouders zijn; ze hebben je goed opgevoed.
Je bent geen twintig meer, zoals toen we elkaar leerden kennen. Je loopt tegen de dertig. Het gekwetste kind in een defensieve bui is een volwassen man geworden die zichzelf kwetst en anderen pijn doet.
Je staat nog zo dicht bij het begin van je volwassenheid dat je jezelf nog kunt veranderen.
Wil je de rest van je leven een boos, angstig individu blijven dat zijn diepste angsten en problemen afreageert niet alleen op onschuldige buitenstaanders, maar ook op zichzelf? Over vijf of tien jaar kun je een vader zijn die aan zijn kinderen dezelfde ellende doorgeeft waar je zelf aan lijdt. Zo gaan die dingen.
Door je onvermogen om je in anderen in te leven kun je je moeilijk verplaatsen in de personages die je schept.
Je moet beslissen jezelf serieus te nemen, niet op een onechte manier en vol zelfmedelijden, maar op een serieuze, waardige manier.
Het is onmogelijk deze kwesties serieus en langdurig te bespreken zonder aandacht te besteden aan de rol die de drank speelt in je leven. Ik moet denken aan het verjaardagsdinertje van dit voorjaar, toen je een fles wijn dronk bij Danube en een grote kan sangria bij Rio Mar. Halverwege de avond was je verward en onbenaderbaar en sprak je met dubbele tong. Het hoogtepunt was een onsamenhangende monoloog over het feit dat je geen drankprobleem hebt.
Wanneer bereik je het punt dat je je kwetsbaarheid achter je laat en verder kunt zien dan je eigen pijn?
Wanneer houd je op de zielige Gary te zijn die zich verstopt in de toiletten van Stuyvesant en naar buiten komt als een man die de strijd aanbindt met de innerlijke demonen die hem voortdrijven?

Als ik deze brieven voor het eerst lees, maakt zich een kokende woede à la Pamela Sanders van me meester. Die fokking John. Wat weet hij van schrijven? Of van verstoppen in toiletten? Hij schrijft gewoon voor tv. En bovendien ben ik te oud om nog een vaderfiguur te hebben. Ik 'loop tegen de dertig' zoals hij, de man die bezeten is door zijn eigen sterfelijkheid, mij zojuist heeft ingepeperd. Maar door het besef dat ik er alleen voor sta, met alleen de dure kotelet à la Kiev die op me wacht in Little Neck, slaat mijn woede om in wanhoop. Ik moet een manier verzinnen om John te manipuleren, om mijn kaviaarfonds intact te houden, om het Duet met Gary te laten doorneuriën. Als gebaar van welwillendheid neem ik John mee uit naar Barnet Greengrass voor steur en eieren. Aanvankelijk ben ik blij en opgewonden door het idee dat ik mijn enorme schuld aan John terugbetaal door hem op een luie zondagmiddag te trakteren op dierlijke eiwitten, maar misschien is het het Russische karakter van de steur die mijn stemming van onbaatzuchtige gast aan de Upper West Side doet omslaan in die van een Leningradse burger anno 1979. Als de rekening van $47,08 met een klap op tafel wordt gelegd, verandert mijn gelaatskleur van gerookte zalm in witvis, en ik krijg ter plekke een paniekaanval. *Nee! Nee! Nee! Mijn Amerikaanse papa moet dit betalen, niet ik. Als hij niet betaalt, dan heb ik alleen nog maar mijn echte ouders!* Ik ren het restaurant uit terwijl de tranen mij het zicht belemmeren, en laat John wederom de rekening betalen.

En dan, na alle gebietste maaltijden en goederen en diensten en contant geld, en als reactie op nog een verzoek van mijn kant om nog meer contant geld, volgt dit:

Ondergetekenden verklaren hierbij in te stemmen met alle hieronder genoemde voorwaarden.
Gary leent een bedrag van 2.200 dollar van John.
De leentermijn is twee jaar.
Op de 27ste van elke maand betaalt Gary 50 dollar van de hoofdsom terug aan John.
Daarenboven betaalt Gary op kwartaalbasis, dat wil zeggen elke drie maanden, op de 27ste van de maand, aan John een vierde deel van de rente op de resterende hoofdsom. Het rentepercentage is gelijk aan de rente die op dat moment geldt voor een tweejaarlijkse Amerikaanse schatkistpromesse.
Bovendien erkent Gary dat het geleende bedrag voor een deel zal worden

besteed aan psychoanalyse of psychotherapie bij een ervaren, gekwalificeerde professional, liefst een psychiater of psychoanalist met medische achtergrond. Hij belooft hierbij dat dit contract niet slechts een smoes is om de lening te ontvangen, maar dat hij inderdaad van zins is zich aan deze belofte te houden.

Het wordt gemakkelijker.

Het wordt snel gemakkelijker.

Het is tegenwoordig in de mode om te spotten met psychoanalyse. De sofa. Vier of vijf keer per week narcistisch broeden. Een papieren zakdoekje plukken uit het gewatteerde doosje onder de Afrikaanse piëta. De freudiaanse penisnijd die overal aan ten grondslag ligt. Ik heb het zelf allemaal belachelijk gemaakt in een roman getiteld *Absurdistan*, waarin de hoofdfiguur, de zoon van een Russische oligarch, voortdurend zijn psych op Park Avenue belt terwijl de echte post-Sovjetwereld om hem heen desintegreert en er mensen doodgaan.

In werkelijkheid is het niet voor iedereen bestemd. Het is moeilijk, pijnlijk en eentonig werk. Aanvankelijk voelt het als een aantasting van de macht van iemand die zich toch al machteloos voelt. Het is een aanslag op je bankrekening en het kost je minstens vier uur per week die veel nuttiger kunnen worden besteed aan jezelf opzoeken op het world wide web. En heel vaak lijken de individuele sessies volkomen zinloos, in vergelijking waarmee de dagen waarop ik op de Joodse School de Talmoed bestudeerde, een bron van relatief inzicht waren. Maar goed.

Zo red ik mijn leven. Wat kan ik er verder over zeggen?

Ik stort me vier keer per week op de sofa. Dat bedoel ik letterlijk. Ik spring op die sofa; ik hoor de klap van mijn lichaam op het meubel, alsof ik tegen mijn therapeut, die deels een vervanger is voor John, wil zeggen: *Fok jou, ik heb jou helemaal niet nodig. Ik ben veel* echter *dan al dit* gepraat. *Ik ben veel echter dan jouw* stilzwijgen. Ik haat mijn peut. Die zelfingenomen, zwijgende autoriteit die me per zitting vijftien dollar aftroggelt. Geld, geld, geld. Ik moet altijd aan mijn bankrekening denken. En dat zal altijd wel zo blijven.

'Ik vind dat je te veel geld vraagt,' zeg ik tegen zijn stilte.

Hij zet me af, daar is geen twijfel over. De autochtone persoonlijkheid met grijs haar en grijze baard maakt me mijn geld afhandig, vijftien dollar per keer. Mijn moeder heeft altijd gelijk. Dit land is gebouwd met het muntgeld van sukkels als ik. 'Verberg je kwartjes,' waarschuwde ze altijd als mijn studievrienden op bezoek kwamen in mijn flat.

Tsjak, de boze repliek van mijn lichaam tegen zijn sofa.

Nou, ik ga mooi niet veranderen. Ik word niet zoals al die mensen. De dierenliefhebbers, de glimlachers. De vrijwilligers. De Filantropen. De boterhamsmeerders voor de daklozen. Dwing me niet zo. Dwing me niet zo met dat zwijgen van je.

'Wat komt er in dat verband nog meer bij je op?' zegt mijn therapeut als ik gekalmeerd ben.

Wat komt er nog meer bij me op? Ik wil opstaan en je slaan zoals je mij ooit hebt geslagen. Ik wil diezelfde macht over jou hebben. Ik wil zo groot zijn dat je alleen maar in elkaar kunt krimpen voor mijn agressie en me je mooie kleine oortjes aanbiedt.

Jij met je onschuldige stilte. Denk je dat ik jouw woede niet zie? Iedere man heeft die. Iedere man, iedere jongen, kan een ander vernederen met zijn kracht.

'Ik vind dat je te veel geld vraagt,' zeg ik.

Vier keer per week heb ik een lunchafspraak met de werkelijkheid. Ik praat, hij luistert. Later kom ik erachter dat hij half Angelsaksisch en half Armeens is, net als J.Z., en ik vraag me af of het gezelschap van iemand die althans een deel van haar nucleïnezuren bezit, een troostrijke uitwerking op me heeft. In de tussenliggende jaren is zij inmiddels ook dokter geworden.

De werkelijkheid. Ik leer om het echte te onderscheiden van het onechte. Zodra ik iets hardop zeg, zodra ik iets loslaat in de met Afghaanse kleden gestoffeerde sfeer van Park Avenue, besef ik dat het niet waar is. Of liever: dat het niet waar hoeft te zijn.

Ik vind dat je te veel geld vraagt.

Ik ben een slechte schrijver.

Ik hoor bij een vrouw als Pamela Sanders te zijn.

Ik heb geen alcohol- of drugsprobleem.

Ik ben een slechte zoon.

Ik ben een slechte zoon.

Ik ben een slechte zoon.

Meestal gaapt er een kloof tussen begrip en actie. Maar ik maak snel vorderingen.

Ik maak het uit met Pamela Sanders en stap zo uit de invloedssfeer van haar woede en haar hamer. Aanvankelijk bied ik haar de mogelijkheid haar relatie met Kevin te beëindigen. Ze zegt dat ze het gevoel heeft dat Kevin en ik allebei een pistool op haar hoofd zetten.* Ja, wil ik daarop zeggen, maar alleen mijn pistool is doorgeladen.

Oudejaarsavond 2000 staat voor de deur, en ze is voor geen enkel feestje uitgenodigd. 'Wat ga jij doen met oudjaar? Feestjes?' vraagt ze me met een nieuw soort verlegenheid. Ik e-mail haar dat ik geen plannen heb, tik de woorden met tegenzin, want ik weet hoe het is om op een belangrijke dag eenzaam te zijn, en omdat ik nog steeds van haar hou. Ze geeft me een verlaat verjaardagscadeau, een boek.

De titel is *St. Petersburg: Architecture of the Tsars.*

Maanden nadat ik met mijn therapie ben begonnen, doe ik iets wat ik niet heb gedurfd nadat ik mijn derde studiejaar in Moskou had afgezegd. Ondanks de bezwaren van mijn moeder dat ik pal voor de Hermitage vermoord en opgegeten zal worden, koop ik een ticket naar Sint-Petersburg, Rusland. En zo sta ik, onder mijn bezwete polyester skimuts, voor de Tsjesme-kerk met zijn 'besuikerde spitsen en kantelen' en probeer niet flauw te vallen. Ik begrijp nog steeds niet waarom, maar ik ben in elk geval hier. Ik probeer het in elk geval.

Als ik een halfjaar in therapie ben, schrijf ik me in voor cursussen creatief schrijven. Niet in Iowa, want de pijn nadat ik daar afgewezen was is nog steeds voelbaar, maar bij vijf andere universiteiten. Ik word door alle vijf aangenomen. De meest veelbelovende lijkt Cornell te zijn die, behalve gratis collegegeld, een vette beurs van twaalfduizend dollar per jaar te bieden heeft.

Ik bel mijn ouders dolblij op met de mededeling dat ik ben aangenomen aan een Ivy League-universiteit waar je geen hotelmanagement kunt studeren. Maar voor de gein heb ik me ook ingeschreven voor het nieuwe programma creatief schrijven van Hunter College, dat gegeven wordt door een van mijn favoriete hedendaagse schrijvers, Changrae Lee. Na het lezen van zijn roman *Native Speaker* is mijn idee over wat fictie over immigranten allemaal niet vermag flink door elkaar

*Het beeld van Pamela Sanders met een vuurwapen op haar hoofd gericht is wat in het college creatief schrijven 'voorbode' of 'voorspelling' heet.

geschud. Er komen scènes voor in *Native Speaker* die niet verpest worden door bullshit en gelach en harig etnisch gehuil, maar die keihard worden uitgebruld, vol woede en berusting, tegen de hemel, scènes waardoor ik vraagtekens zet bij de betrekkelijke betekenisloosheid van wat ik probeer te doen in een 'komische' roman die nog steeds als titel heeft *De piramides van Praag*.

Chang-rae deelt me telefonisch mee dat ik ben toegelaten en nodigt me uit op zijn kantoor in een van de twee wolkenkrabbers die zonder gêne vrijwel de gehele stadscampus van Hunter vormen. De lift ruikt naar de patates frites uit de kantine op de eerste verdieping, en het hele gebouw lijkt te draaien op overheerlijke vetten. De angst voor de ontmoeting met een van mijn favoriete schrijvers wordt enigszins gecompenseerd door de brief van Cornell, die ik als een talisman opgevouwen in mijn borstzak heb gestopt. In de jaren voorafgaand aan mijn therapie zou ik een spontane aanval van buikgriep of geelzucht hebben gekregen en zo een manier hebben gevonden om de ontmoeting met mijn literaire held te omzeilen. Of als ik al wel was doorgedrongen in het gebouwe van Hunter, zou ik in de naar frituur stinkende lift zijn flauwgevallen.

De gevreesde literaire persoonlijkheid die ik had verwacht blijkt in werkelijkheid een magere Amerikaanse Koreaan te zijn, misschien tien centimeter langer en zeven jaar ouder dan ik, in spijkerbroek en onopvallend geruit overhemd. Misschien is die klootzak van een Hemingway verantwoordelijk voor het imago van een mannelijke schrijver als een handgranaat waar zojuist de ring uit is getrokken en die over de vloer rolt; schrijvers van mijn generatie zien er overwegend net zo uit als de rest van de mensheid. Maar ik kan slechts zweten in aanwezigheid van mijn idool.

We gaan zitten en beginnen te ouwehoeren. Hij vertelt dat hij zojuist begonnen is met zijn lesprogramma aan Hunter en dat hij behoefte heeft aan studenten zoals ik. Hij heeft de eerste dertig bladzijden van mijn roman gelezen, en hij is onder de indruk. Ik vertel hem over Cornell en de geweldige financiering die mij wacht in Ithaca. Hij is het met me eens dat je zo'n aanbod onmogelijk kunt weigeren. Ik haal een exemplaar tevoorschijn van zijn laatste roman, *A Gesture Life*, dat hij als volgt signeert: 'Met warme groet en bewondering', vijf woorden waarvan de onverwachte betrokkenheid mij versteld doen staan. Híj bewondert míj? Als ik weg wil gaan, vraagt hij of hij misschien nog iets kan doen om mij misschien, wie weet, over te halen naar Hunter te komen in plaats van naar Cornell te gaan.

Twee weken later, in een restaurant in SoHo dat heel toepasselijk de Cub Room heet, ontmoet ik Cindy Spiegel, de redacteur van Changrae bij Penguin Putnam, en een van de rijzende sterren in de uitgeverswereld. Ik heb mijn praatje klaar. Ik weet dat de roman nog niet goed genoeg is. Maar ik kan hard werken. Ik werk er al bijna zes jaar aan, eerst op Oberlin en daarna met mijn vriend John. Ik kan er nog langer aan werken. Geen probleem. Ik heb een baan, maar ik kan er 's avonds aan werken. Ik kan er op mijn werk aan werken. Ik kan mijn ontbijt en mijn baan opgeven. Ik kan mijn nachtrust en mijn baan opgeven.

Voordat ik mijn ingestudeerde en gepatenteerde 'Stuyvesant Immigrant Work Song' ten beste kan geven, nog voordat de amuses worden geserveerd, biedt Cindy me een contract aan.

Hier wil ik even pauzeren. Ik zou graag willen herhalen wat Cindy zei over mijn roman en hoe ik me voelde die eerste ogenblikken nadat ik besefte dat mijn grote droom op de een of andere manier zou samenvallen met de werkelijkheid. Maar ik herinner me niets meer van die middag, behalve dat ik de Cub Room verliet en zo'n belachelijke voorjaarsdag betrad, zo'n dag die de hitte en de kou van New York laten verdwijnen, waardoor het leven veel te gemakkelijk lijkt. Ik herinner me ook dat ik de geur opsnoof van een bloeiende boom waarvan ik de naam niet wist, dat ik gewoon door een wolk van honing en parfum liep. Wat was er met me gebeurd? Er was me iets overkomen dat het tegenovergestelde was van mislukking. Iets zo groots dat mijn Engels tekortschiet om het te benoemen.

Als docent creatief schrijven, een carrièrekeuze waar bijna net zo op wordt neergekeken als op psychoanalyse, kijk ik vaak naar de tafel en zie mezelf daar zitten als achtentwintigjarige of zo. Nog zo'n wanhopige jongeman zonder keuzemogelijkheden, onzeker, hunkerend naar complimenten, die zijn literaire toekomst, zijn romantische toekomst, laat afhangen van zijn werk.

In het jaar 2000 is het nog steeds mogelijk een meisje het hof te maken met een uitgeverscontract. En dat deed ik voluit. Maar wat zo verbazingwekkend is, is hoe snel ze míj het hof willen maken. Hoe snel een aantal warme, aantrekkelijke vrouwen met me over straat willen lopen, hand in hand, en *Cabaret Balkan* met me willen zien, of wat er verder aan buitenlandse onzin draait in het Film Forum; vrouwen zonder een tweede, houtsnijdend vriendje dat op hen wacht op hun bank in Brooklyn. Ik kies al snel voor een interessante tante, afgestudeerd aan Oberlin en met jetsetneigingen. Een van onze eerste dates vindt plaats in Portugal. Op de luchthaven van Lissabon is gelukkig een winkeltje waar ze verlovingsringen verkopen, en mijn nieuwe *sposami subita*, met mooie dikke wimpers en de sexy gewoonte om een simpele hoody te dragen, dringt erop aan dat ik ter plekke een verlovingsring voor haar koop (ze komt uit een zekere Aziatische cultuur waarin veel belang wordt gehecht aan het huwelijk). Ik doe het bijna, maar een kleine paniekaanval weerhoudt me ervan mijn kredietwaardigheidsscore verder te verlagen.

Het is mijn gelukkigste paniekaanval tot dusver. Ik ben niet gek als het om dit soort zaken gaat. Ik weet hoe weinig aantrekkelijk ik ben voor de meeste vrouwen à la carte. En ik besef dat ik door dat ene gebaar van Chang-rae 's avonds nooit meer in een leeg bed zal stappen. Vanaf dat moment zal ik liefde kennen telkens wanneer ik er behoefte aan heb.

De aanvankelijke vreugde van mijn aanstaande publicatie, gevolgd door de vreugde van de echte publicatie, zijn zonder weerga in mijn leven. Er is iets waanzinnig simpels aan het feit dat je reikt naar een doel zoals een plant het zonlicht zoekt of een grondeekhoorn zachte grond onder zijn poten, en vervolgens precies te krijgen wat je wilt, zonlicht of een gewaardeerde wortel.

Mijn zogenaamde bruid en ik wonen nu in een kleine, maar betaalbaar flatje in het verre West Village; haar scherpzinnigheid op het gebied van vastgoed is ongeëvenaard. Mijn psychoanalyse gaat goed, ook al mis ik ergens de pijn van het samenzijn met een Pamela Sanders. Uit gewoonte bied ik mijn nieuwe vriendin elke dag mijn wang aan om me te slaan, en elke dag slaat ze me niet. 'Ik kan je niet genoeg verwennen,' zegt ze, terwijl we in bed liggen, omringd door een geïmproviseerde maaltijd van Popeyes gebraden kip, Dorito's-tortillachips met Cool Ranch-smaak, en cola light. Het is niet waar wat ze zei. Ik wen er vrij snel aan een verwend klootzakje te zijn, maar telkens als ze zegt dat ze me niet genoeg kan verwennen, sluit ik me op in de badkamer en ga daar stilletjes van geluk zitten huilen.

En elke dag begeef ik me naar een van de krantenwinkels in Hudson

Street waar het complete spectrum van Albanese en Eritrese media ligt uitgespreid. Daar verslind ik de tientallen publicaties waarin vrijwel uitsluitend gunstige (!) besprekingen staan van mijn eerste boek. In plaatsen waarvan ik het bestaan slechts vaag kende – Boulder, Colorado, Milwaukee, Wisconsin, en Fort Worth, Texas –, bevinden zich mensen die niet alleen alle 450 pagina's van mijn onsamenhangende manuscript hebben gelezen, maar ook instemmen met wat ik probeer te zeggen.

Waar gaat het eigenlijk om? *The Russian Debutante's Handbook*, dat nu steeds te vinden is in de schappen van Barnes & Noble en een klein commercieel succes zal worden, is een niet geheel waarheidsgetrouw verslag van de eerste zevenentwintig jaar van mijn leven. Het wemelt van de Nat Sherman-sigaretten, *guyabera* shirts en werkbroeken, woorden als 'corrupt' en 'adelaars', katten die Kropotkin heten, stervende geliefde oma's, dreigende Oost-Europese kastelen op stedelijke heuvels, paniekaanvallen op universiteiten in het Midwesten, ijverige Joodse kamergenoten uit Pittsburgh, grote Amerikaanse vrouwenkonten, humorloze Sovjetstrips met krokodillen, geëpileerde wenkbrauwen, oude balsamicoazijn, en de eeuwenoude vragen of het beter is om een alfa- of bèta-immigrant te zijn, en of het goed is anderen op de wereld te zetten als je niet gelukkig bent met jezelf. Het is een catalogus van de stijlen en mores van een bepaald tijdperk, vastgelegd door een outsider die rap bezig is insider te worden. Het is een erg lang document waarin een getroubleerde jongeman tegen zichzelf praat. Het is een verzameling steeds wanhopiger wordende grappen. Tot op heden zeggen sommige mensen dat ze het mijn beste werk vinden, daarmee implicerend dat het sindsdien alleen maar bergaf is gegaan. Nadat ik het boek af had dat u nu in uw handen houdt, herlas ik de drie romans die ik heb geschreven, een oefening die me choqueerde door de enorme overlap tussen fictie en werkelijkheid die ik erin tegenkwam, door hoe zorgeloos ik de feiten uit mijn eigen leven heb gebruikt, alsof ik al die tijd grote uitverkoop heb gehouden: alles wat met mij te maken had moest weg!

Vaak heb ik in mijn romans geprobeerd een bepaalde waarheid te benaderen, waar ik me daarna weer van afwendde, waar ik hoonlachend met mijn vinger naar wees en me vervolgens snel terugtrok op veilig terrein. In dit boek heb ik mezelf beloofd niet meer met mijn vinger te wijzen. Mijn hoongelach zou te vaak weerklinken. Er zou geen veilig terrein meer zijn.

Als in het late voorjaar van 2002 mijn eerste roman op uitkomen staat, voel ik dat mijn leven onherroepelijk aan het veranderen is; al die tectonische platen die ooit tegen elkaar aan botsten bewegen eindelijk in harmonie met elkaar, zodat er een permanent oppervlak ontstaat waarop ik planten kan verbouwen en vee kan houden. Het wordt gemakkelijker. Maar er is iets wat mijn therapeut wel weet en ik niet: die uitbarsting van pure vreugde zal niet lang duren. De mechanismen die ik tot mijn beschikking heb, zijn al bezig om mezelf weer terug te werken naar het niveau van de middelmatige, van de ongelukkige, van de dronkaard. Er bereikt me een bijzonder gemene en persoonlijke recensie vanaf de Westkust, en die koester ik, daar put ik troost uit, die leer ik uit het hoofd. Maar dat zal niet mijn negatiefste recensie zijn.

In mijn flat in de West Village, met aan een hele wand het kinderachtige drieluik van Joeri Gagarin, met de sfeer van het gelukkige jonge paar dat samen een nieuw leven probeert op te bouwen, gaat de telefoon. Er is weer een fantastische recensie op mijn laptop verschenen, en vanavond gaan we dat vieren in mijn favoriete sushirestaurant in Hudson Street. De dag ervoor had David Remnick, de hoofdredacteur van *The New Yorker* en binnenkort de schrik van mijn vader, mij persoonlijk gebeld met de vraag of ik voor dat eerbiedwaardige tijdschrift een artikel wilde schrijven over Rusland.

Ik neem de telefoon op en ben benieuwd wat de wereld me nog meer te bieden heeft.

Het is de stem van mijn vader. '*Moedak*,' zegt hij. De rest van het gesprek bestaat uit het gekrijs van mijn moeder.

Het Russische woord moedak stamt van het oude woord voor 'testikels', en wordt op het platteland gebruikt voor een gecastreerde big. In de moderne betekenis komt het waarschijnlijk het dichtst bij het Amerikaanse *dickhead*, stomme lul. Ik weet dat dit in het woordenarsenaal van mijn vader de nucleaire optie is, en zo voelt het ook als hij het zegt: alsof ik midden in *Threads* of *The Day After* terechtkom. Om mij heen fluiten dode bomen; een fles melk smelt op de stoep. '*Alarmcode rood!*' 'Betekent dit het echt?' 'Heel erg alarmcode rood!'

Moedak. In combinatie met Snotneus, Zwakkeling en Kleine Mislukkeling is dit waarschijnlijk het laatste woord dat op mijn grafsteen van onze relatie zal prijken. Want terwijl de pijn nog door mijn hoofd giert – *waarom kunnen jullie niet trots op me zijn op het gelukkigste moment van mijn leven?* – lig ik weer op de sofa van mijn therapeut de nieuwe woorden te oefenen die ik mezelf heb geleerd.

Ik ben geen slechte zoon.

Tussen het gekrijs dat me van over de East River bereikt, ontdek ik de oorzaak van de woede van mijn ouders, de pijn die tot moedak heeft geleid. Een Joodse krant heeft een verslaggeefster op mijn ouders afgestuurd in hun natuurlijke habitat, en in haar verslag heeft ze gesuggereerd dat mijn ouders wel een beetje lijken op de ouders van de hoofdpersoon in de roman.

'We willen nooit meer met je spreken, nooit meer,' schreeuwt mijn moeder me toe.

Als je niet meer met me wilt praten, dan kan ik beter dood zijn!

Dat zijn van oudsher de woorden die ze van me verwachten. Maar wat ik in plaats daarvan zeg is: '*Noe, chorosjo. Kak vam loetsje.*' Prima. Jullie gaan je gang maar.

En dat maakt een einde aan het loeien. Nu nemen ze gas terug en willen ze zelfs hun verontschuldigingen aanbieden. Maar het is te laat. De razvod is ondertekend en notarieel bekrachtigd, niet tussen mijn vader en mijn moeder maar tussen hen en mij. Ik zal nog steeds met hen omgaan en van ze houden en ze elke zondagavond bellen, zoals voorgeschreven door de Russische wet, maar hun mening over mij, de gruwelijke pijn van hun eigen kindertijd, zal mijn wereld niet meer verscheuren, zal mij niet meer naar de dichtstbijzijnde kroeg sturen, zal niet worden afgereageerd op de vrouw met wie ik het bed deel.

En er is nog iets. Mijn moeder, financieel administrateur bij een New Yorkse non-profitorganisatie, de hardst werkende persoon die ik ken, neemt plichtsgetrouw telefonisch met mij een brief door als ik nog op Oberlin zit, om zeker te weten dat het goed zit met die lastige lidwoorden. 'Igor, is het "Wij hebben begroting voor derde kwartaal belastingjaar 1993 ingestuurd", of "Wij hebben *de* begroting voor derde kwartaal belastingjaar 1993 ingestuurd"?'

'*De* begroting ingestuurd,' zeg ik, rollend met mijn ogen en de telefoon op een afstand houdend alsof ik een jongere versie van mezelf aan de lijn heb. 'Ik moet ophangen, mama. Irv is hier. We gaan [een joint roken en dan] naar de bioscoop.' Maar hoe kan ik, de Rode Woestijnrat van de Solomon Schechter School, niet herkennen hoe het is om je te schamen voor wat er uit je mond komt, of in het geval van mijn moeder, wat er nauwgezet getypt staat onder het briefhoofd van haar organisatie? 'Mama, jouw Engels is veel beter dan dat van je Amerikaanse collega's,' zeg ik tegen haar. 'Je hebt mijn hulp niet meer nodig.'

Maar dat heeft ze wel. En nu heb ik een boek gepubliceerd waarin ik subtiel, maar soms ook minder subtiel, de spot drijf met een paar ouders die niet honderd procent anders zijn dan de mijne, hoe voelt dat voor hen? Hoe voelt het om een boek onder ogen te krijgen of een artikel in een Joodse krant en niet helemaal het subtiele, het ironische, het satirische karakter te kunnen begrijpen van de wereld die erin beschreven is? Hoe voelt het om niet in staat te zijn te reageren in de taal waarin de spot is geuit?

En hoe kan ik, terwijl ik mijn *razvod* aanvraag, tegelijkertijd niet mijn ouders en mijn exen eren? Uiteindelijk konden zij niet weten wat ik al die jaren bij me had, het enige wat altijd tot mijn beschikking was. Mijn aantekenboekje. Dat ik altijd aantekeningen maakte. 'Als er in een familie een schrijver wordt geboren, dan betekent dat het einde van de familie.'* – Czesław Miłosz.

Mijn vaders favoriete uitspraak tegen mij is: 'Als ik dood ben, kom je misschien pissen op mijn graf.' Het is sarcastisch bedoeld, maar wat hij echt bedoelt is: 'Laat me niet in de steek.'

'Laat me niet in de steek.' Soms lijkt het er misschien op dat ik dat wel heb gedaan. Want in plaats van terug te vechten, in plaats van verontwaardigd te reageren, hoort hij stilte.

Als hij zegt dat een van mijn vriendinnen van na de universiteit te dik is, dat hij zich persoonlijk beledigd voelt door haar overgewicht hoewel hij 'haar bestaansrecht respecteert', volgt er een stilte.

Als mijn moeder voordat ik afreis naar India zegt dat ik me niet moet laten inenten, 'want dat je daar autistisch van wordt', weer zo'n ultrarechtse dooddoener, volgt er stilte.

Stilte in plaats van geschreeuwde protesten, pissen op het graf, waaraan ze gewend zijn, dat alles voelt vertrouwd en warm. 'Het was beter geweest als je me had verteld dat je homoseksueel was,' zei mijn vader toen ik hem vertelde dat ik psychotherapie had. Behalve het post-Sovjetwantrouwen voor dat soort therapie – psychiatrische inrichtingen werden in de Sovjet-Unie gebruikt tegen haar dissidenten –

*En ik wil daaraan toevoegen dat als dat niet het einde van de familie betekent, dan wel van de schrijver.

bestaat er nog een andere angst. Met je homoseksuele zoon kun je vechten, je kunt zeggen dat hij je te schande maakt. En hij kan terugvechten, hij kan je smeken om je liefde. Maar wat zeg je tegen iemand die zwijgt?

En binnen dat zwijgen staat de tijd stil. Binnen dat zwijgen blijven de woorden in de lucht hangen, fladderend in Cyrillisch schrift, niet helemaal pijnloos maar zonder de kracht om het kleine, gehoorzame kind terug te halen dat in hun macht was.

Laat je niet inenten. Daar word je autistisch van. Schrijf niet als een zichzelf hatende Jood. Wees geen moedak. Het zal weer snel vergeten zijn. Hoe is het mogelijk voor mij om daarin níét de pijn te horen? Zíjn pijn? Háár pijn? Hoe is het mogelijk voor mij die pijn niet te publiceren?

En hoe is het mogelijk voor mij om niet te reizen, dwars door acht tijdzones heen, naar de bron van die pijn?

25.
De kerk en de helikopter
De laatste onthulling

De auteur en Lenin laten hun bromance opnieuw oplaaien op het Moskouplein in Sint-Petersburg.

Ik ben terug in Rusland. Het is 17 juni 2011, het is er koud en mistroostig, maar met enkele bizarre uitbarstingen van warmte. Met andere woorden: de temperatuur en hoe ik me voel over mijn geboorteland zijn helemaal gelijk. Na mijn eerste terugkeer naar Rusland in 1999 ben ik vrijwel om het andere jaar terug geweest, waarbij ik telkens plichtsgetrouw alles noteerde wat ik zag, elke korrel boekweit en elk bleek plakje salami categoriseerde en mezelf op de proef stelde door de Tsjesme-kerk binnen te gaan, waar de maquettes van dappere achttiende-eeuwse Turkse en Russische oorlogsschepen ooit hun eeuwigdurende Anatolische strijd leverden. Ik heb glazen wodka gedronken met huilende politieagenten op de Hooimarkt, ben uitgegleden op onnoemelijk veel bevroren plekken, bijna overhoopgestoken door een Georgische bruut; ik heb met andere woorden alles gedaan wat men doorgaans associeert met een reisje naar de voormalige Sovjet-Unie.

Ik zit in de eerste sneltrein van de dag tussen Moskou en Sint-Petersburg. De trein heet de Sapsan, genoemd naar de mythische slechtvalk, het snelste dier ter wereld, en ontworpen door de even mythische ingenieurs van Siemens AG. Ik heb zo'n erge kater dat zelfs het zachte Duitse wiegen van de Slechtvalk mij ernstige braakneigingen geeft. De afgelopen jaren ben ik erg gematigd geweest in mijn drankgebruik. Maar de avond vóór mijn treinreis van Moskou naar Sint-Petersburg heb ik, aangespoord door zonder meer het drankzuchtigste wezen op aarde, een oudere Russische intellectueel, zoveel gedronken dat ik in een kroeg in Moskou in een kast ben gekropen. Ik herinner me dat een aardige jonge Amerikaanse tv-medewerkster, die met een verdacht klinkend internationaal project bezig was, tegen me zei: 'Wauw, jij drinkt écht als een Rus.'

Daarna vergetelheid, een glimp van een hipsterhotel op een trendy eiland vlak bij het Kremlin, een haastige taxirit van honderd dollar naar het treinstation, en hier zit ik dan in de *biznes*-klasse van de Slechtvalk, een man van achtendertig die op het punt staat zijn eerste autobiografie te gaan schrijven. Dat brengt mij in 2011 naar Sint-Petersburg. Terwijl ik mij voortbeweeg tussen de twee grootste Russische steden, zweven mijn ouders ergens boven de Atlantische Oceaan. Mijn moeder is in vierentwintig jaar niet in Rusland geweest, niet sinds haar moeder overleed, en mijn vader in tweeëndertig jaar, toen hij in 1979 de Sovjet-Unie verliet.

We komen allemaal thuis.

Samen.

Een windvlaag stuwt de Slechtvalk het station in. Het is vroeg in de zomer, maar de hemel boven Sint-Petersburg is grijs, dat niet-aflatende grijs van de staat New York in de winter. De langste dag is bijna bereikt, het licht is vlak en meedogenloos; binnenkort is er geen echte zonsondergang meer. 's Avonds bij maanlicht stuurt de zeewind Finse wolken op geheime missies boven de stad.

Ik heb twee chique hotelkamers voor mijn ouders en mijzelf gereserveerd tegenover het station aan het Opstandingsplein, maar als ik me meld aan de receptie, moe en hologig na mijn slapeloze treinreis naar Moskou (het doel: een artikel over een Moskous tijdschrift dat *Snob* heet), krijg ik te horen dat mijn kamer nog niet klaar is. Bij mijn uitputting voegt zich een lichte angst. Stel dat ik niet even kan slapen voordat mijn ouders aankomen? Ze komen op mijn verzoek, naar een land waar ze liever niet meer aan denken. In de loop van de tijd was ik degene die vaak terug is geweest, degene die er nachtmerrieachtige scenario's over heeft neergepend, en nu ben ik degene die hén moet beschermen. Maar waartegen? Hun geheugen? Skinheads? De verraderlijke wind? Het enige wat ik zeker weet is dat ik mijn best moet doen voor hen. Mijn moeder is halverwege de zestig en mijn vader begin zeventig. Naar Russische maatstaven zijn ze gevorderde pensionado's. Nadat ik eindelijk de sleutel van mijn kamer heb gekregen, laat ik me neervallen op het bed van goedkoop nep-eiken en voor het enorme tv-toestel waarop beelden worden vertoond van alle andere vestigingen van de hotelketen die, passend in het mondiale plaatje, gevestigd is in Minneapolis maar bestuurd wordt vanuit Brussel. Twee Ativans op mijn tong, en een onrustige, onbevredigende, chemische slaap overvalt me.

De afschuwelijke marimba van het telefoonalarm. Tasten naar de tandenborstel. Bijna de lift gemist. En dan staan ze daar voor me in de drukke lobby, twee magere mensen tussen dikke toeristen uit de provincie die diverse landen vertegenwoordigen. 'Hé!' roep ik, klaar om omhelsd te worden.

'Zoontje!' roept mijn moeder. En ik word kleiner.

'Kleintje,' zegt mijn vader. En ik word nog kleiner.

'Welkom,' zeg ik, om de een of andere reden in het Engels. En daarna in het Russisch: 'Zijn jullie moe?' En zodra de eerste Russische woorden – *Vy oestali?* – mijn mond verlaten, schrik ik van mezelf. Ik reageer geschokt als ik mijn eigen rare, adolescente bas hoor in het gezelschap van mijn ouders. Goed, met mijn steeds zwaardere Amerikaanse accent klink ik niet helemaal als een native speaker wanneer ik *govorjoe po-roeski* met taxichauffeurs, hotelbedienden of zelfs mijn goede Petersburgse vrienden. Maar momenteel klink ik als een kind dat behoedzaam zijn eerste Russische woordjes stamelt. Of is het omdat ik tegen mijn ouders probeer te spreken met een volwassen autoriteit? En probeer, tegen beter weten in, om hun gelijke te zijn?

Hoe vaak heb ik de afgelopen twaalf jaar niet heen en weer gerend door deze uitgeputte, melancholieke stad en geprobeerd hun plekken te bezoeken en die op de een of andere manier tot de mijne te maken.

En als ik dan mijn eerste Russische woorden zeg, dringt de werkelijkheid tot me door. Het is onmogelijk om hun leven tot het mijne te maken. Als mijn ouders hier zijn, is dit hun land. En dus neemt mijn verantwoordelijkheid af. Ik besef dat ik de komende week of zo mijn eigen rare Russische bas moet vergeten en alleen maar hoef te luisteren.

Aan de orde en netheid à la Minnesota van hun hotelkamer heeft mijn moeder haar eigen ordening toegevoegd, een oneindig gecompliceerde inpakmethodiek, zodat het grootste deel van de inhoud van hun hele huis is samengebald en op magische wijze is getransporteerd naar het oude vaderland. Uit plastic tassen komen nog meer plastic tassen, er zijn paraplu's, regenjacks, zuidwesters, geldbuidels en van het ontbijt van vanochtend yoghurtjes, zware flessen water en een hele reeks versterkende snacks. Ze verlaat het hotel toegerust als een astronaut die het verblijf op een onherbergzame planeet gaat beproeven. In haar hart weet ze dat dit haar land is. Maar ze zal het met geen vinger aanraken; zoals ik, die lyrisch probeert te doen over de smerigheid en het verval ervan.

Gekleed in haar voorstedelijke grijze trainingsbroek is mijn moeder druk bezig in de hotelkamer en heeft ze nog uren voorbereiding nodig voordat we kunnen gaan eten. Mijn vader draagt zijn pet VAN STRIPED BASS CONSERVATION PARTICIPANT, een nieuw jack van Banana Republic en ziet er verrassend westers uit voor iemand uit het oosten van Queens. Alleen de combinatie van zwarte sokken en leren sandalen verraadt dat hij een geboren en getogen Rus is.

Hun kracht verbaast me. Na twee vluchten van in totaal vijftien uur, nadat ze hun aanzienlijke bagage per bus en metro de halve stad door hebben gesjouwd – ze weigeren geld uit te geven aan een taxi vanaf het vliegveld –, zijn ze nog steeds vief en alert, klaar om 250 gram wodka achterover te slaan in het restaurant Metropol aan de Nevski Prospekt, de grootste verkeersader van de stad. Dit is de bovenmenselijke kracht van de immigrant, maar wee de al te menselijke zoon die leeft in de schaduw van al die kracht. Wee de gevoelige die een milligram benzodiazepine nodig heeft om in slaap te vallen na een reis van een paar honderd kilometer aan boord van een slechtvalk, in tegenstelling tot de vele duizenden die zij hebben afgelegd in de economyclass van British Airways.

'Igor, je ziet er goed uit,' zegt mijn moeder. 'Niet alsof je moe bent.'

'Dat vind ik niet,' valt mijn vader haar in de rede. In de avondschemering zie ik hoe het borsthaar uit zijn shirt piept. Al die tijd draagt hij mijn kleren, mijn afdankertjes van Stuyvesant, al die pauwblauwe shirts van Union Bay en Generra, die nauwelijks tegen zijn gespierde lichaam op konden. 'Hij heeft enorme wallen onder zijn ogen,' zegt mijn vader terwijl hij me eens goed bekijkt. 'En wat heb je daar op je voorhoofd? Die twee strepen?'

Dat heet rimpels, wil ik zeggen, maar ik wil in zijn gezelschap niet sterfelijk overkomen. 'Ik zat in de trein tegen de stoel vóór me aan geleund,' lieg ik.

Tijdens deze hele trip vang ik steeds beelden op van ons gezin in winkelruiten; mijn ouders zien er jonger uit dan ze zijn, jonger dan veel mensen om hen heen, terwijl ik minstens twintig jaar ouder lijk, met mijn dode, grijzende haar, de diepliggende ogen, de tekenen van al die jaren zwaar leven, en die twee veelzeggende rimpels die in mijn voorhoofd zijn gebarsten. Hoe kon het gebeuren dat ik ouder ben geworden samen met de burgers van Sint-Petersburg, de stad waarin mijn ouders hun eigen middelbare leeftijd hebben bereikt, terwijl ze als echte Amerikanen de tijd schijnbaar tot staan hebben gebracht?

Mijn grootste angst: doodgaan voordat zij doodgaan. Toen ik opgroeide was het tegendeel het geval. Ik kon me geen bestaan op aarde voorstellen zonder hen. Maar telkens als ik nu in een vliegtuig stap naar een of andere ruige bestemming, voel ik als ik opstijg de angst om me heen meestijgen, terwijl de 'autistische' inentingen door mijn bloed jagen.

'Ik ga snel even mijn oksels wassen,' zegt mijn vader terwijl mijn moeder nog steeds eindeloos aan het redderen is en ons eraan herinnert dat 'een vrouw heel lang kan duren'.

Met verfriste oksels en de lange reis achter zich, begint mijn vader op gemoedelijke, bijna vergenoegde toon te vertellen hoe het is om 'thuis' te komen: 'Weet je, kleine zoon, daar zou je een heel boek over kunnen schrijven, over mij. Ik ben geen uitzonderlijk iemand, maar omdat mijn leven zo gevarieerd is geweest, door al mijn opleidingen en baantjes op verschillende plaatsen, was het een zeer interessant bestaan. Je moet goed begrijpen, zoontje, dat ik, net als jij, van nature een eenzaam [*odinokii*] iemand ben. Ik wil niet beweren dat ik van eenzaamheid houd. Soms vind ik alleen zijn leuk, en soms ook niet.'

Misschien is dit het juiste moment om te zeggen: *Ik hou van jou*. Of beter nog: *Ik bén jou*. Misschien is dit de keerzijde van de stilte die ik me heb aangeleerd. Niet in staat zijn te zeggen wat gezegd moet worden, totdat het te laat is.

Mijn moeder steekt haar hoofd om de badkamerdeur. 'Hé, *guys*!' zegt ze opgewekt. 'Ik was zo onaantrekkelijk. Maar nu voel ik me helemaal verfrist!'

We lopen over de Nevski Prospekt. De brede Nevski snijdt in noordwestelijke richting dwars door Sint-Petersburg, alsof hij rechtstreeks op weg is naar Scandinavië. In de tijd van Gogol en Poesjkin gebeurde er van alles in deze straat, van handel tot liefde tot in cafés geschreven gedichten tot het kiezen van secondanten voor een duel. Tegenwoordig is het nog steeds de uitgelezen plek voor een doelloze wandeling van de lagehurenwijk rond het Opstandingsplein naar het absolute stadscentrum, het Paleisplein, waar het tsaarloze Winterpaleis ongemakkelijk lijkt te hurken te midden van het provinciale groen. Op de Nevski wordt kip bereid à la Kentucky en kleden winkels als H&M en Zara, als ze de kans krijgen, de nieuwe middenklassevrouw, van de *sjapka* op haar hoofd tot aan haar overschoenen.

Sint-Petersburg is een droevige plaats. De droefenis zit hem in een massagraf in de noordoostelijke buitenwijken waar 750.000 burgers omkwamen van de honger en door Duitse bombardementen tijdens het 871 dagen durende beleg dat begon in 1941. Petersburg is daar nooit echt van hersteld. Het is onmogelijk over de Nevski te lopen, alleen of met mijn ouders, en niet de druk van de geschiedenis te voelen, de last op onze eigen familie en op alle families die sinds 1941 binnen deze stadsgrenzen hebben gewoond. BURGERS! waarschuwt een bewaard gebleven bord aan het noordelijke begin van Nevski, TIJDENS ARTILLERIEBESCHIETINGEN IS DEZE KANT VAN DE STRAAT HET GEVAARLIJKST. En dat is ook zo.

We slenteren langs terrasjes vol sushi en zonneschijn. De vrouwen hebben zich al gekleed voor de zalige juniwarmte, zien er even uitdagend uit als hun tegenhangsters in New Jersey, en onderscheiden zich slechts door de orthodoxe kruisjes om hun lieflijke, blote hals. Indiërs met camera's verdringen zich om ons heen en leggen elke kroonlijst en zuilengang vast voor hun zipfile.

'Deze stad maakt je altijd droevig,' zegt mijn moeder. 'Wij zijn als kind allemaal bedroefd opgegroeid. Er werd heel wat afgedroomd.'

'In de Rubensteinstraat woonde mijn eerste liefje,' zegt mijn vader. 'Daar aan de overkant.'

Zoals ik gelukkig nooit last heb van een writer's block, zo heeft mijn moeder nooit gebrek aan een willekeurig gespreksonderwerp. 'Voordat we naar Amerika vertrokken,' zegt ze tegen me, 'ging ik naar de Eliseev-winkel om kipkoteletjes voor je te kopen. Ze hadden niets te eten, en ik kreeg te horen dat ik naar de Winkel voor Kindervoeding moest. Ik stond daar twee uur in de rij, en net toen ik aan de beurt was, waren de koteletjes op. Dus toen ik thuiskwam had ik niets te eten voor jou.'

Ik probeer me de tijd te herinneren dat ik nog geen kipkoteletjes at. Maar het enige wat ik voor me zie is mijn oma Galja, die we in Rusland achter moesten laten om te sterven, en die me plichtmatig kaas voerde terwijl ik werkte aan *Lenin en zijn wonderbare gans* en met haar dikke hoofd over mijn werk gebogen zat.

'De Coliseum-bioscoop,' kondigt mijn moeder aan. 'Dat was de eerste keer dat ik Sophia Loren zag! De rij stond tot om de hoek. Ik heb ook *Echtscheiding op z'n Italiaans* gezien. Daar speelde Stefania Sandrelli in mee, en er waren alleen nog maar van die kleine klapstoeltjes vrij. Ik viel van mijn stoel van het lachen. Zie je het voor je? Zo hard moest ik lachen. Om Marcello Mastroianni en zo. Ik was zestien. Kun je je dat voorstellen? Bijna vijftig jaar geleden.'

'Als we in de Liteinystraat zijn, moeten we eens ernstig praten,' zegt mijn vader.

Ik ben nooit een voorstander van serieuze gesprekken geweest.

We naderen de Liteinystraat.

'Zoontje, we gaan even deze straat in. Er komt nu een moment van grote droefenis.'

Mijn vader loopt vastberaden langs een mooie jonge vrouw die aan een madeliefje ruikt. We naderen de zuilengang van het crèmekleurige, tweehonderd jaar oude gemeentelijke ziekenhuis Mariinskaja, een van de grootste van de stad.

'Ik heb hier gelegen,' zegt mijn vader. 'In de *nervnoje otdelenije*.'

Ik denk na over het Russisch. De lucht drukt op ons met een zwaar, grijs deksel. De zenuwafdeling? Wat bedoelt hij precies? Lag mijn vader hier als psychiatrisch patiënt? Voor het eerst tijdens deze reis maakt zich een gevoel van gevaar van me meester. Gevaar voor de reiziger. Zoals toen ik een jaar geleden in Bogota een verkeerde taxi nam en we ons met hoge snelheid van mijn hotel af verwijderden in plaats van ernaartoe.

'Hoe oud was je toen?' vraagt mijn moeder.

'Eens kijken. Mijn moeder was...' Hij moet eerst haar leeftijd uitrekenen voor hij de zijne weet. *Kinderen, gehoorzaamt Uw ouders in den Here, want dat is recht.* 'Dan moet ik drieëntwintig zijn geweest,' concludeert hij.

De informatie zweeft voor me in de lucht, nog steeds in de vorm van een vraag. *Was mijn vader op zijn drieëntwintigste psychiatrisch patiënt?* Ik voel aan de kalmerende Ativan-pil, de enig overgeblevene in de zak van mijn spijkerbroek. De taxi scheurt nog steeds in de richting van de Colombiaanse jungle, naar de rebellenbende die me decennialang zal gijzelen.

'Wat jong,' zegt mijn moeder.

'Ik lag bij de gekken,' zegt mijn vader. 'En ze dachten dat ik voor altijd een *doerak* [idioot] zou blijven.'

'Deze straat komt uit in de Pestejastraat, waar mijn vriendin woonde,' zegt mijn moeder zonder enige aanleiding.

'En dus, zoontje,' onderbreekt mijn vader haar, 'dat is een lang verhaal. Ik lag in het ziekenhuis, ze probeerden allelei afschuwelijke experimenten op me uit, en ik heb het bijna niet overleefd.'

Ik maak een bevestigend geluid. *Ahum.*

'Ik moest emmers valeriaanwortel drinken, broom, zodat ik geen mannelijke verlangens meer zou hebben.'

'O-o,' zeg ik. Ik heb niet het flauwste benul waar hij het over heeft.

'*Dezjas*,' zegt mijn moeder. Gruwel.

'En er liepen ook echte gekken rond, hoor. Er was een oude man die elke week in zijn broek scheet en de stront op de muur smeerde.'

'De pirogi van de tsaar!' In het passeren leest mijn moeder een opschrift vol interesse voor.

'En dan schreeuwde hij: "Weg met Lenin en Stalin!"' Mijn moeder lacht. 'Ze kalmeerden hem, maar een week later was het weer net zo laat. We hadden ook rustige mensen. Ik was de rustigste.' Mijn moeder gooit lachend het hoofd in de nek. 'Maar ik had wel herrie kunnen trappen, hoor. Daarna kreeg ik een *spravka* [certificaat] waarop stond dat ik in het ziekenhuis had gelegen, en toen hoefde ik niet in militaire dienst.'

'Maar hoe kwam dat allemaal dan?' vraagt mijn moeder.

'Ik zat destijds thuis een boek te lezen, en plotseling vond mijn moeder me liggend op de grond, schuimbekkend en stuiptrekkend als een epilepticus. Dat was de eerste en de laatste keer.'

Met de Ativan in mijn mond stel ik de volgende vraag: 'Wat was de diagnose?'

'Klonteren van de bloedvaten in de hersenen.' Hij heeft het nauwelijks gezegd, of er gaat een gedachte door me heen die mijn psychotherapeut in Manhattan kort daarna zal bevestigen. De Sovjetdiagnose is volmaakte onzin.

'Toen je vader mij ten huwelijk vroeg,' zegt mijn moeder, 'zei hij: "Ik heb een certificaat. Ik heb een geestelijke ziekte." En ik dacht: wat een typisch Joodse truc. Hij is kerngezond. Hij wil alleen niet in het leger. Maar het bleek waar te zijn.'

'We zijn zo stom als we nog jong zijn. Als iemand zegt dat hij geestesziek is, waarom zou je dan met hem trouwen? Maar ik dacht: het is zo'n slimme, serieuze man. Dat kan gewoon niet. Ik zou het meteen doorhebben als hij psychotisch was. Maar soms, vooral nu hij oud is, kun je wel zien dat hij écht geestesziek is.' Mijn moeder lacht. Die simpele klaterlach van haar is in de loop der jaren niet veranderd; hij is zelfs versterkt door haar eindeloze zorgen en teleurstellingen.

Als mijn vader begin twintig is, zakt hij voor zijn examens en wordt hij van de Technische Hogeschool van Leningrad getrapt. 'Mijn moeder zat altijd tegen me te zeuren,' zegt hij. 'Wat is er aan de hand met jou? Wat is er aan de hand met jou?'

'Net als ik tegen jou,' zegt mijn moeder lachend tegen mij. En overschakelend op het Engels zegt ze: 'Mislukkeling! Mislukkeling! Mislukkeling!'

Mijn vaders ogen fonkelen door zijn beroemde zonnebril heen, zijn gebit is tamelijk regelmatig en wit voor dit deel van de wereld, zijn baard is wit met grijze vlekken, zoals de mijne ook steeds meer grijze vlekken vertoont. Zoals een oude vriend van hem ooit tegen me zei: 'Je lijkt als twee druppels water op je vader. Je hebt niets van je moeder.' Wat niet helemaal waar is. Men vindt mijn vader vaker knap dan mij. Maar als het gedicht 'Mijn spiegelbeeld', dat ik op de universiteit schreef, een kern van waarheid bevat, dan zijn we bijna broers. Onze hersenscans zullen dat waarschijnlijk ook aantonen. De Ativan-pil smelt onder mijn tong en wordt opgenomen in mijn bloedbaan.

Later zal mijn vader me vertellen over een andere 'behandeling' die hij onderging in het ziekenhuis. Ze geven hem een lumbaalpunctie en blazen zuurstof in het ruggenmerg in een poging de bloedvaten in zijn hersenen te 'ontklonteren'. Hij komt er als een wrak vandaan, durft niet de tram te nemen, durft zijn kamer niet uit. De jaren halverwege de twintig zijn voor hem een woestenij van angst en depressies. Er is onmogelijk achter te komen waarom hij schuimbekkend lag te stuiptrekken, maar mijn therapeut gelooft dat een neurologische episode, een epileptische aanval bijvoorbeeld, de oorzaak kan zijn geweest. Behandelingswijzen voor neurologische stoornissen vinden doorgaans niet plaats in klinieken waar psychopaten hun feces op de muur smeren, waar zuurstof in het ruggenmerg wordt gespoten en broom wordt toegediend om de erecties van een jongeman te bestrijden.

's Avonds ga ik mijn eigen gang. Ik heb een afspraak met mijn goede vriend K. in de zuidelijke buitenwijk waar hij woont. We eten scherpe kebabs in een Armeense tent. We maken grapjes over een bepaalde leider met een paardenkop in het Kremlin, en ik drink zoveel wodka als ik kan. Hij moet morgen werken, maar als hij me op de tram terug naar het Opstandingsplein zet en we elkaar omhelzen, wil ik niet bij hem weg. Dronken zie ik door het raam van de tram hoe de stad zichzelf opnieuw ordent, hoe het Sovjet-Russische plaatsmaakt voor het barokke.

Mijn vader was psychiatrisch patiënt.

Moet ik hem nu vergeven?

Maar het ging nooit om vergeven. Het gaat om begrip. Die hele psychoanalytische exercitie gaat om begrip.

Wat zei hij toen ik hem jaren geleden vertelde dat ik bij een psychotherapeut liep? 'Het was beter geweest als je had verteld dat je homoseksueel was.'

Maar hij weet het toch?

Hij weet wat het betekent als je geen controle hebt over jezelf. Als je de wereld als los zand door je vingers ziet glippen.

Probeert hij het goed te maken met mij?

Ik slenter het nieuwe winkelcentrum Galeria in, een monsterachtig geval bij het Opstandingsplein vol winkels van Polo en Gap en alle andere leveranciers van de kleding die ik op de Joodse School nooit bezat. Het doet pijn om op zoek te gaan naar grieven uit het verleden en te ontdekken dat er niets is. Alleen maar het kletsen van mijn sportschoenen op het koude marmer van Galeria, de echo van mijn voetstappen, omdat ik op dit late tijdstip op een werkdag praktisch alleen ben.

In mijn hotelkamer, met mijn ouders slechts één verdieping boven me, leg ik mijn hoofd op mijn kussen en denk aan mijn vrouw. Ik denk aan haar warmte. Ik denk aan de betrekkelijke stilte van haar eigen immigrantenfamilie, de stilte waar ik zo naar verlang. Mijn vrouw. Hoewel ik 'de schrijver' ben, leest zij meer dan ik. Ze vouwt de hoek van een bladzijde om als ze iets wil terugvinden wat belangrijk is. Haar lievelingsboeken zijn een soort accordeons, een bewijs van de eindeloze zoektocht naar betekenis.

Ik denk aan mijn ouders. Aan hun voortdurende angst. Maar hun angst betekent dat ze willen blijven leven. Over een jaar word ik veertig, en ik voel dat mijn leven aan zijn tweede helft begint. Ik voel dat mijn leven zich dubbelvouwt. Ik voel het begin van dat grote, lange afscheid. Ik zie mezelf weer op het metroperron op Union Square staan. Ik ben onzichtbaar, slechts een klein obstakel waar de anderen omheen moeten. Soms vraag ik me af: ben ik al weg? En dan denk ik aan mijn vrouw en voel ik trein 6 langs suizen, de aanwezigheid van anderen, het leven dat nog in me zit.

Waarom heeft hij me dit vandaag verteld?

Het gebouw van de Admiraliteit op de oever van de rivier de Neva, hoofdkwartier van de Russische marine, is gebouwd in dezelfde protserige empirestijl als het ziekenhuis waar mijn vader een deel van zijn leven heeft doorgebracht. Op de Admiraliteit, een soort vroeg negentiende-eeuwse wolkenkrabber, staat een vergulde spits waar bovenop weer een klein oorlogsschip staat dat regelmatig voorkomt op plaatselijke souvenirs en waarvan ik als kind de platonische vormgeving zo mooi vond passen als gouden toevoegsel bij de oorlogsschepen in de Tsjesme-kerk. Ten zuidwesten van de Admiraliteit ligt het uitgestrekte centrale Admiralteiskii Rayon, een wijk vol aanvankelijke grandeur en toenemende sjofelheid. Daar komt mijn moeder vandaan.

Mijn moeder studeerde, en doceerde later, piano. Ik vermoed dat de bewondering voor de muziek die ze deelde met mijn door opera geobsedeerde vader de reden is dat deze twee totaal verschillende mensen verliefd werden op elkaar. Het verhaal over de kennismaking van mijn moeder met de muziek is iets anders dan het verhaal over mijn eerste ontmoeting met de taal op aandringen van haar moeder, oma Galja.

'Toen ik vijf was,' zegt mijn moeder als we de van zuilenrijen voorziene rivier- en kanaaloevers achter ons laten en de naar shoarma stinkende diepten van haar woonwijk betreden, 'kocht mijn vader een balalaika voor me die veertig roebel kostte. Dat was het laatste geld dat we hadden, dat eigenlijk bestemd was om eten van te kopen. Mijn moeder [oma Galja] pakte de balalaika en sloeg die tegen de muur van onze flat kapot. Ik begon te huilen. Mijn moeder troostte me met de woorden: "Ik weet dat je niet huilt omdat ik de balalaika kapot heb geslagen, maar omdat je ziet hoe overstuur ik ben. Je bent een gevoelig meisje."'

Mijn moeder verandert de geschiedenis. Ze maakt van haar balalaika vernielende moeder een heldin. Moet ik hetzelfde doen voor haar? Is dat wat goede kinderen doen voor hun ouders? En goede schrijvers dan?

Ik moet denken aan de koteletjes à la Kiev die ze me verkocht na mijn afstuderen aan Oberlin. Ik zie het lachende gezicht van mijn moeder nog terwijl ze het briefje van twintig dollar dat ze me heeft afgetroggeld in het zakje van haar roze pullover stopt. Ze is gelukkig. Marchanderen met haar zoon is leuk, vooral omdat hij altijd verliest. In geldzaken is hij ook een mislukkeling. En ze lacht omdat ze voelt dat het voor een deel allemaal een grap moet zijn. Ze beseft het absurde van het moment. Vaak begint ze een anekdote met de woorden: 'Hé guys, willen jullie lachen?' En dan lacht ze zelf al alsof ze daarmee wil duidelijk maken waar het om gaat.

Ze lacht. Maar is ze bedroefd? Is dit een onderdeel van haar droefheid? Hoe is het om haar te zijn op het moment dat ze mijn geld aanneemt? Hoe voelt het als je je straatarme zoon een afschuwelijk stuk kippenvlees verkoopt tegen de winkelprijs? Hoeveel tijd moet er verstrijken voordat ik me bedroefd voel omwille van haar? *Is dit het moment? Heb ik ze daarom mee teruggenomen hierheen?*

De balalaika slaat te pletter tegen de muur. Het vijf jaar oude meisje begint te huilen. En op datzelfde moment begint er hier in het heden op straat een viool te spelen. We naderen de school waar na de vernielde balalaika de muzikale carrière van mijn moeder zich heeft afgespeeld. Mijn moeder poseert gemaakt ernstig voor de camera en brengt met vier vingers de Pioniersgroet. In de hal hangt een plaquette met de namen van oud-leerlingen die hun leven hebben verloren tijdens de Tweede Wereldoorlog. NIEMAND WORDT VERGETEN, staat erop. Naast de plaquette hangen de gebruikelijke grootheden uit de negentiende eeuw, en daarnaast staat een nieuwe pinautomaat. Een ongelooflijk Russisch uitziende jongen met diverse lagen slordig blond haar en een volmaakte aardappelneus zit vrij hard op een accordeon te rammen.

Ik zie onmiddellijk de teleurstelling op het gezicht van mijn moeder, het droevige van de terugkeer, het verraad van het geheugen. 'Vroeger blonk alles hier,' zegt ze. 'Nu is het allemaal zo verwaarloosd.'

'Lekker luchtje hangt hier,' zegt mijn vader, en hij trekt zijn Amerikaanse neus op voor de geur uit al die oksels.

'Toen ik hier voor het eerst kwam, hoorde ik een meisje pianospelen,' zegt mijn moeder. 'Ik viel bijna flauw. Ik zei tegen mijn vader: "Hier wil ik studeren. Hier zál ik studeren!" En ik werd aangenomen. Niemand had dat van mij verwacht. Stalin heeft hier veel geld aan besteed. Hij was dol op muziek.'

We sjokken de muziekschool uit naar de verre rivier de Priazjka. 'Waarom zijn al die ramen dichtgetimmerd?' vraagt mijn moeder als we het huis naderen waarin ze is opgegroeid. TE KOOP staat er in het Engels op een bord. APPARTEMENTEN, 228 VIERKANTE METER. 'Kijk, alles is in brand gestoken!' En inderdaad, een van de ramen ontbreekt, het raamkozijn is zwartgeblakerd.

Mijn moeder kijkt onzeker rond op de geruïneerde binnenplaats van het gebouw. 'Petja Zabaklitski uit onze klas woonde boven die ingangspoort daar. Elke dag rende hij vooruit en wachtte me op. En telkens als ik naar huis liep riep hij : "Jasnitskaja [de meisjesnaam van mijn moeder], de jodin komt eraan! Jasnitskaja, de jodin komt eraan!" Dat was het eerste verdriet van mijn leven.'

Mijn vader is opgegroeid in het dorp Olgino ten noordwesten van het stadscentrum in het zogenaamde badgedeelte van Petersburg, dat tegen de noordelijke oevers van de Botnische Golf aan ligt. In de slecht onderhouden straten zijn diverse maffia-achtige bakstenen villa's opgetrokken, met beveiligingscamera's op de tuinmuren, maar Olgino voelt aan als een half geruïneerde, half landelijke wijk in een mislukt buitengebied. We hadden ons ook in Michigan, op Sicilië, in Noord-Afrika of Pakistan kunnen bevinden. Alleen het weer verraadt onze klimaatzone.

Vandaag is het koud en regenachtig, maar het dorp is ingebakerd in het onverzorgde groen dat mijn vader duidelijk met genoegen terugziet. We naderen een vervallen groen huis, een plattelandswoning opgetrokken in een onduidelijke Sovjetstijl; een combinatie van New England, Russische *izba* en totaal verval.

'Hier kwam altijd een kudde koeien langs,' zegt hij. ''s Morgens moest ik onze koe Rosa naar buiten duwen zodat ze met de andere koeien het bos in kon. Daar was een herder met een veeprikker. O, mijn hart springt op!'

Er klinkt gelach van onder de honkbalpet. De sneeuwwitte sik staat blij. Hij praat onophoudelijk. 'Ons huis was een van de grootste huizen, er woonden zo'n vijftien tot twintig gezinnen in. Hier waren kleine tuintjes.' We lopen langs een enorme stapel rottend hout. 'Hier was onze veranda.' We lopen langs dichtgetimmerde ramen. 'Hier plantten we bloemen.' Een ingezakte stenen schuur met daarin een oude Suzuki-fourwheeldrive. 'Hier had tante Sonja een kleine stal met schapen, varkens en koeien. Wij hadden een mooie, warme stal, waar je 's winters een koe of een big in kon houden. Hier stond de buitenplee. Altijd vol met stront. 's Winters was de stront bevroren. Hier woonde een meisje dat Gelja heette, en als jongens van mijn leeftijd of ouder haar zagen, riepen we altijd: "Gelja, *opa*! Gelja, *opa*!" En dan begon ze te lachen.' Hij maakte stotende bewegingen naar de onzichtbare Gelja.

'Voorzichtig, er zijn hier zwerfhonden,' zegt mijn moeder.

We passeren een oude radiozendmast uit de Sovjettijd. 'Nadat ik was ontslagen uit het ziekenhuis,' zegt mijn vader, 'was ik nog steeds halfgek. Mijn hart bibberde steeds. Mijn moeder en ik huurden hier 's zomers een kamer. Ik woonde hier van mei tot november, en ik was meestal alleen. Ik ging elke dag naar de golf' – de vlakbij gelegen Botnische Golf – 'en zwom 's morgens en 's avonds, zelfs als er ijs lag. Dat heeft me gered. Daar werd ik weer een gezond mens van, in plaats van een invalide.'

Mijn vader wijt zijn zwakke zenuwen aan zijn leven met Ilja, of Iljoesja als verkleinwoord, zijn wrede, wispelturige, alcoholische stiefvader, die uiteindelijk door mijn vader overmeesterd werd. 'We woonden in een kamer van vijftien vierkante meter,' zegt mijn vader. 'Ilja was tot alles in staat.'

'En heb je met hem gevochten?' vraag ik.

Vol trots: 'Ik heb hem geslagen! Tot bloedens toe! *Tot bloedens toe!*'

Mijn moeder lacht. 'Je was een lief zoontje.'

'Mijn moeder kwam thuis en ontdekte wat er gebeurd was. We zeiden niets maar er zaten bloedsporen op de gordijnen en overal. Mijn moeder hield natuurlijk meer van mij dan van hem.'

We lopen langs een rij berken, zo schoon en wit in het sombere weer. Mijn vader snijdt een ander onderwerp aan. 'Waarom ben ik zo sterk [*krepkii*], zelfs tegenwoordig nog? Omdat ik altijd hard gewerkt heb van zeven tot vijf. En ik deed ook aan sport. Skiën, schaatsen, hardlopen, zwemmen. Als je op de boerderij werkt, dan heb je zelfs geen extra beweging nodig.

Ik heb geleerd te houden van het boerenwerk. Joden mochten dat niet. En in het tsaristische Rusland kregen Joden geen land, omdat ze zogenaamd luiaards en nietsnutten waren.

Ik heb nog steeds goede herinneringen aan Olgino. Omdat ik in wezen een plattelandsmens ben. Ik houd van lezen en muziek en zo. Ik ga graag naar de opera, naar het museum, oké. Maar ik word graag omgeven door bomen, bossen, gras, frisse lucht, vissen en zonneschijn.'

We lopen naar de Golf die zijn geestelijke gezondheid heeft gered.

We zijn weer op de Nevski Prospekt en naderen de roodbruine toren van de oude doema, het stadhuis. Hier beginnen de eerste afspraakjes in Petersburg vaak, en met mijn ouders ging het al niet anders. Ze hadden afgesproken op de trap onder de Italiaans uitziende toren waar tegenwoordig tientallen tieners en twintigers rokend op hun mobiele telefoons staan te tikken. 'Toen we elkaar voor het eerst ontmoetten, begreep ik niet wat ze was,' zegt mijn vader. 'Het was alsof er een sinaasappel op me af kwam lopen.'

'Ik had mijn wangen gekleurd met oranje poeder,' legt mijn moeder uit. 'Mijn vriendin had een vriendje die overal aan kon komen. Dus voor nieuwjaar gaf hij iedereen Pools poeder, en dat was oranje. Maar we waren er allemaal erg trots op. Heel Leningrad zag oranje. Alles wat uit Polen kwam was fantastisch. Zo mooi verpakt allemaal.'

'Dus,' vervolgt mijn vader, 'ik sta daar en zie een oranje figuur voor me. En ik dacht: dat is er niet een van ons! Dat moet een buitenlandse zijn. Ze was nog geler dan een Chinees.'

'Ik zeg toch dat het dat Poolse poeder was!'

'Ik droeg een muts die leek op...'

'Een pirogi.'

'Die leek op een pirogi. Hij heette een *chroesjtsjovka*. Van grijze schapenwol. En een mooie Franse jas.'

'Héél mooi,' zegt mijn moeder, en ik adem die woorden diep in. Mijn ouders houden nog steeds van elkaar.

Op de terugweg naar het hotel vertellen ze dat er nog maar achttienduizend dollar over is van de hypotheek op hun huisje in Little Neck, en dat ze dat bedrag ook binnen een paar maanden hebben afbetaald. 'En dan zijn we vrij!' zegt mijn vader.

En dan zijn ze vrij.

We steken het Moskouplein over.

Ze hebben opzichtige fonteinen geplaatst naast de sparren waar mijn vader en ik altijd verstoppertje speelden. Onder mijn Lenin is een tijdelijk zomerpodium opgetrokken waarvandaan afschuwelijke, stampende Russische popmuziek blèrt, iets over zonnestralen en 'Kom dichterbij / dichter bij mijn hart'. Waar de oude *gastronom* ooit was, wordt de gevel gesierd door Nike-tekens. Kinderen die geen flauw benul hebben van de Grote Leider hollen de trappen van Lenins monument op en af onder het zingen van 'la la la la la'. Een jongen in camouflagebroek staat in z'n eentje en met open mond te sms'en. Bij de fonteinen knijpt een man in de kont van een vrouw terwijl hij zijn blote, in korte broek gehulde benen om haar heen slaat. Dit is mijn heiligdom, het Moskouplein, juni 2011.

We naderen het gebouw waar we gewoond hebben; daarachter staat de Tsjesme-kerk. Ik adem zwaar. Ik moet nodig plassen. Mijn vader legt uit dat Franklin D. Roosevelt Amerika heeft geruïneerd. We betreden ons flatgebouw via de afbladderende ingang. Het gebouw is geverfd in de onsmakelijke kleuren roze en grijsbruin en versierd met brede banen van graffiti. Ongeïnteresseerde jongelui hangen rond bij tijdelijke opslagcontainers. Het grasveld is verstikt door onkruid en madeliefjes.

'Waar was de raket?' vraag ik, nieuwsgierig als ik ben naar het roestige ruimteschip waarmee ik Kosmonautje speelde.

'De raket stond daar,' zegt mijn vader, en hij wijst naar een veelkleurig standaardspeelplaatsje met schommels en glijbanen. Een glimp zonlicht, maar niet meer dan dat, valt op de binnenplaats waar ik mijn gezonde dagen doorbracht. De sprietige bomen grijpen ervan wat ze kunnen.

'Ik had altijd nachtmerries over een grote zwarte stoompijp,' zeg ik.

'Die pijp, zoontje, was hier ergens.'

'Waar was je bang voor?' vraagt mijn moeder. 'Wat haalde je je in je hoofd? Je was ook bang voor boomwortels toen je drie was.'

'Daar had Freud veel zinnigs over kunnen zeggen,' zeg ik, even mijn publiek vergetend. 'Hij had waarschijnlijk gezegd dat het met seksualiteit te maken had. Het kind dat ouder wordt, dat bang is om...' Mijn moeder trekt een grimas. Ik houd mijn mond.

Onze vorige levens zweven boven ons. Beige baksteen, openslaande ramen, hier en daar een houten of ijzeren balkon, grijze afvoeren langs de gevel, zwarte elektriciteitsdraden.

'Hij was hoog en donker,' zegt mijn vader over de pijp.

'Als een raket,' zeg ik. 'Ik dacht altijd dat hij zou ontploffen. En dat we allemaal de kosmos in zouden worden gelanceerd.'

'Echt waar?' zegt mijn moeder. 'Hoe kon je je zoiets in je hoofd halen?'

We gaan terug naar de straat, de gevels van ons enorme huizenblok vormen een roze golf geflankeerd door een zuilenrij van eiken.

'En daarginds, linksaf, daar was een kerk,' zegt mijn vader.

De trottoirs liggen schots en scheef als een pubergebit. Een authentieke, stokoude tram passeert met negentiende-eeuws Europees geratel. Mijn moeder loopt hinkend mee naar de kerk. Mijn vader zegt schertsend dat ze te veel bier heeft gedronken bij de Kleine Jap (Japontsjik), het sushirestaurant aan het Moskouplein met de achteloos racistische naam, waar we zojuist hebben geluncht.

'Zoveel heb ik niet gedronken,' protesteert mijn moeder, 'en ik heb ook niet veel gegeten. Ik heb een eksteroog op mijn voet.'

'Je kunt die oude dame ook nergens mee naartoe nemen,' zegt mijn vader. 'We hadden haar thuis moeten laten.' Ik lach een bulderende lach. Zo praten ze met elkaar. Zo heb ik nooit leren praten. Niet in het Russisch. En niet in het Engels. Dat zogenaamd vrolijke plagen met een venijnige dolkstoot toe. Daar heb ik mijn romans voor.

Mijn vader drukt haar liefdevol tegen zich aan. '*Staroecha* [oude dame],' zegt hij, 'we pakken haar bij haar armen en benen en jonassen haar op de vuilnishoop.'

'Ik ben niet dronken. Ik heb maar half zoveel gedronken als jullie.'

'Je hebt al het bier opgedronken.'

Dit alles wordt gezegd in een opperbeste stemming en zou de hele middag kunnen doorgaan. Maar plotseling houdt het op.

We staan er vlak voor. De lucht is hetzelfde sombere grijs als altijd, terwijl het gebouw van hetzelfde roze taartdeeg is als dat wat ze serveren in mijn moeders favoriete café aan de Nevski. 'Wat een mooie kerk,' zeg ik. 'Was hier vroeger niet het museum van... de marine of zoiets?'

'Ja, vanwege de slag bij Tsjesme,' zegt mijn vader.

'Daar kan ik me níéts van herinneren!' zegt mijn moeder.

De drie spitsen priemen in het noordelijke duister, ervoor ligt een zandvlakte. Op een bank zit een dronkaard met beide armen om een been geslagen. Mijn moeder gaat op een ander bankje zitten en bekommert zich om haar eksteroog. 'Gaan jullie samen maar de kerk in,' zegt ze. 'Laat even weten of ze een toilet hebben.'

'Herinner je je nog dat we onze helikopter hier lanceerden?' zegt mijn vader.

'De helikopter, ja.'

'We hebben die helikopter heel vaak gelanceerd. Je was er dol op. Ik ook trouwens. Ik vond het ook erg leuk.'

'Waar hadden we die helikopter gevonden?'

'Hoezo, waar hadden we die gevonden? Die hadden we gekocht! Hij ging zo hoog dat hij bijna tot de ramen kwam.'

'Ik herinner me dat hij op een keer vast bleef zitten.'

'Nee, dat weet ik niet meer. Ik denk het niet. We hebben hem heel vaak gelanceerd. Je was zó blij.'

We komen bij een zware houten deur. Mijn vader neemt zijn pet af. Het interieur van de kerk is een studie in roze en gouden licht. Mensen slaan stil maar fanatiek een kruis. 'Dat konden ze wel in Rusland, kerken bouwen,' zegt mijn vader, duidelijk onder de indruk. 'De bekendste in de postbyzantijnse stijl is de kathedraal van de H. Sofia in Novgorod. Daar ben ik geweest.'

We verlaten de kerk weer, en ik denk: was dat alles? Was dat het hele bezoek? Is dit de som van vijftien jaar paniekaanvallen?

Mijn moeder zit nog steeds naast een vuile bloembak voor de kerk en brengt zorgvuldig Dr. Scholl's-crème aan op haar voeten. 'Je bent een komisch oud wijf,' zegt mijn vader tegen haar. Ze staat op en waggelt als een pinguïn weg van de kerk en in de richting van het Moskouplein en de metro die ons terugbrengt naar ons hotel. We lopen langs een graffito die met name aan ons Joden is gericht: 'Het Slavische Rijk is alleen voor Slaven!'

'Zijn houding is zoveel verbeterd,' zegt mijn moeder over mij. 'Onherkenbaar gewoon. Zijn manier van lopen. Alsof hij mijn zoon niet is.'

'Hij gaat naar de sportschool,' zegt mijn vader. 'Moet je zijn armen eens voelen. Wat heb ik mijn best gedaan om hem aan het sporten te krijgen, maar toen deed hij geen ruk.'

'Je wilde niet,' zegt mijn moeder tegen mij. 'Hij probeerde met je te voetballen. Hij heeft een laddertje voor je getimmerd.' Terwijl ik dit schrijf heb ik een foto in mijn hand waarop ik de geïmproviseerde houten ladder beklim in onze Leningradse flat, met een matrozenpakje aan en een domme grijns op mijn gezicht. De foto is gedateerd 11/1978, en in mijn moeders handschrift staat op de achterkant geschreven: 'De beroemde atleet thuis aan het trainen.'

'Hij probeerde je van je hoogtevrees af te krijgen,' zegt mijn moeder. 'En het hielp, je bent op die ladder geklommen.'

'Ja, helemaal naar boven,' zegt mijn vader. 'Uiteindelijk. Eerst klom je een of twee treden, en uiteindelijk helemaal naar boven. Het gaat er allemaal om dat je jezelf traint.'

'Aan de ene kant heeft je vader het je goed geleerd,' zegt mijn moeder. 'Aan de andere kant duwde hij je ook altijd.'

'Dúwde hij me?'

'Hij wilde dat je je hoogtevrees overwon, maar als je boven was aangekomen, probeerde hij je eraf te duwen. En ik heb in Freud gelezen dat je zoiets nooit moet doen.' *Ze heeft in Freud gelezen?* 'Daardoor creeer je nog meer angst. Maar dat begreep je vader niet. Hij was zelf nog jong. Drieëndertig, wat begrijp je dan van het leven? Om precies te zijn was hij ongeveer zesendertig toen hij je van die ladder af duwde.* Hij duwde je van zulke hoogtes af!' zegt mijn moeder, en ze maakt een duwende beweging. Ze lacht. 'Hij maakte je bang, zodat je nog meer last van hoogtevrees kreeg.'

* Hij was veertig.

'Kom! Kom!' zegt mijn vader. 'Ik moet jullie iets laten zien!'

We lopen door de Lensovetstraat. Er hangen goedkope vitrages voor de ramen van de flatgebouwen. Het hotel Mir, dat ik ooit ten onrechte heb omschreven als 'het slechtste hotel ter wereld', staat aan de overkant van de straat. We stappen over ongelijke tramrails en ruige vegetatie heen. Er rijdt een met roet bedekte vrachtwagen langs. Mijn vader begint snel te praten, alsof hij moed heeft moeten vergaren om dit te zeggen.

'Zoals ik al zei, zoontje, op een dag liepen we door deze straat nadat we onze helikopter hadden gelanceerd bij de kerk, we liepen terug naar huis en jij begon ondeugend te doen [*ti natsjal sjalit'*]. Je wilde de helikopter op straat lanceren terwijl er erg veel mensen op de been waren. Ik zei één keer dat je moest ophouden, twee keer, en je luisterde niet. Toen stompte ik je op je neus. Het bloed spoot eruit.'

Mijn moeder moet lachen. 'O, hoe kon je zoiets doen? Ik geef mijn zoon bij jou in bewaring en dan doe je zoiets!'

'Toen ik als volwassene terugging naar Rusland en hier langskwam, werd ik ineens erg bang,' zeg ik. 'En ik droom vaak over helikopters.'

'Echt waar?' zegt mijn vader. Als we langs een woning op de begane grond lopen, tuurt een treurig kijkend kind vanachter de vitrage naar buiten. We passeren een uithangbord voor een producent van mobiele telefoons: WORD ABONNEE EN COMMUNICEER GRATIS.

'En toen kocht ik een boek over Petersburg. Ik bladerde het door in de winkel, zag de Tsjesme-kerk, en kreeg een paniekaanval.'

'Ach, Igor, wat ben je toch overgevoelig,' zegt mijn moeer. 'Daarom ben je ook schrijver geworden.'

'In Rusland kun je dat soort dingen doen,' zeg ik, en ik bedoel een kind van vijf zo hard op zijn neus stompen dat het bloed eruit spuit. 'Maar in Amerika...'

'Kan dat niet in Amerika?' vraagt mijn moeder.

'Ik wilde je helemaal niet slaan,' zegt mijn vader. Hij kijkt bedachtzaam. 'Het ging per ongeluk. Ik zwaaide met mijn hand en raakte je neus.'

'Ik heb je maar één keer een flink pak slaag gegeven,' zegt mijn moeder, 'en daarna was ik zo verdrietig.'

'Ik denk dat ik vanaf mijn geboorte al Amerikaan ben geweest, mama,' zeg ik.

Het wordt tijd dat ik mijn mond houd. Het wordt tijd dat ik luister, niet meer praat. Maar het is ook tijd dat ik ondergronds ga.

Het is 2010, een jaar vóór deze reis met mijn ouders. Ik ben teruggekeerd naar Sint-Petersburg tijdens een lezingentoer namens het ministerie van Buitenlandse Zaken van de VS. In mijn schaarse vrije tijd neem ik de metro naar de zuidelijke buitenwijk en bezoek mijn vriend K. De metro van Petersburg, aangelegd onder Stalin, is het meest betrouwbare vervoermiddel in de stad, maar die dag, als we het Moskouplein naderen, houdt de trein stil.

Ik kijk op naar een affiche met een knap meisje van ongeveer vijf met een verfkwast, dat haar wangen en voorhoofd heeft ondergesmeerd en ondeugend lacht. Het onderschrift luidt:

WAT ZOU EEN VERANTWOORDELIJKE OUDER DOEN?

a) Haar in de hoek zetten
b) Haar inschrijven op de kunstacademie
c) Voorstellen om samen te schilderen

– Rusland Zonder Kindermishandeling!

De paniekaanval slaat onmiddellijk toe. Mijn adem stokt. Ik kijk omhoog naar het smerige plafond van de metrowagon en probeer daar dwars doorheen mijn vrijheid te zien, maar het enige wat ik zie door de onderaardse tunnel en de Sovjetbedrading is het Moskouplein en Lenin en de Tsjesme-kerk en iets wat ik niet onder woorden kan brengen.

Een organisatie die Rusland Zonder Kindermishandeling! heet suggereert dat de ergste Russische ouders in staat zijn hun speelse, met verf bekladde kinderen in de hoek te zetten. Wat zou ik niet over hebben gehad voor die hoek, die mythische, bloedeloze hoek.

Maar op dit moment is er geen zitplaats in de drukke trein. Geen hoek waar ik me kan verstoppen. De trein beweegt niet. Misschien komt hij nooit meer in beweging! Misschien blijf ik hier voor altijd vastzitten bij dat lachende, met verf besmeurde meisje. Ik kijk naar mijn staande medepassagiers, die allemaal gezichtloos zijn geworden door mijn paniekaanval, en begin te formuleren wat ik in het Russisch moet zeggen. '*Gospozja*,' zou ik beginnen tegen de meest gezette en aardigste van het gezichtloze stel. 'Mevrouw. Ik moet onmiddellijk uit deze trein. Wilt u alstublieft de conducteur waarschuwen?'

Maar ik weet dat ik het niet kan zeggen. Ik besef dat dit niet langer mijn stad is en dat dit niet mijn mensen zijn. Maar is het mijn taal nog? Ik doe mijn ogen dicht en probeer me de woorden te herinneren uit de brieven van mijn vader.

Goedendag, lief zoontje.

Een beetje adem.

Hoe gaat het met je? Wat ben je aan het doen? Ga je de 'Berenberg' beklimmen en hoeveel handschoenen heb je gevonden in zee? Heb je al leren zwemmen en zo ja, ga je dan helemaal naar Turkije zwemmen?

Nog meer adem, ondiep, maar wel vertrouwd. Ik fluister de woorden tegen mezelf, zoals ik ook tegen mezelf in het Russisch fluisterde in de eerste klas van de Joodse School, en de Amerikaanse kinderen dachten dat ik idioot was.

Op een dag kwam er een onderzeeër genaamd Arzum van Turkije Gurzuf binnengevaren. Twee commando's met duikpakken gingen van boord en zwommen naar de kust. Zonder dat onze kustwacht iets merkte, gingen ze naar de berg, naar de bossen. 's Ochtends ontdekte de Sovjetkustwacht verse sporen op het strand van het Poesjkin-sanatorium en riep de hulp in van de grenswacht, die kwam opdraven met hun speurhond. Die ontdekte al snel de twee duikpakken die onder de rotsen waren verstopt. Het was duidelijk: een vijand. 'Zoek!' commandeerde de grenswacht de hond, en ze rende onmiddellijk in de richting van het Internationale Pionierskamp. Verhaal wordt vervolgd... Thuis.

Het luide, gelukzalige draaien van de wielen onder ons. We rijden weer! We rijden het station binnen, we arriveren op station Moskouplein. Ik ontspan mijn tot vuisten gebalde handen, doe mijn ogen open en staar in het engelachtige gezicht van het vijfjarige meisje met verf op haar wangen en voorhoofd.

Luister, zoon, over een paar dagen zien we elkaar weer, wees niet eenzaam, gedraag je goed, luister naar je moeder en je tante Tanja.
kusjes, papa.

De deuren zwaaien open alsof ze door reuzen opzij worden geduwd. 'Moskovskaja,' kondigt een luidsprekerstem aan.

Ben ik nu thuis?

'Aan burger Shteyngart P., OFFICIËLE MEDEDELING, Uw echtgenoot, sergeant Shteyngart Isaac Semjonovitsj, strijdend voor het Socialistische Moederland, zijn militaire eed getrouw, een toonbeeld van heldendom en moed, is gesneuveld op 18 februari 1943.'

We bevinden ons bij het dorpje Feklistovo, tot waar in 1943 de Duitse linies vanuit Leningrad zich uitstrekten. Het Rode Leger probeerde de Duitse omsingeling te doorbreken en diverse keren de belegering van de stad te beëindigen. Bij een van die pogingen sneuvelde mijn grootvader Isaac, artillerist en de vader van mijn vader, in de strijd.

Er overleden in de Tweede Wereldoorlog aan Russische kant zesentwintig miljoen mensen, bijna vijftien procent van de bevolking. Het is niet overdreven te stellen dat de grond waarop ik met mijn sportschoenen loop, ooit doordrenkt was van het bloed. Het is niet overdreven te stellen dat degenen van ons die Russisch, Russisch-Amerikaans of Russisch-wat-dan-ook zijn, afstammen van die veldslagen.

Bij het onopvallende massagraf dat weggestopt ligt tussen een paar akkers en hutjes, staat een man met een strohoed op bloemen te verkopen. 'Hij gaat hem afzetten,' zegt mijn moeder over de man met de strohoed terwijl mijn vader uit de auto stapt met Russisch geld ter waarde van ongeveer vier dollar. Als mijn vader terugkomt met een bescheiden bosje rozen, zegt ze tegen hem: 'Straks neemt hij de bloemen mee die je op het graf hebt gelegd en verkoopt ze opnieuw.'

We staan tegenover een monument in Sovjetsocialistische realistische stijl, een soldaat met een geweer schuin over zijn borst, een zilveren helm naast zijn voeten, omgeven door opschietend onkruid. VOOR DE SOVJETSTRIJDERS DIE OP HET SLAGVELD STIERVEN VOOR HUN VADERLAND 1941-1944.

Het is een zonnige dag, de eerste mooie dag van ons uitstapje. Er komt een geur van gebakken worstjes uit de nabijgelegen landhuisjes. Twee oma's zitten op een bankje bij het massagraf. 'Ik kom uit Leningrad,' zegt een van de grootmoeders. Ze is volledig als baboesjka uitgedost, met een zwarte regenjas en een groene hoofddoek om het hoofd gebonden. 'Ik heb een datsja hier.'

'Ik woon hier,' zegt Baboesjka Twee.

'In 1943 is mijn vader hier gesneuveld,' zegt mijn vader.

De oma's zwijgen even.

'*Da*,' zeggen ze uiteindelijk.

'In februari 1943,' zegt mijn moeder. Het feit dat ze de precieze maand weet waarin de vader van mijn vader gesneuveld is, ontroert me. Ik zal het ook onthouden.

'Misschien vinden we zelfs zijn naam, zoon,' zegt mijn vader, en we beginnen de onafzienbare namenlijst door te nemen die op de platen van wit en roze marmer rondom het soldatenstandbeeld staat gegraveerd. Ergens tussen deze groene velden, in de heuvels die bedekt zijn met viooltjes en madeliefjes, rust het gebeente van mijn grootvader.

'Het is in elk geval een rustige plek voor een graf,' zegt mijn vader.

'Een mooie, rustige plek,' zegt mijn moeder, alsof ze zichzelf invoegt in een verhaal van Raymond Carver. 'Frisse lucht.'

Mijn vader spreekt. 'Vaarwel, vaarwel, vader. Ik kom waarschijnlijk pas weer terug als ik dood ben. Vergeef me. Vergeef me voor alles.'

Ik lach nerveus. 'Je bent toch niet schuldig,' zeg ik.

'Maar ik heb wel een schuldgevoel,' zegt mijn vader, 'omdat hij niet lang genoeg heeft geleefd. In '43 was hij eenentwintig, dertig misschien. Hij heeft niets gezien. Waar was het goed voor? Hij liet een zoontje achter, en een vrouw.' Hij schudt zijn hoofd.

'Ach, zoon,' zegt hij tegen mij. 'Waarom zijn mijn moeder en ik hier niet eerder heen gegaan? Ik weet niet waarom ze niets gaf om dit soort dingen. We hadden hier wel honderd keer kunnen komen. Goed, ze was natuurlijk overstuur.'

Het valt me op dat hij me geen 'zoontje' meer noemt. Nu ben ik gewoon zijn zoon. Ik ben nu precies even groot als hij, en onze relatie is helder.

'Zoon, wil je dit gebed voorlezen?' Uit zijn portemonnee met klittenband haalt mijn vader een pamflet met joodse gebeden voor bij het graf. 'Waar staat het hoofdgebed?' vraagt hij. '*Baruch*...?'

Terwijl ik dit schrijf, kijk ik naar een foto van mijn vader; hij is begin zeventig en houdt een paraplu vast in de voorhof van Versailles, met zijn rechtervoet in de lucht alsof hij Gene Kelly is, en met een van mijn Stuyvesant-sweaters boven zijn kakibroek uit bollend. Hij glimlacht naar mijn moeder en haar camera; hij lacht breed zijn tanden bloot, op z'n Amerikaans. '*Singer in the rain*', heeft mijn moeder in haar zorgvuldige Engelse handschrift op een post-it geschreven en boven mijn dansende vader geplakt.

De dag nadat we het graf van mijn grootvader bezoeken, gaan we naar de Grote Choral Synagoge van Sint-Petersburg. Ik vraag mijn vader of hij in zijn Sovjettijd die tempel ooit heeft bezocht. 'Ja, vijf of zes keer,' zegt hij. 'De eerste keer was met de bruiloft van mijn tante Sima, die zich later van kant heeft gemaakt. Ik was ongeveer zeventien. En terwijl de plechtigheid in volle gang was, kwam er een meisje binnen. Ik heb mijn hele leven lang aan haar gedacht. Ze was geen schoonheid. Ze was donker, erg donker. Met een mooi, Joods gezicht. En een soort vreemde, donkere, bijna gloeiende ogen. Mijn hele leven heb ik het gevoel gehad dat die ogen naar me keken.'

'Here, wie mag verkeren in Uw tent?' lees ik uit Psalmen 15:1 in het Engels. 'Wie mag wonen op Uw heiligen berg? Hij, die onberispelijk wandelt en doet wat recht is en de waarheid spreekt in zijn hart... Wie zo handelt zal nimmer wankelen.'

Ik begin aan de kaddisj van de rouwenden. '*Yitgaddal veyitqaddasj sjmeh rabba*,' zeg ik in het Aramees. Mijn vader buigt licht voor Gods wil op het ritme van het gebed.

'בְּעָלְמָא דִּי בְרָא כִרְעוּתֵהּ,' zeg ik.

'וְיַמְלִיךְ מַלְכוּתֵהּ,' zing ik.

Ik kan het gebed lezen, maar ik begrijp er niets van. De woorden die uit mijn mond komen zijn koeterwaals voor me. En ze kunnen mijn vader ook slechts als koeterwaals in de oren klinken.

Ik zing de woorden en hij zegt 'Amen' na elke strofe.

Ik zing het koeterwaals van voren naar achteren en van achteren naar voren, struikel over de woorden, verhaspel ze en laat ze eerder Russisch of Amerikaans klinken dan heilig. We hebben de naam van mijn grootvader, Isaac, niet kunnen vinden op hectaren marmer die vol stonden met Ivans, Nikolais en Alexanders. Maar de zon schijnt volop en het gras wordt gemaaid. Een klein vliegtuigje, ongetwijfeld ons heraldische symbool, landt vlakbij. Het volgende deel ken ik goed.

וְאִמְרוּ אָמֵן.

Ve'imru, Amen.

Laat ons amen zeggen.

И СКАЖЕМ: АМЕН!

Dankbetuiging

En ik dacht dat romans schrijven moeilijk was.

De zware opdracht om terug te reizen in het verleden is veel gemakkelijker gemaakt door David Ebershoff, mijn redacteur, die precies wist wanneer ik de zeilen moest opdoeken en ontrollen, als dat de juiste metafoor is. (Of zeg je het zeil 'brassen'? Ik wou dat ik autochtoner Amerikaans was.) Ik wil ook iedereen bedanken bij Random House voor hun niet-aflatende overtuiging dat ik oké ben als mens en als schrijver, onder wie Gina Centrello, Susan Kamil, Barbara Fillon, Maria Braeckel, Sally Marvin, Denise Cronin, Joelle Dieu, Rachel Kind en Toby Ernst. Mijn agente, Denise Shannon, zorgt ervoor dat ik solvabel blijf en is bovendien een geweldige meelezer. Mijn dank gaat ook uit naar Dmitry Dolinsky voor zijn deskundige assistentie bij wat een USB-stick heet. Patricia Kim heeft veel foto's van me gemaakt met een toga aan.

Erg veel mensen hebben hun vrije tijd opgeofferd om me eraan te herinneren wat er is gebeurd in de jaren tachtig en negentig, een periode die velen van ons proberen te vergeten. Onder hen: Jonathan, J.Z., Ben, Brian, Leo, Maris en Jessica.

Ten slotte hebben mijn ouders genoeg verhalen verteld om diverse boeken te vullen, en ze waren zo aardig en geduldig om niet alleen al mijn eindeloze vragen te beantwoorden maar om met mij naar Rusland te gaan voor een week lang vispastei en herinneringen. Ik wil ook graag iedereen bedanken die de tijd heeft genomen eerdere versies van het boek te lezen en me van advies te dienen: Doug Choi, Andrew Lewis Conn, Rebecca Godfrey, Lisa Hahn, Cathy Park Hong, Gabe Hudson, Binnie Kirshenbaum, Paul La Farge, Christine Suewon Lee, Kelly Malloy, Jynne Dilling Martin, Caitlin McKenna, Suketu Mehta, John Saffron en John 'Rosencranz' Wray.

Met dank aan

Delen van dit werk zijn in een andere vorm verschenen in onderstaande uitgaven:

Hoofdstuk 1: *Travel + Leisure; The New York Times, The New Yorker*
Hoofdstuk 2: *New York*
Hoofdstuk 4: *Travel + Leisure; Made in Russia: Unsung Icons of Soviet Design*, onder redactie van Michael Idov (Rizzoli) *The Threepenny Review*
Hoofdstuk 6: *The New Yorker*
Hoofdstuk 7: essay, eerst in eigen beheer uitgebracht en daarna verschenen in *New York* magazines *My First New York* (Ecco); *The Threepenny Review*
Hoofdstuk 8: *The Threepenny Review, The New Yorker*
Hoofdstuk 9: *The Threepenny Review*
Hoofdstuk 10: *The Threepenny Review, Granta*
Hoofdstuk 11: *Gourmet, The New York Times Magazine, The Threepenny Review*
Hoofdstuk 12: *The New Yorker, The Threepenny Review*
Hoofdstuk 13: *The New Yorker*
Hoofdstuk 14: *The Threepenny Review*
Hoofdstuk 15: *The New York Times Magazine, The New Yorker*
Hoofdstuk 16: *The New York Times Magazine, The New Yorker*
Hoofdstuk 17: *The New York Times Magazine*
Hoofdstuk 18: *The New York Times Magazine*
Hoofdstuk 21: *GQ*
Hoofdstuk 23: *GQ, Granta, The New Yorker*
Hoofdstuk 24: *GQ, The New Yorker, Travel + Leisure*